Ich glaube, es hackt!

Tobias Schrödel

Ich glaube, es hackt!

Ein Blick auf die irrwitzige
Realität von Computer, Smartphone
und IT-Sicherheit

4., aktualisierte und erweiterte Auflage

Tobias Schrödel
IT Security & Awareness
München
Deutschland

Die 1. und 2. Auflage sind im Imprint von Springer Gabler erschienen, unter dem Titel: „Hacking für Manager – IT-Sicherheit für alle, die wenig Ahnung von Computern haben."

ISBN 978-3-658-10857-1   ISBN 978-3-658-10858-8 (eBook)
DOI 10.1007/978-3-658-10858-8

Die Deutsche Nationalbibliothek verzeichnet diese Publikation in der Deutschen Nationalbibliografie; detaillierte bibliografische Daten sind im Internet über http://dnb.d-nb.de abrufbar.

Springer
© Springer Fachmedien Wiesbaden 2011, 2012, 2014, 2016

Lektorat: Stefanie Brich
Foto: Marc-Steffen Unger mit freundlicher Genehmigung von Deutsche Telekom AG
Coverdesign: deblik Berlin

Gedruckt auf säurefreiem und chlorfrei gebleichtem Papier

Springer ist Teil von Springer Nature
Die eingetragene Gesellschaft ist Springer Fachmedien Wiesbaden

Inhalt

Über den Autor

 **Tobias Schrödel** Jahrgang 1971, ist „Deutschlands erster Comedyhacker®". Der Münchner beschreibt seit über 15 Jahren technische Systemlücken so einfach und verständlich wie möglich. Der gezielte Einsatz ungewöhnlicher Stilmittel machen seine Vorträge zu einem besonderen Erlebnis, so dass auch Laien Spaß an der IT-Sicherheit bekommen. Als Redner über IT-Themen wird er mittlerweile weltweit gebucht. Seit 2011 ist Tobias Schrödel das stern TV–Gesicht, wenn es um IT-Sicherheit und Computer geht. Technische Zusammenhänge erläutert er aber immer wieder auch für andere TV-Sendungen (z.B. WISO, Explosiv, Akte).

Der ausgebildete Fachinformatiker war viele Jahre als technischer Consultant für IT-Security bei T-Systems, einem der größten international operierenden Dienstleister für Informations- und Kommunikationstechnologie, tätig und weiß daher, wovon er spricht. Bevor er in den Konzern Deutsche Telekom AG wechselte, war Tobias Schrödel bei United Parcel Service für die Entwicklung von Logistik-Lösungen im Enterprise Business Bereich verantwortlich.

Neben seinem Buch, das in der 1.Auflage unter dem Titel *„Hacking für Manager"* mit dem internationalen getAbstract

Award als Wirtschaftsbuch des Jahres 2011 ausgezeichnet wurde, veröffentlicht er immer wieder Fachartikel in IT-Zeitschriften. Schrödel, selbst Ausbilder für IT-Berufe, prüft seit mehr als einem Jahrzehnt angehende Fachinformatiker für die IHK München und hielt zudem viele Jahre Gast-Vorlesungen an der Ludwig-Maximilian-Universität in München.

Persönlich beschäftigt sich der gebürtige Münchner mit historischer Kryptoanalyse und Sicherheitslücken in alltäglichen IT und Elektronik-Produkten. Er möchte dabei Anwender sensibilisieren und zum Nachdenken anregen. Als Experte für historische Geheimschriften hat er nach über 450 Jahren einen Weg zu gefunden, um kurze Vigenère-Schriften zu entschlüsseln und besitzt eine umfangreiche Bibliothek mit alten Büchern über Kryptographie und Geheimschriften.

Schrödel schreibt einen wöchentlichen Blog, der auch als Kolumne in einer norddeutschen Zeitung erscheint und der für viele Kapitel Ideengeber war. Updates zum Buch, Kommentare und neue Themen können Sie dort nachlesen:

http://www.ich-glaube-es-hackt.de

1

Vorspiel

1.1 Von Hackern und Datenschnüfflern – Worum es geht und wie die Spielregeln sind

Blicken Sie seit Edward Snowdens Enthüllungen überhaupt noch durch? Die NSA knackt SSL, sammelt Metadaten und hört dank mangelnder Sicherheit der A5/1-Verschlüsselung auch Handygespräche über GSM ab.

Fremdwörter, Fachbegriffe und Abkürzungen ohne Ende. Früher war das „Hacken" von Systemen noch einfach. Da wurde mit der spanischen Münze aus dem Urlaub der Kaugummiautomat überlistet. Das Geldstück hatte die gleiche Größe wie der Groschen, wog in etwa das selbe, war aber nur einen Bruchteil wert und brachte damit eine enorme Gewinnspanne – prozentual gesehen.

Das hat noch jeder verstanden und der Trick mit der spanischen Münze wurde nur unter der Hand weitergereicht, von Kumpel zu Kumpel. Ich verrate Ihnen in diesem Buch, wie das mit den Kaugummis in der virtuellen Welt – im so genannten Cyberspace – funktioniert. Dabei versuche ich, das ganze so einfach und verständlich wie möglich zu halten. Also keine Sorge, es

T. Schrödel, *Ich glaube, es hackt!*, DOI 10.1007/978-3-658-10858-8_1,
© Springer Fachmedien Wiesbaden 2016

geht hier nicht nur um Bits und Bytes. Sie müssen weder Computerfachmann noch IT-Profi sein.

Da draußen lauern übrigens weitaus mehr Möglichkeiten gehackt zu werden, als wir uns vorstellen. Die Technik, die uns heute überschwemmt, lässt uns gar keine Chance mehr, alles so abzusichern, dass wir auch wirklich sicher sind.

Manche Lücken stecken im Detail, andere Systeme hingegen sind so offen, wie das sprichwörtliche Scheunentor. Wir müssen uns allmählich Gedanken machen, ob wir jeder neuen Technik weiterhin mit dem Grundvertrauen eines Kindes begegnen können und dürfen.

Möchten Sie im Hotel kostenlos Pay-TV sehen? Oder den Fingerabdruck aus Ihrem neuen Reisepass entfernen? Nutzen Sie Bluetooth und tragen dadurch unfreiwillig eine Wanze am Körper? Wollen Sie endlich verstehen, wie das mit der PIN bei der Geldkarte funktioniert oder warum gelöschte Daten gar nicht gelöscht sind? Dieses Buch erklärt Ihnen all das verständlich.

Allerdings geht es nicht nur um das Knacken irgendwelcher Verschlüsselungen oder gar von Zugangsbeschränkungen. Manches, was uns heute noch spanisch vorkommen mag, hat durchaus einen ernsten Hintergrund. Einige Geräte sind absichtlich komplizierter als sie sein müssten. Oft ist aber die Umständlichkeit ganz bewusst implementiert, um die Sicherheit des Systems zu erhöhen. Es sagt uns nur niemand, warum das so ist.

Leider sind nicht alle IT-Menschen in der Lage, die Gründe ihres Tuns verständlich zu äußern und zu erklären. Deshalb können wir manche ihrer Vorgaben nicht nachvollziehen und halten es für Gängelei, wenn Passwörter alle vier Wochen geändert werden müssen und obendrein immer komplizierter sein sollen. Tatsächlich gibt es fast immer – für uns unverständliche – Gründe.

Die dahinter stehenden Motive sind in Wirklichkeit nicht viel schwieriger zu verstehen als der Kaugummi-Trick mit der spanischen Münze. Drehen wir den Spieß also um. Ich erkläre Ihnen in diesem Buch, wie das alles funktioniert und mache Sie so auch ein wenig selbst zum Hacker. Dadurch sind Sie in der Lage, sich zu schützen und zu erkennen, welchen Risiken Sie ausgesetzt sind (Abb. 1.1).

1.2 Du kommst aus dem Gefängnis frei – Was der Leser wissen muss

Der Autor weist ausdrücklich darauf hin, dass die Anwendung einiger, der in diesem Buch vorgestellten, Methoden illegal ist oder anderen Menschen wirtschaftlich schaden kann.

Dieses Buch stellt keine Aufforderung zum Nachmachen oder gar zur Durchführung illegaler Handlungen dar. Auch dann nicht, wenn eine ironische Schreibweise dies an mancher Stelle vermuten lässt.

Einige der vorgestellten Techniken sind relativ alt. Das ändert jedoch nichts an der Tatsache, dass sie heute noch funktionieren. Ich beschreibe sie, weil durch sie auch dem normalen PC-Anwender die Augen geöffnet werden.

Der Sinn und Zweck dieses Buches ist die Erhöhung der Aufmerksamkeit („Awareness") des Lesers bei der Nutzung und dem Einsatz von IT im privaten und geschäftlichen Umfeld. Dies ohne die Vermittlung unnötiger technischer Tiefen und Begriffe, die wirklich keinen interessieren.

Es ist kein Lehrbuch für IT-Profis und Informatiker.

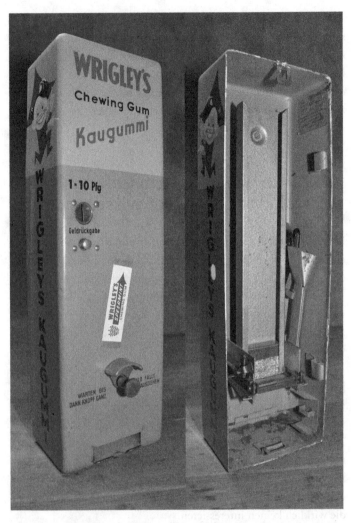

Abb. 1.1 Dieser Kaugummiautomat von 1966 konnte mit ausländischen Münzen überlistet werden. Eine Sicherheitslücke, die mit Einführung des Euro geschlossen wurde

1.3 Oma Kasupke und die Expertenattrappe – Warum IT-Experten im Fernsehen nie die (volle) Wahrheit sagen (können)

Seit dem tragischen Unglück in Fukushima weiß jedes Schulkind, wie ein Atomkraftwerk funktioniert. N24 und n-tv überboten sich gegenseitig in grafischen Darstellungen, die kinderleicht erklären, wie so ein Siedewasser-Reaktor läuft – wenn er nicht gerade beschädigt ist.

Nur: War das auch alles wirklich richtig dargestellt? Die Teilchenphysiker unter Ihnen haben sicherlich sofort festgestellt, dass da hunderte Messfühler, Pumpen und sonstiges Zeugs auf der Grafik fehlen. Denn wenn es tatsächlich sooo einfach wäre, dann hätte sicherlich auch schon jeder Schurkenstaat ein eigenes Atomkraftwerk und müsste das Know-how nicht teuer aus Russland, China oder der EU einkaufen.

Macht nix, denken Sie vielleicht, es ging ja darum, das Prinzip zu erklären und auch für Nicht-Atomphysiker verständlich darzustellen, was da gerade passierte.

Nun, dieses Vorgehen versuche ich auch zu nutzen. Sei es in diesem Buch bei der Erklärung komplexer Themen, aber vor allem auch im Fernsehen, wenn ich als so genannter Experte etwas für Nicht-Informatiker und Computer-Laien erklären soll.

Es geht nicht darum, alles hundertprozentig korrekt zu erläutern, es geht darum, dass auch ein Laie versteht, was da gerade passiert. Dazu muss man ein paar Eventualitäten, ein paar Randbedingungen unter den Tisch fallen lassen.

Was aber bedeutet das für einen Wissenschaftler, einen echten Experten? Er wird die Darstellung als ungenau, ja eventuell sogar als falsch klassifizieren. Und das Schlimme daran ist, dass das auch noch stimmt. Der Experte hat Recht.

Nun hat eine schematische Darstellung eines Siedewasser-Reaktors aber einen Vorteil: Jeder versteht, worum es geht. Auch Oma Kasupke.

Oma Kasupke ist eine fiktive Person, die in den Köpfen der TV-Redaktionen als Dummy-Zuschauer herhalten muss. Sie ist der DAFZ – der dümmste anzunehmende Fernsehzuschauer. Und bei jeder Erklärung soll der Experte an Oma Kasupke denken. Würde sie verstehen, was er sagt? Wenn nein, verliert sie den Faden und damit auch den Bezug zur Sendung und schaltet um. Das ist der GAU, diesmal nicht für Reaktoren, sondern für Redaktionen.

Gerade IT-Experten haben es im Fernsehen schwer. Von 4 Mio. Zusehern sind sicherlich ein paar hunderttausend dabei, die sich selbst auch als Computer-Spezialist bezeichnen würden. Und sie alle merken, dass der Experte im Fernsehen Unsinn redet, wenn er sagt, dass als Schutz gegen den unbefugten Zugriff auf die eigene Webcam erst einmal Firewall und Virenschutz installiert werden sollten.

Das ist deshalb unsinnig, weil es nicht hundertprozentig schützt, es gibt sicherlich ein gutes Dutzend Angriffsvektoren um fremde Webcams zu steuern – Rootkits zum Beispiel, gegen die hilft kein Virenscanner und keine Firewall.

Der TV-Experte redet also Unsinn. Nur warum? Hat er keine Ahnung? Nein, in Gedanken ist er bei Oma Kasupke. Er hat sich vorher mit der Redaktion abgestimmt, was man dem Großteil der Zuschauer einer Sendung tatsächlich zumuten kann und was für einen Großteil der Zuseher tatsächlich Hilfe bietet.

Nun gibt es neben Oma K. halt noch die anderen, die sich dann in Foren oder Webseiten auslassen und sich fragen, wie es dieser Vollpfosten ins Fernsehen geschafft hat. Schließlich ist das ja kein Experte, sondern nur eine Expertenattrappe.

Wahrscheinlich haben diese Menschen noch nie selbst Fernsehen gemacht. Da sind sie die Laien. Sie vergessen, dass nicht sie alleine die Zielgruppe eines TV-Senders sind. Sie vergessen Oma Kasupke, die vielleicht einen Computerkurs für Senioren bei der Volkshochschule besucht hat und gerade mal weiß, wie man ein Setup-Programm von einer CD startet. Sie macht einen Großteil der Zuseher aus und ist definitiv keine Zuschauerattrappe. Oma Kasupke lebt – millionenfach in diesem Land und unter verschiedensten Namen. Und sie alle haben es verdient, dass einer ihnen in für sie verständlichen Worten erklärt, was Sache ist. Deshalb guckt Oma Kasupke Akte, stern TV oder Planetopia: wegen den Expertenattrappen.

Haben Sie sich eigentlich geärgert, dass der Siedewasser-Reaktor in den Nachrichten gar nicht so funktioniert, wie gezeigt? Ich nicht, denn bei dem Thema Atomkraftwerke bin ich Oma Kasupke und ich danke den Experten, dass sie sich vor Millionen Zuschauern dazu durchringen, ihren wissenschaftlichen Background zu verstecken und mir Informationen auf meinem Niveau servieren.

2

Geldkarten & -automaten

2.1 Epileptische Karten – Warum Geldkarten im Automaten so ruckeln

Auch mehr als ein Jahrzehnt nach Einführung des Euro sind mehr als 100 Mio. D-Mark nicht umgetauscht. Sie gammeln in alten Sparstrümpfen, Kaffeedosen und unter Kopfkissen vor sich hin. Eigentlich verwunderlich, dass einem nicht hier und da noch der ein oder andere DM-Schein untergejubelt wird.

Warum gibt es Bargeld eigentlich überhaupt noch, frage ich mich oft? Mittlerweile können wir ja praktisch überall mit Geldkarte bezahlen. Im Supermarkt, im Taxi, beim Pizzadienst, ja selbst Parkuhren akzeptieren mittlerweile dank der Geldkarten-Funktion lieber Plastik als Münzen und kunstvoll mit spezieller Farbe bedrucktes, noch spezielleres Papier. Das Ende des Bargeldes ist nah, ja sogar die Geldautomaten sind nur noch Auslaufmodelle. Sie veralten und wie bei einem Oldtimer quietscht und knackt es schon an den meisten Automaten.

Bei manchen ist es gar ein Wunder, dass die uns so wichtige Geldkarte in den Automaten gelangt und – oh Wunder – es auch wieder hinaus schafft. Da ruckelt die Karte wie ein angeschossenes Tier hin und her und müht sich im Schneckentempo in den Automaten zu kommen.

T. Schrödel, *Ich glaube, es hackt!*, DOI 10.1007/978-3-658-10858-8_2,
© Springer Fachmedien Wiesbaden 2016

Erwarten wir zu viel Service? Schafft es die Bank nicht, uns „König-Kunde" einen Automaten zu präsentieren, bei dem unser wichtigstes Zahlungsmittel mit Samthandschuhen behandelt und geschmeidig eingezogen wird? Sie könnte. Es ist schlimmer: die Bank macht das mit Absicht nicht!

Wenn dreiste Verbrecher mit kleinen Kameras die PIN abfilmen, müssen sie auch den Inhalt des Magnetstreifens irgendwie zu Gesicht bekommen. Das einfachste ist, diesen zu kopieren – doch dazu muss man die Karte in die kriminellen Finger kriegen. Einfacher ist es, wenn der eigentliche Besitzer die Kopie gleich selbst anfertigt. Die Übeltäter kleben dazu einfach einen zweiten Kartenleser direkt vor den der Bank. Das Geldinstitut bebt vor Wut und lässt den Geldautomaten daher vibrieren.

Zitternde Karteneinzüge an EC-Automaten verhindern nämlich, dass Betrüger durch das Anbringen eines zweiten Kartenlesers vor dem eigentlichen Einzugsschlitz eine Kopie unserer Karte anfertigen.

Die frei erhältlichen und kleinen Aufsätze der Betrüger können die Daten des Magnetstreifens nur dann erfassen, wenn die Karte gleichmäßig durchgezogen wird. Das ewige hin und her erzeugt Datenmüll und die Kopie ist wertlos. Ein epileptischer Anfall unserer Geldkarte sorgt quasi dafür, dass unser Kontostand gesund bleibt.

2.2 Rot – Gelb – Geld – Wieso die PIN nicht auf der Geldkarte gespeichert ist

Ist die Geldkarte endlich im Automaten, kommt das nächste Problem – die PIN. Vierstellig, zufällig von der Bank gewählt[1] und dummerweise niemals das eigene Geburtsdatum. Wer soll sich

---

[1] Einige Banken erlauben selbst gewählte PIN.

das merken können? Zum Glück kennt sie der Automat auch und gibt uns Bescheid, wenn wir sie nicht mehr wissen. Einmal, zweimal und weg.

Räumen wir erst einmal mit Irrglaube Nr. 1 auf. Die PIN ist **nicht** auf dem Magnetstreifen gespeichert. Wer nur die Karte besitzt kann die PIN nicht auslesen oder errechnen. Das ging mal, aber diese Zeiten sind seit längerem vorbei.

Irrglaube Nr. 2 lautet: Geldautomaten können die PIN nur überprüfen, wenn sie mit unserer Hausbank online verbunden sind. Wären sie das, dann müssten die Banken alle PINs ihrer Kunden zu jedem Wald-und-Wiesen-Automaten im hintersten Ausland übertragen. Das wäre viel zu gefährlich. Wenn es jemandem gelänge, in diesem Netzwerk eine Stunde mitzulesen – nicht auszudenken.

Der Automat weiß, ob die PIN die Richtige ist – obwohl sie nicht auf der Karte steht und auch nicht von der Hausbank überprüft wird. Wie geht das? Es gibt mathematische Einbahnstraßen. Formeln, die – wenn man sie mit zwei Werten füllt – ein Ergebnis liefern. Niemand – und ich meine tatsächlich niemand – kann anhand des Ergebnisses die zwei ursprünglichen Werte herausfinden – obwohl er die Formel und das Ergebnis kennt!

Das Prinzip dieser Formeln entspricht in etwa einer Farben-Misch-Maschine im Baumarkt. Sobald Sie sich ein neues frisches Orange für das Schlafzimmer ausgesucht haben, tippt die freundliche Verkäuferin die Nummer von der Farbtafel in eine Tastatur und Sie erhalten die Wunschfarbe der Dame des Hauses (*oder hat bei Ihnen der Mann schon einmal die Farbe des Schlafzimmers ausgesucht?*)

Der Automat mischt Ihnen aus den Grundfarben Rot und Gelb exakt Ihr gewünschtes Orange zusammen – immer und immer wieder, so viele Eimer Sie wollen. Aber wenn Sie selbst versuchen, aus eben den gleichen Eimern mit Rot und Gelb das Wunsch-Orange *exakt* nachzumischen, werden Sie dies niemals schaffen. Ihr Orange mag dem aus dem Baumarkt ähnlich sehen, aber es ist nie exakt gleich. Obwohl sie wissen, *welche* Farben rein müssen, müssten Sie auf den tausendstel Milliliter genau wissen, *wie viel* von jeder Farbe rein muss – von Problemen beim Eingießen solch kleiner Mengen mal abgesehen.

Die Geldautomaten und Ihre Geldkarte vergleichen quasi ebenfalls Farben. Das Orange ist auf dem Magnetstreifen gespeichert. Es wurde vorher von der Bank gemischt und die Menge **einer** der hinzugefügten Grundfarben wurde Ihnen mitgeteilt – in Form einer PIN. Die Menge der anderen Grundfarbe steht zusammen mit dem Ergebnis – dem gemischten Orange – auf dem Magnetstreifen.

Tippen Sie nun die Menge Ihrer Farbe – Verzeihung – Ihre PIN am Automaten ein, dann kann die Bank die auf dem Magnetstreifen gespeicherte Menge der anderen Farbe hinzumischen. Das entstandene Orange wird nun mit der Farbe auf Ihrem Magnetstreifen verglichen. Ist es identisch (und nicht nur ähnlich), dann geht der Automat davon aus, dass Ihre PIN die richtige war und Sie bekommen Ihr Geld. Deshalb ist es auch völlig egal, wenn jemand die Farbe auf Ihrer Geldkarte kennt, weil die exakte Mengenangaben (Ihre PIN) fehlt.

Nun könnten Sie ja auf die Idee kommen, einfach alle möglichen Mengen durchzuprobieren, bis das Orange exakt identisch ist. Leider scheitert das an der immens großen Zahl an Möglichkeiten. Selbst wenn Sie mehrere tausend Versuche pro Stunde haben, würden Sie Jahrtausende benötigen, um die richtige Lösung zu finden.

Vielleicht werfen Sie mir jetzt vor, ich kann nicht rechnen. Die PIN ist vierstellig von 1000 bis 9999. Es gibt also maximal 8 999 Möglichkeiten. Sie haben Recht. Tatsächlich ist das Verfahren etwas komplizierter. Es kommen noch Institutsschlüssel und Poolschlüssel ins Spiel.

Lediglich um es ein wenig einfacher zu machen, hatte ich Ihnen erklärt, die PIN *entspricht* Ihrer Farb-Mengenangabe. Tatsächlich wird mit weiteren Einbahnstraßenformeln gerechnet.

Aber: Sie haben genau drei Versuche am Automaten, bevor die Karte gesperrt wird. Das entspricht einer Chance von weniger als 0,03 % – nicht wirklich so attraktiv wie ein hübsches Orange.

2.3 Demenzkranker Käse – Wie man sich PINs merken und sogar aufschreiben kann

Manchmal ist der Unterschied zwischen einem Luftballon und dem was wir im Kopf haben nur die Gummihaut des Ballons. Wir stehen vor einem Geldautomaten oder möchten das Handy einschalten und uns will und will die PIN einfach nicht mehr einfallen. Dabei haben wir diese bestimmt schon mehrere hundert Male eingetippt.

Das ist der Moment, in dem mir meine grauen Haare wieder einfallen. Die, die sich nächtens heimtückisch, aber konstant und mit rasender Geschwindigkeit vermehren. Und fällt das Aufstehen nicht auch täglich immer schwerer? Ist es so weit? Bekomme ich Löcher im Kopf? Ist das der Beginn von Demenz und Kreutzfeld-Jakob?

Beim berühmten Schweizer Käse ist das marketingtechnisch ganz gut gelöst. Die Löcher entstehen in ihm durch Gasbildung beim Reifeprozess. *Reifeprozess* – klingt doch gleich viel besser als Demenz, oder?

Nun hilft dieses Schönreden nicht gegen den partiellen Gedächtnisverlust. Die PIN muss her, schließlich soll Geld aus dem Automaten kommen oder das wichtige Telefonat muss geführt werden. Was also tun? Aufschreiben darf man die PIN ja nicht, sonst wird uns bei einem Kontomissbrauch gleich grobe Fahrlässigkeit unterstellt.

Oder etwa doch? Gibt es eine Möglichkeit die PIN aufzuschreiben und sogar im Geldbeutel neben der Geldkarte mitzuführen, ohne dass ein Taschendieb damit mein Konto plündern kann? Es gibt sie! Mathematisch bewiesen sogar unknackbar! Und wenn Sie einen echten Mathematiker kennen, dann wissen Sie, dass das Wörtchen „bewiesen" gleichbedeutend mit „wasserdicht", „ohne Zweifel" und „gerichtsverwertbar" ist.

Sie müssen ein One-Time-Pad verwenden und was hier kompliziert klingt, ist eigentlich ganz einfach und ohne jegliche mathematischen Kenntnisse einsetzbar.

Denken Sie sich einen Satz oder ein Wort aus, welches aus mindestens zehn Buchstaben besteht und bei dem unter den ersten zehn auch kein Buchstabe doppelt vorkommt. „Deutschland", „Aufschneider", „Flaschendruck", „Plundertasche", „Ich tobe laut" oder gar „Saublöder PIN" mögen hier als Beispiel dienen.

Dieses Code-Wort müssen Sie sich auf Gedeih und Verderb merken können, also sollten Sie nach etwas suchen, was Sie auch mit Luft im Kopf nicht vergessen. Die meisten Menschen kennen den Namen des ersten Partners, einen bestimmten Ort, den Anfang eines Gedichtes oder einen Fußballverein auch im Schlaf.

Nehmen wir „Deutschland" als Beispiel. Das ist einfach zu merken. Die ersten zehn Buchstaben sind DEUTSCHLAN. Nehmen wir weiterhin an, unsere Handy PIN lautet 6379. Wir können nun gefahrlos im Geldbeutel die Buchstabenkombination CUHA notieren. Das sind der 6., der 3., der 7. und der 9. Buchstabe aus unserem Wort. Solange ich diesen nicht dazuschreibe, ist es unmöglich, die PIN zu erraten.

Sollte diese aber einmal unverhofft in den tiefen Windungen meines Gehirnes verschollen bleiben, dann kann ich von meinem Zettelchen immerhin noch CUHA ablesen. Nun muss ich nur noch nachsehen an welcher Stelle von „Deutschland" das C, das U, das H und das A stehen. Es sind 6, 3, 7 und 9 – unsere PIN.

Leider hat das ganze doch zwei Haken. Streng genommen dürften Sie sich kein Wort ausdenken, sondern müssten zufällige und damit nicht merkbare Buchstaben-Würmer verwenden.

Ein One-Time-Pad heißt dann auch noch deshalb so, weil es nur einmal (One-Time) und nicht zweimal eingesetzt werden darf. Ein Mathematiker wird Ihnen erklären, dass die Unknackbarkeit nun doch nicht mehr zu beweisen ist. Sie müssten jede PIN mit einem anderen Code verschlüsseln. So ein Käse.

2.4 Hände hoch, keine Bewegung! – Wie Geldautomaten mit Fehlern umgehen

Jesse James selbst ließ seinen Opfern immer die Wahl. „Stehen bleiben, keine Bewegung *oder* ich schieße" hat er gerufen, *bevor* er seine Opfer nach Strich und Faden ausraubte. Bob Ford erschoss – so sagt es die Legende – den berühmten Jesse hingegen einfach hinterrücks.

Sich nicht zu bewegen, ist sicherlich eine ganz sinnvolle Art der Leibesübung, wenn einer mit einem Schießeisen vor einem steht. Dann langsam Geld rausholen, immer alle Finger zeigen und leise beten. Selbst die Polizei in Rio de Janeiro gibt Raubopfern mit diesem Yoga-ähnlichen Verhalten eine 20-prozentige Überlebenschance. Immerhin besser als eine 20-prozentige Bleivergiftung mit gleichzeitigem starken Blutverlust.

Auch Maschinen befolgen diesen Ratschlag – Geldautomaten zum Beispiel. Sie kennen nämlich nur zwei Zustände. Entweder sie funktionieren reibungslos oder sie bewegen sich kein bisschen mehr – sie frieren den maladen Zustand ein. Das hat auch einen guten Grund: beides ist nachvollziehbar.

Eine Auszahlung am Geldautomaten ist eine komplexe Sache. Da kann einiges schief gehen. Es gibt Leute, die stecken ihre Karte rein und entscheiden sich dann spontan doch lieber zu gehen – belassen die Karte aber im Automaten. Weitere zwei Kunden verhalten sich ungewollt auffällig und wissen gar nichts davon.

Sie kennen sich möglicherweise gar nicht mal. Für die Bank sieht es aber verdächtig nach Missbrauch aus, wenn direkt hintereinander bei zwei verschiedenen Karten dreimal der falsche PIN eingegeben wird und die Karten gesperrt werden müssen. Sicherlich Zufall, aber wie soll eine Maschine das erkennen? *Pattern matching* würde der Informatiker sagen, *Verhaltensmuster vergleichen* würde man das übersetzen.

Natürlich kann es auch mechanische Probleme geben. Wenn der Automat bedenklich knattert, bevor er das Geld ausspuckt, dann zählt er noch einmal. Das ist gewollt, schließlich möchte die Bank nicht *mehr* auszahlen, als vom Konto abgebucht wird. Ebenso wenig will jedoch niemand vor dem Automaten *weniger* bekommen als vom Konto weggeht. Quid pro quo.

Auch wenn es fast nie vorkommt, hin und wieder verheddert sich jedoch ein Scheinchen oder es klemmt der Auswurfschacht. Bewegliche Teile haben nun mal mechanische Störungen, sei es durch Abnutzung oder körpereigene Opfergaben hinduistischer Stubenfliegen, die dummerweise leider auch mal Kontakte verkleben.

Wie soll sich ein Geldautomat in einer solchen Notlage verhalten? Er ist dumm wie ein Stück Brot und anders als bei Ihrem Windows-Rechner zu Hause können Sie nicht mal eben kurz Alt-Strg-Entf oder den Power-Button drücken. Wie ein Pilot hält er sich also strikt an einen vom Programmierer vorgegebenen Notfall-Plan. Meist und sofern noch möglich wird die Karte wieder ausgespuckt. Das macht ein eigenes Modul und läuft mehr oder weniger entkoppelt von den anderen Prozessen.

Ist der Automat aber nicht sicher, wie viele Scheine er vorne in die Ausgabeschale legen wird oder klemmt irgendein Rädchen, dann wird er sich an eine eiserne Regel halten: Keine Bewegung! Füße still halten und toter Mann spielen. Kurzum: Er friert sich ein und bewegt sich kein Stückchen mehr. Sofern eine online-Verbindung da ist, kann es sein, dass noch kurz ein SOS nach Hause gefunkt wird, dann aber wird es still im Foyer der Bank und auf dem Monitor wird neben einer Entschuldigung ein „Out of order" eingeblendet.

Sinn und Zweck dieser Aktion ist nicht die Angst, dass einer mal 10 € zu viel erhält, nein, es geht um die Nachvollziehbarkeit. Bis hierher war klar, wie viel von welchen Scheinen in den Automaten kamen, es ist protokolliert und fehlerfrei überprüft worden, wer vorher wann und wie viel abgehoben hat. Ein Mensch kann nun versuchen nachzuvollziehen, was beim letzten Versuch daneben ging.

Der Pechvogel davor muss schlimmstenfalls einen anderen Automaten *auf-* und dort sein Glück *ver*suchen. Die Chancen stehen gut: Derartige Störungen treten extrem selten auf und es gibt ja schließlich auch genügend Automaten. Obwohl... meine Tochter meinte einmal, dass man die Armut auf der Welt dadurch bekämpfen könne, indem man einfach noch mehr Geldautomaten aufstellt. Das lag wohl daran, dass bei uns bisher immer Scheine heraus kamen. Toi toi toi.

2.5 Kommissar Zufall – Wie die Kartenprüfnummer einer Kreditkarte funktioniert

Schlechte Kriminalfilme haben die Angewohnheit, den Plot der abstrusesten Geschichten durch eine zufällige Begebenheit zu lösen. Manchmal frage ich mich schon den halben Film, wie der Regisseur das auflösen will.

Und dann meldet sich ein Urlauber, der zufällig gerade ein Foto gemacht hat als der Mord geschah. Natürlich ist zufällig das Auto des Mörders samt Nummernschild hinter der abgebildeten Familie zu erkennen und noch viel zufälliger hat er in seinem 120-Einwohner-Dorf im hintersten Eck Irlands von dem ungeklärten Mord in Buxtehude gehört.

Auch wenn ich für Kommissar Zufall im Fernsehen die GEZ-Gebühr zurückverlangen möchte, halte ich den Zufall bei Kreditkarten noch für einen der besseren Kriminalbeamten. Zufallszahlen verhindern nämlich den Missbrauch der eigenen Kreditkarte. Prophylaxe würde das ein Zahnarzt nennen.

Kreditkarten sind sowieso erstaunliche Dinger. Ein kleines, meist buntes, Plastikkärtchen, das das eigene Wohlbefinden beinhaltet, da sie doch oftmals über den eigenen Kommerz entscheidet. Das wird einem erst deutlich, wenn der Automat sie behält, einem damit den Handlungsspielraum nimmt und attestiert, wir wären mit unserem Einkommen nicht ausgekommen. Das Kunststoff-Viereck wird aber nicht nur wegen mangelnder Bonität gesperrt. Das macht die Bank auch, wenn sie aufgrund eines ungewöhnlichen Ausgabemusters vom Missbrauch der Karte ausgeht. Damit einem dann die Wichtigkeit dieses Stückchens Plastik zumindest nicht allzu häufig derart drastisch vor Augen geführt wird, hilft der Zufall ganz bewusst mit.

Bereits seit ein paar Jahren sind auf der Rückseite von Kreditkarten dreistellige Zahlen[2] aufgedruckt. Kaufen Sie ein Flugticket im Internet, werden Sie nach dieser Zahl gefragt. Sie nennt sich Kartenprüfnummer (KPN) oder Card Verification Number CVN. Diese wird – neben der Bonität – online von der Bank verifiziert.

Was hier auf den ersten Blick wie eine zweite, kurze Kreditkartennummer erscheint, entpuppt sich dank zweier kleiner Eigenschaften als günstiges, aber effektives Sicherheitsmerkmal.

Die KPN wird von der Bank ausgewürfelt. Es ist eine Zufallszahl. Dadurch lässt sie sich auch nicht aus anderen Informationen der Karte errechnen. Da sie zusätzlich weder durchgestanzt, noch im Magnetstreifen gespeichert ist, wird sie auf keinem analogen oder digitalen Kreditkartenbeleg erscheinen. Ein Einkauf

---

[2] Manchmal vierstellig, bei American Express auch auf der Vorderseite der Karte zu finden.

im Internet mit Hilfe eines alten Beleges ist nicht möglich, wenn der Shopbetreiber die KPN überprüft und abfragt.[3]

Um an die KPN zu gelangen reicht der gelbe Zettel oder eine Kopie eines Beleges also nicht aus. Es ist notwendig, die Bezahlkarte physikalisch in die Hand zu bekommen. Unauffällig gelingt das nur Kellnern, Taxifahrern oder dem Tankwart.

Dabei kommt mir in den Sinn, Tankwart ist eigentlich auch ein schöner Beruf. Da stört es auch niemanden, wenn auf dem Tresen ein kleiner Monitor steht, auf dem die neuen (kostenlosen) DVDs laufen.

2.6 Dummdreist nachgemacht – Warum Kreditkarten kopieren gar nicht so einfach ist

„Fußball ist wie Schach, nur ohne Würfel." Diese 90-Minuten-Weißheit wird Lukas Podolski zugeschrieben – dem Idol und Vorbild vieler junger Fußballer und Schwarm einiger pubertierender Mädchen! Schützt die Jugend vor derartigen Schwachmaten! Sollte man meinen, jedoch: Podolski hat das niemals selbst gesagt. Es war Jan Böhmermann vom Radiosender Eins-Live – ein Podolski-Imitator, eine Kopie des Originals – offenbar jedoch eine ganz gute.

Ist die Kopie derart gelungen, nehmen viele die selbige auch als echt an und so wird dem deutschen Fußballer wohl zu Unrecht noch über Jahre ein IQ unterhalb der Rasensamen angedichtet. Das ist nicht nur ungerecht, sondern auch gemein. Ein guter Stimmenimitator übt teilweise wochenlang, um den Promi naturgetreu nachzuahmen. Übung macht auch hier den Meister und die Kopie ist nur schwer vom Original zu unterscheiden.

---

[3] Siehe Kapitel „Durchschlagender Erfolg" – 2.5.

Das gleiche Problem wie Podolski haben wir alle mit den Plastikkarten, die unser finanzielles Ich darstellen – mit Kreditkarten. Hat ein Imitator eine Kopie gezogen, kann er sich ungeniert als Besitzer ausgeben und problemlos einkaufen. Ein winziges Lesegerät am Hosenbein des bösen Kellners in Kneipen liest die Daten aus und schon kann damit eine Blankokarte neu beschrieben werden. Aber reicht das wirklich aus?

Der Magnetstreifen von Kredit- und auch Geldkarten ist mit drei unterschiedlichen Spuren ausgestattet. Es gibt ihn in zwei Varianten: LoCo und HiCo. Das Co steht hier für den englischen Begriff der Koerzitivkraft. Das ist die Stärke des Magnetfeldes, die der Schreibkopf aufbringen muss, um dauerhaft Zeichen zu hinterlassen.

Ein HiCo-Magnetstreifen bedeutet, einen ziemlich hohen Schutz gegen versehentliches Löschen der gespeicherten Information zu haben. Um HiCo-Karten zu beschreiben oder zu löschen, muss nämlich ein sehr hohes Magnetfeld erzeugt werden. Genauso hoch ist der technische Aufwand, dies in einen kleinen Schreibkopf zu quetschen. Unter Fachleuten bedeutet HiCo deshalb nicht nur *HighCoercitivity*, sondern auch *HighCost*. Das Einsatzgebiet beschränkt sich daher auf die Karten, die in der Regel nur ein einziges Mal beschrieben werden müssen – *Kredit*karten zum Beispiel.

Geldkarten wie Girocard oder Cashcard sind *Debit*- und daher LoCo–Karten, denn dummerweise muss hin und wieder auf diese Karten geschrieben werden: die Anzahl der Fehlversuche bei der PIN-Eingabe zum Beispiel. Diese Notwendigkeit macht sie anfälliger gegen Magnetfelder aller Art. Sei es der magnetische Messerhalter des schwedischen Möbelhauses oder der unter dem Kassenband angebrachte Magnet zum Deaktivieren der Diebstahlsicherung („Bitte keine Geldkarten auf das Band legen."). Die in braunen Kunststoff eingebetteten Eisenoxid-Partikel der LoCo-Karten werden hier platt gemacht, während die im meist schlichten schwarz gehaltenen HiCo-Streifen nicht mal zucken.

Um all diese technischen Feinheiten müssen sich die Karten-kopierer nicht kümmern. Die Software der Lese- und Schreibgeräte kümmert sich um die De- und die Kodierung der drei Magnetspuren. Karte durchziehen, Blankokarte rein und schon ist der Doppelgänger geboren? Zum Glück nicht, denn es gibt ja noch das modulierte Merkmal.

Seit 1979 können deutsche Geldautomaten eine geheim, in den Kartenkörper eingebrachte Substanz erkennen. Sie „sehen" somit sofort, ob es sich bei der eingeführten Geldkarte um eine Dublette oder das Original handelt. Geldautomaten in anderen Ländern haben diese Möglichkeit nicht. Sie sind für das MM-Merkmal blind und aus diesem Grund wird nahezu ausschließlich im Ausland mit kopierten Geldkarten Geld abgehoben.

Anders bei Kreditkarten. Sofern es sich noch um eine Kreditkarte ohne eingebrachten Gold-Chip handelt, dienen die Daten auf dem Magnetstreifen lediglich dazu, dem Verkäufer das händische Ausfüllen des Beleges abzunehmen. Die Daten werden gelesen und zur Unterschrift auf einen Beleg gedruckt. Zwar muss sich der Fälscher hier etwas mehr Mühe in der Gestaltung der Karte machen, der Aufwand und die erhöhten Kosten rechtfertigen sich jedoch leicht durch den kostenlosen Einkaufsbummel in Elektrofachgeschäften. Selbst die Unterschrift auf der Rückseite muss nicht nachgemacht werden, da sie vor dem Einkaufsbummel in der eigenen Handschrift des Übeltäters eingetragen wird.

Blankokarten gibt es für ein paar Cent im Internet zu kaufen. Sie sind weder illegal noch sonst irgendwie problematisch zu bestellen. Schließlich können sie ja auch zu anderen Zwecken eingesetzt werden, als zum Geld abheben. Hotels und Firmen nutzen sie als Türschlüssel, in Parkhäusern öffnen sie ratternde Rolltore und Krankenkassen speichern Mitgliedsnummern und Namen ihrer Kunden auf ihnen. Lediglich die Hüter des Gesetzes haben wohl einen anderen Blick für die weißen Kärtchen. So habe ich einmal in Münster fast meinen Flug verpasst. Zwar war ich weit über 90 min vor dem Abflug am Flughafen, aber als der junge Zollbeamte in meiner Tasche rund 50 Blankokarten und ein Schreibgerät entdeckte, dauerte die Personenkontrolle plötzlich länger als gewohnt. In seinen Augen blitze die nahende Beförderung durch die Verhaftung eines kriminellen Geldkartenfälschers auf und es dauerte bis zum *last and final boarding call*, um ihn von meiner Unschuld zu überzeugen.

Fälschen von Geldkarten will gelernt sein. Eine simple Kopie zeigt zwar die gleichen Daten im Lesegerät an, Geld lässt sich damit in Deutschland zumindest nicht ergaunern. Sind dann bald auch noch alle Karten mit Chip ausgestattet, wird zumindest hierzulande niemand mit kopierter Karte einkaufen oder Geld abheben. Für einen internationalen Schutz müssten aber auch alle internationalen Geldinstitute ihre Automaten erweitern. Das kann noch ein wenig dauern.

Lukas Podolski darf übrigens weiterhin imitiert werden. Straffrei bleibt das, wenn der Promi dabei nicht in seinem Persönlichkeitsrecht verletzt wird. Satirisch gesehen darf man ihn sogar sagen lassen, dass er niemals denken würde. Obwohl, das hat er ja selbst schon gesagt.[4] In echt!

2.7 Ganz nah – Wie NFC unser Bezahlverhalten verändern wird

Heute, wo alles schnell gehen muss, überlegt man sich am besten vorher, an welcher Schlange im Supermarkt man sich anstellt. Anzahl der Güter in den Einkaufswagen abschätzen und trotzdem die falsche Schlange wählen. Denn was wir nicht wissen ist, wer wie bezahlt. Die Bezahlung mit Bargeld ist durchschnittlich die schnellste Methode. Eine Kartenzahlung dauert dank Verbin-

---

[4] „Nein, ich denke nicht vor dem Tor. Das mache ich nie." Lukas Podolski auf einer DFB-Pressekonferenz.

dungsaufbau und allem Drum und Dran etwa 20–30 s – selbst bei Aldi.

Anders wird das mit der so genannten Near Field Communication, kurz NFC genannt. Rund 80 Mio. Smartphones mit einem integrierten NFC-Chip sollen schon verkauft sein. Wenn dann mal ausreichend viele Supermarktkassen auch einen NFC-Chip haben, geht das Bezahlen endlich superschnell. Handy hinhalten, Betrag bestätigen, fertig. NFC wird unsere Art zu bezahlen revolutionieren, und zwar schon in den nächsten drei bis fünf Jahren.

Soll mit dem Handy bezahlt werden, schreibt der NFC-Standard vor, dass der Aufbau der Verbindung maximal 0,1 s dauern darf. Da kommt kein heutiger Kartenleser mit. Was das ganze besonders sicher machen soll, ist die Tatsache, dass wir am Handy den angezeigten Preis bestätigen müssen und unser Telefon maximal 4 cm von der Kasse entfernt sein darf. Ebenfalls ist es so, dass das Handy komplett passiv agiert, damit auch kein Virus den Preis ändert – diesen gibt alleine die Kasse vor. Weiterhin entscheidet sie exklusiv, welche Geschwindigkeit die Verbindung hat und ob zur Codierung die schnellere Modified-Miller- oder die fehlertolerantere Manchester-Codierung eingesetzt wird. Auf einem rein passiven Gerät kann kein Virus aktiv in den Bezahlvorgang eingreifen – das ist die Idee.

Wollen wir hoffen, dass wirklich alles sicher ist und wir nicht bald fremde Waren bezahlen, weil wir zufällig neben einer Kasse stehen. Aber das wird die Zukunft zeigen – im Alltagstest. Eines ist nur Schade: alte Omis, die den ganzen Betrieb aufhalten, weil sie mit Cent-Stücken 17,24 € zusammenkratzen, werden wir bald nicht mehr sehen. Wieder ein Stück Kindheit weniger.

3

Office-Anwendungen, Dateien & Betriebssystem

3.1 Altpapier und Recycling – Warum gelöschte Dateien gar nicht gelöscht sind

Tagtäglich entstehen in deutschen Haushalten 40.000 t an Altpapier. Ich persönlich glaube ja, dass rund 90 % davon auf die wöchentlichen Einwurfzeitungen entfallen, die uns ungefragt in den Briefkasten gesteckt und trotz flehender Unterlassungsbitten in Form gelber Aufkleber in Hochhäusern pro Bewohner zusätzlich 3-fach in den Hausflur gelegt werden.

Der Rest kommt aus der Wohnung, besteht aus Tageszeitungen, unerwünschten Rechnungen und privater Korrespondenz. Letztere landet in aller Regel vorher unter einem Schreibtisch im Papierkorb, bevor sie dann zum Altpapiercontainer gebracht wird. Unser Papiereimer hat eine weitgehend unbeachtete Komfortfunktion. Landet etwas aus Versehen darin, können Sie es problemlos wieder herausholen. Möglicherweise müssen Sie es glätten, aber das ist auch schon alles.

Ihr Computer hat eine Funktion, die praktischerweise genauso funktioniert. Löschen Sie eine Datei, dann verschieben Sie diese in ein kleines Bildchen – ein Icon – das aussieht wie ein Papierkorb. Stellen Sie zu einem späteren Zeitpunkt fest, dass

T. Schrödel, *Ich glaube, es hackt!*, DOI 10.1007/978-3-658-10858-8_3,
© Springer Fachmedien Wiesbaden 2016

diese Datei doch nicht so unwichtig war, weil es sich um die Zugangsdaten zu Ihrem Schweizer Nummernkonto handelt – kein Problem.

Solange der Papierkorb nicht geleert – also zur virtuellen Altpapier-Presse gebracht – wurde, ist die gewünschte Datei mit wenigen Klicks wieder hergestellt. Selbst das Glätten entfällt, denn Dateien sind bekanntlich knitterfrei.

Das war es aber auch schon mit den Gemeinsamkeiten virtueller und echter Papierkörbe. Nach dem Ausleeren des echten Korbes quetscht eine Altpapier-Presse mit einem Druck von etlichen Tonnen pro Quadratzentimeter den Inhalt auf die Größe eines Umzugskartons zusammen. Dieser Klumpen ist dann klein, aber schwer. Fachkundige sprechen vom „Dirk-Bach-Stadium" des Papier-Recyclings. Wer darin jetzt noch seine Schweizer Zahlenkombination suchen muss, hat echte Probleme.

Leeren Sie hingegen den Inhalt Ihres Windows-Papierkorbes, kommt keine Presse zum Einsatz. Die Dateien werden einfach von der Festplatte gelöscht und sind weg, futsch und fortan in den ewigen Jagdgründen. Sie haben sich mehr oder weniger von der Festplatte in Luft aufgelöst. Sehr umweltfreundlich, das fände sogar Greenpeace toll. Oder ist das alles gar nicht wahr?

Um diese Frage zu beantworten, müssen wir erst einmal verstehen, wie eine Festplatte funktioniert. Stellen Sie sich eine Festplatte einfach als riesige Bibliothek mit zig Millionen von Blättern Papier in Hochregalen vor. In jedem dieser Regale liegen nummerierte Blatt Papier, welches bei Festplatten als Sektor bezeichnet wird. Auf jedes Blatt können wir der Einfachheit halber genau ein Zeichen schreiben. Nehmen wir an, dass es ein Buchstabe ist.

Der Inhalt einer Datei, mit dem Wort GEHEIM zum Beispiel, steht in einzelnen Buchstaben auf sechs verschiedenen Blättern. Diese können – *müssen aber nicht* – hintereinander im gleichen Regal stehen. Je nachdem wie voll die Festplatte ist, verteilt der

Computer die einzelnen Zeichen schlimmstenfalls auf sechs freie Blätter in unterschiedlichen Regalen. Um hier den Überblick zu behalten, ist es notwendig, ein Inhaltsverzeichnis zu erstellen. Der Computer notiert dazu auf einer Karteikarte im Bibliotheks-Register der Festplatte, dass die entsprechende Datei auf Blatt Nr. 220.471, Regal 17 beginnt.

Dort steht nun das G von GEHEIM. Weiter notiert er, dass die nachfolgenden Blätter die Nummern 12.023 (Regal 8), 8.886 (Regal 23), 1.488.914 (Regal 2), 194 (Regal 224) und 943.650 (Regal 8) haben und die Datei dann zu Ende ist.

Soll die entsprechende Datei ausgelesen werden, dann sieht der Computer im Register nach, in welcher Reihenfolge er die Regale ansteuern muss, um dort die richtigen Blätter abzulesen. So weit, so gut. Wird unsere Datei gelöscht, dann kann man annehmen, dass ein Bibliothekar losrennt, die bestehenden Blätter in den Mülleimer wirft und neue Blätter einsortiert. Pustekuchen.

Warum sollte der Bibliothekar mehr tun, als notwendig? Er radiert nämlich lediglich den Eintrag von der Karteikarte des Registers. Ein Schelm zwar, aber die Aufgabe ist erledigt, die Blätter gelten als frei, obwohl die Buchstaben von GEHEIM noch dort stehen.

Werden neue Daten auf der Festplatte gespeichert, wird es passieren, dass das ein oder andere Blatt, auf der noch ein Zeichen unseres Wortes steht, verwendet werden soll. Es gilt schließlich als sauber und verwendbar. Nur mit einem Bleistift bewaffnet, rennt dann ein Mitarbeiter der Bibliothek los, um vielleicht ein L auf das Blatt Nr. 12.023 (Regal 8) zu schreiben.

Dort angekommen, erkennt er, dass es bereits beschrieben ist. Ein großes E prangt auf ihm. Kein Zweifel, es handelt sich um Nr. 12.023, Regal 8, ein Fehler ist ausgeschlossen. Ein neues, leeres Blatt Papier ist nicht zur Hand. Das E wird daher wegradiert, so gut es eben geht, dann ein schönes großes L darüber geschrieben. Schon geht es ab zum nächsten Regal – für den nächsten Buchstaben.

Ökologisch vorbildlich verwendet der Rechner immer wieder das gleiche Blatt. Altpapier gibt es hier nicht.

Lösen wir uns nun allmählich wieder von der Vorstellung, in einer Bibliothek zu sein. Dem Computer fehlt die Papierpresse, daher wird sein Papierkorb auch nicht wirklich geleert. Das muss er auch nicht, denn er wird niemals voll, weil die Blätter mehrfach verwendet werden. Dies wiederum bedeutet aber, dass eine gelöschte Datei gar nicht gelöscht ist. Lediglich der Wegweiser zu den Daten wurde aus dem Register radiert, das Blatt – *bei Bedarf* – überschrieben.

Nun wissen wir schon aus dem sonntäglichen Tatort, dass selbst ausradierte Schriften wieder sichtbar gemacht werden können. Der Leiter des Wiener Kriminalkommissariats, Dr. Siegfried Türkel, hat bereits 1917 eine wissenschaftliche Abhandlung darüber verfasst.

Und das geht – wenn auch nicht mit Infrarot-Fotografie wie beim Graphitstift – natürlich auch bei unserer Festplatte. Spezielle, zum Teil sogar kostenlose Programme können den radierten Wegweiser wieder herstellen. Wurden die Blätter zwischenzeitlich nicht erneut verwendet, stehen die Daten noch immer dort und können problemlos gelesen werden.

Das, was beim versehentlichen Löschen der Urlaubsfotos ein Segen ist, ist bei vertraulichen Daten ein Fluch mit unangenehmen Folgen. Vermeintlich gelöschte Daten können meist problemlos wiederhergestellt werden. Das ausradierte Register wird erneut vervollständigt – fertig. Erst wenn die Daten überschrieben wurden, sind sie unwiederbringlich weg.

Nun ja, nicht ganz, denn die Blätter in unseren imaginären Regalen wurden mit einem Bleistift beschrieben. Selbst wenn bereits ein neues Zeichen auf dem Blatt steht, so kann man das ausradierte darunter doch noch recht gut erkennen.

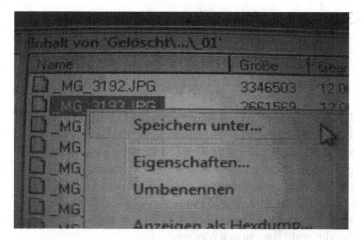

Abb. 3.1 Gelöschte Dateien sind gar nicht immer gelöscht

Bei Festplatten ist das ähnlich. Professionelle Firmen können selbst einmal überschriebene Daten in vielen Fällen wieder herstellen.

Ab Windows Vista und folglich auch mit Windows 7 und 8 überschreibt Microsoft beim Formatieren die Daten wenigstens einmal – sofern Sie nicht die Schnellformatierung gewählt haben. Beim Mac können Sie im Menü des *Finder* den Papierkorb sicher leeren lassen und auch das Festplatten-Dienstprogramm bietet die Möglichkeit, der Formatierung ein mehrfaches Überschreiben der Daten voranzustellen.

Ausrangierte Computer sollten Sie trotzdem nie bei eBay verschachern oder dem Kindergarten stiften, sofern Ihre alte Festplatte Personaldaten enthielt und lediglich normal gelöscht oder formatiert wurde (Abb. 3.1).

3.2 Rohstoffverschwendung im Sinne des Datenschutzes – Wie Dateien wirklich sicher gelöscht werden können

Einige Firmen verzichten ganz bewusst auf Garantieansprüche. Fällt die Festplatte eines Rechners während der Gewährleistungszeit aus, dann kaufen sie auf eigene Rechnung eine neue Festplatte. Die Alten und Defekten werden im Sommer bei einem großen Barbecue in einem Schmelzofen vernichtet.

Was hier sowohl wirtschaftlich als auch im Sinne des Umweltschutzes unsinnig erscheint, schützt aber sehr zuverlässig vor Schelte und Häme in den Medien.

Der Grund für diese drastische Maßnahme liegt im „Tauschteile-Kreislauf". Geht Ihre Festplatte mit Garantieanspruch kaputt, sendet der Hersteller eine Austausch-Festplatte – meist noch am selben Tag. Sie schicken dafür die defekte einfach zurück.

Um Geld zu sparen, versucht der Computerbauer Ihre Festplatte zu reparieren und an jemand anderen zu verschicken – um dessen Garantieanspruch zu genügen. Das heißt, Sie haben ziemlich sicher die alte, reparierte Platte einer wildfremden Person und Ihre landet auch wieder irgendwo auf diesem Planeten. Natürlich sind die Daten gelöscht – aber wie gut, das entzieht sich unserer Kenntnis.

Das Bundesamt für Sicherheit in der Informationstechnik (BSI) empfiehlt vor dem Löschen das siebenfache Überschreiben der Daten. Erst dann ist eine Datei wirklich sicher unlesbar und unwiederbringlich weg. Programme zum Wiederherstellen von Dateien können zwar trotzdem noch erfolgreich sein, der Inhalt der geretteten Datei wird jedoch völlig sinnfrei bleiben.

Dieses Überschreiben erledigen Programme für Sie, die es zum Teil sogar kostenlos im Internet gibt. Zufällige Kombinationen von Nullen und Einsen füllen die Datei dann bis zum letzten Byte.

Wenn das denn bei einer defekten Platte überhaupt noch geht! Das Henne-Ei-Problem kann ein derartiges Programm nämlich auch nicht lösen. Kann ich meine Daten mit solchen Programmen noch mehrfach überschreiben, wird die Festplatte so defekt gar nicht sein. Ist sie es doch, dürfte es aber selbst für versierte Anwender schwierig werden, das Programm zum mehrfachen Überschreiben darauf zu starten.

Wir müssen also darauf *vertrauen*, dass die Hersteller – und auch deren Subunternehmer – Verfahren einsetzen, die unsere Daten sicher und rückstandsfrei löschen. Doch, darauf *vertraut* zu haben, ist die denkbar schlechteste Antwort, wenn der Vorstand von Ihnen wissen möchte, wie die Presse an die Umstrukturierungspläne gekommen ist.

Auch wenn sicherlich nicht alle Festplattenbauer über den gleichen Kamm geschoren werden können, werde ich doch regelmäßig zu alternativen Löschmethoden alter oder defekter Festplatten befragt.

Besonders gerne werden Festplatten mit Bohrmaschinen gelocht, was zwar ein Abheften ermöglicht, aber ebenso Spezialfirmen die Möglichkeit bietet, Daten um die Löcher herum auszulesen. Kostenpunkt: mehrere tausend Euro und keine wirklich sichere Lösung für wirtschaftlich genutzte Speichermedien.

Einen Magneten einzusetzen ist eine nette Idee, die aber nur mit immens starken und speziell geformten Magnetitkörpern Sinn macht. Ein Haushaltsmagnet – und sei er noch so stark – wird einer modernen Festplatte kein einziges Byte krümmen.

Es ist also lediglich eine Frage des Aufwands und der damit verbundenen Kosten, um an Daten gelöschter Festplatten zu kommen. Der australische Professor Gutman behauptet übrigens, dass nicht siebenfaches, sondern erst ein 35-faches Überschreiben der Daten ausreicht. Er könne sonst mit seinem Elektronenmikroskop immer noch Abweichungen in der Lage der geladenen Teilchen feststellen. Aber wer hat ein derartiges Vergrößerungsglas schon zu Hause.

3.3 Weitere Informationen finden Sie im Kleinstgedruckten – Was an versteckten Informationen in Word-Dokumenten steht

Jedes Kind weiß, dass eine heiße Badewanne erst dann so richtig gut tut, wenn man sich vorher vernünftig eingesaut hat. Das stimmt zwar, doch ist das angesprochene vorherige Einsauen für Erwachsene gar nicht so einfach. Muss man doch tief runter auf den Boden, und im Schlamm wühlen. Das kostet Überwindung und unnötig Auffallen tut man auch.

Es muss also einen wirklich guten Grund geben, wenn wir uns durch Erde wühlen sollen. Ein Schatz zum Beispiel, der im Vorgarten vergraben wurde. Schlammfrei geht das Wühlen in digitalen Briefen und Dateien. Dann brauchen wir mangels Dreck gar keine nasse Körperpflege, finden in aller Regel aber auch ein paar echte Schätze – Metadaten nämlich.

Die meisten Menschen schreiben mit Microsoft Office ihre Korrespondenz auf dem Computer. WinWord ist vom Prinzip her nichts anderes als ein Internet-Browser. Letzterer stellt Ihnen den Inhalt einer HTML-Datei aus dem Internet grafisch aufbereitet dar. Überschriften werden groß geschrieben, wichtige Stellen in roter Schrift dargestellt und unterstrichen oder an der richtigen Stelle ein Bild positioniert.

Das gleiche macht WinWord, allerdings nicht mit HTML-Dateien, sondern mit DOC-Dateien. Auch hier können Sie Schriftgröße, Schriftart und Farbe selbst einzelner Textstellen bestimmen und festlegen. Öffnet jemand diese DOC-Datei, sieht auf dem Monitor alles wieder so aus, wie Sie es verfasst haben.

Damit das so funktionieren kann, muss WinWord die Informationen über Schriftgrad, Farbe und Zeichensatz speichern – und zwar neben dem Text in der gleichen Datei. Diese Informationen werden Metadaten genannt und meist durch so genannte nicht-darstellbare Zeichen symbolisiert. Computer kennen ja nicht nur A bis Z, 0 bis 9 und ein paar Satzzeichen, sie kennen System-Zeichen, die zum Beispiel das Ende einer Datei markieren. So wie ein Straßenschild etwas symbolisiert, was ein Kraftfahrer erkennt und dementsprechend handeln kann.

Es gibt Programme, die auch die nicht-darstellbaren System-Symbole lesen können und diese in der Anzeige durch ein Symbol ersetzen. Ein HEX-Editor ist so ein Programm und was nach Hexerei klingt, hat letztlich gar nichts damit zu tun. HEX steht für hexadezimale Darstellung. Das ist nur ein anderes Zahlensystem, vergleichbar mit den römischen Zahlen. Hier wird die 19 ja auch anders geschrieben, nämlich XIX.

Öffnet man eine DOC-Datei mit so einem HEX-Editor, dann können Sie alle Steuerzeichen und Formatierungen sehen. Das wenigste davon erscheint für uns lesbar. Meist sind es Symbolreihen, die Word für Randbreite oder Schriftart interpretieren kann. Es gibt durchaus aber auch lesbare Stellen und die haben es wahrlich in sich.

Da steht dann zum Beispiel im Klartext der Dateiname des Dokumentes samt Verzeichnis, in dem es gespeichert ist. Erst einmal kein Problem und wahrlich kein Geheimnis. Anders sieht es aus, wenn Sie die Datei – leicht verändert – unter einem anderen Dateinamen neu gespeichert haben. In diesen Fällen finde ich nämlich mit dem HEX-Editor den alten und den neuen Dateinamen.

Machen Sie das öfter, kann ich zumindest die letzten zehn Dateinamen auslesen. Metadaten sei Dank. Diese gespeicherten Informationen benötigt WinWord übrigens, um Ihnen Komfort-Funktionen zu bieten. Ohne Metadaten wäre es nicht möglich, Textänderungen zu verfolgen, zurückzunehmen oder das Dokument automatisch alle fünf Minuten zu speichern. Metadaten sind also durchaus nützlich und wichtig. Eine Textverarbeitung ohne Komfortfunktionen würde heute niemand mehr verwenden.

Aktuelle Versionen von Microsoft Office speichern mittlerweile standardmäßig im DOCX-Format. Hier sind deutlich weniger Metadaten zu auslesbar, die auch inhaltlich keine Geheimnisse verraten (Autor, Keywords). Es empfiehlt sich aber, alte noch im Gebrauch befindliche Dateien im neuen Format zu speichern.

Vor einigen Jahren erreichte mich die Bewerbung eines Mannes. Er wollte einen gut bezahlten Job als Systemintegrator haben. Standesgemäß schickte er also keine Mappe mit Papier, sondern eine E-Mail.

Der Anhang seiner Nachricht enthielt neben einem Foto und eingescannten Zeugnissen auch ein Anschreiben – und zwar als Word-Dokument in Form einer DOC-Datei. Lange haben wir diskutiert, ob er die fachlichen Kriterien erfüllt, um eine Einladung zum Gespräch zu bekommen. Leider waren seine Angaben etwas wässerig und nicht ganz klar – wir uns daher nicht so sicher.

Erst ein Blick auf die Metadaten seiner Datei gab uns Klarheit. Herr Klotz (der in Wirklichkeit Klatz heißt, aber aus Datenschutzgründen hier Klotz genannt wird) verwendete als Dateinamen das Muster „*Eigene Dateien\Bewerbung\Firma*". Die entsprechenden Metadaten zeigten mir, dass Herr Klotz die Datei anfänglich „*Bewerbung\jbh.doc*" nannte.

JBH? Was soll das sein, habe ich mich gefragt. Ein Blick in die Zeitung zeigte schnell, dass eine Firma mit eben diesem Namen, in der gleichen Zeitung wie wir, eine Stelle ausgeschrieben hatte. Und genau diese Anzeige war es wohl, die den wechselwilligen Herrn Klotz dazu animierte, seine Bewerbung zu tippen.

Anschließend änderte er Anschrift und Anrede. Dann ein Klick im Menü auf „*Speichern unter …*" und die im Wortlaut identische Datei landete unter anderer Bezeichnung, nämlich „*Bewerbung\Knorrbremse*", im gleichen Ordner unter „*Eigene Dateien*" (Abb. 3.2).

Der gute Herr Klotz wollte gar nicht zu uns. Die Stellenbeschreibungen, die ihn in erster und zweiter Linie ansprachen, gab

```
                                  yy        o e m 5 C : \
E i g e n e   D a t e i e n \ B e w e r b u n g \ 0 1 0 7 2 8 j
b h \ A n s c h r e i b e n . d o c     o e m 6 C : \ E i g e n
e   D a t e i e n \ B e w e r b u n g \ 0 1 0 7 2 8 j b h \ A n
s c h r e i b e n 1 . d o c     o e m 6 C : \ E i g e n e   D a
t e i e n \ B e w e r b u n g \ 0 1 0 7 2 8 j b h \ A n s c h r
e i b e n 1 . d o c     o e m 6 C : \ E i g e n e   D a t e i e
n \ B e w e r b u n g \ 0 1 0 7 2 8 j b h \ A n s c h r e i b e
n 1 . d o c     o e m + C : \ E i g e n e   D a t e i e n \ B e
w e r b u n g \ A n s c h r e i b e n . d o c     o e m + C : \
E i g e n e   D a t e i e n \ B e w e r b u n g \ A n s c h r e
i b e n . d o c     o e m = C : \ E i g e n e   D a t e i e n \
B e w e r b u n g \ 0 1 0 7 2 8 K n o r r B r e m s e \ A n s c
h r e i b e n . d o c     o e m = C : \ E i g e n e   D a t e i
e n \ B e w e r b u n g \ 0 1 0 7 2 8 K n o r r B r e m s e \ A
n s c h r e i b e n . d o c     o e m : C : \ E i g e n e   D a
t e i e n \ B e w e r b u n g \ 0 1 0 7 2 8 T S y s t e m s \ A
n s c h r e i b e n . d o c     o e m : C : \ E i g e n e   D a
t e i e n \ B e w e r b u n g \ 0 1 0 7 2 8 T S y s t e m s \ A
n s c h r e i b e n . d o c y@ € z   z   0 d   z       ^
```

Abb. 3.2 Metadaten in einem Word-Dokument

es bei der Konkurrenz – bei JBH und bei KnorrBremse! Wir waren lediglich dritte Wahl! Hätten Sie den Bewerber eingeladen? Oder anders gefragt: Möchten Sie Alternativ-Arbeitgeber sein?

Unser Herr Klotz ist nicht alleine auf der Welt. Auch andere schicken Metadaten durchs Netz und wundern sich, dass wir Dinge erfahren, die uns nichts angehen.

Der frühere britische Premier Tony Blair kann ein Lied davon singen. Durch Metadaten wurde nachgewiesen, dass ein Dokument, welches seine Mitarbeiter dem damaligen amerikanischen Außenminister Colin Powell schickten, etwas nachgewürzt wurde. So verkündete Powell vor den Vereinten Nationen in New York, dass das irakische Regime unter Saddam Hussein die britische Botschaft ausspioniere.

Nicht wissend jedoch, dass kurz vorher noch „beobachten" und nicht „spionieren" in dem Bericht stand. Metadaten zeigen uns auch, welcher Mitarbeiter Tony Blairs für diesen politischen Pfeffer verantwortlich war. Colin Powell bezeichnet diese Rede heute als größte Pleite seiner Karriere (Abb. 3.3).

```
                                          yy        c i c 2 2
J C : \ D O C U M E ~ 1 \ p h a m i l l \ L O C A L S ~ 1 \ T e
m p \ A u t o R e c o v e r y   s a v e   o f   I r a q   -   s
e c u r i t y . a s d   c i c 2 2 J C : \ D O C U M E ~ 1 \ p h
a m i l l \ L O C A L S ~ 1 \ T e m p \ A u t o R e c o v e r y
    s a v e   o f   I r a q   -   s e c u r i t y . a s d   c i c
2 2 J C : \ D O C U M E ~ 1 \ p h a m i l l \ L O C A L S ~ 1 \
T e m p \ A u t o R e c o v e r y   s a v e   o f   I r a q   -
    s e c u r i t y . a s d   J P r a t t   C : \ T E M P \ I r a
q   -   s e c u r i t y . d o c   J P r a t t   A : \ I r a q
-   s e c u r i t y . d o c   a b l a c k s h a w : C : \ A B l
a c k s h a w \ I r a q   -   s e c u r i t y . d o c   a b l a
c k s h a w # C : \ A B l a c k s h a w \ A : I r a q   -   s e
c u r i t y . d o c   a b l a c k s h a w   A : \ I r a q   -
    s e c u r i t y . d o c   M K h a n   C : \ T E M P \ I r a q
-   s e c u r i t y . d o c   M K h a n ( C : \ W I N N T \ P r
o f i l e s \ m k h a n \ D e s k t o p \ I r a q . d o c   þyy
```

Abb. 3.3 Mitarbeiter von Tony Blair hatten Probleme mit Microsoft-Produkten, tauschen Dateien mit Disketten aus und geben die Struktur ihrer Benutzerkennungen bekannt

Auch deutsche Behörden sind nicht zimperlich in der Weitergabe von Informationen in Form von Metadaten. Die Bundes-Netzagentur – früher bekannt unter dem Namen Regulierungsbehörde – veröffentlicht auf ihrer Webseite Word-Dokumente. Diese enthalten für Hacker durchaus sachdienliche Hinweise wie Lizenznehmer, Servernamen des lokalen Netzes und die interne Bezeichnung der dazu passenden Abteilungen.

Warum die Bundes-Netzagentur ihre MS-Office-Lizenz auf den Namen *„Ein geschätzter Microsoft Kunde"* registriert hat, bleibt ein Rätsel. Da werden doch keine Geschenke in Form von Lizenzen an deutsche Regierungsbehörden geflossen sein? (Abb. 3.4).

Bei einem PDF-Dokument hätte ich das nicht finden können. Auch RTF- oder TXT-Dateien beinhalten keine oder nur wenige Metadaten.

```
01S003\REF02$\Netzbetreiberdef.doc Ein geschätzter Microsoft-Kun
de*\\ITBONN01S003\REF02$\Netzbetreiberdef.doc Ein geschätzter Mi
crosoft-Kunde*\\ITBONN01S003\REF02$\Netzbetreiberdef.doc Ein ges
chätzter Microsoft-Kunde*\\ITBONN01S003\REF02$\Netzbetreiberdef.
doc REGTPQ\\3000-INTRA\HOMEPAGEREGTP\Aktuelles\Netzbetreiberdefi
nition\Netzbetreiberdef.doc REGTP:C:\Programme\Microsoft FrontPa
ge\temp\Netzbetreiberdef.docyßAcrobat PDFWriter LPT1: PDFWRITR A
crobat PDFWriter Acrobat PDFWriter                          d
```

```
.doc BAPTg\\ITMAIN01C005\REF_112$\Internet-Veroeffentlichung\112
-1\Word-Seite(n)\Februar2001\Anzeigeformblatt.doc Ein geschätzte
r Microsoft-Kunde*\\ITMAIN01C005\REF_112$\Internet-Veroeffentlic
hung\112-1\Word-Seite(n)\Februar2001\Anzeigeformblatt.doc Ein ge
schätzter Microsoft-Kundeg\ITMAIN01C005\REF_112$\Internet-Veroe
ffentlichung\112-1\Word-Seite(n)\Februar2001\Anzeigeformblatt.do
cyßBrother HL-1260e \\Itsaar01c001\itsaar01d012 brohl96c Brother
HL-1260e Brother HL-1260e              " Ð
```

Abb. 3.4 Eine Behörde verrät Details ihrer Netzstruktur und den verwendeten Druckern in den Referaten 02 und 112

Wenn Sie unbedingt ein Word-Dokument verschicken möchten, können Sie das natürlich tun. Sie sollten es nur vorher säubern. Kopieren Sie den Inhalt des Briefes in ein leeres Dokument– ein schneller Dreifach-Klick am linken Rand hilft dabei.

In neuen MS-Office-Versionen finden Sie im Menü *Datei* einen Befehl, der *Metadaten entfernen* heißt. Dieser Befehl lässt sich als Plugin auch für ältere Office-Versionen nachladen. Suchen Sie dazu auf der Microsoft-Webseite nach *Office Hidden Data Removal Tool.*

Den Herrn Klotz habe ich übrigens doch noch zum Gespräch eingeladen. Zugegeben, Chancen auf die Stelle hatte er keine, aber ich wollte es mir einfach nicht nehmen lassen, ihn am Ende noch zu fragen, ob er denn von JBH und KnorrBremse schon etwas gehört habe. Auf Fragen vorbereitet zu sein, sieht anders aus.

3.4 Wer hat Angst vorm schwarzen Mann – Wie man anonymisierte Textstellen in PDF-Dokumenten sichtbar macht

Rassismus scheint in der Grundschule schon immer ein Problem gewesen zu sein. Da werden Negerküsse auf Schulfesten verkauft und im Sportunterricht bringen sich Kinder in Sicherheit, um nicht vom Schwarzen Mann gefangen zu werden.

Unwissende Eltern erscheinen sogar in den Sprechstunden und verlangen eine zeitgemäße Namensanpassung des, zur Muskelerwärmung eigentlich klug eingesetzten, Laufspiels.

Was political correct erscheint, schießt völlig am Ziel vorbei – oder besser am Ursprung. Als in Europa die Pest wütete, mussten die Totengräber die Leichen gleich karrenweise zum Friedhof fahren. Um sich nicht selbst anzustecken, trugen sie schwarze Kutten mit gleichfarbigen Kapuzen und Handschuhen. Sah man diese nach Dienstschluss durch die Gassen nach Hause gehen, rannte man besser davon. Man kann ja nie wissen. Ein rassistischer Hintergrund bei der Namensgebung scheidet daher als Motiv aus.

Früher selbst Flüchtender in muffigen Turnhallen, macht mir der Schwarze Mann heute natürlich keine Angst mehr. Als Kind allerdings hat mir dieses alte Spiel doch arg zu schaffen gemacht. Manchmal hatte ich abends das Gefühl, dass der Schwarze Mann in meinem Kleiderschrank nur darauf wartete herauszukommen, um mich ganz fürchterlich zu erschrecken.

Ich zog mir die Decke über den Kopf. Das hat geholfen, was an der Tatsache liegt, dass Kinder glauben, man sieht sie nicht, wenn sie selbst wegsehen. Dabei hilft ihnen die Bettdecke. Einmal über den Kopf gezogen, fühlen sie sich sicher, geborgen und auch unsichtbar.

Eine phantastische Idee, die heute noch vom amerikanischen Militär verwendet wird. Zwar ohne Bettdecke, aber was man nicht sieht, ist nicht da – denkt man. Wohl wissend, was Herrn Klotz, Colin Powell und Tony Blair mit Metadaten in Word-Dokumenten passiert ist, veröffentlicht die Army ihre Dokumente im PDF-Format.

Das Portable Data Format von Adobe ist nahezu auf jedem Rechner lesbar und bietet die Möglichkeit, das Dokument in verschiedenen Stufen zu schützen. Der Autor kann bestimmen, ob der Leser Textbausteine kopieren, das Dokument drucken oder sogar verändern darf. Und Metadaten wie in WinWord? Fehlanzeige – zumindest nicht in dem Ausmaß, dass sie einem schaden könnten.

Geheimdokumente der Army werden in verschiedenen Stufen klassifiziert. Enthält das Dokument Informationen, die uns Zivilisten nichts angehen, wird es entweder nicht veröffentlicht oder die Informationen nur Soldaten ab einem bestimmten Dienstgrad zugänglich gemacht.

So kam es auch, als am 04. März 2005 an einem Checkpoint in Bagdad Schüsse fielen. Das Fahrzeug der kurz zuvor aus Geiselhaft befreiten italienischen Journalistin Giuliana Sgrena wurde beschossen, als es sich einem TCP – Traffic Control Point – näherte. Der italienische Agent Nicola Calipari wurde tödlich getroffen, Frau Sgrena verletzt.

Der Aufschrei – nicht nur in Italien – war groß. Wie nur konnte es passieren, dass das Fahrzeug beschossen wurde? Um das zu klären, wurde – wie bei jedem anderen Vorfall dieser Art auch – eine Untersuchung eingeleitet und ein Bericht angefertigt. Einige der dort genannten Informationen sind militärische Geheimnisse, daher wurde der Bericht klassifiziert.

Die Amerikaner sendeten den Italienern ein PDF-Dokument. Es war die freigegebene, nicht klassifizierte Version des Berichts. Neben den Namen der involvierten GIs und deren Kompaniezugehörigkeit wurden alle brisanten Passagen geschwärzt, also mit einem schwarzen Balken überpinselt. Wie bei der Bettdecke dachten wohl alle, dass das, was man nicht sieht, auch nicht da ist.

Pech gehabt, denn was da pechschwarz übermalt wurde, stellte sich kurzerhand als schwarzer Text auf schwarzem Hintergrund heraus und italienische Zeitungen konnten kurze Zeit später die eigentlich klassifizierte Original-Version veröffentlichen.

Die Amerikaner hatten zum Erstellen des PDF-Dokuments den Adobe Distiller oder PDF-Writer verwendet. Das ist nichts anderes als eine Textverarbeitung – bloß halt nicht von Microsoft. Diese Programme haben auch Komfort-Funktionen, also müssen sie zwangsläufig auch Metadaten beinhalten.

Ein in dem Bericht großflächig schwarz übermaltes Kapitel listet Tricks auf, mit denen Terroristen an anderen Checkpoints bereits Sprengsätze zur Detonation gebracht haben. Hier sollte wohl erklärt werden, warum die jungen GIs so nervös reagiert und das Feuer eröffnet haben. Um zu vermeiden, dass andere Attentäter von dieser Auflistung an anderen Orten profitieren könnten, wurde dem Absatz die Bettdecke übergestülpt.

Was Kinder und das amerikanische Militär aber nicht bedenken, ist die Tatsache, dass sich die Bettdecke ausbeult, wenn da jemand liegt. Jeder erkennt, dass da mehr drunter steckt als man sieht.

Wenn uns also interessiert, was in der Auflistung der Amerikaner steht oder wie die beteiligten Soldaten heißen, dann müssen wir den geschwärzten Stellen im PDF-Dokument nur die vermeintlich schützende Decke wegziehen. Dies geschieht durch markieren des Textes und ein hinüberkopieren in eine andere Textverarbeitung.

Was vorher nur hochrangigen Militärs zugänglich war, ist nun im Klartext für jeden lesbar, den es interessiert. Beim Umweg über die Windows Zwischenablage des Computers geht die Formatierung verloren, so dass das, was vorher Schwarz auf Schwarz war, nun Schwarz auf Weiß geschrieben steht (Abb. 3.5).

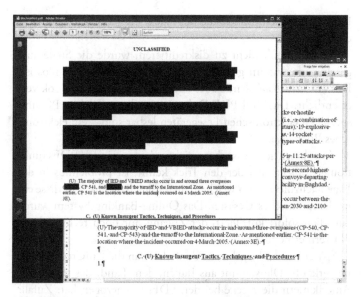

Abb. 3.5 Anonymisierter Text aus einem PDF-Dokument, sichtbar gemacht durch Kopieren über die Zwischenablage

Adobe hat diesen Fehler umgehend korrigiert. Viele Firmen statten ihre Arbeitsplätze aber schon aus finanziellen Gründen mit kostenlosen Programmen zum Erstellen von PDF-Dokumenten aus. Diese sind oft nicht annähernd so gut gepflegt wie ein „Premium-Produkt" und weisen diesen „Bug" daher auch heute noch auf. Das musste eine amerikanische Zeitung im Jahr 2015 erfahren, als sie ein NSA-Dokument von Edward Snowden veröffentlichte – und ungewollt den eigentlich geschwärzten Namen einer NSA-Agentin als Autorin der Präsentation verrieten. Solche Fehler passieren aber nicht nur Amerikanern und Briten.

Der Hacker Thomas Vossenberg hat im Jahr 1999 ein Buch veröffentlich, das *Hackerz Book*. Darin beschreibt er minutiös, wie es ihm gelang, das Online-Banking-System einer deutschen

Bank zu knacken. Ein exzellenter Hack, der großen Respekt verdient.

Um die Bank nicht zu diskreditieren, wurde die Stelle ausgeschwärzt, was im gedruckten Buch sicherlich problemlos ist. Das *Hackerz Book* wurde aber auch als so genanntes eBook veröffentlicht. Das sind PDF-Dokumente, die auf jedem PC und speziellen elektronischen Lesegeräten lesbar sind – ein elektronisches Buch also.

Zwar beschrieb Vossenberg nicht, wie das mit den PDFs funktioniert, aber jeder, der den Trick kennt, ist problemlos in der Lage nachzulesen, um welche Bank es sich handelte. Für diese ein medienpolitisches Desaster. Das Online-Banking-System wurde natürlich sofort korrigiert, der Zugang nur noch rechtmäßigen Nutzern ermöglicht.

Später wurde die gehackte Bank dann an die UniCredit Gruppe verkauft. Die stammt aus Italien, dem Land, das schon den Amerikanern die Decke bei den PDFs weggezogen hat. Zufall? Oder haben die cleveren italienischen Manager gewusst, dass das Aktienpaket der Bank kurz nach einer Veröffentlichung des erfolgreichen Hacker-Angriffs deutlich günstiger zu haben sein wird? Complimente!

3.5 Wer lesen kann, ist klar im Vorteil – Wie man mit falschen Fehlermeldungen Schadcode installieren kann

Bei der täglichen Arbeit auf einem Windows-Rechner bleibt es nicht aus, dass in regelmäßigen Abständen irgendwelche Fenster auftauchen und den Nutzer wegen irgendetwas um Erlaubnis bitten. Das nervt und die wenigsten lesen den Text wirklich durch, um dann die richtige Wahl zu treffen.

Hacker nutzen das aus, indem sie mit falschen Meldungen den Nutzer dazu bringen, Schadcode mit den Rechten des Users auf dem Rechner zu starten.

Ein Objekt, das dazu gerne genutzt wird, ist ein PDF-Dokument. Soll bei der Ansicht des Dokuments parallel noch eine Datei gestartet werden, wird der Reader nachfragen, ob Sie das zulassen wollen. Dabei wird der aufzurufende Befehl extra noch in einem kleinen Fenster angezeigt.

Dieses Fenster ist eine Sicherheitsfunktion. Da bei der Ansicht eines PDF-Dokumentes auf Ihrem Rechner Programme gestartet werden können, sollen Sie dies bestätigen. Und wenn Sie sich jetzt fragen, warum bei der Ansicht eines Textdokuments im Hintergrund Programme gestartet werden sollten, dann kann ich Ihnen sagen, dass das Sinn ergibt. Bei elektronischen Weihnachtsgrußkarten im PDF-Format zu Beispiel, wäre es doch der Jahreszeit angemessen, wenn der Mediaplayer auf Ihrem Rechner gleichzeitig beginnt, Last Christmas von WHAM! Zu dudeln. Damit der Absender der PDF-Datei aber nicht heimlich Schadcode auf Ihrem Computer ausführt, zeigt der Reader Ihnen an, was gestartet werden soll.

Dummerweise ist das Feld, das den Befehl anzeigt, sehr klein – drei Zeilen passen da hinein. Eine wunderbare Möglichkeit, nach dem bösartigen Befehl noch einen Zeilenumbruch und eine erfundene Fehlermeldung anzuhängen. Letztere wird auch noch hervorgehoben. Wer es eilig hat und nicht aufmerksam den ganzen Text liest, hat ganz bald einen Schädling auf dem Rechner (Abb. 3.6).

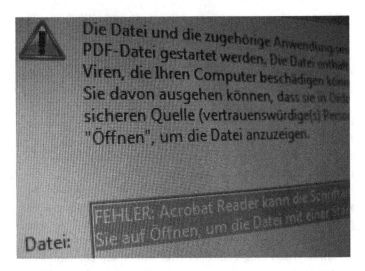

Die Datei und die zugehörige Anwendung...
PDF-Datei gestartet werden. Die Datei enthält
Viren, die Ihren Computer beschädigen könn...
Sie davon ausgehen können, dass sie in Ord...
sicheren Quelle (vertrauenswürdige(s) Perso...
"Öffnen", um die Datei anzuzeigen.

FEHLER: Acrobat Reader kann die Schrifta...
Sie auf Öffnen, um die Datei mit einer sta...

Datei:

Abb. 3.6   Eine gefälschte Fehlermeldung in einem PDF-Reader

3.6 Turbolader – Warum der Computer immer langsamer wird und was dagegen hilft

Im neuen Berliner Flughafen sollte eine Rauchabzugsanlage gebaut werden, die den Rauch nach unten absaugt. Völlig überraschend funktioniert sie nicht, weshalb – unter anderem – gleich der ganze Flughafen nicht eröffnen konnte. Völliger Unsinn, wie ich finde – natürlich funktioniert die Anlage. Wenn Rauch da unten wäre, würde der auch abgesaugt. Gut, jetzt ist Rauch meistens oben und nicht unten, aber der armen Abzugsanlage gleich zu unterstellen, sie würde nicht funktionieren, ist nicht fair.

Genauso unfair ist es, dem heimischen Computer zu unterstellen, er würde immer langsamer. Alleine das Starten dauert plötzlich Minuten, was am Anfang – kurz nach dem Kauf – noch in Sekunden geklappt hat. Völliger Quatsch, natürlich ist der Rechner genauso schnell wie nach dem Kauf. Die Hardware ist nicht schuld, dass der Bootvorgang so lange dauert wie ein Frühstücksei. Er hat nur mehr zu tun! Oder glauben Sie, dass der Computer schon von Werk aus 187 unnötige Programme beim Start laden soll? Natürlich nicht, die haben Sie ihm in monatelanger Fleißarbeit aufgespielt, nie (sauber) gelöscht und jetzt wundern Sie sich, dass der Bootvorgang so lange dauert?

Nun gut, es kommt ja noch etwas hinzu. Die Programme, die Sie zwar nie selbst installiert haben, die aber trotzdem auf Ihrem Rechner sind. Das können Viren sein, Schadsoftware also, die sich in dem Zeitfenster installiert hat, zu dem sie noch unbekannt war. Da konnte Sie der Virenscanner nicht schützen. Es ist daher ratsam, immer wieder mal einen kompletten Scan der Festplatten zu machen und nicht nur den Echtzeit-Scan laufen zu lassen. Letzterer erfasst nämlich nur just in diesem Moment gestartete oder aufgerufene Dateien. Daher versuchen sich Virenscanner immer möglichst früh beim Systemboot zu starten. Leider gelingt es einigen Schadprogrammen noch vor dem Virenscanner zu laufen und umgehen so die Laufzeit-Erkennung. Eine regelmäßige Überprüfung, was da überhaupt alles gestartet wird, schadet also nicht. Es gibt gute (und kostengünstige, teils sogar kostenlose) Programme, die so etwas automatisch übernehmen. Die bekanntesten dabei dürften WinOptimizer bzw. CCleaner und Wise Registry Cleaner sein. Sie entfernen unnötige Programme und/oder bereinigen die Registry.

Sie werden sehen, der Rechner startet gleich etwas schneller. So richtig Vollgas gibt er aber, wenn sie ihm mal etwas mehr Speicher spendieren. Schon für den Preis von zwei, drei Autowäschen bekommen Sie Speicherbausteine, die im Zweifel auch der Sohn vom Nachbarn für 'nen Fünfer in genauso vielen Minuten einbaut. Das ist wie einem Trabbi einen Turbolader unter die

Motorhaube zu schweißen – Verzeihung, zu kleben. So schnell haben Sie Ihren Rechner noch nie erlebt, selbst unmittelbar nach dem Kauf nicht. Versprochen.

3.7 Made in USA – Warum man in sicherheitsrelevanten Bereichen auf Software aus den USA verzichtet

Die Amerikanische Sicherheitsbehörde NSA speichert alle E-Mails, Chats, Telefonate und aufgerufenen Internetseiten, die über die Systeme von Facebook, Yahoo, Skype, Apple und Microsoft gehen. Aus Sicherheitsgründen natürlich nur. Und selbstverständlich werden nur die gelesen, die von Terroristen sind. Bei allen anderen, also von uns, unseren Ärzten, Rechtsanwälten und Priestern könne das „nur zufällig" passieren, heißt es in einer Pressemitteilung. Und natürlich wurde das erst erzählt, nachdem Edward Snowden das alles publik gemacht hat.

Was Datenschutz angeht, leben wir in Deutschland echt auf einer Insel der Glückseligen. Allen Skandalen bei Lidl & Co. zum Trotz, hat Deutschland einen überwiegend funktionierenden Datenschutz. Ein Datenschutzbeauftragter (m/w) ist in jedem Unternehmen Pflicht, das größer als eine Imbissbude ist.

Blöd an der ganzen Geschichte ist nur, dass die meisten Systeme auch in Deutschland mit Produkten aus Amerika laufen, von Herstellern, die der NSA direkten Zugriff auf Daten gegeben haben. Windows ist am weitesten verbreitet, wer einen Mac hat, hat OS X und wer Facebook oder Skype nutzt, nutzt amerikanische Server. Wenn man also nicht komplett ohne die digitale Welt auskommen kann oder will, dann kommt man auch um US-Produkte nicht herum.

Vor ein paar Jahren war das anders. Siemens baute Handys, Konrad Zuse den ersten Computer. Es gab deutsche Suchmaschinen und mit StudiVZ sogar so etwas ähnliches wie Facebook. Fast alles davon ist heute vom Markt verschwunden oder pleite.

Man kann aber auf amerikanische Systeme in Netzwerken durchaus verzichten. In Europa und Südamerika gibt es Spezialisten für diverse Netzwerkkomponenten. So finden Sie in Franken einen der führenden Hersteller von VPN-Software zum Aufbau einer sicheren, verschlüsselten Verbindung zwischen dem Laptop eines Außendienstlers und seiner Firma. In einem Vorort von München hingegen bauen Experten Firewalls ohne Hintertüre.

Die amerikanische Vorherrschaft bringt nämlich noch ganz andere Nachteile mit sich. Klar ist es sinnvoll, dass Microsoft Lizenzschlüssel, die in Tauschbörsen hundertfach weitergegeben und genutzt werden, auf *„ungültig"* setzt und somit deaktivieren kann. Diese Fähigkeit bedeutet aber auch in letzter Konsequenz, dass ein amerikanisches Unternehmen in der Lage ist, alle Lizenzschlüssel und somit alle Rechner eines Landes zu deaktivieren und so große Teile der Infrastruktur lahm zu legen.

Betreibt man also eine sicherheitskritische Infrastruktur, dann macht man es besser so, wie die Europäische Weltraumagentur (ESA). Sie ließ vor einigen Jahren das Netzwerk der Bodenkontrollstation ihrer ISS-Module gänzlich ohne Software aus Amerika bauen. Gegen Eindringlinge wurden die Firewalls aus Bayern verbaut und das Betriebssystem durfte keinesfalls von Microsoft stammen. Es wurde das quelloffene LINUX eingesetzt. Allerdings ging es hier nicht um mitlesende Geheimdienste. Man hatte einfach Angst davor, dass in zehn Jahren bei einem Problem mit dem Rechner der Sauerstoffversorgung auf der ISS die Antwort kommt: „Tut uns leid, für Windows XP haben wir den Support bereits 2014 eingestellt."

3.8 Bildausfall – Warum es heute wirklich keine Ausrede mehr für ein fehlendes Backup gibt

Brütende Hitze, kilometerlange Staus, schreiende Kinder und „saubere" Toiletten auf italienischen Raststätten. Dazu überfüllte Campingplätze, Hotels und Strände. Pizza für 12 € und Schnitzel ohne Panade und Beilagen. Ach wie ist das schön, Sommerferien in Jesolo – zusammen mit gefühlt etwa 3,2 Mio. anderen Deutschen.

Am Strand Schirme in Reih und Glied, abgesteckt mit deutscher Gründlichkeit und die Familie aus Leipzig zeigt der aus Frankfurt die neueste Digitalkamera als Errungenschaft vom Media Markt. 24 Megapixel, 36-fach optischer Zoom und mit der 64 GB Micro-SD-Karte schafft das Teil tausende Bilder nicht nur in HD, sondern auch gleich noch in HDR.

Tja, früher musste man sich Gedanken machen, was man fotografiert bevor der Film voll ist – heute drückt man einfach ab und macht Foto über Foto. Von den hunderten am Strand wird schon eines dabei sein, das hübsch ist. Gleiches gilt für die hunderten mit dem Opa, der Oma oder dem Enkel. Auch von der Sandburg oder der selbst gefangenen Krabbe von den Wellenbrechern wird schon eines passen, was Bildschärfe, Farbe und Einstellung betrifft.

Zu Hause am PC werden nach der Rückkehr Speicherkarten voll mit JPGs auf die Festplatte geladen – natürlich mit der festen Absicht „in Kürze" die Bilder zu sichten und nur die 100 schönsten aufzuheben. Genauso, wie das für die Bilder von Jesolo 2009 bis 2012 auch noch gilt. Kam halt immer was dazwischen.

Dumm nur, wenn die Festplatte irgendwann mal den Geist aufgibt. Dann ist das Geheule groß. Auch auf die Gefahr hin, dass ich Sie mit dem Thema langweile. Wenn Sie noch keine Backup-Festplatte haben, wenn Sie noch kein Programm für ein automatisiertes (!) Backup haben – dann wird es echt Zeit. Kosten sind keine Ausrede mehr, seit es Festplatten für 'nen Apfel und ein Ei gibt. Also los, besorgen Sie sich endlich ein Backup! Denn ganz ehrlich, wenn Ihre Urlaubsbilder weg sind, denke ich mir: Kein Backup, kein Mitleid.

3.9 So ein Zufall – Wie Computer zufällige Zahlen erzeugen, obwohl sie das gar nicht können

Lotto ist wie Bundestagswahl. Viele Menschen machen Kreuzchen auf Zetteln und am Ende sind die meisten enttäuscht. Wahlsieger wird man, weil der eigene Name neben vielen Kreuzchen steht. Lottomillionär wird man, weil die richtigen Zahlen neben den Kreuzchen stehen. Haben Sie sich schon mal gefragt, warum in Zeiten von Supercomputern die Lottozahlen immer noch mit beschrifteten Tischtennisbällen ermittelt werden?

Die Antwort ist ganz einfach: Computer kennen keinen Zufall. Daher können sie auch nicht irgendwelche zufälligen Lottozahlen ermitteln. Ein Computer ist ein Sklave seiner Vorgaben, ein Knecht der Einsen und Nullen. Er wird nur das tun, was der Programmcode vorgibt. Damit es also in Computerspielen zu unvorhersehbaren – zufälligen – Ereignissen kommen kann, musste man sich etwas einfallen lassen.

Die Lösung des Problems liegt mal wieder in der Mathematik. Eine Möglichkeit das Schicksal zu berechnen, ist irgendeine zehnstellige Zahl zu nehmen und diese mit sich selbst zu multiplizieren. Als Ergebnis bekommt man einen Wert um die zwanzig Stellen. Nimmt man von diesem Wert einfach die ersten zehn Stellen (oder die Stellen 3–12 oder 5–14), dann hat man schon mal eine schöne zufällig aussehende Zahlenfolge.

$6334976854 \times 6334976854 = \mathbf{4013193174}0715700000$

Die nächsten Zufallszahlen wären hier also 4, 0, 1, 3, 1, 9, 3, 1, 7 und letztlich die 4.

Braucht man weitere, wiederholt man den Vorgang einfach mit der eben gefundenen Zahl: **4013193174** quadradriert ergibt 16105719451840200000. Davon die ersten zehn Ziffern 1610571945 sehen schon wieder super zufällig aus.

Das Problem an der Sache ist jedoch die **Erste** dieser zehnstelligen Zahlen, in unserem Beispiel also die 6334976854. Diese Startzahl muss man dem Computer nämlich vorgeben. Ist dieser Wert aber nach jedem Systemstart gleich, dann kommen zwangsläufig auch nach jedem Systemstart die gleichen Ergebnisse heraus und die Zufallszahlen wären ganz und gar nicht mehr zufällig. Man muss also etwas finden, was man auslesen kann, was sich dauernd ändert und dessen Werte man nicht vorhersagen kann. Das kann der Luftdruck just in diesem Moment sein, die Anzahl vergangener Millisekunden seit dem Einschalten des Computers – also jetzt – oder die Windgeschwindigkeit an einer Boje in der Ostsee.

Eines dieser Ereignisse – man nennt das Seed – nimmt man und macht daraus eine zehnstellige Startzahl. Wie Sie sich vorstellen können, ist das Auslesen von Luftdruck oder Windgeschwindigkeiten für Computer umständlich und unsinnig, daher bieten sich die Millisekunden seit dem Neustart regelrecht an. Selbst wenn Sie versuchen würden, ihr Programm immer sofort nach dem Bootvorgang zu starten, bekommen Sie das niemals wirklich auf eine tausendstel Sekunde genau hin.

So errechnet man also mit einer Zeitdauer Zahlen, die zwar zufällig aussehen, es aber eigentlich gar nicht sind. Daher nennt man sie Pseudozufallszahlen. Denn: wer den Seed kennt, kann die Zahlen vorhersagen, was für Glücksspiel um Geld undenkbar ist.

Echte Zufallszahlen gibt es natürlich auch, allerdings nicht im Computer, sondern nur bei Lotto und seit 2014 auch beim ADAC – wobei die Zahlen bei der Wahl zum „Gelben Engel" wohl auch nicht ganz zufällig ausgesucht wurden.

3.10 Fasse dich kurz, Philae – Wie man Daten komprimiert und was es dabei für Unterschiede gibt

Der tapfere kleine Kometenlander Philae hat so lange Daten vom Kometen Tschuri gefunkt, bis die Batterie ausging. Dann schlief er, 500 Mio. Kilometer entfernt, und lange war unklar, ob er sich jemals wieder melden wird. Er tat es dann doch für kurze Zeit im Juli 2015. Direkt nach der Landung stand fest, dass diese nicht ganz so abgelaufen ist, wie geplant. Erst nach mehreren Sprüngen blieb Philae auf Tschuri liegen. Leider etwas schief und mit wenig Sonne auf den Solarpanels. Die ESA sagt trotzdem, dass Philae alle Fotos und Untersuchungsergebnisse rechtzeitig und vollständig hat absenden können.

Bestimmt wurden dabei Kompressionsalgorithmen eingesetzt, damit es schneller geht – Methoden also, um die Datenmenge zu verkleinern. Philae musste sich nämlich kurz fassen, damit auch alle Laborergebnisse übertragen werden konnten, bevor der Saft ausging. Datenkompression ist heute alltäglich und es gibt diverse Methoden, die unterschiedlicher kaum sein könnten.

Bei Bildern und Videos wird Datenkompression eingesetzt – oft, ohne dass wir es merken. Die Pixel auf einem Monitor werden anhand eines Koordinatensystems angesteuert. Links oben ist die Position 0,0. Je nach Auflösung gibt es dann z. B. 1920 waagerechte Pixel und 1600 in der Senkrechten. Beginnt ein Bild links oben zum Beispiel mit 5 Bildpunkten in den Farben „*hellblau, hellblau, hellblau, dunkelblau, dunkelblau*" dann würde ein Kompressionsalgorithmus daraus so etwas wie „*3xhellblau, 2xdunkelblau*" machen. Das ist schon viel kürzer und bringt trotzdem das gleiche Ergebnis. Ebenso würde d* g*b* g*bt led* für Sie Sinn ergeben, wenn wir uns vorher darauf einigen, dass das * für die zwei Buchstaben „er" steht. Das sind schon mal 5 von 22 Zeichen weniger. Es wurden also fast 20 % des Datenvolumens bei der Übertragung eingespart – und trotzdem ging keine einzige Information verloren, weshalb man das verlustfreie Kompression nennt.

Es gibt aber auch verlustbehaftete Kompression. Bei dem Bild könnten wir ja auch nur „*5xblau*" speichern und einfach nicht mehr zwischen hell- und dunkelblau unterscheiden. Das macht man, wenn Details nicht so wichtig sind. Die zu übertragende Information ist so zwar noch viel kürzer, reduziert aber die Feinheiten, wenn man das Bild genau ansieht. Bei Filmen sieht man das häufiger in Form von großen und kleinen Klötzchen. Je höher die Kompressionsrate, desto weniger Daten, desto weniger Details. Man muss sich also vorher überlegen, ob man lieber hohe Qualität oder eine kleine Datenmenge haben will. Was aber mal an Bildinformationen verlustbehaftet komprimiert wurde, ist auch wirklich weg und kann nicht wieder hergezaubert werden.

Bearbeitet und speichert man ein Foto im beliebten JPG-Format, bieten einem viele Grafikprogramme an, den Kompressionsgrad zu wählen. Alle Werte zwischen 90 % und 99 % sorgen für einen nahezu ungetrübten Genuss ganz nah am Original. Alles drunter beginnt dann langsam aber sicher unschön zu werden. Wenn Sie also mal mit zu großen Dateien kämpfen, die Sie z. B. für den Sportverein als Galerie ins Netz stellen möchten: Bevor Sie am großen Bild die Komprimierung hochdrehen, verkleinern Sie das Bild doch erst einmal in seinen Maßen. Eine Auflösung von 5000 × 4000 Punkten benötigen Sie nur, wenn Sie sich davon eine Postertapete drucken lassen. Im Web reicht selbst im Vollbildmodus durchaus eine Bildgröße von 1600 × 1200. Das spart mindestens ebenso viele Megabyte, die Bilder schauen aber in der Regel um ein vielfaches besser aus, als große Bilder, die kaputt-komprimiert wurden. (siehe Abb. 3.7)

Philae hat mit Sicherheit verlustfrei komprimiert, damit auch ja keine Information verloren geht – und er hat sich dabei trotzdem möglichst kurz gefasst. Das wünsche ich mir übrigens auch mal vom weiblichen Geschlecht. Wenn ich einer Frau das Frühstück ans Bett bringe, würde mir ein einfaches und kurzes „Danke" genügen. Dieses Rumgelabere immer: „Wer sind Sie? Was machen Sie in meiner Wohnung" – echt nervig!

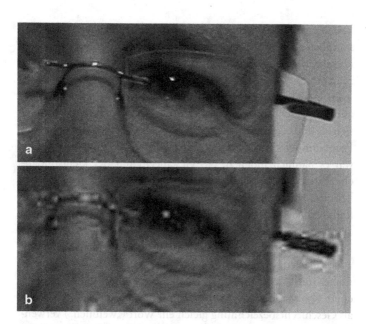

Abb. 3.7 Bild Oben (a): Gute Mischung aus Dateigröße und Qualität; Bild Unten (b): Zwar nur 1/10 der Dateigröße, dafür geringere Qualität

3.11 Der, die, das, wieso, weshalb, warum? – Warum die Genderdiskussion auch Computerprogramme in Bedrängnis bringt

Liebe Leser! Ups. Um political correct zu sein, hätte ich „Liebe Leserinnen und Leser" schreiben müssen –mindestens jedoch „Liebe LeserInnen". Ganz ehrlich, die so genannte Genderdiskussion nervt mich total. Ein „Liebe Leser" schließt selbstverständlich auch Leserinnen mit ein. Das ist sogar grammatikalisch korrekt, da die Mehrzahl von Leser männlich und weiblich bezeichnet, sofern mindestens ein Mann dabei ist.

In manchen Ländern kann man sich jetzt sogar ein gänzlich anderes Geschlecht eintragen lassen – wenn man das will oder sich so fühlt. Das zeigt, dass wir eine tolerante Gesellschaft sind. Programmierer stehen damit aber vor einem Problem. Bis dato war es nämlich möglich, das Geschlecht mit der kleinstmöglichen Speichereinheit zu speichern. Ein bit reichte aus, und das kennt nur zwei Zustände: 0 und 1. Wie auch immer man das verknüpft, bedeutet das dann wahr oder falsch, schwarz oder weiß, an oder aus – oder eben: männlich oder weiblich.

Müsste man nun metrosexuell, unbestimmt oder intersexuell auch zulassen, dann reicht ein bit nicht mehr aus. Der Programmierer muss sich dann entscheiden, ob er weiterhin Zahlen speichert (1 = weiblich, 2 = männlich, 3 = metrosexuell, 4 = …) oder als Geschlechtsbezeichnung gleich ein Wort („weiblich") verwendet. Letzteres ist ungünstig, wenn man zählen will, weil sich Mitarbeiter halt auch mal verschreiben. Dann stimmt die Summe der erfassten Personen (z. B. 22) nicht mit den einzelnen Datensätzen (männlich = 10, weiblich = 9, metrosexuell = 2) zusammen, weil irgendeiner aus Versehen halt mal „wieblich" getippt hat und diese Person dann nicht mitgezählt wird. Im schlimmsten Fall muss also die Software umprogrammiert und die Datenbank angepasst werden, wenn man mehr als zwei Geschlechter im Programm akzeptiert. Im Prinzip beschert uns die Genderdiskussion also nichts anderes, als ein neues Jahr-2000-Problem. Damals musste man von zwei auf vier Stellen wechseln, um eine Jahreszahl ab dem Jahr 2000 speichern zu können, ohne sich fragen zu müssen, ob der Jahrgang 00 immer noch oder wieder Windeln braucht.

Übrigens: Menschen, die sich keinem der klassischen Geschlechter zuordnen lassen können oder wollen, sind bei mir mit „Liebe Leser" natürlich ebenso angesprochen. Ich verkneife mir das „...innen" und den Rest einfach. Sie finden das ignorant? Ich schwöre Ihnen, wenn Sie mal die Freude haben, an einer Festrede der IHK teilzunehmen, dann werden Sie Ihre Meinung ändern. Letztens begrüßte ein IHK-Präsident alle anwesenden Professorinnen und Professoren, Doktorinnen und Doktoren, Ministerinnen und Minister, Geschäftsführerinnen und Geschäftsführer, Feuerwehrfrauen und Feuerwehrmänner, Direktorinnen und Direktoren, Lehrerinnen und Lehrer,.... Ich hab's JEDEM angesehen. Allen im Saal war die Genderdiskussion plötzlich so was von egal. Ob Männlein, ob Weiblein oder etwas anderes, wir alle dachten uns nur: „Mach hin, Alter. Ich hab Hunger, ich will zum Buffet."

3.12 Einmal um die Sonne bitte – Wie Computer berechnen können, wann ein Schaltjahr ist

Wer hat sich als Kind nicht selbst einmal gefragt, wann man Geburtstag feiert, wenn man am 29. Februar geboren ist. Also an dem Schalttag, der nur etwa alle vier Jahre im Kalender steht, um die kleine Ungenauigkeit in den 365 Tagen auszugleichen, die die Erde um die Sonne braucht und was wir als ein „Jahr" bezeichnen. Die Frage mit dem Geburtstag ist aber nicht nur philosophisch zu betrachten, denn mit dem zusätzlichen Tag im Schaltjahr müssen auch Computer zurechtkommen

Das ist zum Beispiel dann wichtig, wenn es darum geht, zu berechnen, ob jemand bei der Autovermietung als Young Driver unter 23 Jahren einen höheren Tarif bezahlen muss. Steht einem Schalttaggeborenen der günstigere Preis schon am letzten Tag im Februar zu – oder erst im März? Woher weiß eigentlich ein Computer, wann ein Schaltjahr ist? Das kann nur gehen, wenn es eine reproduzierbare und logisch abbildbare Formel gibt. Die gibt es auch. Verrückt ist nur, dass sie entwickelt wurde, lange bevor es Computer gab.

Die Astronomen wussten schon vor hunderten von Jahren, dass der Weg der Erde um die Sonne etwa einen Vierteltag länger dauert als 365 mal 24 Stunden. Demnach würde es genügen, alle vier Jahre noch einen zusätzlichen Tag einzubauen, um spätestens nach vier Jahren an Silvester wieder an der gleichen Stelle zur Sonne zu stehen. Täte man das nicht, würden sich über kurz oder lang die Jahreszeiten umdrehen. Juli kalt, Februar heiß. Aber: Wenn wirklich jede glatt durch Vier teilbare Jahreszahl einfach einen Tag dazu bekommen würde – was viele glauben, – dann erhöht das die durchschnittliche Dauer eines Jahres um einen ¼-Tag auf exakt 365,25 Tage. Tatsächlich dauert die Umrundung der Sonne aber nur 365,24219 Tage. Für uns klingt das nach „Passt schon", für Astronomen ist das aber eine gigantische Ungenauigkeit, die es auszugleichen gilt. Es müssen also weniger Schaltjahre her als alle vier Jahre.

Lässt man beispielsweise jedes Jahrhundert-Jahr – also 1700, 1800, 1900 – und somit jedes 25. Schaltjahr aus, dann kommt man rechnerisch im Mittel nur noch auf 365,24 Tage. Das ist zwar 0,01 Tage näher dran an 365,24219, aber noch nicht nah genug und über das Ziel hinausgeschossen. Es müssen wieder ein paar Schaltjahre dazu. So erklärt man dann alle glatt durch 400 teilbaren Jahre – 1600, 2000 und 2400 – eben doch zum Schaltjahr – trotz Jahrhundertjahr – und landet so letztlich im Mittel bei 365,2425 Tagen Umlaufdauer. Die „Formel" lautet also: Ein Schaltjahr ist, wenn die Jahreszahl glatt durch vier teilbar ist, aber nur, wenn es kein Jahrhundertjahr ist – außer die Jahreszahl lässt sich ebenso glatt durch 400 teilen. Als Excel-Formel sähe das dann so aus: = WENN((REST(A1;4) = 0)-(REST(A1;100) = 0)+(REST(A1;400) = 0) = 0;

Auch wenn 365,2425 nicht wirklich exakt 365, 24219 ist, die Ungenauigkeit beträgt nun nur noch etwa 24 Stunden auf 3000 Jahre. Diese Formel ist daher für Menschenzeit mehr als exakt genug, fast perfekt sogar! Ach ja: Den 29. Februar gab es bis zum Jahr 1582 übrigens selbst während eines Schaltjahres nicht. Damals hatte man einfach zwei Tage hintereinander den 24. Februar. Das ist ein bisschen so, wie „Täglich grüßt das Murmeltier". Ein Traum für Geburtstagskinder! Und eine Katastrophe für alle, die immer am 24. die Rate für den Kredit bezahlen müssen

3.13 Reboot tut gut – Wie ein Computer Zahlen speichert und was ein Overflow ist

Für mich ist die beste TV-Serie der Welt weder „Game of Thrones" noch „Breaking Bad". Es ist „The IT-Crowd" und handelt vom Leben typischer Mitarbeiter einer EDV-Abteilung. Sie arbeiten im Keller, ohne Fenster und jedem Anrufer mit Computer-Problemen wird erst einmal die Frage aller Fragen gestellt: „Haben Sie den Computer schon aus- und wieder eingeschaltet?" Diese Frage ist gar nicht so blöd, denn manche Systeme brauchen tatsächlich hin und wieder einen Neustart, damit es keinen Systemabsturz gibt.

Meist ist ein Programmierfehler für einen Computercrash verantwortlich – häufig das „Überlaufen einer Zahl". Ein Computer speichert ein Byte nämlich – bildlich gesprochen – wie Wasser in einem Eimer. Stellen Sie sich einen Eimer vor, in den exakt 255 Tropfen passen. Ein Kübel Wasser kann so 256 Werte, nämlich jede Zahl zwischen 0 (leerer Eimer) und 255 (randvoller Eimer) speichern. Natürlich gibt es auch größere Eimer (Speichereinheiten), die größere Zahlen speichern können, aber für unser Beispiel reicht ein kleiner Eimer in Byte-Größe. Für den Wert Einhundert werden also 100 Tropfen in den Kübel gefüllt, für jede andere Zahl entsprechend mehr oder weniger. Soll der Eimer aber auch negative Zahlen darstellen, behilft man sich mit einem Trick. Er wird einfach auf halber Füllhöhe markiert und dieser Mittelstrich als Nullmarke definiert. So kann man zwar immer noch 256 unterschiedliche Zahlen speichern, diese gehen aber nun nicht mehr von 0 bis 255, sondern von – 128 (leerer Eimer) über 0 (halbvoller Eimer) bis zu + 127 (randvoller Eimer).

Ist der Eimer randvoll und aufgrund eines Programmfehlers soll noch ein weiterer Tropfen hinzukommen, läuft er dummerweise nicht wie im echten Leben einfach nur über. In der Computersprache nennt man das zwar auch so (arithmetischer Überlauf), in Wirklichkeit aber wird ein Tropfen in einen nächsten Eimer gegeben, dessen Zähler nicht bei 0, sondern bei 256 beginnt und unser volles Gefäß wird komplett ausgeleert. Anstatt der gewünschten + 128 oder 256 zeigt dieser Eimer also plötzlich – 128 (bei Eimern mit Nulllinie in der Mitte) oder gar 0 an – und da es eine Division durch 0 weder in der Mathematik noch in der Informatik geben kann, führt diese ratz-fatz zu einem Systemabsturz.

Genau dieses Problem hatte die Boeing 787 Dreamliner auch. Die Steuerelektronik der Stromgeneratoren hat einen Zähler – und dessen „Eimer" läuft nach genau 248 Tagen über. Da das System dann durcheinanderkommt, fährt es sicherheitshalber **alle** Generatoren runter und schaltet sie aus. Dummerweise auch den, der den Saft für das Cockpit und somit auch die Steuerung des Riesenvogels liefert – und zwar völlig egal ob der gerade am Boden oder in der Luft ist. Damit das nicht passiert, müssen die Airlines nun laut US-Luftfahrtbehörde FAA regelmäßig den Zähler des 787 Dreamliners durch einen Neustart zurücksetzen. In der Checkliste, die die Piloten vor dem Abflug durcharbeiten steht daher so was wie: „Haben Sie das Flugzeug schon aus- und wieder eingeschaltet?"

3.14 Wer hat an der Uhr gedreht? – Welche Auswirkung eine zusätzliche Schaltsekunde auf Computer haben kann

Bis zu drei Pirouetten pro Sekunde schafft eine Prima-Ballerina – jedoch nur, wenn sie die Arme eng am Körper hält. Fährt sie ihre Arme aus, dann wird sie gebremst. Drehimpulserhaltung nennt sich das und jedes Kind kennt das vom Spielplatz auf dem Karussell oder beim Drehen um die eigene Achse.

Das Gleiche passiert mit unserer Erde. Sie dreht sich seit Jahrmillionen in 86.400 Sekunden – also 24 Stunden – einmal um sich selbst. Durch Gezeitenwasser und tektonische Plattenverschiebungen bekommt Mutter Erde jedoch leichte „Speckröllchen" am Bauch und verformt sich ein klitzekleines bisschen in Richtung „liegendes Ei". Die Folge ist die gleiche wie bei der Ballerina: ein Abbremsen der Drehbewegung. Alle paar Jahre kommt dadurch sogar eine ganze Sekunde zusammen. Der blaue Planet braucht also über die Jahre eine ganze Sekunde länger, um wieder astronomisch exakt zur Sonne ausgerichtet zu sein

Damit die Astronomen weiterhin korrekte Planetenpositionen bestimmen können, schiebt man daher seit 1972 – wenn nötig – eine Schaltsekunde ein und spendiert einer einzelnen Minute im Jahr noch eine zusätzliche, eine 61. Sekunde. Am 01. Juli 2015 folgte nach 01:59:59 nicht 02:00:00, sondern erst noch **01:59:60**.

Das sieht nicht nur in unseren Augen komisch aus. Einige Computersysteme kommen damit gar nicht klar. Am 1. Juli 2012 – bei der vorletzten Schaltsekunde – musste Quantas-Airlines rund 50 Flüge verschieben, auch Reddit und das Reisebuchungssystem Amadeus waren kurzzeitig nicht erreichbar. Auch wenn die Fehleru(h)rsache im Linux-Kernel repariert wurde, es war nicht auszuschließen, dass andere Komponenten bei einer Schaltsekunde abschmieren. Die Linux-Entwickler haben die

Fehlerursache bereits 2012 behoben und sagten für 2015 voraus, dass das nicht mehr passiert. Mit dieser Einschätzung sollten sie Recht behalten.

Google traute dem Braten allerdings nicht, löste das Problem für sich anders und manipulierte seine NTP-Server. Wie ein Metronom geben sogenannte Zeitserver über das Network Time Protocol (NTP) anderen Rechnern den Takt und so die Uhrzeit vor. NTP-Server empfangen die aktuelle Zeit von einer Atomuhr und geben sie weiter, damit zeitkritische Systeme untereinander synchron bleiben.

Am Tag vor einer Schaltsekunde erhöhte man auf Googles Zeitservern künstlich die Dauer einer Sekunde um eine Winzigkeit. Auf den Google-Computern vergingen 1000 Sekunden dann halt jeweils eine tausendstel Sekunde langsamer – solange bis die Schaltsekunde um 2 Uhr früh ausgeglichen war. Dies nennt man „Leap Smear" und hat den Vorteil, dass die Rechner das gar nicht bemerken, bis die zusätzliche Sekunde ausgeglichen ist.

Das 1980 eingeführte GPS-System, das unsere Position durch mindestens drei unterschiedliche Signallaufzeiten im Millisekundenbereich berechnet, kann so etwas wie Leap Smear natürlich nicht machen. Selbst die winzige Ungenauigkeit einer Tausendstelsekunde würde dazu führen, dass uns auf der Karte eine völlig falsche Position angezeigt wird. Das ist nicht nur für Autofahrer blöd, die sich dann verfahren, sondern auch für Flugzeuge im Landeanflug und Kriegsraketen, die ihr Ziel verfehlen würden. Die GPS-Satelliten ignorieren Schaltsekunden deshalb ganz bewusst. Sie bekommen gesagt, wann eine Schaltsekunde ansteht und beziehen dies in ihre Berechnungen ein. Im GPS-System gehen die Uhren seit 1980 mittlerweile 19 Sekunden vor und niemand fragt sich: „Wer hat an der Uhr gedreht? Ist es wirklich schon so spät?"

3.15 Mer losse d'r Dom en Kölle. Oder auch nicht. – Warum Fotos (vielleicht) wissen, wo sie aufgenommen wurden

Früher musste man im Urlaub langweilige Gebäude fotografieren, damit die Freunde einem auch wirklich geglaubt haben, dass man dort war, wo man gesagt hat, dass man hinfährt. Also stellte man sich zwangsläufig immer vor den Eiffelturm in Paris oder die Freiheitsstatue in New York – weil die halt jeder kennt – und ließ sich ablichten. Heute ist das zum Glück anders. Da kann man sich vor einen x-beliebigen Baum stellen – den keiner kennt – und trotzdem wissen die Freunde: Toll, der war im Urlaub in New York City – im Central Park.

Dass dem so ist, liegt an unseren Smartphones, mit denen wir heute Fotos in einer Qualität machen können, die einfach toll ist. Gestochen scharf, perfekter Kontrast und Farben, die fast noch besser sind, als in der Natur. Und wie jede richtige Digitalkamera speichern auch die Handys mittlerweile so genannte Metadaten (EXIF Daten) in der Bilddatei.

EXIF-Daten wurden 1995 im Land der knipsenden Touristen und der aufgehenden Sonne entwickelt. Die dort ansässigen weltmarktführenden Kamerahersteller pflegten sie in die gespeicherten Daten ihrer Digitalkameras ein und nahmen den Fotografen somit das ab, was in den Lehrbüchern über Fotografie zwar oft empfohlen, aber nur von den wenigsten gemacht wurde: Angaben zu Belichtungszeit und Blende für das Bild aufzuschreiben. Auch, wenn nicht jede Kamera alle möglichen Werte protokolliert die das Format ermöglicht, so speichern doch die meisten Kameras die üblichen Daten wie Verschlusszeit, Blende, Brennweite, die Methode der Belichtungsmessung, den Fokusbereich, ob der Blitz ausgelöst wurde und noch ein paar weitere. Zu den

EXIF gehören auch ein kleines Vorschaubild und Copyright-Angaben des Fotografen.

Da unsere Smartphones aber neben dem Telefonieren nicht nur Bilder machen können, sondern uns auch den kürzesten Weg zur nächsten Pizzeria weisen, haben sie neben einer Fotolinse auch ein GPS-Modul eingebaut. Somit können sie den Aufnahmeort eines Fotos fast auf den Meter genau speichern. Und das tun sie auch, wenn das in den Einstellungen des Handys nicht explizit ausgeschlossen wurde. So wissen Soziale Netzwerke wie Flickr und Facebook stets, wo die hochgeladenen Bilder gemacht wurden.

Das hat nicht nur Vorteile. Finanzämter lassen sich gern mal Bilder von Instandhaltungsmaßnahmen an Gebäuden oder besonders teurem Mobiliar schicken. Dumm nur, wenn der sündhaft teure Designer-Schreibtisch gar nicht in Ihrem Büro steht, sondern zu Hause. Dumm nur, wenn die neuen Fenster gar nicht im elterlichen Betrieb instand gesetzt wurden, sondern am Ferienhaus … und der Finanzbeamte das aufgrund der Metadaten auch alles merkt.

Allerdings wäre es fatal, wenn sich unsere Steuerbeamten auf die Metadaten in den Bildern ungeprüft verlassen. Mit Hilfe eines EXIF-Editors können nämlich die Metadaten in Bilddateien verändert werden. Und so könnten die gespeicherten GPS-Koordinaten in den Fotos der neuen Fenster am Feriendomizil kurzerhand an das steuerrelevante Haus angepasst werden. Wenn Sie möchten, verpflanze ich so auch den Ort einer Aufnahme des Kölner Doms dorthin, wo der Eiffelturm steht. Dann haben Sie echt was zu erzählen, wenn Sie mit Freunden Urlaubsfotos schauen (Abb. 3.8).

Abb. 3.8 Wenn der Kölner Dom in Paris steht, kann was nicht stimmen

4

Passwörter & PINs

4.1 Passwort hacken – Wie schlechte Passwörter geknackt und sichere erstellt werden

„Ich geh mal fünf Minuten rüber zur Nachbarin. Dreht bitte in zehn Minuten den Herd runter, sonst kocht die Milch wieder zwei Stunden." Hat die Nachbarin einen Prosecco parat, dann kommt Mama frühestens in drei Stunden wieder. Das wissen die Kinder und haben nun ausreichend Zeit, das Passwort der Internet-Kindersicherung herauszufinden.

Da wird probiert, was das Zeugs hält. Der Name des Hundes, der Katze, von Oma und Opa bis hin zu Geburtstagen und dem Hochzeitstag der Eltern. Das macht auch Sinn. Die Chance auf einen Treffer ist ziemlich gut.

Bei der Analyse von Passwörtern eines Mailservers kommen menschliche Schwächen ans Tageslicht. Ob der Name des geliebten Partners oder narzisstisch der Eigene – Namen sind sehr gerne verwendete Passwörter. Aber auch Wörter und Begriffe, die Mensch sich gerne merkt, werden gerne genommen.

Eine Liste mit rund 18.000 Passwörtern habe ich mir mal aus dem Mailserver eines DAX-Unternehmens „besorgt". Etwas erstaunt war ich, dass die Passwörter im Klartext in der Datenbank lagen. Eigentlich sollte dort nur ein Hash-Wert – also eine

T. Schrödel, *Ich glaube, es hackt!*, DOI 10.1007/978-3-658-10858-8_4,
© Springer Fachmedien Wiesbaden 2016

Art Quersumme – stehen. Es genügt vollkommen, das am Bildschirm eingegebene Passwort ebenso in seine Quersumme umzurechnen und diese mit der Datenbank zu vergleichen.

Das hashen von Passwörtern ist eigentlich eine standardisierte und anerkannte Vorgehensweise. Sie verhindert zum Beispiel auch, dass der Administrator an die Klartextpasswörter kommt. Er wäre ja sonst in der Lage, sich in jeden Account – auch der Geschäftsführung – ganz einfach einzuloggen. Die Spurensicherung der Polizei würde keinen Anhaltspunkt von Manipulation finden, wenn der Admin dem Chef etwas anhängen will. Alles sähe danach aus, dass der Boss selbst den Auftrag zur Überwachung der Mitarbeiter gegeben hat. Das Memo steht ja noch im Postausgang und Hinweise für einen Hack finden sich im Logfile ebenfalls nicht.

Die Stelle des Administrators ist sowieso eine ganz interessante. Entweder ist der Mitarbeiter seit Jahren dabei und das Rückgrat der hausinternen IT – also nicht zu ersetzen – oder eingestellt nach fachlichen Kriterien – wie ein Sachbearbeiter. Dabei hat der Administrator eines Firmennetzes mehr Macht als der Chef selbst. Er kann die Firma lahm legen, er kann mitlesen, fälschen und manipulieren. Natürlich trifft solche kriminelle Energie nur auf die allerwenigsten Administratoren zu, aber es ist schon komisch, dass die meisten Firmen Abteilungsleiter durch Assessment Center schicken, während Admins in der Regel nur das Standard-Einstellungsverfahren durchlaufen – obwohl ihre Macht zum Nachteil der Firma deutlich höher liegt.

Die untersuchten Passwörter stammen von ganz unterschiedlichen Menschen – Manager, Geschäftsleiter, Angestellte, Mechaniker, Jugendliche in der Ausbildung und so weiter. Mehr Männer zwar, aber es dürfte das Mann-Frau-Verhältnis in einem Großunternehmen recht gut darstellen. Einzige Vorgabe bei der Vergabe des Passwortes war die Länge. Es musste mindestens sechs Zeichen lang sein.

Raten / Treffer 290		Raten / Treffer 341		Raten / Treffer 387	
FRAUEN NAMEN		**MÄNNER NAMEN**		**WORTE / ZAHLEN**	
sabine	22	stefan	28	urlaub	14
claudia	25	christian	19	sommer	31
stefanie	13	tobias	23	winter	12
susanne	21	norbert	13	herbst	3
steffi	49	thomas	71	bayern	21
andrea	38	christoph	4	schalke	6
ulrike	8	walter	7	hamburg	4
katharina	5	juergen	19	berlin	12
cornelia	5	oliver	14	12345	5
brigitte	6	wolfgang	17	123456	172
alexandra	5	robert	15	meister	28
marion	16	werner	34	master	21
manuela	11	alexander	12	verkauf	54
christine	7	dieter	18	mallorca	4
simone	17	thorsten	5		
alexandra	5	steffen	14	**Raten / Treffer 2179**	
kerstin	17	volker	11	**STARTPASSWORT**	
martina	20	charly	17	start123	2179

Abb. 4.1 Treffer beim Passwort raten. Die Zahl neben dem Namen oder Wort zeigt die Anzahl der gleichnamigen Passwörter aus einer Liste mit 18.552 Stück

Da Mann sich den Namen der Liebsten ja meist ganz gut merken kann, ist das sicherlich die erste Wahl. Etwas mehr als 5 % aller Passwörter waren Vornamen – männlich, wie weiblich. Kosenamen hingegen kommen seltener vor, gerade mal Fünf mal wurde „liebling" und lächerliche zwei Mal „schatzi" verwendet. Liegt wohl daran, dass „schatzi" vom Wortstamm her von *Schaf* und *Ziege* abstammt (Abb. 4.1).

Tatsache ist aber, dass das Erraten von Passwörtern nicht nur Spaß, sondern auch Erfolg bringt. Die Trefferquote ist hoch und wer das Initialpasswort kennt, der erreicht auch schnell mal eine

Passwortlänge	benötigte Zeit	
	68 unterschiedliche Zeichen	**94 unterschiedliche Zeichen**
1	8.5 Mikrosekunden	11.75 Mikrosekunden
2	0.58 Millisekunden	1.10 Millisekunden
3	0.39 Sekunden	0.90 Sekunden
4	2.67 Sekunden	9.76 Sekunden
5	3.03 Minuten	15.29 Minuten
6	3.43 Stunden	23.95 Stunden
7	9.73 Tage	93.82 Tage
8	1.81 Jahre	24.14 Jahre
9	123.14 Jahre	2260 Jahre
10	8370 Jahre	213350 Jahre
11	569380 Jahre	10.05 Millionen Jahre
12	38.72 Millionen Jahre	1.89 Milliarden Jahre

Abb. 4.2 Benötigte Dauer zum Ausprobieren aller erdenklichen Buchstaben- und Ziffernkombinationen eines Passworts am Beispiel eines SAM-Files von Windows XP mit einem Laptop um 2010

Trefferquote von rund 20 %. Effektiver ist da aber noch eine Brute-Force Attacke. Das ist das strukturierte Ausprobieren aller möglichen Buchstabenkombinationen. Ein betagtes Notebook prüft alle ein- bis fünfstelligen Kombinationen in einer Zeit, in der das Frühstücks-Ei noch nicht mal ganz hart ist.

Was aber dem Frühstückei das Salz, ist dem Passwort das Sonderzeichen. Besteht das Passwort nur aus Buchstaben und Ziffern, müssen lediglich 68 Zeichen (a…z, A…Z und 0…9) in jeglichen Kombinationen probiert werden. Fügt der Benutzer aber mindestens ein Sonderzeichen in das Passwort, sind es schon 94 Zeichen. Die Dauer geht demnach exponentiell in die Höhe. Ein Passwort mit sechs Zeichen ist in dreieinhalb Stunden garantiert gefunden, ein eingefügtes Sonderzeichen erhöht die Laufzeit gleich auf einen ganzen Tag. Die Schere klafft weiter, je länger das gesuchte Passwort ist (Abb. 4.2).

Heute knacken Hacker und Behörden mit Grafikkarten, nicht mehr mit Laptops, denn das Berechnen eines Passwort-Hashes ist dem Zeichnen einer Vektorgrafik sehr ähnlich. Dank perfekter 3D-Grafik, realen Schatten und Licht-Reflektionen in den neuesten Games, müssen Grafikkarten immer schneller rechnen können. Die Entwicklung der letzten Jahre war ganz enorm. Die Leistung der CPU stieg im Vergleich zur GPU (Graphic Processing Unit) nur minimal. Praktischerweise lassen sich auch mehrere – bis zu Acht und mehr – solcher Grafikkarten in einen Rechner einbauen.

Was früher mehr als vierundzwanzig Jahre dauerte, ist mit solch einer Grafik-Power in wenigen Stunden erledigt. Brutalo Games haben also dazu geführt, dass unsere Passwörter unsicher werden. Ein ganz neues Argument für die Gegner der Ego-Shooter. Es hilft also nur, das Passwort noch länger zu machen. Aber auch dafür rechnen Gut und Böse vor. Um nicht jedes mal alle Kombinationen erneut zu berechnen, werden die Ergebnisse gespeichert. Bei einem Einbruchsversuch muss also nur nach dem Hash-Wert in einer indexierten Datenbank gesucht werden. Das richtige Passwort wird so in wenigen Millisekunden – unabhängig von dessen Länge – gefunden. Diese Tabellen nennt man „Rainbowtables", denn am Ende der Regenbogens steht ja immer die Belohnung.

Übrigens, wer glaubt, sein System sei sicherer, weil es nach drei falschen Versuchen den Benutzer sperrt, dem sei gesagt, dass Hacker am liebsten einen Admin Account hacken. Er hat einen ganz entscheidenden Vorteil: Er wird niemals gesperrt.

Auch nach drei, zwölf oder gar hundert falschen Passwort-Eingaben nicht. Der Grund ist ganz einfach: Der Admin entsperrt Gesperrte. Wäre er selbst gesperrt, könnte er sich selbst ja nicht mehr entsperren. Ein sperriger Satz zwar, aber wahr.

4.2 8ungH4cker! – Wie man sich sichere Passwörter merken kann

Wer in München Weißwurst essen möchte, der stehe besser früh auf. Ab Punkt 12:00 Uhr ist nämlich Schluss mit lustig. Wer etwas auf sich hält und ein echter Bayer ist – oder so tun möchte – der isst ab dem Glockenschlag kein Fitzelchen mehr vom bayerischen Markenzeichen.

Zur Weißwurst gehört ein guter Hausmachersenf und eine Brezn. Das hilft den Würgereiz zu unterdrücken, wenn man an den Inhalt der Wurst denkt und an das, woraus die Haut (norddeutsch: Pelle) besteht.

Ein echter Münchner Hausmacher Senf ist übrigens derart lecker, dass da schon mal ein halbes bis ganzes Glas draufgeht, wenn man zwei Weißwürste dazu hat. Die Wurst und die Brezn dienen quasi als Trägermaterial des Senfs.

Bei Passwörtern kann man sich diese Vorgehensweise auch zu Nutze machen. Überall benötigt man heutzutage ein Passwort. Wenn man alle mal aufzählt – auch solche, die man anlegen musste, um eine einmalige Bestellung im Internet aufzugeben – kommt man locker über 30.

Problematisch wird es dann, wenn jedes System auch noch andere Voraussetzungen erfüllt haben will. Das eine muss mindestens acht Stellen haben, das andere zwischen vier und zehn Zeichen lang sein. Eines verlangt zwei Ziffern und mindestens ein Sonderzeichen, während das nächste System schon mindestens zwei der selten verwendeten Zeichen haben will.

Die Menschen arbeiten daher mit Tricks. Der eine schreibt die Kennwörter alle auf, der Nächste versucht immer den gleichen Anfang zu haben, um dann am Ende die Systemvorgaben zu erfüllen. Und wenn die Systeme alle zu unterschiedlichen Zeiten eine Änderung des Passwortes verlangen, spätestens dann wird hinten hochgezählt. *geheim002*, *geheim003* und so weiter und so fort.

Dabei ist es ziemlich einfach, ein sicheres Passwort zu erstellen und es sich dann auch noch problemlos merken zu können. Denken Sie sich einen Satz aus oder nehmen Sie den ersten Satz aus Ihrem Lieblingsbuch oder Ihres Lieblingsliedes. Die Sprache ist dabei egal. Wichtig ist nur, dass es mindestens acht Wörter sein sollten. Wenn es sein muss, nehmen Sie halt zwei Sätze. Die jedoch sollten Sie auswendig kennen.

„Häschen in der Grube Fuchs du hast die Gans gestohlen" könnte so ein Satzkonstrukt sein. Nehmen Sie davon jetzt die Anfangsbuchstaben, haben Sie schon mal ein recht komplexes Passwort, meist sogar mit Groß- und Kleinbuchstaben.

HidGFdhdGg.

Das ist als Passwort schon mal ganz brauchbar, aber entspricht noch nicht wirklich den heutigen Anforderungen an ein sicheres Kennwort. Es fehlen weitere Zeichentypen, also Ziffern und Sonderzeichen. Nun, Sie können diese jetzt einfach immer nach festem Schema hinten anhängen *HidGsusFdhdGg!%91* zum Beispiel.

Alternativ können Sie aber auch Zeichen durch Ziffern oder Sonderzeichen ersetzen, die sich ähnlich sehen. Ein „I" zum Beispiel könnte man durch ein „!" schreiben und ein „G" sieht der „6" doch durchaus ähnlich. Unser Beispiel würde dann so aussehen: *H!d6Fdhd6g*. Ein sehr gutes Kennwort, an dem sich Passwortknacker zumindest mehrere Jahre die Zähne ausbeißen dürften.

W4s d!e Wur5t für den 5enf!st, k4nn a|50 e!n 54tz für e!n P455w0rt sein. Nicht Geschmacksbeigabe, sondern Trägermaterial fürs Hirn (Tab. 4.1).

Tab. 4.1 Wie man sich gute Passwörter merken kann

Gutes Passwort	Gedächtnisstütze
EgPh!ma9Z	Ein gutes Passwort hat immer mehr als 9 Zeichen
Fdhd6g,gswh	Fuchs Du hast die Gans gestohlen, gib sie wieder her
8ung!H4ck3R!	Achtung!Hacker!
T0b!a55chr03)3l	TobiasSchroedel
MhK-g75C!	Marie hat Körbchengröße 75 C!

4.3 Zählwerk – Wie man den gleichen Passwortstamm in verschiedenen Systemen variieren kann

Das ist schon nervig, oder? Alle paar Wochen will das Programm im Büro, dass man ein neues Passwort vergibt. Natürlich muss es sich vom letzten Kennwort unterscheiden und zudem den üblichen Sicherheitskriterien entsprechen. Mindesten zehn Zeichen, Groß- und Kleinbuchstaben sowie Ziffern. Zu allem Überfluss wird noch irgendwo ein Sonderzeichen erwartet, also ein + ein & oder ein $-Zeichen.

Nun kann man solche Hürden überspringen, wenn man sich eine Eselsbrücke für Passwörter baut, das habe ich Ihnen ja schon mal erklärt[1]. Schwierig wird es nur, wenn nicht nur ein System ein neues Passwort will, sondern gleich mehrere. Am besten auch noch in unterschiedlichen Zeitintervallen. Das Bestellsystem klingelt alle vier Wochen, die Zeiterfassung alle sieben. Nun muss man sich also gleich mehrere Passwörter merken, weil sie nie zeitgleich geändert werden.

---

[1] Siehe Kapitel „8ungH4cker!" – 4.2.

Viele Menschen sind daher auf die Idee gekommen, ihren Passwörtern einen Zähler zu verpassen und möglichst lange den gleichen Passwortstamm zu behalten. Aus *DPiszkw3l!* wird so im Handumdrehen *DPiszkw3l!7*, weil man schon 7mal das Kennwort ändern musste. Beim nächsten Mal mutiert es zu *DPiszkw3l!8* usw. Dann hat das Bestellprogramm halt 'ne 4 am Ende und die Zeiterfassung eine 8, völlig egal, den Rest kann man sich merken. Die Ziffer am Schluss lässt sich ohne das dazugehörige Passwort sogar gefahrlos aufschreiben.

Dummerweise ist die Methode nicht neu und die meisten Passwort-Verwaltungs-Systeme kennen diese auch. Sie verhindern daher das Hochzählen der angehängten Zahl und zwingen so den Benutzer geradezu zu unerlaubtem Notieren der Zugangsdaten auf dem berühmten gelben Haftzettel unter der Schreibtischunterlage.

Abhilfe schaffen Passwort-Safes, in die Sie Ihre geschätzten 327 verschiedenen Zugangskennungen eintragen können. Hat man mal eines vergessen, kann man schnell nachsehen. Achten Sie nur darauf, dass das Programm auch gut verschlüsselt ist. Eine Excel-Liste ist dafür nicht geeignet. Und auch wenn ich mir damit jetzt keine Freunde in der EDV-Abteilung mache: Sollten Sie gerne mit einem Zähler arbeiten, dann zählen Sie beim Passwort doch mal VORNE hoch. Ein großer Teil der Systeme erkennt das nämlich nicht. Wo *DPiszkw3l!8* abgelehnt wird, wird *8DPiszkw3l!* oft akzeptiert.

4.4 Seltene Zeichen – Wie man sein Passwort noch aufwerten kann

Dass ein Passwort auch Sonderzeichen enthalten soll, das ist mittlerweile bekannt und wird von vielen Programmen auch so verlangt. Neben Ausrufezeichen, Dollar, Prozent und Raute tauchen ja noch ein gutes Dutzend weiterer Zeichen auf der Tastatur auf. Sie haben die freie Wahl.

Es gibt allerdings auch noch Symbole, die die Tastatur – auf den ersten Blick – gar nicht hergibt, die im Zeichensatz des Computers aber vorhanden sind. °, ¥ oder ± sind nur drei Beispiele davon.

Wenn Ihr System Passwörter mit solchen Zeichen akzeptiert – was Sie bei der nächsten Änderung durchaus mal versuchen sollten – dann stellt sich nur die Frage, wie man diese eingibt.

Öffnen Sie einfach mal eine Textverarbeitung. Unter Windows halten Sie dann die Alt-Taste gedrückt und tippen auf dem Nummerfeld eine vierstellige Zahl ein. Erscheint ein Zeichen? Wunderbar! Das °-Symbol taucht auf bei Alt + 0 1 7 4, das ¥-Symbol bei Alt + 0 1 6 4 und schließlich das ± durch die Kombination Alt + 0 1 7 7.

Die meisten Hackerprogramme, die durch strukturiertes ausprobieren Passwörter knacken wollen, lassen solche Zeichen aus, um sich ein paar tausend Jahre zusätzlichen Aufwand zu sparen. Vier Tastendrücke für ein Zeichen erhöhen die Sicherheit gleich tausendfach. Einfach mal ausprobieren!

4.5 Honigtöpfe – Wie man Ihnen Login-Daten klaut und was Sie dagegen tun können

Im Urlaub eine Speisekarte zu lesen, kann manchmal ganz schön witzig sein. Gerade dann, wenn sie ins Deutsche übersetzt sind. *Spucke vom Tintenfisch* gibt es da und *Isolationsschlauch mit Soße vom Bologneser* (der Google Translator übersetzt das in Spaghetti!).

Auch in der IT gibt es Dinge zum Essen – Honigtöpfe zum Beispiel. Mit ihnen wird man möglicherweise sogar satt. Nämlich dann, wenn der Honigtopf hilft, die Login-Daten fremder Menschen zu klauen. Gehören diese zu einem Webshop, lässt sich neben Elektroware auch mal die ein oder andere Pizza bestellen. Natürlich kann man auch fremde Häuser bei eBay versteigern, was dem Hausbesitzer erfahrungsgemäß wenig Freude bereiten wird.

In Märchen und vorwiegend amerikanischen Bilderwitzen wird der gemeine Braunbär gerne als Honigdieb gezeigt. Angezogen vom himmlischen Duft, grabscht er sich ganze Bienennester und schleckt den leckeren, süßen Honig. Diese Metapher setzen so genannte Honeypots im Internet in die Tat um. Ein Webshop oder Diskussionsforum mit hochinteressantem Inhalt wird da geboten. Etwas, was brandaktuell ist und dazu auch vielleicht noch günstiger, als anderswo. Unabhängig von der angebotenen Ware, ist eines immer notwendig: Man muss sich registrieren, um in den Genuss des Angebots zu kommen.

Eigentlich erst einmal kein Problem, schließlich ist das nicht ungewöhnlich. Einen Usernamen muss man eingeben und sich ein Passwort ausdenken. Etwas, was wir schon dutzende Male zuvor gemacht haben und uns alle sicherlich vor keine großen Probleme stellt. Wenigstens muss man keine persönlichen Daten wie Name, Adresse oder gar Kontonummern hinterlegen.

Die fleißigen Bienchen, die den Honigtopf betreiben, sind nicht nur fleißig, sie stechen auch. Ohne Schwellung an der betroffenen Körperpartie zwar, aber schmerzen kann es sogar mehr – wenn auch nicht körperlich. Möglicherweise erhalten neue Nutzer den Zugang zu gesuchten Informationen, die bestellte Ware erreicht sie in aller Regel aber nicht. Die Seitenbetreiber geben nicht, sie nehmen – und das nicht zu knapp.

Ist der Registrierungsvorgang abgeschlossen, sticht die Biene zu, auch wenn die Schmerzen meist erst Tage später kommen. Die Betreiber von Honeypots, also Webseiten, die Menschen anlocken und eine Registrierung erfordern, wissen, dass wir immer und immer wieder die gleichen Daten verwenden.

Die E-Mail-Adresse, der Benutzername, ebenso das gewählte Passwort sind identisch mit den Logindaten vieler anderer Websites. Es lohnt sich, die angegebenen Daten einmal bei Facebook, eBay oder Amazon auszuprobieren. In vielen Fällen liefert die Honigtopf-Datenbank die richtigen Login-Daten.

Unabhängig davon, ob man mittels falscher Lieferadressen finanziellen Schaden anrichtet oder aus Spaß einen Menschen durch unrichtige Nachrichten oder Diffamierungen auf Facebook sozial ausgrenzt, der Besitzer des Logins wird sich wochenlang massivem Ärger ausgesetzt sehen. Sein Problem wird sein, zu beweisen, dass wohl jemand Fremdes in seinem Namen gehandelt hat.

Schützen kann man sich vor Honigtöpfen nur, wenn man tatsächlich immer ein anderes Passwort verwendet. Das klingt kompliziert, ist es aber gar nicht. Wie man ein komplexes, sicheres Passwort baut, haben Sie bereits gelernt[2]. Es schützt jedoch noch nicht gegen Honeypots. Eine Änderung der Vorgehensweise bei der Passwortbildung, die nur Ihnen bekannt ist, tut das dann aber doch. Setzen Sie immer wieder an der gleichen Stelle einen anderen Buchstaben in das Passwort. Damit es für Sie leichter ist, nehmen Sie den ersten oder letzten Buchstaben des Portals oder Programms, für welches das Passwort gedacht ist.

Lautet ihr Passwort zum Beispiel *H!d6Fdhd6g*, dann könnte es für eBay *H!d6eFdhd6g* lauten, für Amazon hingegen *H!d6AFdhd6g* und für Facebook *H!d6FFdhd6g*. Sofern die Vorgehensweise für Außenstehende nicht direkt erkenntlich ist, werden Ihnen virtuelle Honigtöpfe nichts mehr anhaben können.

Aber zurück zu den Menükarten: In Kassel bietet ein Speiselokal auf seiner Kinderkarte einen Rindergulasch mit dem Namen „Schweinchen Dick" an. Da käme auch kein Passwortklauer drauf.

---

[2] Siehe Kapitel „8ungH4cker!" – 4.2.

4.6 Das Übel an der Wurzel – Wie man erkennt, ob Passwort-Safes gut sind

In meinem Büro steht eine Pflanze, ein Benjamin Ficus. Ein Bäumchen, dem man zuschreibt, nicht wirklich stabil zu sein und bei jeder Änderung des Luftzugs einzugehen. Nicht so mein Ficus. Er hat mittlerweile fünf Umzüge hinter sich und beweist, aufgrund längerer Abwesenheit meinerseits, tagtäglich, dass Leben nahezu überall möglich ist.

Die Wurzeln sehen wochenlang kein Wasser, nur ab und zu tropft ihnen der letzte Rest meiner Kaffeetasse entgegen – mit Milch, Zucker und einer Menge an Bitterstoffen, die jedem Barista die Tränen in die Augen treiben würde. Vielleicht liegt es also an der Ansprache, die er erfährt. Auch wenn ich nicht direkt mit dem Pflänzchen rede, mittlerweile bin ich zu der Überzeugung gelangt, dass der Ficus sich angesprochen fühlt, wenn ich stundenlang mit Herrn Regenbogen von der Versicherung telefoniere, deren System ich betreue.

Die Wurzeln meines Ficus scheinen aus jeder erdenklichen Quelle Feuchtigkeit zu beziehen und damit den Stamm und die Blätter zu versorgen. Das macht es wohl aus: gesunde Wurzeln als Quell des Lebens, verborgen im Erdreich und nicht zu sehen. Ich schenke ihnen das Vertrauen, dass mein Bäumchen mich noch viele Jahre erfreut und begleitet.

So ein Vertrauen auf die Wurzeln ist aber nicht nur bei Pflanzen wichtig und notwendig. Gerade bei Software muss dieses Gottvertrauen auch da sein. So setzen deutsche Rüstungs- oder Finanzunternehmen bei kritischen Systemen, wie Firewalls oder Intrusion Detection Systemen immer mindestens ein Produkt ein, welches **nicht** von israelischen oder amerikanischen Herstellern kommt – oder gar von chinesischen. Sie vertrauen darauf, dass deutsche Firmen keine Hintertüren einbauen (müssen).

Im privaten Umfeld sieht es dagegen nicht ganz so gut aus. Da werden Passwort-Safes eingesetzt, um die Bankdaten sicher zu verwahren. Der Hersteller kommt möglicherweise aus einem Land, dessen Verfassung vorschreibt, dass die eigenen Geheimdienste alles mitlesen dürfen und müssen. Es muss also eine Hintertüre geben, die nicht öffentlich bekannt ist. Oftmals wird ein Teil des zur Verschlüsselung eigentlich sicheren Schlüssels hinterlegt. Die geheimen Dienste schaffen es dann, in einer für sie annehmbaren Zeit, die Daten zu knacken.

Nun kann man durchaus argumentieren, dass sich der amerikanische Geheimdienst nicht für meine Kontoinformationen interessiert, schließlich bekommt er die durch das SWIFT-Abkommen ja sowieso. Aber würden Sie einem Schlüsseldienst vertrauen, der vom neuen Schloss einen Zweitschlüssel für sich behält?

Viele Menschen nutzen zur Sicherung all ihrer Passwörter und PINs einen Passwort-Safe. Ein kleines Programm auf dem PC oder gar dem Handy, mit dem man durch Eingabe eines langen, sicheren Passworts alle anderen im Klartext nachlesen kann, sollte mal eines in Vergessenheit geraten sein. Haben Sie sich schon mal gefragt, wer der Hersteller des Passwort-Safes ist?

Lassen wir mal die Geheimdienste außen vor, für die die meisten von uns ohnehin keine Zielgruppe darstellen. Nein, lassen wir gleich mal alle potentiellen Angreifer ungenannt. Sie selbst haben Ihren eigenen Gegner ja eh schon selbst für sich definiert. Vielleicht der Ehepartner, die Kinder oder einfach ein Unbekannter, falls Sie mal die Aktentasche auf dem Autodach vergessen. Auch wenn der potentielle Angreifer für Sie noch so nebulös erscheint, es gibt ihn, sonst würden Sie Ihre Passwörter nicht in einem Software-Safe schützen. Sie könnten diese sonst im Klartext im Notizbüchlein notieren.

Gegen wen oder was auch immer Sie Ihre PINs und Passwörter schützen möchten, es gibt hunderte kleine Programme zum Schutz der Selbigen. Teure mit Handbuch und CD, billige oder kostenlose von den Shareware-Seiten des WWW, aber auch Apps für das Smartphone oder als Download für das Handy.

Diese Programme leisten das, was sie sollen. Nach Eingabe eines meistens besonders langen Passworts werden alle anderen angezeigt. So weit, so gut. Nur vertrauen Sie hier auf Wurzeln, deren Ursprung Sie vielleicht nicht kennen. Meinen Ficus kenne ich, aber kennen Sie den Hersteller Ihres Passwort-Safes? Sind Sie sicher, dass er Ihre Geheimnisse auch wirklich geheim hält?

Für den Benutzer ist in aller Regel nicht nachvollziehbar, nach welchem Sicherheitsstandard das Programm die Daten schützt. Liegen sie verschlüsselt auf der Festplatte ist das zwar schon die halbe Miete, unersichtlich ist jedoch die Methode, mit der sie chiffriert wurden. Einige Shareware- oder Freeware-Programme zeigten in Tests dramatische Schwächen. Manche haben gar keine Verschlüsselung verwendet, andere hingegen Methoden, die seit Jahren als unsicher und problemlos zu knacken gelten.

Vertrauen Sie daher – denn etwas anderes als Vertrauen bleibt Ihnen meist gar nicht übrig – auf Hersteller, die Sie kennen. Am besten auf Firmen, die ihre Einnahmen bevorzugt mit Verschlüsselungs- oder Anti-Virensoftware bestreiten. Sie wissen in aller Regel, wie eine gute Verschlüsselung implementiert wird und haben auch gesteigertes Interesse daran, dass ein kleines Tool den Haupterwerbszweig nicht schädigt.

Das Fraunhofer-Institut bietet übrigens einen Passwort-Safe für das Handy an. Der MobileSitter kostet zwar einen kleinen Betrag, dafür bietet er neben einer sicheren Verschlüsselung aber auch zwei nette Gags. Einerseits öffnet er aufgrund deutscher Gesetze keinem Geheimdienst ein Hintertürchen und zweitens führt er Hacker in die Irre.

Bei der richtigen Eingabe des Haupt-Passwortes zeigt Ihnen das Programm nicht nur alle Passwörter und PINs an, zusätzlich zeichnet es einen hübschen Hintergrund – zum Beispiel einen Ball. Hätten Sie sich vertippt – oder versucht gerade eine unberechtigte Person an Ihre Daten zu kommen – dann verhält sich der MobileSitter anders als andere. Es gibt keine Fehlermeldung, vielmehr präsentiert er dem Angreifer alle Ihre PINs und Passwörter. Klingt unlogisch, ist es aber nicht, denn alle angezeigten Zugangsdaten sind falsch. Keine PIN stimmt, kein Passwort ist echt. Und dass das Hintergrundbild dieses Mal keinen Ball zeigt, sondern einen Tisch, kann ein Hacker nicht korrekt bewerten. Der optische Rückkanal hilft nur Ihnen, falls Sie sich einmal vertippen sollten. Von der Wurzel bis zur Spitze, eine wunderbare Idee.

4.7 Erst eingeschleift, dann eingeseift – Warum selbst gute Passwörter gegen KeyKatcher keine Chance haben

Geben ist seeliger, als nehmen. So heißt es. Im Seerecht wird das noch verschärft. Wer dort gibt, dem wird zusätzlich auch noch genommen. Taumelt man mit seiner Yacht manövrierunfähig auf den Wellen und benötigt Hilfe, sollte man tunlichst warten, bis der Retter einverstanden ist, Sie in den nächsten Hafen zu ziehen. Also nicht wundern, wenn – trotz allgemeiner Panik auf der Yacht – der Kapitän des rettenden Fischkutters erst einmal den Preis verhandeln will. Stimmt die Kohle, dann schmeißt der Retter die Leine und das Bötchen bleibt Ihr Eigentum.

Schmeißen Sie aufgrund erhöhter Adrenalinwerte schon vorher ein Tau, tja, dann gehört Ihre Yacht dem Retter. Eine ganz ähnliche Strategie verfolgen Hacker, wenn die Opfer sich vernünftigerweise gute und sichere Passwörter zugelegt haben. Sie geben, um dann zu nehmen. Hat eine BruteForce Attacke keinen Erfolg, dann müssen andere Tricks her. Ein KeyKatcher ist dabei eine gute Wahl. Das ist ein kleines Gerät, das aussieht wie ein Adapter, der zwischen Maus und Rechner steckt, wenn eine USB-Maus an einen PS/2-Anschluss angesteckt wird.

Einen KeyKatcher bekommen Sie – dummerweise auch Ihre Mitbewerber oder ein wechselwilliger Vertriebs-Mitarbeiter – ganz einfach bei eBay. Per Post kommt er dann meist aus den USA oder Polen. Weil das Teil in Deutschland nicht erlaubt ist, läuft es als Geschenksendung durch den Zoll. Zwangsläufig liegt keine Rechnung bei, ein Absetzen von der Steuer ist demnach nicht möglich, aber bei 50 € bis 100 € ist das nicht so tragisch.

Der kleine Speicherriese ist in der Lage, alles, was Sie auf Ihrer Tastatur eingeben, zu speichern. Ganz egal, ob es sich um E-Mails, Briefe oder gar Passwörter und PINs handelt. Zwischen Tastaturkabel und Rechner gesteckt, bezieht der KeyKatcher den benötigten Strom vom USB- oder – je nach Ausführung – dem PS/2-Anschluss der Tastatur. Drückt man nun eine Taste, durchläuft das Signal den Bösewicht, der es speichert und weiterleitet in den Rechner. Ein PC-Anwender merkt keinen Unterschied und keine Verzögerung (Abb. 4.3).

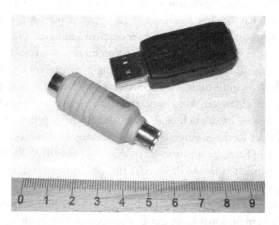

Abb. 4.3   Ein USB- und ein PS/2-KeyKatcher mit WLAN

Die Speicherkapazität liegt zwischen 128 kB und 4 MB. Demnach ist der Hacker in der Lage, alle Tastatureingaben von mehreren Monaten zu speichern. Er muss den Winzling nur wiederbekommen, denn der Nachteil liegt klar auf der Hand. Um den KeyKatcher an den Rechner anzuschließen, muss physikalischer Zugang zum ausgewählten Rechner bestehen – um ihn wieder zu bekommen auch. Das ist relativ einfach, wenn der Angreifer noch Mitarbeiter bei Ihnen ist. Für Angriffe von außen muss er kreativer sein.

Hier spielt der Faktor Mensch wieder eine große Rolle. Geklappt hat beispielsweise einmal die Methode, das Putzpersonal um den Finger zu wickeln. Bei einem Meeting hätte ich mir das Gerät vom Kunden geliehen und aus Versehen eingesteckt. Nun habe ich fürchterliche Angst, dass der Kunde glaubt, ich hätte es gestohlen und dann ist der Auftrag futsch und ich werde gefeuert und dann kann ich meine siebzehn Kinder nicht mehr ernähren und so weiter und so fort. Lief gut, die freundliche Dame war sofort bereit, für die gebotenen 20 € meine grafische Anleitung umzusetzen. Schließlich habe ich ja etwas zurück gebracht, da ist die Hemmschwelle deutlich geringer als beim Klauen! Im Büro H3–061 hat sie den KeyKatcher fachgerecht platziert, ein Systemintegrator hätte es nicht besser machen können.

Sitzt der Buchstabenfänger am vorgesehenen Platz, versieht er umgehend seinen Dienst. Unabhängig davon, ob das Opfer Windows, Linux oder Mac OSX einsetzt, lassen sich nun alle Eingaben anfangen. Und weil er unabhängig vom Betriebssystem arbeitet, ist es auch egal, wann der Rechner gebootet wird. Sobald der Rechner eingeschaltet ist, versorgt er den KeyKatcher mit Saft. Dieser ist somit sogar in der Lage, ein BIOS Kennwort und natürlich auch die Passphrase für die ansonsten sichere Festplattenverschlüsselung mit zu lesen.

Dummerweise gibt es ein Problem. Das Gerät muss wieder abgeholt werden, sonst kann der Buchstabensalat im Speicher nicht ausgelesen werden. Eine durchaus gefährliche Situation, kann man doch nicht wirklich sicher sein, ob das Opfer etwas gemerkt und Lunte gerochen hat. Außerdem haben manche Informationen ihr Haltbarkeitsdatum schon überschritten. Steckt das Gerät ein Vierteljahr am Rechner, sind auch die ersten Eingaben schon drei Monate alt und damit vielleicht wertlos.

Zum Glück gibt es technisch innovative Unternehmen in Polen. Sie bieten seit wenigen Monaten einen 2 mm längeren und 5 € teureren KeyKatcher an. Er verfügt über ein integriertes WLAN-Modul. Einmal am Tag sendet er die im Laufe des selbigen gedrückten Tasten nach draußen. Die gekaperten Informationen sind jetzt frisch und knackig, das gefährliche Abholen des Gerätes gar völlig überflüssig.

Da keine Anti-Virensoftware in der Lage ist, die kleinen Hardware-Bösewichte zu erkennen, bleiben nur Sie selbst als mögliche Entdeckungsquelle. Keine Sorge, ich verlange nicht, dass Sie täglich unter Ihren Schreibtisch krabbeln. Sollte Ihnen aber mal der Stift runterfallen und Sie befinden sich eh schon auf allen Vieren, dann kriechen Sie doch einfach mal einen Meter weiter und schauen nach, ob da was steckt, was da nicht hingehört.

4.8 Der Wurm im Apfel – Wie man an der PIN-Eingabe von iPad und iPhone vorbei kommt

Am ersten Verkaufstag des iPads lagen Menschen in Schlafsäcken vor den Apple Stores und warteten sehnsüchtig auf die Öffnung der heiligen Hallen. Sie alle wollten zu den Ersten gehören, die den multimedialen Glaskasten kaufen konnten.

Die Apple-Geräte zählen sicherlich zu den angesagtesten Geräten derzeit. Manager werten ihr eigenes Image mit dem Besitz eines iPhones auf und spielen mit den vielfältigen Möglichkeiten des Gerätes. Neben Notizen lassen sich auch E-Mails bearbeiten, Bilder und Videos sehen.

Das Praktische dabei ist, dass das Gerät über eine PIN geschützt ist. So kommt niemand an die eigentlichen Daten heran, der da nicht hin soll, auch wenn das Gerät mal offen liegen bleibt. Anders als bei herkömmlichen Handys sind die SMS-Nachrichten und E-Mails, aber auch die Bilder vor neugierigen Blicken geschützt. Sei es vor der zurecht eifersüchtigen Ehefrau des Ehemannes oder eines Kollegen.

Da man auch Musik hören kann, wird das iPhone zum permanenten Begleiter. Die akustischen Leckerbissen spielt man bequem mittels iTunes auf das Gerät und schon wird der Inlandsflug von melodischen Klängen begleitet.

Immer wieder gibt es für das iPhone Hacks, die die PIN-Eingabe umgingen, gar von Apple nicht legitimierte Software aufspielte und das Gerät so von seinen Handschellen in Bezug auf die Bindung an Apple befreite. Jailbreak nennt man das.

Um einen Jailbreak durchzuführen, musste man einiges tun. Ohne technisches Grundwissen war das nicht möglich. Sicherlich war es machbar, diversen Anleitungen im Internet zu folgen, der Erfolg – so zeigten die Einträge in den Foren – war jedoch ganz unterschiedlich. Im September 2010 änderte eine Webseite all dies. Mit einer einzigen Geste auf dem Touchscreen wurde der Jailbreak vollautomatisch durchgeführt. Die dazu verwendete Lücke ist mittlerweile geschlossen. Für nahezu jede Folgeversion musste Apple jedoch hilflos zusehen, wie meist asiatische Hackerbanden eine weitere Lücke fanden, um den Jailbreak so komfortabel durchzuführen.

Wie aber kommt man um die PIN-Abfrage herum, ohne das Gerät mit fremder Software anzugreifen? Die Antwort ist fast schon banal. Die meisten Besitzer machen das selbst. Und zwar bei jeder Synchronisierung mit iTunes.

Nachdem iPhone, iPad oder iPod Touch an den Rechner angeschlossen sind, startet iTunes. Damit nichts kaputt gehen kann, legt es erst einmal ein Backup an und beginnt sogleich, neue Lieder, Filme oder Fotos auf das niedliche Gerät zu schaufeln.

Das Backup auf dem Rechner dient sicherlich der Datensicherheit. Falls etwas schief geht, ist zumindest nichts verloren. Dumm nur, dass es unverschlüsselt auf der Festplatte liegt. Dem Datenschutz dient es daher keinesfalls. Wer sucht, der findet. Zwar sind alle Dateinamen in Hashwerte zerlegt und sehen aus wie kryptische Zahlen- und Buchstabenkolonnen, der Inhalt allerdings ist brisant.

Alle Notizen[3], aber auch Bilder, die mit der bordeigenen Kamera geschossen wurden, liegen da rum. Für jeden Ehepartner, der Zugriff auf den Rechner hat, ein Festival der Investigation. Mit einer kurzen Suche über den Windows Explorer oder einem grep Befehl auf dem Mac, tauchen alle Nachrichten und Bilder auf – und lassen sich mit jedem Editor ansehen. Ohne PIN. Wer es etwas komfortabler möchte, nutzt Tools wie den iPhone Backup Reader, der die Daten aufbereitet in einer hübschen Oberfläche präsentiert.

Es empfiehlt sich daher, die Einstellungen einmal etwas genauer unter die Lupe zu nehmen. Steckt das iPhone oder iPad am Rechner, findet sich in der Übersicht unter Optionen die Möglichkeit, das Backup zu verschlüsseln. Ein Klick, ein Passwort und die freie Sicht auf geschützte Daten ist vorbei.

Allerdings bietet eine bekannte russische Passwort-Knacker-Schmiede mit dem iPhone Password Breaker schon wieder ein Gegengift. Rund 100.000 Passwörter pro Sekunde werden in einer Brute-Force Attacke auf die geschützten Dateien losgelassen. Es bleibt also auch hier mal wieder nur die Möglichkeit, ein möglichst langes und kryptisches Passwort zu verwenden.

---

[3] SMS-Nachrichten und E-Mail-Inhalte sind verschlüsselt abgelegt, Notizen und E-Mail-Kontakte hingegen nicht.

4.9 Doppelt genäht hält besser – Was die Zwei-Faktor-Authentifizierung ist und welche Vorteile sie hat

Manche Dinge sind ohne eine Zutat irgendwie unvollständig und oft sinnlos. Was wäre zum Beispiel eine Fußballmannschaft ohne Torwart? Oder ein Reifen ohne Luft, ein Handy ohne SIM-Karte, ein Hotel ohne WLAN, Toast Hawaii ohne Ananas oder dieser Text ohne Sinn? Manche Dinge werden erst richtig gut, wenn sie nicht alleine sind. Dass dem auch im Internet so ist, das wollte Christopher Mims vom Wall Street Journal beweisen. Er schrieb im Juli 2014 einen Artikel[4], in dem er behauptete, das Passwort sterbe aus, weil der tollste und sicherste Weg, sich irgendwo einzuloggen, die Zwei-Faktor-Authentifizierung sei.

Ein Passwort alleine ist eine Ein-Faktor-Authentifizierung. Denn: Wer es kennt, kann sich damit gegenüber Facebook, eBay und einem Mailserver als eine bestimmte Person ausgeben. Diese Person benötigt nichts weiter als das Passwort, keinen Ausweis, nix. Facebook, eBay und der Mailserver glauben dem, der das korrekte Passwort eingibt und geben den Zugang frei. Sie können jedoch nicht unterscheiden, ob ich es wirklich bin, ein Hacker, der mein Passwort entwendet hat oder gar eine Urlaubsvertretung, der ich mein Passwort anvertraut habe. Sie müssen sich zwangsläufig darauf verlassen, dass wir unsere Passwörter niemandem verraten und sie auch nicht auf gelben Haftzetteln unter der Schreibtischunterlage notiert haben.

Ganz anders ist dies bei der Zwei-Faktor-Authentifizierung (2FA). Hier braucht man neben dem Wissen (eines Kennworts) noch etwas anderes. Man muss etwas haben, meist etwas, was man in der Hand halten kann – etwas, auf dem noch ein weiteres Geheimnis wie eine PIN angezeigt werden kann. Dieses Gerät

---

[4] http://t3n.de/news/passwort-stirbt-meins-557175//http://online.wsj.com/articles/the-password-is-finally-dying-heres-mine-1405298376.

könnte im einfachsten Fall unser Smartphone sein. Das Portal, in das wir uns einloggen wollen, muss nur noch sicherstellen, dass wir dieses Telefon auch haben. Bei einem Handy geht das einfach – wenn auch verhältnismäßig teuer – mit einer SMS, die eine willkürliche Buchstabenkombination enthält. Kenne ich Passwort **und** den Inhalt der SMS, dann ist es viel sicherer, dass es ich bin. Ein Hacker, der nur das Passwort kennt, muss dann leider draußen bleiben.

Da der Empfang einer SMS eine online-Verbindung voraussetzt und das nicht überall sichergestellt werden kann, gibt es natürlich auch offlinefähige 2FA-Geräte. Meist zeigen diese einen so genannten Token (meist eine Zahl) an. Diese errechnet es anhand eines bei der Installation auf ihm gespeicherten und nicht auslesbaren Geheimnisses (z. B. einer Buchstabenkombination) sowie der aktuellen Uhrzeit. Dadurch zeigt es nach jeder Minute eine neue Zahl an. Der Server auf der anderen Seite schaut beim Login auf die Uhr und berechnet mit dem ihm ebenfalls bekannten Geheimnis eine Zahl. Ist diese identisch mit der Eingabe beim Login, hat die Person zweifelsfrei den Tokengenerator vor sich – und die „Tür" geht auf.

Nun kennt jeder das Problem, dass Uhren auch mal falsch gehen. Die einen gehen vor, die anderen nach. Im Gegensatz zu einem Computer in einem Netzwerk können sich die kleinen Anzeigegeräte jedoch nicht so einfach neu einstellen und der Sinn war ja auch, dass sie offline funktionieren. Laufen die zwei Uhren also nicht mehr synchron, errechnen beide unterschiedliche Zahlen. Die Folge wäre, dass der Login fehlschlagen würde. Doch auch dafür gibt es eine einfache und gute Lösung. Der Server errechnet nämlich nicht nur den einen Token, der der aktuellen Stunde und Minute entspricht. Er tut das auch für die zehn Minuten davor und danach. Entspricht die eingegeben Zahl zwar nicht der der aktuellen Uhrzeit, ist aber bei den anderen 20 dabei, kann er mehrere Dinge tun. Ist die Zahl im Bereich +/- drei Minuten wird er von einem schlecht gehenden Uhrwerk ausgehen und sich einfach merken, dass er für diesen User zukünftig drei Minuten auf die aktuelle Zeit aufschlagen muss. So sind beide Systeme wieder synchron.

Läuft die eine Uhr aber extrem schlecht und geht beispielsweise ganze sieben Minuten vor, muss das System ausschließen, dass ein Hacker zufällig eine der 21 berechneten Zahlen erraten hat. Das kann es prüfen, indem es den User einfach noch eine Minute warten lässt und die nächste angezeigte Zahl auch noch erwartet und prüft. Kann der User auch die diese Zahl korrekt eingeben, muss er sicher im Besitz des Tokenanzeigers sein. Der User darf in das System und dieses merkt sich für die Zukunft einfach, dass da eine Uhr schon jetzt sieben Minuten vorgeht. Beim nächsten Login weiß es das und stellt seine Berechnungen von Anfang an darauf ein.

Bald werden Facebook, Yahoo, Google, LinkedIn & Co auf 2FA bestehen und diese nicht mehr nur als Alternative anbieten. Davon bin ich überzeugt.

Um den hohen Sicherheitsstandard der 2FA zu beweisen, stellte Christopher Mims seinen Twitter-Account auf 2FA per SMS um. Anschließend veröffentlichte er in seinem Artikel sein Passwort, das übrigens auch nicht besonders stark war. Es lautete: „christophermims". Tausende Menschen versuchten natürlich, sich nun einzuloggen. Vergeblich! Sie alle hatten schließlich nicht Mims Handy und konnten den Code in der SMS nicht lesen.

Ein Problem gab es jedoch. Auf Mims Smartphone landeten nun Tausende SMS mit Tausenden Zufallszahlen von Tausenden Login-Versuchen seiner Leser. Mims war selbst nicht mehr in der Lage, sich einzuloggen, da er nicht wusste, welche der Tausend SMS eigentlich die seines eigenen Login-Versuches war. Wenigstens konnte Mims Twitter-Account nicht gehackt werden. Sein Telefon hingegen war laut seiner Kollegin Kashmir Hill aber plötzlich „Out of Service".[5] Zu viele SMS-Nachrichten legten es lahm. Gut, wer da noch einen Festnetzanschluss zum Telefonieren hat.

4.10 Mit dem falschen Wisch ist alles weg – Warum Wischmuster zum Schutz von Handys genauso gut/schlecht sind wie PINs

Dass qwertz, password und 123(456) die meistgewählten Passwörter sind, haben schon mehrere Studien gezeigt. Dass 1234, 1111 und 0000 – bald gefolgt vom eigenen Geburtstag – die am häufigsten gewählten PINs sind belegen andere Studien. Im Frühling 2015 hatte ich im Rahmen eines Vermisstenfalls ein Handy ohne PIN und ohne Passwortschutz vor mir. Den Angehörigen wurde es von der Polizei mit den Worten zurückgegeben, dass man da nicht reinkomme. Es war nämlich geschützt – und zwar mit einem Wischcode, bei dem man mit dem Finger auf dem Display das richtige Muster malen muss, um ins System zu kommen. Dummerweise fand sich im Internet noch keine einzige Studie der häufigsten Wischmuster.

Smartphones mit Googles Betriebssystem Android bieten diverse Zugangssperren, die bereits bei der Einrichtung auf die Stärke ihres Schutzes hinweisen. Von stark (PIN-Code) bis schwach (Gesichtserkennung) reicht die Bandbreite. Ziemlich in der Mitte dieses Spektrums findet sich das Wischmuster, welches gerade bei Schülern und Jugendlichen enormen beliebt ist. Beim Wischmusterschutz muss der Benutzer auf einer meist 3×3-Punkte umfassenden Matrix vier bis neun dieser Punk-

---

[5] http://www.forbes.com/sites/kashmirhill/2014/07/14/dumb-journalism-stunts.

Abb. 4.4   Ein Wischmuster wird auf einem Android-Handy erfasst

te mit seinem Finger verbinden. Durch die gezogenen Verbindungslinien entstehen beim Wischen Muster, daher der Name. Die Sicherheit entsteht dadurch, dass ein Angreifer den richtigen von neun möglichen Anfangspunkten kennen muss, ebenso die Länge des Musters und dann für jeden dieser Punkte auch noch die richtige von acht Himmelsrichtungen in die gewischt wird, um den nächsten Punkt zu erreichen. Mathematisch ergeben sich so bis zu 150 Mio. Möglichkeiten, also 15.000mal mehr als bei einem vierstelligen PIN-Code (Abb. 4.4).

Doch die Realität sieht anders aus. Im Sommer – die vermisste Person war längst wohlbehalten wieder aufgetaucht – habe ich mit der Polizei Niedersachsen selbst eine kleine Wischmuster-Studie durchgeführt. Ich wollte wissen, welche Wischgeste das

08/15-Muster ist, quasi das 1234 der PINs. Dabei kam heraus: Wischmuster haben mehrere eklatante Schwächen, wie auch eine zeitgleich durchgeführte Studie der Universität Trondheim belegt. Bei einem Zahlencode kann die gleiche Ziffer zweimal hintereinander gewählt werden, beim Wischcode geht das nicht. Außerdem erreicht man gegenüberliegende Punkte am Rand nie direkt. Und von einem der Eckpunkte kann man selbst mit guter Fingerfertigkeit zielstrebig gerade mal drei benachbarte Punkte ansteuern. Das tun Dreiviertel der User auch und beginnen in einer Ecke, mehr als die Hälfte davon links oben. Von dort ziehen ganze 98 % den Finger erst einmal zu einem unmittelbar angrenzenden Punkt.

Das ist im Endeffekt so, wie wenn bei einem PIN Code nach einer 1 nur die Ziffer 2, 5 oder 7 möglich ist, nach einer 9 nur die 5, 6 oder 8 kommen kann. Nicht mal 10 % Prozent der rund 800 untersuchten Wischmuster steuern einen Zielpunkt zwischen zwei Punkten hindurch an. Von den mathematisch möglichen 150 Mio. Mustern sind somit gerade mal 637.520 Stück, also weniger als 0,5 %, überhaupt nutzbar und noch weniger werden tatsächlich verwendet.

Doch es kommt noch schlimmer. Bei der anonymen Erhebung von Wischmustern, die ich mit der Polizei in Hannover, Köln und München durchführte, entdeckten wir immer wieder die gleichen Muster. Jedes vierte erfasste Smartphone wird mit einem der 15 am häufigsten genutzten Muster geschützt. Da ein Angreifer nach jeweils fünf Fehlversuchen gerade mal 30 Sekunden warten muss, sind all diese Geräte daher nach maximal 90 Sekunden geknackt.

Marte Løge von der Univesität Trondheim hat ihre Studie nicht anonym erfasst. Sie stellt das Wischmuster sogar in Beziehung zum Namen des Smartphone-Besitzers und seinen Angehörigen. Dabei ergibt sich ein noch viel erschreckenderes Bild. Auffallend oft ähneln die 4000 von Løge erfassten Muster dem ersten Buchstaben des Vornamens eines nahen Verwandten. Besonders

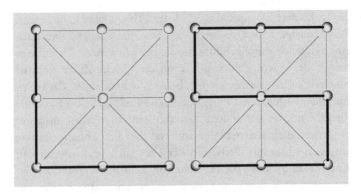

Abb. 4.5 Schlecht: Wenig Punkte und einfache Muster

häufig dann, wenn dieser Buchstabe auf einer 3 × 3-Matrix eine einfach zu zeichnende geometrische Form ist, wie beispielsweise die Buchstaben C, L, M, N, O oder Z. Jetzt ist auch klar, warum immer häufiger Opfer zur Polizei kommen, die nicht wissen, wie der Täter an die Daten gekommen sein kann. Ein zu erratendes Wischmuster wäre eine Möglichkeit, denn: Schlechte Wischmuster sind häufiger anzutreffen als schlechte PINs (Abb. 4.5).

Für Wischmuster sollten daher die gleichen Regeln wie für PINs und Passwörter gelten. Persönliche Verbindungen wie Anfangsbuchstabe des Namens oder das eigene Geburtsdatum sollten auch hier unbedingt vermieden werden, weil sie einfach von zu vielen Menschen genutzt werden. Ansonsten gilt: je komplexer das Muster, je unerwarteter und häufiger die Richtungswechsel, desto sicherer. Daher: auch wenn ein schlechtes Wischmuster besser ist als gar kein Schutz, am besten keine einfachen geometrische Formen verwenden. Je aufwändiger das Malen, desto höher der Schutz. Oder kurz gesagt: Komfort runter, heißt Sicherheit rauf, sonst ist die Sicherheit am Smartphones gleich wieder Wischi-Waschi (Abb. 4.6).

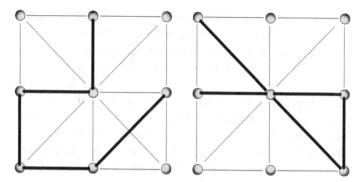

Abb. 4.6 Gut: Ecken als Startpunkt vermeiden und auch mal Punkte mehrfach durchqueren

4.11 Cyberwar: Shutdown Deutschland – Der Krieg im Netz läuft schon. Zumindest Stufe 1 von 4

Als es die Cyberbrigade von ISIS schaffte, den französischen Fernsehsender TV5 Monde zu übernehmen ging das glücklicherweise ohne Blutvergießen, denn der Angriff kam über das Internet. TV5 musste für mehrere Stunden den Sendebetrieb einstellen, weil die Mitarbeiter keinen Zugriff mehr auf die eigenen Systeme hatten. Selbst einen Tag später hieß es, man sei von einem normalen Sendebetrieb noch weit entfernt.

Dieser Hackerangriff zeigt, was Experten schon länger vorhersagen: Der nächste Krieg geht mit einer digitalen Attacke Hand in Hand – es wird ein Cyberwar. In der heutigen Welt läuft so viel über Datenaustausch und ist deshalb auf ein funktionierendes Internet angewiesen. Wird das Internet lahmgelegt, tauschen sich keine Banken mehr aus und es gibt kein Geldautomat mehr Scheine her. Wird das Internet lahmgelegt, ist der logistische Datenaustausch blockiert und Lieferungen für Supermärkte fallen aus. Wird das Internet lahmgelegt, kann niemand mehr telefonieren, denn seit ISDN-Leitungen auf IP-Anschlüsse migriert werden, kann nur noch miteinander gesprochen werden, wenn das Netz steht. Wird das Internet lahmgelegt, kann niemand mehr Windräder an- oder ausschalten, fahren keine Züge mehr, fliegen auch keine Flugzeuge und der Notarzt wird nicht erfahren, dass jemand einen Herzinfarkt hat. Keine Logistik, kein Geld, keine Lebensmittel, kein Gesundheitswesen. Wer das zwei Wochen lang schafft, stürzt ein Land ins absolute Chaos. Da braucht es dann keine Panzer mehr, um ein Land zu annektieren. Da genügt ein Reisebus mit Senioren auf Kaffeefahrt.

Das große Problem ist, dass man sich so schlecht wehren kann. Cyberwar ist nämlich in vier Phasen unterteilt und Phase 1 heißt lediglich „Zugang erlangen". Dazu spionieren Hacker von jedem Geheimdienst, der was auf sich hält, nach „offenen Türen" in Computern. Phase 1 läuft seit Jahren – weltweit. Und einfach gesagt: Solange die „offene Türe" nicht durchschritten und auch keine Schadsoftware installiert wird, schlägt auch kein Virenscanner Alarm. Es geht lediglich darum, zu wissen, wo und wie man bei Bedarf reinkommt. Das wird katalogisiert und regelmäßig überprüft. Die Deutsche Telekom stellt seit Jahren so genannte Honeypots auf, um zu erfahren, mit welchen Methoden Angreifer versuchen, Systeme zu übernehmen. Sie locken Angreifer auf vermeintlich echte Systeme und überwachen deren Verhalten und ihre Methoden. Die Anzahl der Angriffe steigt stetig an und sie zeigen auch, dass die Hacker immer wieder kommen, um zu schauen, ob die Lücke noch da ist.

Phase 2 heißt dann „Schadcode installieren" und geht mit Phase 3 – „Manipulation" – einher. Dabei werden Viren installiert und dann geht es darum, für Chaos zu sorgen. Das können veränderte Daten sein, hunderte gesperrte Zugänge für Mitarbeiter, die dann die Hotline lahm legen. Das können aber auch Programme sein, die sich einfach falsch verhalten. Aufzüge fahren in die falschen Stockwerke, Computer melden ungültige Lizenzschlüssel oder Geldautomaten schlucken jede Scheckkarte und geben kein Geld aus. Die IT-Administratoren haben dann so viel zu tun, dass Sie gar nicht merken, dass die wirklich kritischen Systeme gerade übernommen werden. Von Ländern wie den USA, China und Russland weiß man, dass sie ganze Abteilungen top ausgebildeter Hacker beschäftigen, die sich diesen Themen widmen und auf der ganzen (virtuellen) Welt aktiv in Systeme einbrechen und Lücken identifizieren.

In Phase 4 beginnt dann der Cyberwar – und der Reisebus für die Senioren kann schon mal betankt werden. Fernsehsender werden zu Propagandazwecken missbraucht, Transportmittel lahmgelegt, Wasser und Stromversorgung abgeschaltet. Kommunikation wie Telefon und Internet wird gekappt, der Zahlungsverkehr blockiert. Die Folgen wären fatal. Das IT-Sicherheitsgesetz soll so einen Ernstfall verhindern. Insbesondere kritische Infrastrukturbetriebe werden verpflichtet, ihre Netze und Systeme nach aktuellen Stand der Dinge zu schützen. Auch wenn das keine Garantie ist, hilft diese Vorschrift zumindest insofern, dass sich Unternehmen mit diesem Thema auseinandersetzen.

Natürlich bereitet sich auch der Staat auf so einen Ernstfall vor und trainierte bereits 2011 beim großen LÜKEX-Manöver (**Länderü**bergreifende **K**risenmanagement-Übung/**EX**ercise) den digitalen Ernstfall. Polizei, Feuerwehr, THW, Krankenhäuser und Bundeswehr probten die Zusammenarbeit bei ausgefallenen Netzen und die Analyse der Ursache. Der damalige Innenminister Friedrich war zwar zufrieden, sah aber auch „in der Bund-Länder-Kooperation, z. B. durch den landesweiten Aufbau von Computer-Notfallteams (CERTs) bei den Akteuren Verbesserungspotential." Kein Wunder. Bei den ganzen Schauermärchen über die schlechte Ausstattung der Bundeswehr – fluguntaugliche Hubschrauber und sich verbiegende und nicht passende Gewehre – habe ich die ernsthafte Befürchtung, dass unsere Verteidiger selbst 2017 noch mit Makro-Viren am veralteten Microsoft Office 98 üben müssen.

5

Internet

5.1 Zahlenspiele – Was in einer Minute im Internet alles passiert

Stop! Hören Sie auf, diese Seite hier zu lesen! Sie verpassen sonst zu viel. Warum? Weil jede Seite in diesem Buch etwa 250 Wörter lang ist. Um sie also erstmalig zu lesen und zu verstehen, benötigt der Durchschnittsmensch in etwa eine Minute. In diesen 60 s passiert verdammt viel in der Welt. Eine Fliege zum Beispiel geht in dieser Zeit etwa zehn Mal aufs Klo. Aber das wollen Sie wahrscheinlich gar nicht so im Detail wissen. Sie werden nur daran denken müssen, wenn Sie die nächste Fliege auf Ihrem frischen Obst entdecken. Im Internet hingegen, da passieren in 60 s richtig spannende Dinge[1]. Und all die verpassen Sie, während Sie diese Seite hier lesen.

Über das Internet werden pro Minute weltweit etwas mehr als 200 Mio. E-Mails verschickt, also über 2,8 Mio. jede Sekunde. Das bedeutet, dass statistisch jeder Einwohner in Deutschland alle halbe Minute eine Mail schreibt und verschickt – auch die, die gar keinen Computer haben. Google hingegen hat innerhalb von 60 s nur lächerliche 2.000.000 Anfragen, also etwas mehr als

---

[1] Alle genannten Zahlen variieren je nach Quelle oder Schätzung, liegen aber immer im genannten Bereich. Stand ist September 2013

T. Schrödel, *Ich glaube, es hackt!*, DOI 10.1007/978-3-658-10858-8_5,
© Springer Fachmedien Wiesbaden 2016

Hamburg Einwohner hat (und die müssen in der Zeit auch noch eine Mail verschicken).

800.000 Menschen ändern dazu auch noch jede Minute ihren Facebook-Status, während doppelt so viele Likes vergeben werden. Das klingt viel, ist es aber nicht, denn Facebook hat 1,44 Milliarden Mitglieder, was es zum größten Land der Erde macht - zumindest was die Einwohnerzahl betrifft.

Während Amazon jede Minute nur 93.000 € umsetzt, überspringt eBay die 100.000-Euro-Marke bei seinem Handelsvolumen um wenige tausend Euro. Zeitgleich entstehen fast 100 neue Domains mit Webseiten und auf flickr werden 20 Mio. Bilder betrachtet. Menschen auf der ganzen Welt laden bei iTunes in 60 s über 15.000 Songs herunter, während zeitgleich 2,8 Mio. Menschen in 1,4 Mio. Skype-Gesprächen eine Konversation führen.

Auf YouTube werden jeden Tag – sage und schreibe – 4.000.000.000 Videos angeschaut, was zwar nur schlappe 5 Stück pro Facebook-User sind, aber fast 3 Mio. jede Minute. In den gleichen 60 s laden andere User Videos mit einer Gesamtlänge von 72–100 h ins Netz. Sie haben richtig gelesen. Jede Minute kommen auf YouTube-Videos mit einer Gesamtlänge von bis zu 100 h dazu. Leider nicht alles Oskar-verdächtig.

Wenn Sie sich alle Videos ansehen möchten, die auf YouTube an nur einem einzigen Tag hochgeladen werden, müssen Sie also über 100.000 h Videos gucken. Bei einem 8 h-Arbeitstag und abzüglich von Wochenenden und 30 Tagen Urlaub brauchen Sie dazu gut 61 Jahre – ohne Zigarettenpause. Kurzum: wenn Sie das hier zu Ende gelesen haben, können Sie als YouTube-Junkie fast schon in Rente gehen.

5.2 Empfänger Unbekannt – Wie man anyonym im Internet surfen kann

Neulich klärte mich die Rückseite einer Müslipackung darüber auf, dass Erdbeeren gar keine Beeren sind. Es sind Nüsse. Und Tomaten sind eigentlich Obst und kein Gemüse. Das alles stand da und ich wurde allein gelassen mit der Frage: Warum ist plötzlich alles anders? Wer denkt sich so etwas aus?

Natürlich ist es Haarspalterei, sich mit solchen Fragen zu beschäftigen. Warum heißt etwas Beere und ist gar keine? Im Internet kann man derartige Versteckspiele aber gezielt nutzen, um seine Privatsphäre zu schützen. Man nennt sich einfach um und tarnt sich mit falschem Namen, besser gesagt: falscher IP-Adresse.

Wer heute im Internet surft, der hinterlässt auf jedem Server, den er besucht hat, eine IP-Adresse. Sei es von zu Hause, im Büro, im Internetcafé am Bahnhof oder auch über das WLAN im Hotelzimmer, ganz egal. Eine IP-Adresse bekommt der Router, also der Übergangspunkt des Anschlusses in das Internet, vom jeweiligen Provider zugewiesen. Sie ist weltweit eindeutig und wird daher *öffentlich* bezeichnet. In diesem Moment hat sie kein anderer auf diesem Planeten. Ein kluges System von IP-Adress-Pools und die Vergabe auf Zeit sorgen dafür, dass sie einerseits (noch) für alle Geräte ausreichen und andererseits dafür, dass es zu keiner doppelten Vergabe kommt.

Nun stecken hinter jeder IP-Adresse aber meist mehrere Internetgeräte. Es gibt viele Hotelzimmer und mehrere Gäste, die gleichzeitig surfen wollen, im Internetcafé geht's noch mehr zu und auch zu Hause hängen oft mehrere Rechner an einem DSL-Anschluss. Also vergeben die Router an die angeschlossenen Computer, iPads und Laptops auch noch einmal eigene IP-Adresse. Diese jedoch sind nicht weltweit eindeutig, sondern nur innerhalb des eigenen lokalen Netzes. Solche Adressen werden *private* Adressen genannt. Wenn also jemand unerlaubte Dinge im Netz tut, kann die Polizei zwar den Anschluss ermitteln, nicht sicher jedoch die Person, die dahinter stand und den Unsinn getrieben hat. Deshalb haftet der Anschlussinhaber. Vergleichbar mit einem Verkehrsdelikt, wenn der Fahrzeughalter nicht mehr sagen kann – oder will – wer denn zum fraglichen Zeitpunkt gefahren ist.

Die öffentliche IP-Adresse des Routers wird von allen Webseiten gespeichert, die besucht werden. Hat die Polizei berechtigte Hinweise auf strafrechtlich relevante Inhalte, erhält sie nach richterlichem Beschluss vom Provider die Angaben, wer zur fraglichen Zeit die im Logfile gefundene IP-Adresse hatte. Das ist vernünftig, wenn dadurch Straftäter gefasst werden.

Nicht immer jedoch muss es sich gleich um widerliche und allgemein verwerfliche Webseiten handeln. Und nicht immer geht es um Straftaten. Wie also können wir wirklich anonym im Internet surfen?

Die Antwort heißt „Tor". Wer hier an Fußball oder einen skandinavischen Krieger mit großem Hammer denkt, liegt falsch. Bei Tor handelt es sich um ein Netzwerk von Routern. Sie sind dem eigenen nachgeschaltet, werden auch als Onion-Router bezeichnet, denn sie legen eine Zwiebelhaut aus mehreren Schichten zwischen Quell- und Zielrechner an.

Diverse Institutionen – meist Universitäten und Datenschutz-Vereinigungen – betreiben weltweit Tor-Server. Sie agieren wie jeder andere Router auch – mit einer Ausnahme: Sie speichern keine Logfiles. Damit ist zwar ersichtlich, dass jemand über einen Tor-Server surft, aber nicht viel mehr. Der Betreiber des selbigen kann – und will wahrscheinlich – auch nicht sagen, wer das denn war. Die Information steht ihm nicht zur Verfügung. Sogar unter Druck könnte er sie nicht verraten.

Damit die Behörden selbst über die Uhrzeit einer Abfrage keine Indizien konstruieren können, schalten sich in aller Regel drei bis fünf Tor-Server hintereinander. Sie kommunizieren verschlüsselt und achten darauf, dass möglichst viele von ihnen in einem anderen Land betrieben werden. Das macht eine Rückverfolgung nahezu unmöglich. Einziger Nachteil: Eine derartige Kaskade an Routern verlangsamt die Internet-Verbindung spürbar. Wer eine Seite aufruft, muss sich wenige Sekunden gedulden, bevor die Seite aufgebaut wird.

Sicherlich lässt sich streiten, ob eine vollständige Anonymisierung gerade erst Kriminelle anlockt und ihnen Schutz gewährt. Treibt man die Diskussion auf die Spitze, könnte man gar von Beihilfe durch Betreiben eines Tor-Servers sprechen. Andererseits schränkt doch gerade die Überwachung des Internets die Freiheit noch viel mehr ein. In Amerika gab es 2001 und 2002 Fälle, in denen Menschen Besuch der Heimatschutzbehörde bekommen haben, weil sie bei Amazon Bücher über den Islam bestellt oder zumindest aufgerufen haben.

Die Grenze zwischen freiem Surfen und berechtigter staatlicher Überwachung im Sinne der Strafverfolgung sieht jeder anders. Je nachdem, wo er steht und welche Aufgabe er verfolgt. Der deutsche Jurist Johann Klüber hat übrigens bereits 1809 – also vor mehr als 200 Jahren – davon gesprochen, dass der Schutz der Privatsphäre durch den Staat nicht gebrochen werden dürfe, auch wenn manche sich in diesem Schutz zu illegalem Handeln hinreißen[2] lassen.

Ob Erdbeeren jetzt Beeren sind oder Nüsse, ist mir persönlich völlig Wurst. Vielleicht sind getrocknete Erdbeeren sogar Erdnüsse? Wer weiß. Die Antworten lassen sich im Internet ganz bestimmt finden. Ob anonym oder nicht, das muss jeder für sich selbst entscheiden (Abb. 5.1).

---

[2] Sollen Privatleute – und damit leider auch Verbrecher – sicher verschlüsseln dürfen? „Soll man keinen Wein bauen, weil es Leute giebt, die sich in Wein berauschen?" Johann Klüber Kryptografik, Tübingen, J. G. Cotta'sche Buchhandlung, 1809

Abb. 5.1   Tor verspricht anonymes Surfen

5.3 Dioptrin und Farbenblindheit – Was sind Captchas und wie funktionieren sie

Nach einer langen Wanderung den Gipfel des Berges zu erreichen, ist der Gipfel der Gefühle. Voller Stolz wird eine Maß Bier eingeschenkt und sich im Gipfelbuch verewigt. „Wir waren hier", steht da ganz oft und es ist wirklich ein Jammer, dass in der Schönheit der Natur nicht auch ein schöner Satz zu finden ist.

Gästebücher gibt es natürlich auch im Internet. Viele, die eine eigene private Seite erstellen, freuen sich über nette Worte von Freunden und Bekannten, die einen auf diese Weise mal wieder gefunden haben.

Schon vor Jahren entwickelten findige Programmierer ein Programm, das im Internet von Seite zu Seite surft, nur um sich in – meist privaten – Gästebüchern zu verewigen. Leider nicht mit einem lieben Gruß, sondern mit Werbung für eindeutig zweideutige Produkte und Webseiten.

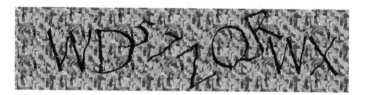

Abb. 5.2 Ein Captcha

Die Entwickler von Gästebuch-Programmen reagierten umgehend. Wer etwas eintragen will, muss vorher eine zufällig angezeigte Buchstabenkombination in ein spezielles Feld tippen. Wohl eher angestachelt von dieser Aufgabe setzte die Gegenseite Texterkennungs-Technik[3] ein. Anstatt nur den Textinhalt einer Webseite auf der Suche nach Gästebuch-Formularen auszuwerten, wurde eine Art Screenshot – ein grafisches Abbild der Oberfläche des Bildschirms – angefertigt und über Bild-zu-Text-Erkennung zurück gewandelt. Schon kurze Zeit später waren Spammer wieder in der Lage, die Gästebücher mit werbenden Einträgen zu überschwemmen.

Nun sagt man Software-Entwicklern ja eine gewisse Trägheit nach. Durch Kaffee am Leben gehalten, jagen sie nächtelang virtuelle Orks und andere Monster, um tagsüber mit blutunterlaufenen Augen die Anforderungen des Auftraggebers umzusetzen. Selbst mitdenken ist da zum Glück nicht nötig.

Doch einer fiel aus der Reihe. Er hatte die phantastische Idee, eine zufällige Buchstabenkombination so anzuzeigen, dass eine Texterkennung auf Granit beißt. Als Grafik mit formschön geschwungenen, ineinander verwobenen, pastellfarbenen Buchstaben auf ebenso pastellfarbenem Hintergrund. Captcha nennt man das, und eine Texterkennung hat da keine Chance (Abb. 5.2).

---

[3] Auch OCR genannt, das steht für *Optical Character Recognition*

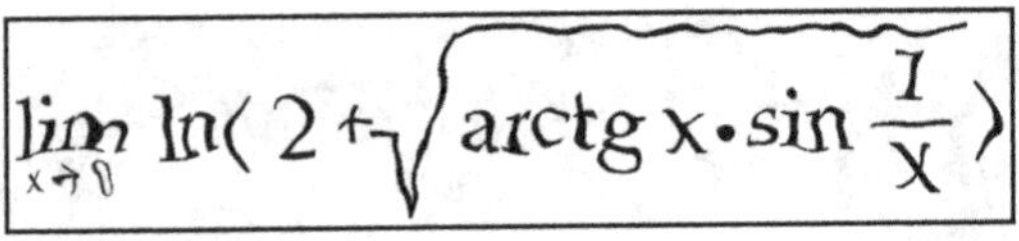

$$\lim_{x \to 0} \ln \left(2 + \sqrt{\arctg\, x \cdot \sin \frac{1}{x}} \right)$$

Abb. 5.3   Ein besonders schweres Captcha

Seitdem bleiben Gästebücher wieder leer. Befreit zwar von lästiger Fremdwerbung, aber gelegentlich halt auch von den gewünschten Einträgen. Manchmal bin ich nämlich selbst bei gutem Willen nicht in der Lage, die Buchstabenkombination einer solchen Grafik richtig zu lesen. Nach der dritten Falscheingabe gebe ich erfahrungsgemäß auf.

Natürlich lassen sich mit Captchas auch Unwürdige von bestimmten Webseiten ausschließen. In einem Blog wird auf eine Webseite russischer Mathe-Freaks verwiesen. Wer dort hinein will, der muss besonders schwere Captchas nicht nur lesen, sondern auch lösen[4] können (Abb. 5.3).

5.4 Du kommst hier net rein – Warum das CAPTCHA eigentlich erfunden wurde

Damit sich in Web-Foren und Blogs keine automatisierten Bots eintragen können, um tausendfach Werbung für körperteilvergrößernde Pillen oder Online-Casinos zu hinterlassen, wurde das CAPTCHA erfunden. Die schwer erkennbare Zahlen und Buchstaben in einer Grafik mit schlechtem Kontrast sollen den Server in die Lage versetzen, zu erkennen, ob ein echter Mensch an der Tastatur sitzt. Der Computer trifft seine Entscheidung auf die simpelste Art und Weise: Entspricht die eingegebene Buchstabenfolge exakt der angezeigten, dann ist das ein Mensch und

---

[4] http://www.clickoffline.com/2009/04/best-captcha-form-ever/

der darf dann seinen Kommentar hinterlassen – ansonsten nicht. Das Problem ist nur, dass die Bilderkennungsprogramme immer besser werden und die CAPTCHAs deshalb immer schwerer zu lesen sind. Nicht nur für ältere und sehbehinderte Menschen ein großes Problem – das Thema hatten wir gerade.

Die Abkürzung CAPTCHA (Completely Automated Public Turing-test to tell Computers and Humans Apart) ist eine Hommage an den britischen Mathematiker Alan Turing. Nachdem er großen Anteil daran hatte, dass die verschlüsselten Enigma-Nachrichten im 2. Weltkrieg „geknackt" wurden, formulierte Turing 1950 ein Experiment für die Zukunft. Eine Computer absolviert den „Turing-Test" dann erfolgreich, wenn ein Mensch nicht erkennt, dass er eine Maschine befragt. Dazu stellt eine Person per Tastatur Fragen an einen anderen Menschen und gleichzeitig an einen Rechner. Beide antworten ebenfalls schriftlich auf einem Monitor. Kann der Fragende anhand der auf dem Bildschirm angezeigten Antworten selbst nach intensiver Befragung **nicht** mit Sicherheit sagen, wer von den beiden Mensch und wer Rechner ist, dann hat der Rechner den „Turing-Test" bestanden.

Turing dachte damals, dass sich so künstliche Intelligenz erkennen ließe. Heute weiß man, dass dazu mehr gehört. So gibt es beispielsweise Menschen (und vielleicht bald auch Maschinen), die zwar intelligent sind, die aber – obwohl es im Experiment verlangt wird – aus irgendeinem Grund nicht kommunizieren können oder wollen.

So wie bei einem CAPTCHA ein Programmierer versuchen wird, die angezeigte Buchstabenkombination mittels Bilderkennung zu erraten, würde ich andersherum beim „Turing-Test" versuchen, eine Maschine in die Irre zu leiten um sie zu entlarven. Was ihr fehlen wird, ist Erfahrung. Wäre ich daher in so einem Test der Befrager, würde meine Frage lauten: „Baust Du die Treppe in einem Ritterturm gegen oder im Uhrzeigersinn nach oben?" Ob die künstliche Intelligenz Erfahrung mit in die Entscheidung einbeziehen kann? Wüsste sie, warum die Bauherren des Mittelalters die Treppen immer im Uhrzeigersinn drehten? Der Turm lässt sich nämlich auf solch einer Wendeltreppe als Rechtshänder (85–90 % der Menschen und somit das Schwert nach links unten schlagend) viel leichter verteidigen – während die heraufstürmende Angreifer beim Ausholen immer an der Treppenspindel hängen bleiben. Das Problem an der Geschichte dürfte aber sein, dass heute wohl nur noch sehr wenige Menschen Rittertürme bauen und sie die Antwort deshalb auch nicht wüssten. Der Computer wird sich also verraten, weil er durch eine Google-Suche die richtige Antwort liefert. Oder nicht? Wer ist denn nun wer?

5.5 Schlüssel steckt – Warum man keine Passwörter im Browser speichern sollte

Wie nervig. Jeder Shop und jedes Forum will, dass man sich anmeldet. Ganz abgesehen von den Daten, die man hinterlässt, muss man sich die Zugangsdaten merken. Dummerweise kann man sein geliebtes Standard-Passwort nicht verwenden, weil der Webseiten-Betreiber nur acht und nicht zehn Stellen zulässt. Dann muss ein Sonderzeichen rein, aber das sonst so gerne verwendete #-Zeichen ist nicht erlaubt. Wie um alles in der Welt soll man sich das merken können? Gerade bei Seiten, die man vielleicht nur zwei Mal im Jahr besucht? Wer bestellt schon alle drei Wochen neue Tinte für den Drucker?

Zum Glück bieten die meisten Browser eine ganz phantastische Funktion an. Auf Wunsch merken sie sich das Passwort. Ruft man die Seite sechs Monate später erneut auf, dann stehen die Zugangsdaten schon darin. Selbst bei einem Webmail-Dienst kann man das nutzen (Abb. 5.4).

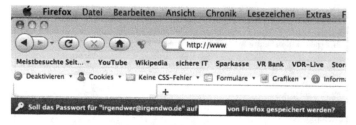

Abb. 5.4 Ein Browser hilft beim „merken" des Passworts

Was hier hilfreich und nett erscheint, ist eine in sich absurde Idee. Zwar denken viele User, dass es doch egal ist, wenn jemand die privaten Mails lesen sollte. Wer um alles in der Welt interessiert sich für die elektronische Nachricht von Tante Erna?

Derartige Gedankenspiele sind der Grund dafür, dass wir im privaten Umfeld niedrigere Sicherheitslevel ansetzen, als im Büro. Dort arbeiten wir mit kritischen Informationen, was eventuell sogar rechtliche Folgen nach sich zieht, sollten wir zu sorglos mit ihnen umgehen. Im trauten Heim passiert das normalerweise nicht.

Einen derartigen Trugschluss nutzen Hacker gerne aus. So zeigt eine sicherlich nicht repräsentative Umfrage meinerseits, dass rund 70 % der Befragten, ein sehr ähnliches, wenn nicht gar identisches Passwort zu Hause und im Büro nutzen.

Da private Rechner in aller Regel nicht annähernd so gut geschützt sind, wie dienstliche PCs, ist das ein ganz guter Angriffspunkt. Ganz egal, ob ich über das Netz – mit Hilfe eines Trojaners – oder physikalisch – also durch das Fenster – vor Ihren Rechner komme, der Browser listet mir Ihre ganz persönliche Vorliebe in der Passwortgestaltung auf.

Alleine die Art und Weise, wie Sie Ihr Passwort zusammenbauen ist eine wichtige Information. Stehen Sie darauf, hinten Zahlen anzuhängen? Einstellig, oder zweistellig? Nehmen Sie gerne Namen oder Ziffernfolgen? Vielleicht ein Geburtsdatum?

Abb. 5.5 Ein Browser zeigt gespeicherte Passwörter

Mit dieser Information gehe ich dann an Ihren Rechner im Büro. Dort, wo Sie mit den sensiblen Daten arbeiten, die, die mich interessieren. Denn in einem haben Sie tatsächlich Recht behalten. Die Nachricht von Tante Erna interessiert mich wirklich nicht. Das Speichern von Passwörtern im Browser ist vergleichbar mit dem Einbau einer Sicherheitstüre, die Sie zwar absperren – in der Sie aber auch immer den Schlüssel stecken lassen (Abb. 5.5).

5.6 Zahlung sofort, ohne Skonto – Wie Abofallen im Internet funktionieren

Letztens bin ich mit einer deutschen Airline ins nahe Ausland geflogen. Auf dem zwei Stunden dauernden Flug wurden nicht nur Nüsschen und Getränke verteilt, es gab auch etwas zu kaufen: Kopfhörer für diejenigen, die den Film auf den ausgeklappten Monitoren sehen wollten. Ein Dutzend Mitreisender griff in die Geldbörse und zahlte ein paar Euro.

Im Nachhinein betrachtet, war das eine Vertriebsleistung sondergleichen. Gezeigt wurden nämlich zwei Folgen von „Mr. Bean". Eine Fernsehserie, in der der Hauptdarsteller zwar hin und wieder grunzt und die Regie dem hirnlosen Zuschauer durch eingespieltes Lachen mitteilen will, wann es lustig ist, aber: Eigentlich handelt es sich bei „Mr. Bean" um einen Stummfilm! Jeder Mitreisende ohne gekauften Ohrwärmer hatte genauso viel Spaß wie diejenigen mit Schaumstoff auf der Muschel.

Hätte es Beschwerden gehagelt, es hätte mich nicht gewundert. Wer fühlt sich schon gerne über den Tisch gezogen? Nun will ich der Fluglinie nicht unterstellen, sie handelt in betrügerischer Absicht. Keinesfalls. Da gibt es genügend Andere, die das im Internet tun.

Menschen besuchen Webseiten, tragen dort persönliche Daten ein – im Glauben sich zu registrieren – und erhalten ein paar Tage später eine Rechnung. Verstreichen weitere Tage, liegt gar eine Mahnung im Briefkasten, gefolgt von der Pfändungsandrohung eines Anwalts. Meist werden Beträge um die hundert € verlangt – und in den meisten Fällen auch kassiert. Spätestens, wenn der Anwalt schreibt.

Zwar werden derartige Abzockmethoden regelmäßig in den von Föhnlocken moderierten Boulevardsendungen der Privatsender angeprangert, trotzdem lohnt es sich anscheinend immer wieder neue Seiten aufzumachen und auf Kundenfang zu gehen. Selbst die dubiosen Anwälte kommen gehörig auf ihre Kosten, auch wenn die Anwaltskammer deren Verhalten missbilligt.

Wie kann es sein, dass hunderte Menschen in die „Abofalle" tappen? Ist der Hinweis auf die Kosten auf der Seite deutlich sichtbar, hat der Kunde wohl selbst Schuld. Fehlt das Preisschild, würde kaum einer bezahlen und sicherlich auch frohen Mutes den eigenen Anwalt einschalten.

Es gibt technisch zwei unterschiedliche Methoden, mit denen fremde Geldbörsen bevorzugt erleichtert werden. Eines haben die Webseiten aber alle gemeinsam: Sie bieten einen Service an, den fast jeder schon mal im Internet gesucht hat. Das Angebot reicht von Ahnenforschung über Persönlichkeitstest bis hin zu astrologisch angehauchten Orakeln. Geboten werden jedoch nur enttäuschend einfache Antworten, die einer beim Frisör ausliegenden Zeitschrift entnommen sein könnten. Aber wie soll man das vorher wissen?

Ruft man die jeweilige Seite im Netz auf, erscheint diese äußerst professionell. In großen Lettern und Bildern wird dem Besucher suggeriert, nur noch wenige Klicks von der Antwort auf seine Frage entfernt zu sein. Lediglich registrieren müsse man sich noch. Von etwaigen Kosten ist nichts zu **sehen**.

Ein paar Tage später hingegen sieht man sie, die Kosten. In Form einer Rechnung, die im Briefkasten liegt. Sie spricht vom Abschluss eines Abonnements, vierundzwanzig Monate, für je günstige 4,95 €. Als ob jemand zwei Dutzend Mal herausfinden wollte, was sein Nachname bedeutet. Es folgt nervöses Booten des Rechners und den Startvorgang begleiten Selbstzweifel, die Preisangabe übersehen zu haben.

In den meisten Fällen steht und stand der Hinweis über Preis und Abo auf der Seite. Dummerweise sogar recht deutlich und nicht mal im Kleinstgedruckten versteckt.

Geholfen haben dem Webdesigner Studien über das Leseverhalten von Menschen auf Bildschirmen. Werden Bilder und

Schlagwörter geschickt platziert und farblich abgehoben, übersieht das menschliche Auge ganze Areale der Webseite. Das klappt zwar nicht bei jedem, aber offenbar ausreichend oft, um italienische Sportwagen zu fahren. Spätestens wenn nach dem Kostenhinweis gezielt gesucht wird, fällt dieser recht deutlich ins Auge und die Zahlungsmoral steigt – ebenso der Ärger über sich selbst.

Deutlich hinterhältiger ist eine andere Methode. Sie macht sich Cookies und Supercookies zu nutze. Ein Cookie ist eine lokal abgelegte Information, die der Browser beim Aufruf einer Seite speichern kann. Besucht man die Seite erneut, wird das Cookie übertragen und der Server weiß sofort: Der war schon mal da! Inklusive Datum und Uhrzeit. Fehlt ein derartiges Cookie ist aller Wahrscheinlichkeit nach ein neues Opfer unterwegs. Dieses Wissen nutzen die Betrüger aus und blenden bei Neuankömmlingen **keine** Preise ein. Hat sich jemand registriert und prüft nach Erhalt der Rechnung die Seite erneut, dann zeigt die Seite klar aber unaufdringlich einen Betrag an. Pech gehabt.

Nun kann man Cookies löschen oder gleich ganz ablehnen und mittlerweile ist das eine gängige Einstellung im System. Dummerweise benötigen einige gerne genutzte und gute Webseiten Cookies und daher ist eine völlige Blockade gleichbedeutend mit einer Surfblockade.

Supercookies hingegen lassen sich nahezu gar nicht blocken, sie sind Teil von Flash-Animationen und werden in aller Regel auch benötigt. Da Flash jedoch nicht zwangsläufig animiert sein muss, lässt sich auch ein einfaches Bild damit darstellen. Das kleine Kunstwerk bringt nur nebenbei und beiläufig die Funktionalität mit, ein Supercookie zu setzen. Dieses Ei, das einem da ins Netz gelegt wird, lässt sich mit normalen Bordmitteln des Browsers nicht entfernen, dazu sind Plug-ins[5] nötig – und die

---

[5] Ein Plug-in für den Firefox Browser zum Überwachen und Löschen von Supercookies ist „Better Privacy"

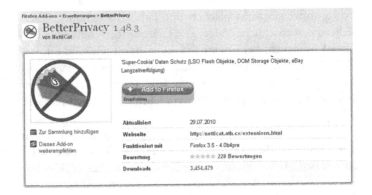

Firefox Add-ons > Erweiterungen > BetterPrivacy

BetterPrivacy 1.48.3
von NettiCat

'Super-Cookie' Daten Schutz (LSO Flash Objekte, DOM Storage Objekte, eBay Langzeitverfolgung)

+ Add to Firefox
Empfohlen

☐ Zur Sammlung hinzufügen
☑ Dieses Add-on weiterempfehlen

Aktualisiert	29.07.2010
Webseite	http://netticat.ath.cx/extensions.html
Funktioniert mit	Firefox 3.5 - 4.0b4pre
Bewertung	★★★★★ 228 Bewertungen
Downloads	3.454.479

Abb. 5.6   Better Privacy mag keine Teigwaren

muss jeder selbst nachinstallieren. Ist das Flash-Programm beendet, das Supercookie nicht mehr von Nöten, dann wird es einfach gelöscht. Als ob es nie da gewesen war (Abb. 5.6).

Übrigens: Der Versuch das vierzehntägige Rückgaberecht aus dem Fernabsatzgesetz heranzuziehen, zieht nicht. Der User bestätigt die AGB, und diese schließen die Rückgabe nach Bezug der Leistung aus. Wer also direkt nach der Registrierung Ahnenforschung betrieben hat, für den ist es zu spät. Es gibt jedoch auch die Meinung, dass dieser Absatz in den AGB sittenwidrig sei.

Es empfiehlt sich also unbedingt, einen Rechtsanwalt zu Rate zu ziehen. Noch besser ist es aber, gleich zu behaupten, das Kind sei es gewesen. Dieses ist noch nicht geschäftsfähig – Thema erledigt. Die entsprechenden Aboseiten versuchen, das mittels Eingabe des Geburtsdatums bei der Registrierung zu verhindern. Die Behauptung, das Kind hat ein falsches Datum eingetragen, können sie jedoch kaum widerlegen.

Zukünftig sollten Sie also gewarnt sein und wenn Ihnen mal eine Abo-Rechnung unfreiwillig ins Haus flattert, suchen Sie fachmännischen Rat und zahlen nichts. Im Flieger hingegen kann sich das bezahlen durchaus lohnen. Vorher zu fragen, welcher Film gezeigt wird, schadet jedoch auch nicht.

5.7 640 Sextillionen – Warum IP V6 nicht nur Probleme löst

Hilfe, die IP-Adressen gehen aus! In den Medien wird dies schon seit längerem regelmäßig kolportiert. Dabei braucht man die zum Surfen. Jedes Gerät, das mit dem Internet verbunden wird, benötigt so eine Adresse. Und tatsächlich wurde die letzte Tranche bereits vergeben. Wer jetzt eine will, der hat Pech gehabt.

Das jedoch heißt nicht, dass man jetzt keinen PC mehr kaufen braucht. Natürlich kann man auch mit einem neuen Computer im Internet surfen gehen. Die Provider haben genügend IP-Adressen, die Sie sich von denen ausleihen dürfen.

Eine IP-Adresse ist wie eine Postadresse, deshalb heißt sie auch so. Rufen Sie in Ihrem Browser eine Webseite auf, zum Beispiel www.comedyhacker.de, dann wird Ihr PC eine Anfrage stellen. Zuerst einmal wird er erfragen, welche IP-Adresse denn hinter www.comedyhacker.de steckt. Das ist ähnlich wie bei den Urlaubspostkarten, wenn man die Postleitzahl oder die Hausnummer nicht genau weiß. Die Post versucht die richtige Adresse herauszufinden und korrigiert die Anschrift. Im Internet passiert das andauernd, das gehört zum Service – genauer gesagt zum Domain Name Service (DNS). Tippen Sie den Namen in den Browser, nennt der DNS-Dienst Ihrem Browser die Adresse. Das Internet lässt Sie www.comedyhacker.de aufrufen, weil Sie sich die echte Adresse nicht merken können, oder – auch das gibt es – weil sie sich dauernd ändert. In Wirklichkeit finden Sie den comedyhacker.de nämlich unter der Adresse 85.13.149.72 (Stand 03.11.2013 12:35 Uhr).

Stellen Sie sich vor, es gäbe keine Straßennamen und Postleitzahlen. Sie würden eine Postkarte zwangsläufig mit etwas anderem eindeutig identifizierbaren adressieren. Peter Müller, im gelben Haus gleich hinter der Metzgerei bei der Kirche, dort erster Stock. Der Postbote weiß Bescheid und kann den Urlaubsgruß zustellen.

Eine Internet-Protokoll-Adresse, kurz IP, besteht aus vier Zahlen, die mit einem Punkt getrennt sind. Jede Zahl kann Werte zwischen 0 und 255 annehmen, also zum Beispiel 22.4.197.1. Sie können sich ausrechnen, wie viele solcher IPs es gibt, nämlich 255 × 255 × 255 × 255 = 4.228.250.625. Davon muss man ein paar abziehen, die für Rundrufe (Broadcasts) unter den Geräten oder andere Sonderaufgaben verwendet werden und ebenso auch ein paar tausend, die im Internet selbst nicht beliefert werden, die privaten Adressen – insgesamt 622.199.809 Stück. Öffentliche IP-Adressen gibt es demnach 3.606.050.816 Stück. Eine Zahl, die recht hoch erscheint, aber nicht ist. Sie beschränkt nämlich die Anzahl an Geräten, die weltweit gleichzeitig im Internet unterwegs sein können, denn nur wenn die Adressen eindeutig sind, kann der Postbote die Karte bzw. die Webseite auch anliefern.

Die privaten IP-Bereiche haben das Internet schon über die letzten Jahre gerettet, ansonsten wäre es schon viel früher eng geworden. Obwohl die IP im weltweiten Netz eigentlich eindeutig sein muss, darf jeder 10.x.x.x, 192.168.x.x oder auch 172.16.x.x verwenden und für x jede Zahl zwischen 0 und 255 eintragen. Diese IPs bleiben aber lokal, in Ihrem eigenen Firmen-Netz oder zu Hause hinter dem Router. Sie haben quasi Ausgehverbot, das Internet bekommt sie nicht zu sehen, dafür sorgt Ihr Router.

Dieser hingegen hat vom Provider eine öffentliche IP-Adresse zugewiesen bekommen, mit der er im Netz Anfragen stellen darf. Also gehen Ihre Webseiten-Aufrufe eigentlich gar nicht von Ihrem Rechner aus ins Netz, sondern in Wirklichkeit vom Router. Bekommt der eine Antwort, muss er nur noch nachsehen, von welcher privaten IP die Anfrage ursprünglich kam und schon sehen Sie die Webseite auf Ihrem Rechner.

Jeder Provider hat einen oder mehrere Blöcke an IP-Adressen bekommen. Damit er mehr Kunden haben kann, als er IP-Adressen hat, muss der Provider die IPs zeitlich begrenzt verleihen. Dieses Verfahren heißt DHCP und steht für Dynamic Host Configuration Protocol. Schalten Sie Ihren Router an, leiht er sich quasi eine öffentliche IP-Adresse, und wenn Sie über längere Zeit keine Aktivität im Netz haben, geben Sie die Adresse wieder zurück. Ein anderer bekommt sie dann und Sie selbst, wenn Sie wieder online gehen, bekommen eine andere, die gerade frei ist.

Diese wunderbare Technik erlaubt es also nicht nur, dass mehr Geräte internetfähig sind als es IP-Adressen gibt, nein, diese Technik ist auch Datenschutz pur. Außer dem Provider weiß nämlich niemand, wer hinter dieser IP-Adresse steckt. Erst wenn Sie widerrechtliche Sauereien im Netz veranstalten, kann die Polizei beim Provider anfragen, wem denn zu einer bestimmten Zeit die Adresse 22.4.197.1 zugewiesen war – und sie benötigt dazu sogar einen richterlichen Beschluss.

Ein kleiner Tipp noch am Rande, falls Sie mal unangenehme Post vom Anwalt bekommen, weil eines Ihrer Kinder unerlaubterweise den neuesten Kinofilm herunter geladen hat: Dass Sie zu einem bestimmten Zeitpunkt eine bestimmte IP-Adresse hatten, werden Sie nicht widerlegen können. Aber ob der Zeitstempel des Logfiles des Filmportals (aus dem der Download, Ihre IP und die Zeitangabe der vermeintlichen Tat ermittelt wurden) eine **geeichte** Zeitangabe enthält oder gar durch Zeitverschiebung oder Ungenauigkeit der PC-Uhr abweicht – das würde ich erst einmal prüfen lassen. Denn möglicherweise hatte zum tatsächlichen Download-Zeitpunkt dank DHCP schon ein anderer Computer die IP geliehen.

Doch zurück zum Thema: Schon vor Jahren wurde beschlossen, den Adressraum auszuweiten: von IP V4 (32-Bit dezimal) auf IP V6 (64-Bit hexadezimal). Statt rund 4 Mrd. Adressen ergeben sich so etwas mehr als 640 Sextillionen eindeutige Adressen. Diese Zahl ist unvorstellbar groß. Jeder Quadratmillimeter der Erdoberfläche könnte 665.570.793.348.866.944 IP-Adressen bekommen.

Damit ist das Problem der ausgehenden Adressen zwar gelöst. Ein anderes ergibt sich aber zwangsläufig. Wenn Adressen im Überfluss vorhanden sind, warum sollte es dann DHCP geben?

Bald könnten also Computer, Handys und alle anderen Geräte, die online gehen, mit einer festen IP-Adresse ausgestattet sein. Damit ist dann auch zweifelsfrei nachweisbar, wer welche IP-Adresse hat und wenn Ihr Junior sich mal wieder auf Videoportalen eindeckt ... na ja, da kommen Sie dann nicht mehr raus.

Problematischer wird aber sein, dass Sie sich durch Anmeldungen bei Facebook, Amazon und Co. zwangsläufig auch mal outen – und die bekommen Ihre IP-Adresse natürlich auch mit. Somit weiß nicht nur die Polizei (durch richterlichen Beschluss!), wer vor dem Rechner **saß**, sondern bald schon jeder Webseitenbetreiber, wer vor dem Rechner **sitzt**.

5.8 .berlin .berlin Wir surfen nach .berlin – Was man bei den neuen Webseiten-Endungen beachten sollte

Das, was bis vor Kurzem nur den Spielern und Fans der Fußballmannschaften vorenthalten war, die das Endspiel um den DFB-Pokal bestreiten durften – eine Fahrt nach Berlin nämlich – wird in Kürze uns allen, und das auch noch täglich, zugestanden. Mit einem Unterschied: Fußballfans müssen nach Berlin fahren, wir dürfen nach *.berlin* surfen! Hurra.

Im Juni 2011 hat die ICANN, eine internationale Organisation, die über die Namenskonvention von Internetadressen wacht, eine bahnbrechende Entscheidung getroffen. Bis dahin gab es nur Webseiten mit Endungen wie *.de* oder *.com*. Nahezu jedes Land der Erde hatte eine zweistellige Endung, unter der jede Firma ihren eigenen Namen reservieren konnte. Es gab – wie *.com* für kommerzielle oder *.org* für Organisationen – nur wenige Endungen, die anders und länger gestrickt waren. Die ICANN hat sogar lange Zeit zweistellige Namen **vor** der Endung verboten, mit 26×26 Stück gab es einfach zu wenige für das große weite Netz. Hewlett Packard war eine der wenigen Firmen, denen dies vor vielen Jahren noch geglückt ist, daher erreichen Sie die auch unter *www.hp.com*.

Die Länderkennungen (ccTLD bzw. country code Top Level Domain) richteten sich in gewissem Maße an bekannte Vorgaben wie ISO 3166, was manchen kleinen Ländern ein ganz neues Einnahmepotential ermöglichte. Es konnten so nämlich witzige Wortspiele oder sogar Werbebotschaften mit Webseitenadressen erzeugt werden. *www.rasselban.de*, *www.try.it* oder *www.help.me* sind ein paar Beispiele, ebenso wie *www.11freun.de* oder *www.schokola.de*. Ich selbst habe das mit der deutschen Endung bei *www.alter-schwe.de* sowie mit der italienischen Endung bei *www.sichere.it* selbst genutzt.

Was die ICANN beschließt, beschließt sie. So konnte das Bundesland Bayern nur tatenlos zusehen, wie die auf Autoaufklebern an königstreue Bayern verkauften Plaketten mit BY plötzlich im Internet auf *.by*, also Weißrussland zeigten. Dumm gelaufen.

Nun aber wird die ICANN beliebige Endungen an Webseiten zulassen. Damit soll der Verknappung sinnvoller Adressen vorgebeugt werden. Interessante URLs, wie die Webadressen auch genannt werden, sind mittlerweile rar. *www.bank.de* oder *www.versicherung.de* wären wertvolle Namen, die sind aber alle schon lange weg.

Mit der neuen Regelung könnten Sie selbst nun auch *www.familie.mueller* als Ihre eigene Seite anlegen. Allerdings müssten Sie das *.mueller* erst einmal bei ICANN kaufen – und das wird teuer.

Jede neue TLD (Top Level Domain) wird deutlich über 150.000 € kosten und dann noch einmal einen vier bis fünfstelligen Betrag jährlich. Da müssten Sie also schon ein reicher Müller sein oder gar eine gleichnamige Molkerei betreiben. Sonst wird es budgettechnisch wohl eng mit dem nächsten Familienurlaub.

Eine Stadt wie Berlin jedoch, könnte das Geld für ihre Bürger ausgeben. Sicherlich lässt sich streiten, ob das Geld nicht sinnvoller, zum Beispiel in KiTas investiert werden sollte. Aber man kann damit ja auch wieder Geld verdienen. So ist es denkbar, dass sich die Stadt die Endung *.berlin* sichert und dann an Firmen und Bürger der Stadt weitervermietet. Dann könnte der Türke um die Ecke für vielleicht 50 € im Jahr *www.doener.berlin* sein Eigen nennen. Alles in allem wohl ganz sinnvoll – auf den ersten Blick.

Es gibt jedoch zwei große Probleme. Thema Nummer eins sind gleiche Namen auf dieser Welt. So nennt Frankreich ein recht bedeutendes Paris nicht nur sein Eigen, sondern auch seine Hauptstadt. Die Amerikaner hingegen haben auch ein Paris. Das liegt in Texas, ist wesentlich kleiner und hat weder einen Eifelturm, noch ein Schloss. Wer aber soll denn nun *.paris* als Endung bekommen dürfen? Der Schnellere (die Amerikaner?) oder der Größere (die Franzosen?). Die ICANN lässt ein Gremium darüber entscheiden. Dieses prüft, wer die Endung eher verdient hat. Das geht sicherlich nicht immer nach eindeutigen Gründen. Zählt die Anzahl der Einwohner, die Fläche oder das Alter der Stadt? Wer legt diese Kriterien fest? Wird es gar eine Umfrage geben – wenn ja, in Frankreich, in Amerika oder in Nigeria? Sie merken selbst, da steht ein Streit um die eine oder andere Endung schon am Horizont.

Auf jeden Fall wird es bei manchen Domain-Endungen auch um finanziellen Anreiz gehen. Das, was bei *.paris* problematisch, aber wohl lösbar scheint, endet bei Endungen wie *.fussball*. Wer bitteschön sollte hier den Vorzug bekommen? Ich prophezeie, dass es der wird, der am meisten zahlt. Sei es in Form von Spenden oder Naturalien (was bei *.geld* noch geht, bei *.fussball* jedoch schon schwieriger wird). Hoffentlich wird die ICANN dann nicht wie die FIFA.

Damit sind wir dann auch schon beim zweiten Problem, das uns treffen wird. Wer *www.irgendwas.berlin* ansurft, erwartet auch, dass sich dahinter ein Angebot der Stadt Berlin findet. Oder zumindest, dass die Anbieter der Unterseiten von der Stadt überprüft worden sind. Schlimmstenfalls hat sich jedoch ein Investor aus Übersee (nicht das am Chiemsee in Bayern, das in Übersee) die Domain *.berlin* gesichert und verscherbelt Unterseiten an jeden x-beliebigen, der Geld dafür hergibt.

Dann kann es passieren, dass uns überteuerte Angebote angedreht werden oder uns schlimmstenfalls gar Abzocker die Kohle für Stadtrundfahrten im Voraus aus der Tasche ziehen – und dann nicht leisten. Ärger dürfte dann die Stadt bekommen, denn als Geschädigter würde ich mich als erstes direkt an diese wenden.

Viel schlimmer jedoch wird es werden, wenn Sie so eine tolle Webadresse wie *www.doener.berlin* haben, diese monate- oder gar jahrelang in Werbung und Anzeigen bekannt machen und dann der Stadt Berlin das Geld ausgeht oder ein Senatsbeschluss die Verlängerung von *.berlin* ablehnt. Da Ihre Domain **unter** *.berlin* (TOP Level Domain) liegt, geht Ihre Webseite dann nämlich auch gleich flöten.

Kurzum: Beim Anbieter von Webadressen, ebenso beim Surfen auf Seiten sollten wir zukünftig noch mehr darauf achten, wer tatsächlich hinter einem Angebot steckt. Beim DFB-Pokalfinale brauchen wir das nicht. Das findet laut Deutschem Fußball Bund auch in den nächsten Jahren sicher wieder in Berlin statt. Und zwar in keinem der 30 Berlins in den USA, auch nicht in Berlin in Südafrika, El Salvador, Kolumbien, Ontario, Nicaragua, Russland oder gar Osttimor. Gemeint ist das Berlin in der Nähe von Potsdam, das mit dem schönen Flughafen.

5.9 Erst gucken, dann anfassen – Wie ein Link im Internet manipuliert werden kann

Wenn Sie des Öfteren auf Kongressen sind, dann kennen Sie sicher auch die üblichen Buffets der Hotelketten. Ganz erstaunlich oft gibt es dort kleine Frikadellen (auch Fleischpflanzerl oder

Bouletten genannt), Mozzarella-Sticks, Frühlingsrollen und Chicken Wings. Das ist sogenanntes Fingerfood. Es ist kostengünstig, einfach in der Ausgabe, denn jeder greift mit seinen eigenen Fingern zu, und praktisch ist es auch, weil wenig Geschirr und Besteck zu reinigen ist.

Haben Sie sich noch nie gefragt, warum so viele Hotels exakt das gleiche Fingerfood anbieten, das auch völlig identisch schmeckt und aussieht? Man kann es säckeweise im Großmarkt kaufen, ganz einfach deshalb. Blöd nur, dass es Sie mindestens zwei Tage lang „verfolgt". Durch unkontrollierbares Aufstoßen teilen Sie nämlich der halben Belegschaft mit, dass Sie gestern auf einer Konferenz waren. Gerade die kleinen Frikadellen sorgen so für großes Aufsehen.

Bei Links in E-Mails kann Ihnen ähnliches widerfahren. Da stellt man Ihnen etwas Leckeres in Aussicht und wenn Sie zugreifen bzw. draufklicken, kann es passieren, dass Sie noch Tage später daran zu knabbern haben, weil Ihnen der Link sauer aufstößt.

Vielleicht kennen Sie diese häufigen Sätze in Mails, wie „*Wenn Sie mehr erfahren möchten, klicken Sie* hier." oder „Hier *geht es zum Gewinnspiel.*" Unter dem Wörtchen HIER verbirgt sich meist ein Link, was man oft auch durch eine andere Schriftfarbe und das unterstrichene Wort erkennt. HTML, die Sprache, die die Darstellung von Webseiten aber auch E-Mails beschreibt, erlaubt es, den Link durch ein anderes Wort zu ersetzen. Das tatsächliche Ziel bleibt dem Leser auf den ersten Blick verborgen.

Das ist sicherlich sehr hilfreich und auch hübscher, als wenn in einer grafisch gestylten Gewinnspielmail steht „Wenn Sie an der Verlosung teilnehmen möchten, dann klicken Sie doch bitte auf http://www.diewerbendefirma.de/gewinnspiel2012/fragebogen.php?teilnehmer=ihreMailadresse@ihrProvider.de&identCode=47110815"

Wie sieht das denn aus, das geht ja gar nicht.

Nur, wo geht der Link denn tatsächlich hin? Was verbirgt sich unter dem Wörtchen HIER? Das kann man recht einfach herausfinden. Jeder bekannte Browser zeigt das Ziel des Links an, wenn man mit der Maus einfach darüber fährt und den Mauscursor auf dem Wörtchen HIER kurz ruhen lässt. Nur, warum ist das wichtig? Und warum sollte ich das tun?

Ganz einfach, weil es eine gängige Methode ist, Ihnen einen falschen Link unterzujubeln, um Sie ganz bewusst auf eine falsche Seite zu entführen. Stellen Sie sich vor, Sie sind Kunde der 4711-Bank, die Sie bekanntermaßen unter *www.bank4711.de* erreichen. Nun bekommen Sie eine Infomail und da steht: „*Wir haben alles toller gemacht. Unser überarbeitetes Online-Banking-System finden Sie wie gewohnt auf http://www.bank4711.de*".

Auf den ersten Blick alles kein Problem, der Link ist der richtige, das sehen Sie sofort, denn den tippen Sie ja auch sonst immer selbst im Browser ein, wenn Sie online Bankgeschäfte tätigen. Klicken Sie auf den selbigen, öffnet sich die leicht veränderte (weil ja angeblich überarbeitete) aber durchaus wiedererkannte Seite Ihrer Bank. Nur sind Sie jetzt keineswegs mit Ihrer Bank verbunden, denn der Link hat Sie gelinkt und Sie sind auf einer fremden Webseite gelandet.

Der Autor der Mail, übrigens keineswegs Ihre Bank, hat anstelle des Wörtchens „hier" einfach „www.bank4711.de" geschrieben. Das wird Ihnen angezeigt, wie sonst das Wörtchen „hier". Doch was sich darunter verbirgt, finden Sie nur heraus, wenn Sie darüber Ihre Maus kreisen lassen.

Nichtsdestotrotz sollten Sie auch da genau hinsehen. Denn steht dort jetzt als URL plötzlich www.bank47ll.de mit zwei kleinen „L" anstelle zweier Einsen, ist das nicht immer ganz leicht zu erkennen und auch da landen Sie irgendwo, nur nicht bei Ihrer Bank.

Der Fairness halber muss gesagt werden, dass das nicht nur und auch nicht hauptsächlich mit Bankseiten gemacht wird. Auch Microsoft-Updates oder Gewinnspiele bekannter Hersteller verführen so auf falsche Seiten, die dann ganz gerne Ihre

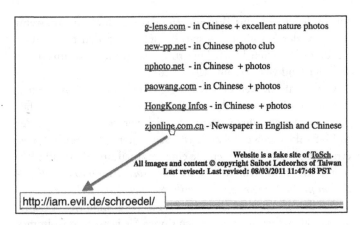

g-lens.com - in Chinese + excellent nature photos

new-pp.net - in Chinese photo club

nphoto.net - in Chinese + photos

paowang.com - in Chinese + photos

HongKong Infos - in Chinese + photos

zjonline.com.cn - Newspaper in English and Chinese

Website is a fake site of ToSch.
All images and content © copyright Saibot Ledeorhcs of Taiwan
Last revised: Last revised: 08/03/2011 11:47:48 PST

http://iam.evil.de/schroedel/

Abb. 5.7   Ein Link zeigt sein wahres Ziel

echten Zugangsdaten abfragen. Also immer erst gucken, dann anfassen (Abb. 5.7).

5.10 Drive-by – Wie man sich Viren beim Surfen einfängt und was man dagegen tun kann

Wann haben Sie das letzte Mal im Auto gegessen? „Schönen Guten Tag bei MacBurger, Ihre Bestellung bitte." Bestellung abgeben, Geld zum Fahrerfenster raus, Tüte rein, mit einer Hand das Steuer halten, mit der anderen den Burger auspacken und los geht's mit dem Hunger stillen. Aber Vorsicht, solche Fressfahrten erzeugen oft seltsame Flecken genau da auf der Hose, wo es komisch aussieht. Der erste Drive-in-Schalter wurde übrigens schon 1971 in Columbus, USA eröffnet. Heute, etwas mehr als 40 Jahre später, bekommt man nicht nur Fritten und Burger ins Auto, nein, selbst Supermärkte und Apotheken bieten in größeren Städten schon Autoschalter an. Da muss man als Migräne-geplagter oder Nasenspraysüchtiger gar nicht mehr aussteigen. Selbst Kondome gibt es durchs Fenster. Virenschutz durchs Auto-Windows quasi. Dummerweise gibt es nun aber die ersten Drive-in-Schalter, bei denen man sich eben nicht vor Viren schützen kann, sondern sich selbige für den Computer im Vorbeisurfen einfängt.

Diese Viren befinden sich auf meist harmlosen Webseiten und sind leider auch nicht durch ein blinkendes Neonschild gekennzeichnet. Hacker manipulieren bereits seit 2007 immer mehr Webseiten mit einem Schadcode, der unbemerkt geladen und ausgeführt wird. Dazu reicht es aus, die Webseite einfach nur aufzurufen. Das Anklicken irgendeines Buttons oder anderer Elemente ist nicht mal notwendig. Das nennt man dann Drive-by-Infektion und funktioniert nur, wenn der Browser, das installierte Java oder ein Plug-In, wie zum Beispiel für Flash-Videos, einen Programmierfehler aufweist – und der Hersteller diesen noch nicht geschlossen hat, beziehungsweise der Nutzer das Update nicht eingespielt hat.

Die Ergebnisse derartiger Infektionen sind ganz unterschiedlicher Natur. Einige verändern lediglich die Startseite des Browsers unabänderlich oder installieren eine mit Werbebannern verzierte zusätzliche Symbolleiste. Doch das ist leider eher die Ausnahme. In den meisten Fällen bekommen Sie von der Infektion des Rechners gar nichts mit. Und das ist nicht ganz ungewollt, denn nur ein unbemerkt infizierter Rechner ist ein guter Rechner, den die Angreifer komplett unter Kontrolle haben.

Vergessen Sie dabei das Bild im Kopf, dass da jemand an einem PC in Vietnam sitzt, Ihren Bildschirm sieht und Ihre Maus bewegen kann. Niemand hat Interesse daran, Ihren PC wie bei einer Fernwartung zu steuern. Ihr Rechner soll – bei Bedarf – Teil eines automatisierten Rechnerverbunds wie einem Botnet oder ein Server des Darkweb werden. Mit Botnetzen werden dann Firmen oder Institutionen angegriffen – sei es um Kreditkartendaten zu klauen oder Systeme lahmzulegen. Im Darkweb – einem hochverschlüsselten, anonymen zweiten Parallel-Internet – werden illegale Dinge verkauft.

Warum aber sollte jemand Interesse haben, gerade Ihren Rechner zu infizieren? Es gibt unterschiedliche Gründe. Einer der verbreitetsten ist das so genannte PPI-System. Das bedeutet Pay-per-Install und bedeutet Geld für jeden Cracker, der die Malware genannten Schadprogramme auf einem fremden Rechner installiert. Für jeweils 1.000 infizierte Rechner aus der westlichen Welt werden bis zu 200 $ bezahlt, Rechner in Asien bringen lediglich 1/30 davon. Da oft für Rechner im Bereich der ehemaligen Sowjetunion fast nichts oder gar nichts ausgeschüttet wird, werden die Betreiber dieser Geschäftsmodelle dort vermutet.

Der Verfassungsschutz spricht mittlerweile sogar davon, dass mit Botnetzen und dem Darkweb mehr Geld verdient wird, als mit Drogen. Diese Rechnung geht deshalb auf, weil mit Hilfe solcher Netze Waffen, Organe, Auftragskiller und eben auch Drogen selbst verkauft werden. Für den Verkäufer dieser illegalen Waren ist das recht ungefährlich, denn die Verkaufsplattform läuft auf einem, nicht zu ihm zurück verfolgbaren, anonymen Server – nämlich: Ihrem Rechner. Damit das also nicht passiert, hilft nur eines: den Browser und auch seine kleinen Hilfsprogramme (Plug-ins) immer aktuell halten. Gleiches gilt für Virenscanner und Firewall, was ja nicht nur in Bezug auf einen Drive-by-Download sinnvoll ist.

Allerdings sind Sie auch damit nicht zu 100 % geschützt. Solange Virenscanner Stunden bis Tage brauchen um ein neu entdecktes Schadprogramm auch auf Ihrem Rechner erkennen zu können; solange ein Hersteller erst beginnen kann, ein Update zu erstellen, nachdem er von einer Schwachstelle Kenntnis erlangt hat – solange haben Sie ein Zeitfenster von mehreren Tagen, an denen Sie und alle anderen Rechner mit so einer Attacke infiziert werden können. Aber auch ein Sicherheitsgurt im Auto schützt ja nicht bei jedem Unfall, ein Restrisiko bleibt immer. Wie beim Rechner eben auch und sei er noch so aktuell – es gilt einfach das Risiko zu minimieren. Also: Sollte es Ihren Rechner mal erwischen und ihn unbrauchbar machen, dann grämen Sie sich nicht. Allemal besser, als wenn der Gurt im Auto versagt.

5.11 Ob groß, ob klein – Warum es im Internet meistens egal ist, ob man Groß- oder Kleinschrift verwendet

Auf die Größe kommt's nicht an, sagen manche Frauen. Aber sagen Sie das nur, um manche Männer zu beruhigen? Es gibt im Internet diverse Diskussionen und auch so manch buntbebilderte Zeitschrift bringt ab und an einen Artikel zu dem Thema. Und da stellt sich heraus, dass das wohl Ansichtssache ist. Geht es um rein körperliches, scheinen sich die meisten zu einem Ja hinzureißen, die Größe spielt sehr wohl eine Rolle. Sind Gefühle vordergründig, scheint es wiederum nicht so entscheidend zu sein.

Ganz anders ist das bei Autos. Da spielt die Größe bei vielen Herren eine ganz gewaltige Rolle, was man an den Auspuffrohren (Mehrzahl!) auch deutlich erkennen kann. Da gibt es schon mal einen VW Polo, der mit gleich vier Rohren hinten die Nachbarschaft volldröhnt. Achtung, jetzt komme ich, der mit dem dicken Rohr.

Ganz anders ist das bei den E-Mails. Hier spielt die Größe definitiv keine Rolle. Auch wenn das nicht jeder weiß. „Ich buchstabiere Ihnen mal meine E-Mail-Adresse: *p e t e r Punkt m e i e r Ät-Zeichen m a i l Punkt d e*, alles klein geschrieben." Wie? Alles kleingeschrieben? Was passiert denn, wenn ich statt *peter.meier* eine Mail an *Peter.Meier* schicke? Die Antwort ist ganz einfach. Die kommt genauso im gleichen Postfach an, wie eine Mail an *PeTeR.MeIeR* oder auch *PETER.meier*. Im Internet sind Mailadressen case-**in**sensitiv, was bedeutet, dass es egal ist, ob Groß- oder Kleinbuchstaben verwendet werden.[6]

Beim Internetsurfen ist das wiederum ein bisschen anders. Zwar können Sie im Browser *Www.IrgendEineWebseite.De* genauso gut wie *www.irgendeinewebseite.de* schreiben, das macht noch keinen Unterschied. Aber Vorsicht, kommt nach dem *.de* (oder *.com .org .net* oder was auch immer) noch etwas, dann sollten Sie tatsächlich darauf achten, ob dort die Shift-Taste gebraucht wurde oder nicht. Bei Unterseiten wird nämlich schon darauf geachtet, ob etwas groß oder klein geschrieben wurde.

www.irgendeinewebseite.de/Unterseite ist etwas ganz anderes als www.irgendeine-webseite.de/untersEite.

Das liegt daran, dass die allermeisten Webserver – also die Rechner, die Ihnen die abgerufene Webseite an Ihren Browser schicken – auf einem Unix-Betriebssystem basieren. Und dieses ist – im Gegensatz zu Windows – schon immer Case-Sensitiv gewesen. Das, was ich im obigen Beispiel „Unterseite" genannt habe, ist eigentlich nichts anderes als ein Verzeichnis im Dateisystem des Webservers, welches unterhalb seines Stammverzeichnisses (meist *htdocs* genannt) liegt. Daher muss die Groß- oder Kleinschreibung auch bei der Abfrage über das Internet passen. Bei Windows ist es egal, ob Sie mit dem cd-Befehl (change directory) in das *system32* oder *SystEm32* Verzeichnis wechseln. Sie kommen in beiden Fällen dort an.

Mit der Größe ist es also so, wie im echten Leben. Es kommt einfach darauf an wer, wann, wo und was.

---

[6] Eigentlich ist das falsch. E-Mail-Adressen sind per Definition auch case-sensitiv. Es hat sich jedoch schon seit jeher durchgesetzt, dass alle Mailserver nicht auf Groß- oder Kleinbuchstaben achten, um Verwechslungen und nicht zustellbare Nachrichten zu vermeiden.

5.12 Aussage gegen Aussage – Warum man nicht jede Aussage glauben sollte, die irgendwie geschrieben steht

„Die Verpackung von Cornflakes hat mehr Nährstoffe, als die Flakes in der Packung" – so stand es in einer dieser Zahnarzt-Wartezimmer-Blättchen in einer Spalte mit der Überschrift „Schon gewusst?". So ein Schmarrn. Ich rufe Google auf und tippe diverse passende Suchbegriffe in verschiedenen Kombinationen ein, nur um dann entsetzt festzustellen, dass dutzende Webseiten genau den gleichen Schwachsinn behaupten.

Zum Glück finden sich Verweise auf andere Quellen und so lerne ich, dass Nährstoffe etwas mit Brennwerten zu tun haben und die Pappschachtel, die mein Frühstück beheimatet, aus hochwertiger Zellulose besteht, deren Brennwert eben sehr hoch ist. Das stand in dem Wartezimmer-Schundblatt nicht und ich erfahre weiterhin, dass so gesehen sogar Petroleum und Rohöl besser dastehen als Cornflakes. Dass man die Verpackung, nicht zuletzt wegen des verwendeten Leims, zwar nur schlecht bis gar nicht verdauen kann, war auch nur im Internet zu finden.

Zu guter Letzt beruhigt mich ein Schreiber in einem Forum, dass Cornflakes ein sehr gesundes Frühstück darstellen, weil sie so vitaminreich sind. Insbesondere diverse Vitamin-A-Varianten sind zu finden. Doch auch für diese Aussage hat das freie Internet weiterführende Informationen parat, die diese Behauptung in einem etwas anderen Licht dastehen lassen. Ein Sympathisant von Foodwatch behauptet nämlich, dass die Flakes zwar viele Vitamine haben, aber nur deshalb, weil sie bei der Herstellung mit einer künstlichen Vitaminlösung besprüht würden, was ich irgendwie absurd bis eklig finde.

In Nordkorea hätte ich all diese Aussagen einfach glauben müssen. Was da im Parteiorgan gedruckt wird, stimmt. Punkt. Aus. Ende. Da lobe ich mir doch die Freiheit bei uns. Ich kann ins Internet gehen – sogar mobil und direkt im Wartezimmer – und jede Behauptung anhand verschiedener Quellen überprüfen. Zugegeben, auch im Netz steht viel Unsinn, aber wer etwas weiter sucht, der kann auch die Glaubwürdigkeit von Quellen prüfen, auch wenn das die wenigsten tun.

Bewiesen hat das mal ein Student aus Australien. Er erweiterte nach dem Tod eines Komponisten schnell mal dessen Eintrag in Wikipedia und schob ihm ein Zitat unter, dass er niemals gesagt hatte. Es passte aber perfekt in einen Nachruf, da es etwas mit der Zeit nach dem Tode zu tun hatte. Dieses Zitat wurde dutzendfach von Zeitungen und Presseagenturen übernommen und somit weltweit verbreitet. Niemand kam auf die Idee, den Wahrheitsgehalt zu überprüfen. Jeder Laie hätte sofort herausgefunden, dass es die Zeitung mit der das angebliche Interview geführt wurde, gar nicht existiert. Und auch andere erfundene Beiträge wie „*Stalins Badezimmer*"[7] von Andreas Kopietz kursieren unaufhaltsam durch das Internet.

Das mit der Verpackung und den Cornflakes hat also einen wahren Kern. Die Aussage ohne Hintergrundinformationen zu verbreiten, ist zumindest zweifelhaft, wenn nicht gar manipulativ. Ähnliche Methoden können und werden auch von Regierungen und Lobbyisten angewandt. Sie sollten also nicht jede Aussage glauben, die irgendwo geschrieben steht – selbst dann nicht, wenn sie eigentlich richtig ist.

---

[7] http://www.fr-online.de/medien/wikipedia-wie-ich-stalins-badezimmer-erschuf,1473342,8265842.html

5.13 Es wiehert auch im Internet – Warum ein DSL-Anschluss eigentlich nie so schnell ist, wie drauf steht

Mann, das war was. Erinnern Sie sich noch? Überall war Pferdefleisch drin. In Lasagne, in Chili con Carne und sogar in den schwedischen Fleischklumpen aus dem Möbelhaus. Mal abgesehen von ein paar gedopten ehemaligen Rennpferden, die das Hackfleisch mit Medikamentenresten belasten, habe ich das Problem einfach nicht gesehen. Pferdefleisch ist eigentlich eine Delikatesse und in vielen Fällen sogar teurer als Rind. Gehen Sie mal in München auf dem Viktualienmarkt zum Pferdemetzger – Sie werden sich wundern. Der Aufreger an der Sache ist die Täuschung der Verbraucher. Wo kein Pferd drauf steht, darf auch keines drinnen sein. Ganz ähnlich gilt das auch in anderen Ländern. In China beispielsweise, wo Anfang 2014 Eselfleisch aus dem Verkehr gezogen wurde, weil Fuchsfleisch darin gefunden wurde.

Leider wiehert es aber auch an so mancher Stelle im Internet. Zwar kommt aus einem DSL-Anschluss auch DSL raus, aber manchmal steht groß drauf (Rind) und es kommt klein raus (Pferd). An dem ein oder anderen DSL-Anschluss steht 16.000 drauf, obwohl nur 7.000 raus kommt. Steht 6.000 drauf, schafft so mancher Anbieter nur 3.000. Auch das ist Beschiss, wie ich finde, nur umreiten die Anbieter dies ganz geschickt.

Wie ein Springreiter kurven die Internet-Dienstleister um juristische Hindernisse und überspringen rechtliche Hürden gekonnt. Sie verkaufen nämlich keine Geschwindigkeit, Sie verkaufen einen Tarif! Einen Tarif, der bei allen DSL-Geschwindigkeiten „bis" (und das ist das Zauberwort) zu 16.000 oder was auch immer gilt. Er gilt also auch für Geschwindigkeiten darunter.

Zum Glück darf das nicht überstrapaziert werden. Es muss schon irgendwie im Bereich der angegebenen Leistung liegen. Stellen Sie sich vor, Ihr Autohaus verkauft Ihnen einen Wagen mit bis zu 200 Pferdestärken (sieh an, sogar im Auto ist Pferd drinnen). Tatsächlich bekommen Sie aber eines mit 160 PS, also rund 20 % weniger. Das fänden Sie nicht lustig, wetten?

Also fragen Sie vor der Bestellung Ihren DSL-Anbieter doch einfach, welche Leistung er netto tatsächlich bis zu Ihnen über die Leitung bringt. Die Anbieter können das nämlich ziemlich genau messen. Sie können dann entscheiden und fühlen sich nicht verpferdeäppelt.

Um noch mal auf das Pferdefleisch zurückzukommen, das zwar drin war, aber nicht drauf stand. Andersrum geht das nämlich auch und ist sogar erlaubt. Was drauf steht, muss nicht unbedingt drin sein. Man denke an so manchen Erdbeerjoghurt ohne Erdbeeren oder an Kalbsleberwurst ohne Kalbsleber.

5.14 Gerührt, nicht geschüttelt – Was der Unterschied zwischen Trojaner, Virus und Computerwurm ist

Ein Long Island Ice Tea ist gar kein Eistee, auch wenn das auf den ersten Blick so scheint. Hier werden nämlich fünf (klare) Spirituosen vermischt und dann mit Cola aufgegossen. Tequila, Wodka, weißer Rum und Gin sind klar, es fehlt noch der etwas unbekanntere Triple Sec Curacao. Kurzum: unter falschen Namen wird hier etwas Hochprozentiges angeboten, was eigentlich – zumindest dem Namen nach – ungefährliche Erfrischung verspricht.

Das Gleiche macht ein Trojanisches Pferd auf Ihrem Computer. Es tarnt sich als sinnvolles, ungefährliches Programm (oder Update), um dann einen Schadcode auf Ihrem Rechner auszuführen, der zum Beispiel Daten löscht oder verändert. Tarnen tut sich der Trojaner deshalb, damit Sie das Programm zwar bewusst, aber unwissend um seine wahre Aufgabe starten. Der böse Programmierer ist nämlich zu faul oder unfähig, seine Schadsoftware ohne Ihr Zutun auf Ihrem Rechner auszuführen.

Ganz anders arbeiten hingegen die Computerviren. Die sind in der Lage, sich weitgehend selbständig und ohne direkte Interaktion – wenn auch unter Mithilfe – des Benutzers, von einem Rechner zum nächsten zu verbreiten. Das geht deshalb, weil sich ein Virus in einer Datei oder auch im Bootbereich einer Festplatte oder eines USB-Sticks einnistet. Gestartet und verbreitet, wird er durch Anstecken dieses Datenträgers an oder aber durch Aufrufen der befallenen Datei auf einem anderen Rechner.

Das unterscheidet den Virus wiederum vom Computerwurm, der dritten Gattung der Schädlinge auf dem PC. Zwar verbreitet sich der Wurm auch weitgehend selbständig und unbemerkt, er braucht dazu jedoch keine Datei oder Wechselfestplatte. Der Wurm nutzt bestehende (Netzwerk-)Dienste wie E-Mail, um sich zu verbreiten. So verschicken sich Würmer gerne an alle im Adressbuch bekannten E-Mail-Adressen eines befallenen Systems.

In aller Regel muss der Empfänger einer solchen Nachricht aber auch mithelfen, um das neue System wirklich zu infizieren und den Wurm auch von dort weiter zu verbreiten, weshalb sich Würmer gerne als interessanten Anhang in der E-Mail tarnen und hoffen, dass jemand darauf klickt. Das sind wiederum Mechanismen, die eigentlich für einen Trojaner sprechen, weshalb es hier zu einer Mischung der Mechanismen kommt. Einer Mischung wie beim Long Island Ice Tea, bei der man auch nicht wirklich erkennt, was eigentlich drin ist. Spielt auch keine Rolle, Kopfschmerzen bekommt man so oder so.

5.15 Dunkel und tief – Was das Darkweb (Deepweb) ist

Schon die Gebrüder Grimm wussten, dass im Dunkeln die bösen Gestalten hausen. Nicht ohne Grund haben Kinder im Dunkeln Angst. Der Weg zum Himmel führt durch ein weißes Licht, zum Teufel hingegen geht es auf dunklen, schwefelgetränkten Wegen. Kurzum: mit Dunkelheit verbinden wir Negatives. Das Gleiche machen wir mit der Tiefe. Gefährliche Schluchten sind tief, das schwarze, dunkle(!) Meer, das den Fischer verschlingt, ist tief. Noch ein Adjektiv also, das negativ belegt ist. Dunkel und tief – beides schrecklich.

Kein Wunder also, dass es auch im Internet Ecken gibt, die als dunkel und tief bezeichnet werden. Das sind die Ecken, in denen man Drogen, Waffen, gefälschte Papiere, Auftragsmorde und dergleichen kaufen kann. Das ist das Darkweb (oder auch Deepweb genannt – je nachdem, wen man fragt).

Das Darkweb ist aufgebaut aus hunderten von Rechnern. Meist sind es mit Viren verseuchte Computer unbescholtener Menschen auf der ganzen Welt, auf denen ganze Shopsysteme installiert werden und die nun illegale Waren anbieten – ohne es zu merken. Fällt ein Rechner aus, wandert das System einfach auf den nächsten.

Um nicht erwischt zu werden, sind die Online-Shops im Darkweb alle verschlüsselt – und zwar verdammt gut. Daher findet Google diese Angebote auch nicht. Zugang erhält man nur, wenn man eine der (öffentlich zugänglichen) Anonymisierungssysteme wie „Tor" verwendet.

Wer einen holländischen Personalausweis für 3.000 € kaufen will, der zahlt zwangsläufig per Vorkasse. Anonym natürlich und durch Übertragung virtueller Währung, die dann wiederum durch Weiterverkauf an Pokerspieler in Online-Casinos zu echtem Geld gemacht wird.

Nun gibt es aber auch im Darkweb Ganoven. Die nehmen die Vorauszahlung mit und liefern dann die Ware nicht. Die Polizei kann den Betrug am Kunden gar nicht aufklären, denn der Verkäufer ist, dank der Anonymisierung, nicht auffindbar. Es hat aber meines Wissens auch noch nie jemand Anzeige erstattet, weil die bestellte 9 mm-Knarre nicht geliefert wurde.

5.16 Bitte keine Werbung – oder doch? – Warum Werbe-Blocker zwar praktisch sind, aber kontraproduktiv

Viele Menschen haben am Briefkasten einen dieser Aufkleber, die den vielen Prospektverteilern der Gegend mitteilen, dass sie sich den Einwurf an diesem Briefkasten sparen können. Auch wenn sich nicht wirklich alle daran halten: Schade, dass es solche Aufkleber nicht im Internet gibt, um SPAM im Mailpostfach und Werbefilmchen bei YouTube zu vermeiden oder zumindest zu reduzieren.

Obwohl, eigentlich gibt es die schon. SPAM-Filter sortieren Werbemails schon beim Eintreffen auf dem Server ziemlich effektiv aus und so genannte Ad-Blocker umgehen dann sogar die unliebsamen Werbefilmchen beim Surfen im Netz.

Leider gibt es immer wieder Berichte, dass sich die Hersteller dieser Werbeblocker bezahlen lassen, um auf bestimmten Seiten eben doch Werbung einzublenden. Laut einem Bericht der Financial Times vom Februar 2015 haben Google, Microsoft und Amazon den Martkführer AdBlock Plus dafür bezahlt, dass seine Nutzer eben doch Werbung von ihnen zu sehen bekommen. Der Platz auf der „WhiteList" des Blockers hat jedoch seinen

Preis. Von angeblichen 25 Mio. $ ist die Rede, die alleine Google gezahlt haben soll. Alleine diese Summe lässt einen erahnen, welcher Umsatz im Netz mit Werbung erzielt wird.

Nicht jeder kann derartige Summen bezahlen und Werbeblocker sind natürlich all denen ein Dorn im Auge, die sich die Taschen mit Geld vollstopfen, indem sie uns immer und überall Reklame einblenden. Aber sollten wir uns nicht mal fragen, warum die vielen Infoportale der Tageszeitungen und all die Webforen, in denen man sich kostenlos gute Informationen oder Produkttests reinziehen kann, überhaupt Werbung schalten?

Die Mitarbeiter dort stehen definitiv nicht alle gerne täglich um sechs Uhr auf, um einfach so kostenlos für Sie aktuelle Informationen zusammenzutragen. Und auch die Kosten für die Server tragen sie nicht selbstlos für Sie! Diese Menschen möchten am Abend auch Butter auf dem Brot haben. Online-Werbung ist für viele Webseiten oft die einzige – zumindest jedoch eine wichtige – Einnahmequelle. Gäbe es keine Werbeeinnahmen, wären diese Portale gar nicht mehr in der Lage, Ihnen spannende Artikel und neueste Nachrichten zu präsentieren.

Die ersten Portale beginnen daher nun, sich zu wehren und schalten Blocker gegen Ad-Blocker. Ein profitables Geschäft für Programmierer, können die doch nun der einen Seite Werbeblocker verkaufen und der anderen Seite für noch mehr Kohle das Gegengift. Anti-Ad-Blocker-Add-ons legen dann Hinweise über die Inhalte der Webseite und erklären dem Leser, dass Reklame für den Betrieb dieser Seite essentiell ist. Dann gibt es einfach nichts zu sehen, bis der Werbeblocker für diese Seite deaktiviert wurde.

RTLnow macht das, ebenso ProSiebenSat1, die oben zitierte britische Financial Times aber auch einige deutsche Nachrichtenportale und Zeitungen. Die meisten Portale bitten aber lediglich darum, den Werbeblocker zu deaktivieren und erklären dem Leser, warum diese Einblendungen für sie so wichtig sind. Im Gegensatz zu den Aufklebern auf dem Briefkasten kann man den Browser-Erweiterungen übrigens auch Ausnahmen vom Blocken der Werbung mitteilen – die so genannte WhiteList. Dort sollten Sie Webseiten und Portale eintragen, die Sie regelmäßig nutzen und so Ihren Beitrag leisten, dass man dort Geld verdient. Sie entscheiden also selbst, auf welchen Seiten Sie Werbung akzeptieren und bleiben den Betreibern von Seiten, die Sie öfter nutzen, gegenüber fair.

5.17 Ein eindeutig eindeutiger Fingerabdruck – Wie uns Webseiten mittels Canvas Fingerprinting wiedererkennen

1892 half ein Fingerabdruck erstmals, einen Mörder zu überführen. Heute sind Fingerabdrücke aus der modernen Kriminalistik nicht mehr wegzudenken. Aber nicht nur dort. Webseiten überführen uns neuerdings anhand des Fingerabdrucks unseres Web-Browsers. „Canvas Fingerprinting" nennt man das und das ist immer wieder ein Aufreger. Denn damit kann man feststellen, welche Webseiten Sie wann besucht haben und somit auch, was Ihnen gefällt und auf was Sie stehen. Der amerikanische Werbeanbieter AddThis hat diese Tracking Methode auf Tausenden Webseiten[8] wie T-Online oder YouPorn genutzt – ohne Wissen der Betreiber[9] übrigens. Mehr als 5 % der beliebtesten 100.000 Webseiten waren „verseucht", stellten Forscher der Universitäten Princeton und Leuven fest.

Bevor Sie jetzt die Fingertapser von Ihrem Monitor wischen … Das Ganze funktioniert anders. Stellen Sie sich vor, Sie geben 25

---

[8] https://securehomes.esat.kuleuven.be/~gacar/sticky/index.html.
[9] http://www.spiegel.de/netzwelt/web/canvas-fingerprinting-macht-internet-nutzung-nachverfolgbar-a-982280.html.

Schülern die Aufgabe, auf einem Blatt Papier ein vorgegebenes Dreieck und auf einem zweiten Blatt ein vorgegebenes Viereck zu malen. Es werden 25 gleiche Dreiecke und 25 gleiche Vierecke herauskommen. Sieht man allerdings etwas genauer hin, stellt man fest, dass sie sich in Feinheiten unterscheiden. Der eine Schüler markiert die Eckpunkte mit einem kleinen Kreuz, der nächste malt einen Punkt. Dann ist der eine Bleistift etwas dicker, weicher oder schwärzer als der andere. Vergleicht man nun alle Dreiecke mit den Vierecken ist es für ein geübtes Auge kein Problem zu sagen, welche Zeichnungen von der gleichen Person stammen. Das ist ein bisschen so, wie Spezialisten herausfinden können, ob zwei Handschriften von der gleichen Person stammen.

Ihr Browser kann auch malen – sonst würden viele Webseiten nicht funktionieren. Eine bestimmte Grafik malt er allerdings heimlich und übermittelt sie im Hintergrund an den Werbeanbieter. Es ist immer das gleiche Bild, immer mit den gleichen Angaben. Quasi immer und immer wieder das identische Viereck. Der Anbieter schaut dann in seiner Sammlung von Millionen gesammelten Grafiken, ob sie identisch sind. Also im übertragenen Sinnen, ob der Bleistift dick, weich, besonders dunkel war und ob an den Ecken Punkte oder Kreuzchen gemacht wurden. So weiß der Server recht schnell, dass ein Bild mit den gleichen Merkmalen gestern von einer anderen Webseite übermittelt wurde. Bingo! Das muss der gleiche User sein. (siehe Abb. 5.8)

Denn: Nur Rechner mit der identischen Ausstattung und Konfiguration malen identische Bilder. Bei Heimcomputern gibt es aber denkbar viele unterschiedliche Ausstattungen. Der eine hat mehr Speicher, eine andere Festplatte, der nächste hat am USB-Port noch einen Scanner hängen und wieder ein anderer hat einen Tintenstrahldrucker statt dem Laserprinter einer anderen Person. Es gibt nahezu unendlich viele Konfigurationen und macht die Grafik Ihres Browsers gegenüber anderen einzigartig.

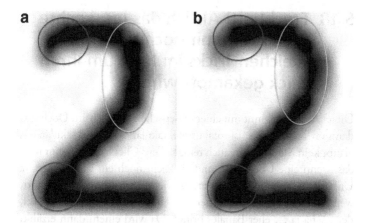

Abb. 5.8 Die Ziffern sehen in Normalgröße identisch aus. In der Vergrößerung hingegen sieht man deutliche Unterschiede

Gegen Canvas Fingerprinting hilft zwar kein Cookies-Löschen, aber es gibt mittlerweile Plugins wie DoNotTrackMe oder AdBlock Plus, die Webseiten ein leeres Bild zurückschicken, wenn diese versuchen, den so bezeichneten Canvas.Read Befehl ausführen, um die angestoßene Grafik wieder auszulesen.

Bei Smartphones und Tablets hingegen ist die Ausstattung naturgemäß sehr häufig identisch. Deshalb gibt es bei dieser Trackingmethode eine gewisse Fehlerquote. Und daher dürfen wir uns wieder abregen. AddThis empfindet die Trefferquote von Canvas Fingerprinting als nicht eindeutig genug[10] – und ist schon auf der Suche nach anderen Methoden. Denn: Eine zu 90 % korrekte Zuordnung reicht denen nämlich nicht. Da haben wir ja noch einmal Glück gehabt.

---

[10] http://www.theverge.com/2014/7/21/5924307/companies-have-a-tricky-new-way-to-track-your-movement-across-the-web.

5.18 Frechheit! Als ich das las, kochte die Wut in mir hoch – Mit welchen Tricks im Netz um Ihren Klick gekämpft wird

Dieser Artikel beginnt mit einer reißerischen Überschrift. Doch was dann im Text passiert, ist total unspektakulär. So unspektakulär, das glaubt kein Mensch! Na, auch reingefallen? Clickbaiting nennt man das, wenn eine Überschrift und vielleicht noch ein Einleitungssatz Unfassbares versprechen. So etwas wie: „Wenn das nicht aufhört, werden bald Hunderte erfrieren!" Und dann folgt ein Artikel, der … na ja … eher Banales bringt. Da wird einem dann erzählt, dass der Sommer in Mitteleuropa wegen der Umweltverschmutzung immer kälter, nasser und kürzer wird. Ganz ehrlich, hätten Sie geklickt, wenn die Headline so gelautet hätte: „Klimawandel - immer weniger Sonnenstunden in Mitteleuropa"? Eben.

Immer mehr Webseiten nutzen Clickbaiting, um so Datenverkehr und Klicks zu bekommen. Das lohnt sich, denn die auf der jeweiligen Seite geschaltete Werbung spült haufenweise Geld in die Kasse. Wir reden zwar oft nur von Bruchteilen eines Cents, die jemand verdient, wenn eingeblendete Werbung von einem User gesehen wird. Die Menge macht es aber aus – fragen Sie mal bei Aldi, Lidl und Co. nach. Wer eine gut gehende Seite hat, braucht sich jedenfalls um sein Ein- und Auskommen keine Sorgen zu machen. Unterstützung bieten da oft wieder die Kleinsten. Babys und kleine Kätzchen. Die ziehen immer. Besonders dann, wenn z. B. neben einem herzerweichend süßen kleinen Katzenbaby mit großen Kulleraugen steht: „Zuerst dachten wir, es wäre tot. Was dann geschah, war unglaublich und alle mussten weinen."

Solche Geschichten von Tierbabys und anderen vermeintlich unglaublichen Vorkommnissen, werden natürlich oft angeklickt und gelesen. Webseiten, die oft besucht werden, werden auch häufiger verlinkt und auf Facebook geteilt. Das ist wichtig, denn sie steigen dadurch auch bei Google im Ranking. Wer dann ein Wort sucht, das dummerweise in so einem inhaltsarmen Artikel mit reißerischer Überschrift vorkommt, dem wird die durch Clickbaiting gepushte Seite auch noch an vorderer Stelle der Suchergebnisse angezeigt. Noch mehr Traffic ist die Folge, während qualitativ hochwertige Artikel nach hinten rutschen. Ein wahrhaft eleganter Circulus Vitiosus, wie man so schön sagt – wobei ich auch schlicht Teufelskreis hätte schreiben können.

Dagegen will Google aber nun vorgehen und ändert deshalb seinen Algorithmus. Zukünftig soll geprüft werden, ob die Headline auch zum Inhalt passt oder nur markige Worte das Interesse der Leser wecken. Das geht in einem gewissen Grad maschinell ganz gut, hat aber seine Grenzen. Bald werden die Programmierer der Clickbaiting-Seiten verstanden haben, wie sie die Texte – und nicht nur die Überschrift – schreiben müssen, damit der Google-Bot versagt und ebenfalls auf die spannende Überschrift hereinfällt. Wird so eine Clicks erhaschende Seite aber erkannt, wird sie abgestraft und rutscht in der Liste der Suchergebnisse nach hinten.

Den Vorreiter von Clickbaiting in Deutschland www.heftig.co stört das nicht. Er arbeitet trotz Clickbaiting-Überschrift auch mit Inhalten, die Menschen gerne ansehen. Er setzt hauptsächlich auf lustige oder rührende Geschichten und Videos. Diese werden – inhaltsarm hin, inhaltsarm her – einfach gerne gelesen. Ganz anders ist das bei langweiligen Aufsätzen über Klimawandel und nasskalte Sommer in Deutschland.

Ich verstehe sowieso nicht, warum alle auf unserem Sommer rumhacken. Was soll das? Ich finde unseren Sommer toll! Ist es nicht ein Traum, bei Sonne und 28 °C abends bis 22:00 Uhr auf der Terrasse zu sitzen? Alle motzen nur. Zu kalt, zu nass, zu kurz. Ich finde, der Sommer in Deutschland ist mit Abstand die schönste Woche im ganzen Jahr.

5.19 Alle Zwerge sind gleich. Aber manche sind gleicher. – Was Netzneutralität ist und warum sie wichtig ist

„Heiho, heiho, wir sind vergnügt und froh." Die sieben Zwerge hinter den sieben Bergen sind … Zwerge. Alle klein, alle mit Zipfelmütze, alle singen und arbeiten im Bergwerk. Und trotzdem ist doch jeder Zwerg ein bisschen anders: Schlau, dumm, müde, mürrisch, fröhlich, kränklich oder einfach ohne besonderes Merkmal. Schneewittchen behandelt jeden dieser Zwerge gleich – sie sorgt für Zwergneutralität.

Für das Internet soll bald – vielleicht – ein ähnliches Prinzip sogar gesetzlich verankert werden. Das Ganze nennt sich dann Netzneutralität und man kann durchaus brauchbare Argumente dafür (Obama) – aber auch dagegen (Merkel, Oettinger) finden.

Ganz ähnlich wie die sieben Zwerge durch verschiedenfarbige Mützen zu unterscheiden sind, sind das die Datenpakete im Internet auch. Die Netzanbieter können erkennen, ob ein Datenpaket eine grüne (YouTube-Video), eine blaue (E-Mail) oder eine rote (Videokonferenz) Mütze aufhat. Netzneutrale Provider transportieren **alle** Datenpakete **gleich** schnell und mit **gleicher** Qualität – so gut es eben geht. Das wird Best-Effort-Prinzip genannt. Sind die Leitungen mal ausgelastet, brauchen einfach alle Datenpakete länger. Das Skype-Video stottert dann und die E-Mail trifft drei Sekunden später ein. Das betrifft aber jeden und Abhilfe schafft nur ein teurer Netzausbau der Provider mit schnelleren Leitungen.

Priorisiert man hingegen den Transport von Datenpaketen mit roten Mützen (Videokonferenz), dann läuft dort zwar **immer** alles flüssig, die E-Mail (blaue Mütze) braucht nun aber gleich noch mal fünf Sekunden länger. Bei einer E-Mail stört das aber nicht, denn da merken Sie gar nicht, dass die im Bestfall auch schon früher hätte eintreffen können. Daher klingt das mit der

Priorisierung erst einmal ganz gut und sinnvoll. Wer will schon stotternde Videos oder Skype-Telefonate, die immer abbrechen?

Werden bestimmte Datenpakete aber bevorzugt transportiert, ist die Netzneutralität leider im Eimer. Kritiker befürchten, dass bald das Geld entscheidet, welches IP-Paket (Mützenfarbe) vorrangig transportiert wird. Zahlt das stinkreiche YouTube viel Geld, laufen deren Videos immer flüssig – die ZDF-Mediathek hingegen würde in Spitzenzeiten immer mal wieder hängenbleiben und ruckeln. Ist klar, oder? Man kann nämlich nicht nur alle rote Mützen bevorzugen, sondern auch ganz bestimmte rote Mützen einer Firma vor allen anderen roten Mützen. Unliebsame Konkurrenzangebote könnten so sogar vollständig blockiert werden. Das passiert übrigens heute schon in einigen Mobilfunknetzen. Manche Provider blockieren zum Beispiel VoIP-Telefonate oder Skype-Gespräche. Gerne wird „übermäßige Netzauslastung" als Grund genannt. Ohne jetzt alle über einen Kamm scheren zu wollen: Auffällig ist das bei billigen Prepaid-Tarifen, denn bei den teuren Vertragstarifen sind diese Sonderdienste (z. B. Telefonkonferenzen) meist durchaus möglich. Es gibt demnach eigentlich keinen technischen Grund. Es schadet lediglich dem Geldbeutel der Anbieter, wenn wir billig skypen – anstatt teuer mit dem Handy zu telefonieren.

Netzneutrale Provider nehmen sich Schneewittchen zum Vorbild und machen auf Farbenblind. Für sie haben **alle** Zwerge immer die **gleiche** Mütze auf. „Heiho, heiho – da sind die Daten froh!"

5.20 Big Data & Das Ende von Glück und Vielfalt – Viele Daten zu sammeln kann verdammt gut sein … oder verdammt schlecht

Wenn Einbrecher Ihr Haus ausrauben und in diesem Moment die Polizei vorbeifährt, dann ist das verdammtes Glück… oder Big Data. Wenn Amazon das Buch, das Sie morgen bestellen werden, heute schon verschickt, dann ist das Magie ... oder Big Data.

Big Data bedeutet vereinfacht gesagt, dass man unvorstellbare Mengen von enorm komplexen und sich ständig ändernden Daten auswertet und analysiert. Ein Beispiel: Google beantwortet jede Sekunde etwa 40.500 Suchanfrage[11]. Es ist noch verhältnismäßig einfach, daraus eine Top10-Liste der häufigsten Suchbegriffe eines Jahres zu erstellen. Wertet man aber zusätzlich aus, zu welcher Tageszeit, aus welchem Stadtteil, von einem PC oder Mac und mit welchem Browserprogramm die Suchanfragen abgesetzt wurden, dann wird das schnell unübersichtlich. Sammelt man diese Informationen aber über längere Zeiträume, dann wird man bald Muster erkennen und kann dann recht genaue Vorhersagen treffen, was morgen wann und wo gesucht werden wird. Vielleicht sogar von wem.

Ein Beispiel, das aktuell sogar so umgesetzt wird: Wenn so eine Big-Data-Auswertung zeigt, dass ein bestimmtes Buch in einem gutbürgerlichen Vorort einer Stadt mit mehr als 500.000 Einwohnern rund viermal am Tag bestellt wird, dann ist es doch sinnvoll, in jeden gutbürgerlichen Vorort solcher Städte einfach mal „blind" vier dieser Bücher zu senden. Den genauen Empfänger und die exakte Adresse braucht der Zusteller erst am Zielgebiet zu erfahren. Der Aufkleber mit der Adresse des Käufers kann – nach dem Kauf – noch im Fahrzeug, aber schon auf dem Weg zum Kunden gedruckt und auf dem Paket aufgebracht werden. Lieferzeiten werden reduziert, Kundenzufriedenheit und Gewinne hingegen erhöht. Amazon macht das schon.[12] Auch mir ist das bereits passiert, als ich mal an einem Freitagmittag im Auto per App eine Kamera bestellt habe und am gleichen Abend um

---

[11] http://www.live-counter.com/google-suchen/.
[12] http://www.kernberg-lingua.de/2014/05/vorausschauender-versand-wie-amazon-bestellungen-beeinflussen-will/.

20:27h der Paketbote klingelte und sie brachte. Ehrlich gesagt, ist das ein wenig irritierend, weil man die Lieferung noch gar nicht wirklich erwartet. Ich hab mich echt gefragt: „Hatte ich was bestellt?" und bin im Kopf die vergangenen (!) Tage mal durchgegangen.

Anderes Beispiel: Wenn eine Big-Data-Auswertung der Polizei zeigt, dass nach einer Einbruchserie die nächsten Einbrüche im östlich angrenzenden Stadtteil weitergehen, dann ist es doch sinnvoll dort durch verstärkte Blaulicht-Präsenz die Einbruchsquote zu senken. Erfolgreich getestet hat das die Stadt Augsburg, die aber schon lange nicht mehr einziger Nutzer des Programms PreCops ist. PreCops wird mit Einbruchsdaten gefüttert. Da werden Koordinaten erfasst wie Straße, Datum, Uhrzeit, Reihenhaus-Siedlung oder Hochhaus, Aufbruch von Wohnungs- oder Balkontüre sowie weitere Informationen. Diese Daten werden dann mit den Werten der vergangenen Monate und Jahre verglichen und ein kluger Algorithmus versucht dann vorherzusagen, wo die Knackerbande mit hoher Wahrscheinlichkeit morgen zuschlagen wird. Was dann passiert, ist klar: Die Polizei fährt dort verstärkt Streife. Wenn man den ersten Erfahrungen trauen darf, hat sich die Einbruchsrate schon während des Testeinsatzes des Programms in den mit Big Data überwachten Gegenden um etwa 30 % reduziert und es wurden spürbar mehr Gauner auf frischer Tat ertappt und eingebuchtet.

In der Medizin wird Big Data in naher Zukunft dafür sorgen, dass Medikamente effektiver sind und weniger Nebenwirkungen haben. In der Krebstherapie werden seit Jahren Informationen gesammelt. Die großen Pharmakonzerne arbeiten bereits in Studien daran, diese Daten auszuwerten und Medikamente zu entwickeln, die von vornherein perfekt auf jeden einzelnen Patienten zugeschnitten sind. Die Technik in der Herstellung gibt das bereits her. Es sind aber noch einige juristische Klippen zu umschiffen, denn jede Pille unterscheidet sich von der anderen, was im Gesetz und im Zulassungsprocedere von Medikamenten so noch gar nicht vorgesehen ist. Über kurz oder lang werden wir aber alle von Big-Data-Pillen profitieren.

Fragwürdig wird die Sache jedoch, wenn uns unser Supermarkt dank Big Data aufgrund unseres Kaufverhaltens zur Schwangerschaft gratuliert – noch bevor wir das selbst wissen? Das klingt absurd, ist in den USA aber tatsächlich passiert. Die Supermarktkette Target hat einer Familie plötzlich reichlich Werbung für Babyzubehör geschickt. Der Vater beschwerte sich daraufhin, denn schließlich sei seine Tochter ein Teenager, ginge noch zur Schule und ob man sie denn animieren möchte, jetzt schon ein Kind zu bekommen. Target hatte die gezielte Werbung losgeschickt, weil sie tatsächlich dachten, dass jemand in der Familie schwanger sei. Die Auswertung von Millionen Einkäufen zeigte, dass Menschen die plötzlich beginnen, Nahrungsergänzungsmittel wie Vitamine und Spurenelemente in den Einkaufswagen zu legen und dann drei, vier Monate später auch noch parfümfreie Körperlotion, Großpackungen Watte sowie Waschlappen und Handdesinfektion dazu packen, weitere drei Monate später auch Windeln für Neugeborene kaufen. Der werdende Großvater entschuldigte sich später bei der Supermarktkette. Seine Tochter hatte ihm die offenbar ungewollte Schwangerschaft nämlich verheimlicht.

Big Data hat aber nicht nur Vorteile. Søren Kierkegaard hat das um 1845 schon treffend formuliert, als er feststellte: „Das Vergleichen ist das Ende des Glücks und der Anfang der Unzufriedenheit." Wo bleibt denn die Gleichheit, wenn jemand keine Versicherung bekommt, weil er – nach Big-Data-Vergleichen – mit hoher Wahrscheinlichkeit bald einen Unfall erleiden oder schwer erkranken wird? Wo bleibt die Vielfalt, wenn wir nur noch Bücher und Musik angeboten bekommen, die wir – wahrscheinlich – auch kaufen? Dann können wir uns auch nicht weiterentwickeln und bleiben stehen. Und soll überhaupt jede reiche Firma Big-Data-Analysen machen dürfen, nur weil sie es sich leisten kann? Diese Frage muss sicherlich jeder für sich selbst beantworten, schließlich ist es üblich, dass Firmen Geld ausgeben, um noch mehr Geld zu verdienen. Kein vernünftiger Manager wird doch auf das Wissen verzichten wollen, bei wem seine Werbung wirklich an- und mit klingender Münze zurückkommt.

Frauen sind übrigens auch ein bisschen Big Data-fähig. Sie können Millionen von Datensätzen von Männern (Blinzeln, Schnaufen, Wortwahl, Gesten) in Sekundenbruchteilen analysieren. Sie ahnen deshalb schon heute, dass ihr Partner morgen Unsinn macht. Wenn ein Mann also vermeintlich ohne Zusammenhang zur Schnecke gemacht wird, dann ist das nicht grundlos ... dann ist das bestimmt auch ein bisschen Big Data.

5.21 Ich weiß, wem Du letzten Sommer geschrieben hast – Welche Daten bei der Vorratsdatenspeicherung erfasst werden

Manche Menschen sammeln ja alles und werfen nichts weg. Wer schon mal neben einem Messie gewohnt hat, weiß, dass das alles andere als lustig ist. Kurzum – ein derartiges Verhalten sollte man keinesfalls fördern. Dumm nur, dass die Politik genau das will. Gut, jetzt nicht beim Nachbarn, aber bei den Internet- und Telefon-Providern. Die müssen alles aufheben und dürfen dann nix mehr wegwerfen, was sie an Daten haben. Vorratsdatenspeicherung heißt das, oder abgekürzt: VDS.

Das Thema ist oft genug in der Presse, und jeder kann für sich die Gründe dafür und dagegen in Ruhe bewerten. Die Regierung will sie, Datenschützer versuchen sie immer wieder zu verhindern. Wie bei der Organspende gibt es halt nachvollziehbare Gründe in jede Richtung – je nachdem ob man für Sicherheit sorgen soll (z. B. Innenminister) oder die freiheitlichen Grundrechte höher einschätzt und eine anlasslose Überwachung aller Bürger ablehnt (z. B. Datenschützer). Nur: was für Daten sollen denn überhaupt gespeichert werden? Grob gesagt, gibt es zwei Kategorien: Verkehrs- und Bestandsdaten.

Verkehrsdaten sind Informationen, die bei der Benutzung von Internet und Telefon anfallen. Dazu gehört, **wer mit wem** telefoniert. Ebenso, **wann** das ist und **wie lange** ein Gespräch dauert. Dann noch, **welcher Dienst** genutzt wird (z. B. SMS oder Internettelefonie) und beim Handy sogar noch die **Standortdaten**. Beim Internet gehört dazu auch, **wem wann welche** IP-Adresse zugeordnet war – das zumindest behaupten die, die für die anlasslose Speicherung sind. Auch die aufgerufenen Webseiten und deren Inhalte werden bei der VDS <u>nicht</u> gespeichert. Das liegt aber nicht unbedingt daran, dass das nicht gewünscht ist, sondern daran, dass das technisch kaum realisierbar ist – außer die „ganze Welt" würde mitsammeln.

Im Gegensatz zu den sich dauernd ändernden Verkehrsdaten sind Bestandsdaten die Informationen, die den Datensätzen eine Identität geben, diesen also eine Person zuordnen. Sie sind festgeschrieben, haben also Bestand und sind z. B. **Vor- und Nachname**, **Adresse** und **Kontonummer** der Person, die den Vertrag für Telefon und Internet abgeschlossen hat. Ebenso die **Handy- oder Telefonnummer** die einem zugeordnet wurde.

Uneins scheint man sich bei der IP-Adresse zu sein, mit der wir im Internet surfen. Das mag daran liegen, dass es dynamische und statische IP-Adressen gibt. Dynamische Adressen werden uns für einen gewissen Zeitraum von unserem Internet-Provider zugeordnet, sie wechseln also regelmäßig und passen daher eher zu den Verkehrsdaten. Allerdings gibt es auch statische IP-Adressen. Meist sind es Firmen, die sich eine feste Adresse für einen Server besorgen – obwohl auch Privatmenschen für zwei, drei Euro im Monat von ihrem Internet-Dienstleister eine feste IP erwerben können, die sie permanent nutzen und die deshalb eigentlich ein Bestandsdatum ist.

Ein vielzitiertes Urteil des Landgerichts Offenburg mit dem Aktenzeichen 3 Qs 83/07 aus dem Jahr 2004 bezeichnet aber auch dynamische Adressen als Bestandsdaten. Das ist ganz wichtig für die Abmahnanwälte, denn an Bestandsdaten kommt man – einfach ausgedrückt – schon bei einer vermuteten Ordnungswidrigkeit heran. Für Verkehrsdaten müsste man einen Richter schon davon überzeugen, dass diese Information eine Straftat verhindern oder zumindest aufklären kann, um einen entsprechenden Beschluss zur Herausgabe dieser Daten zu erwirken.

Eines vielleicht noch als Ergänzung: Die Inhalte der Daten sollen bei der Vorratsdatenspeicherung nicht ausgewertet oder gespeichert werden. Ihre E-Mails werden also nicht gelesen und genau so wenig hört jemand Ihre Telefonate mit. Das brauchen die auch gar nicht. Wenn Sie mit Ihrem Steuerberater telefonieren und unmittelbar danach einen Anwalt anrufen, wird es nur noch dann spannend, wenn Sie anschließend auf www.expedia. de eine Fluchtreise buchen oder bei www.seil-shop.de nach drei Meter reißfestem Strick suchen, weil Sie keinen Ausweg mehr sehen.

5.22 Bitte nicht füttern – Wie (bezahlte) Trolle im Internet stören und wie man sich verhalten sollte

Im Zoo war das Füttern der Tiere ja schon immer verboten. Das gilt auch im Internet. Wie das zusammenhängt? Stellen Sie sich vor, Sie haben unangenehme Nachbarn. Nachbarn, die jeden Abend ab 22:00 die Musik laut aufdrehen, die ihren Müll im Gang abladen, die nie die Treppe putzen wenn sie dran sind und die alle Fahrradständer mit unbenutzbaren Schrotträdern blockieren. Nachbarn, die Sie permanent beschimpfen, wenn sie Sie sehen. Jede Diskussion um das „Warum?" wird mit immer heftigeren Beleidigungen quittiert. Irgendwann werden Sie umziehen– garantiert

Solche „Nachbarn" nennt man im Internet „Trolle". Sie vergiften absichtlich die Atmosphäre bei Chats und in Diskussionsforen, indem Sie provozieren und beleidigen. Manche machen sich einen „Spaß" daraus, im Justin-Bieber-Fanforum über dessen Frisur zu schimpfen. Tausende pubertierende Mädchen sind völlig entsetzt und so beleidigt, dass ihnen sogar der Draht der Zahnspange rostet. Mit diversen falschen Accounts ausgestattet, gibt der Troll seinen eigenen Hetztiraden auch noch Recht. Die Biber-Fans sind wochenlang damit beschäftigt, die Provokationen zu beantworten – und genervt. Auch in den Kommentarfunktionen bei t-online.de oder bild.de trifft man solche Provokateure regelmäßig an. Manche Webseiten sahen sich genötigt, die Kommentarfunktion teilweise abzuschalten. Die Chefredaktion von T-Online tat das im Februar 2015 und schrieb daher an seine Leser folgendes:

(…)Hintergrund ist die traurige Tatsache, dass einige Kommentatoren im vermeintlichen Schutz der Anonymität des Internets wie Brunnenvergifter unterwegs sind. Fernab all dessen, was man gemeinhin mit Respekt und Manieren umreißt, torpedieren diese so genannten Trolle eigentlich höchst wünschenswerte Debatten. Troll-Beiträge sind mindestens unsachlich, oft aber fremdenfeindlich, rassistisch, antisemitisch, antiislamisch, volksverhetzend, gewaltverherrlichend, geprägt von einem erschreckenden Weltbild, voller Hass und absoluter Intoleranz. Trolle kennen kein Maß und keine Grenze, gehen gern auf andere los, beschimpfen, beleidigen und bedrohen sie. Weil das so ist, weil solche Internet-Krawallos ihren Mangel an Kultiviertheit auf der www.t-online.de glauben ausleben zu müssen, lassen wir Kommentarfunktionen nur noch gezielt öffnen. Das ist sehr schade für die große Mehrheit an Gutwilligen, sehr schade für diejenigen mit Streitkultur, derzeit aber leider nicht zu ändern. (…)[13]

---

[13] http://www.t-online.de/nachrichten/id_72869632/einschraenkung-der-kommentarfunktion.html.

Der russische Präsident Putin bezahlt nachweislich sogar rund 400 Trolle[14], die in der „Agentur zur Erforschung des Internets" ... nun ja ... „arbeiten". Sie überfluten von dort auch deutschsprachige Seiten wie zeitonline.de, spiegel.de oder sueddeutsche.de mit prorussischer Propaganda. Sie beschimpfen und beleidigen jeden, der auch nur den Hauch einer Kritik an Putins Politik oder der Annexion der Krim äußert. Ein demokratisches Diskutieren – auch mit Andersdenkenden – ist gar nicht mehr möglich. Im Juni 2015 war der damals brandneue Instagram-Account der Bundeskanzlerin das Ziel kyrillischer Kommentare. Die Merkel'sche Social-Media-Truppe las diese natürlich und prüfte die Inhalte. Hier sollte man vielleicht noch wissen, dass ein Forenbetreiber gesetzlich dazu verpflichtet ist, rechtlich unzulässige Kommentare zu entfernen, sobald er von ihnen Kenntnis hat. Das macht z. B. Facebook nicht oder nur ungenügend und erntete deshalb zu Beginn der Flüchtlingskrise herbe Kritik, weil rechte Hetze und gesetzeswidrige Kommentare nicht gelöscht wurden. Sie verstießen angeblich nicht gegen die Gemeinschaftsrichtlinien, so begründete das die Presseabteilung und sagt, „Facebook ist weitgehend selbstreguliert." Juristen sehen das erfahrungsgemäß anders, wenn Recht gebrochen wird.

Auf Merkels Instagram Account fanden sich in wenigen Stunden viele hundert in kyrillisch verfasste Kommentare. Die wenigen russischsprachigen Mitarbeiter aus dem Team der Kanzlerin wurden beim Prüfen unterstützt durch Kollegen, die sich mit Online-Übersetzern aus dem Internet behalfen. Nahezu alle Kommentare waren Hasstiraden gegen Angela Merkel oder die Ukrainische Regierung. Daher entschloss man sich, kurzfristig alle Beiträge aus Russland zu blocken und alle bisherigen zu löschen. Schnell wurde der Vorwurf der Zensur laut, denn sicherlich haben nicht alle Kommentare gegen Gesetze verstoßen und

---

[14] http://www.heise.de/newsticker/meldung/Russische-Aktivistin-outet-Putins-Troll-Fabrik-2784306.html.

einige Leser (die Trolle selbst?) sahen sogar die Meinungsfreiheit untergraben. Allerdings gibt es auch im Internet eine Art „Hausrecht" und jeder Forenbetreiber kann selbst entscheiden welche Kommentare er zulässt und welche nicht. Mit dem Recht auf freie Meinungsäußerung erhält man nämlich nicht das Recht, jede beliebe Plattform für seine Meinung nutzen zu dürfen.

Ist man nicht Kanzler oder Kanzlerin, sondern lediglich Betreiber eines Internetforums für Popstars oder Pferdefreunde, dann sind nicht die politischen Trolle das eigentliche Problem, sondern die Spaßvögel, die alle stören und in unsinnige Diskussionen verwickeln. Normale User ziehen genervt um und nutzen andere Foren, die Userzahl sinkt, das Forum stirbt. Denn auch das zeitintensive Löschen der Accounts verhindert nicht, dass der Troll sich sofort unter einem anderen Benutzernamen erneut anmeldet – und weitermacht.

Laut einer kanadischen Studie sind die Menschen hinter diesen provokanten Aktivitäten oft sadistisch veranlagt und brauchen die Reaktionen auf ihre Provokation wie Nahrung.[15] Daher raten die Experten: Gib dem Affen bloß keinen Zucker – gar nicht erst antworten, ist die beste Lösung.

5.23 Hört mir eigentlich jemand zu? – Wie man sogar vor Geheimdiensten geheim kommunizieren kann

Nach den bestialischen Anschlägen in Paris am 13.11.2015 hieß es relativ schnell in den Medien, dass es sich um eine koordinierte, von außen gesteuerte Aktion gehandelt haben müsse. Die Terroristen haben vorher miteinander kommuniziert und sich abgestimmt. Nur, wie haben sie das gemacht, ohne dabei aufzu-

---

[15] https://www.academia.edu/6016545/Trolls_just_want_to_have_fun.

fliegen? Es ist bekannt, dass die Five-Eyes (die Geheimdienste der USA, Kanadas, Großbritanniens, Australiens und Neuseelands) so ziemlich alles überwachen, was an E-Mail, Telefonaten, Skype oder WhatsApp-Chats von und zu bekannten Gefährdern und irgendwie auch nur in die Richtung der Länder geht, die mit ISIS in Verbindung stehen. Auch Frankreich hat schon seit 2006 eine Vorratsdatenspeicherung aller Telefonverbindungen.

Nun ja, schon immer hatten Menschen das Verlangen, vor Überwachung geschützt zu kommunizieren. Und zwar nicht nur Terroristen. Das fängt im Kindergarten an, wenn man seinem besten Kumpel etwas ins Ohr flüstert, was andere nicht hören sollen. Von Altbundeskanzler Helmut Kohl ist bekannt, dass er sich – aus Angst vor einem abgehörten Mobiltelefonat im damaligen C-Netz – schon mal von seinem Chauffeur an einer x-beliebigen, weil kabelgebundenen, Telefonzelle absetzen ließ, um seine Minister anzurufen. Kurzum: Wer geheim Kommunizieren möchte, wird kreativ und schafft das. Auch Terroristen.

Natürlich verstehe ich den Innenminister, die Geheimdienstler und vor allen Dingen die Polizisten, die uns teilweise unter Einsatz ihres eigenen Lebens schützen (Danke!), dass sie möglichst alle Kommunikationswege überwachen wollen. Das ist ihre Aufgabe. Die Mörder von Paris haben sich nur dummerweise nicht an die üblichen Methoden wie Telefon oder E-Mail gehalten. Auch zukünftig werden sie das nicht tun, denn dort sind sie überwachbar – und das wissen sie.

Sie haben (so wurde in vielen Medien berichtet) in Computerspielnetzwerken gechattet. Das ist ein bisschen wie eine Konferenzschaltung am Telefon. Mehrere Spieler unterhalten sich dabei über eine Kopfhörer-Mikrofon-Kombination. Das gesprochene Wort wird dabei wie beim Telefonieren über das Internet digital umgewandelt. Das ist eigentlich etwas, was Geheimdienste generell abhören können. Die Datenpakete werden jedoch nicht im „Telefonnetz" übertragen, sondern innerhalb des Spielenetzwerks von Sonys Playstation oder Microsofts Xbox. Das schwierige daran ist, dass völlig im Dunkeln bleibt, wer hier eigentlich mit wem spricht. Sowas wie ein Telefonbuch und Telefonnummern gibt es nämlich nicht. Bei Millionen Spielern, die das täglich machen ist eine Überwachung zwar technisch möglich, praktisch jedoch nicht durchführbar.

Laut anderen Berichten haben die Attentäter ihre Spielfiguren in Multiplayerspielen Informationen „schreiben" oder „malen" lassen. In den immer detailreicheren Videospielen hinterlassen die Spielfiguren nämlich Spuren. Fußabdrücke im Staub oder Kratzer in der Wand. Wenn man in den viel gescholtenen Ego-Shootern gegen eine Hauswand schießt, bleiben auch dort detailgetreu gezeichnete Einschusslöcher zurück. Manche Computerspiele bieten zudem ganze, teilweise unendliche Landschaften (Open World) an, in denen sich die Spieler tummeln können. Da „läuft" man sich selbst in Multiplayer-Spielen kaum über den Weg und kann – wenn man weiß, wann man sich wo in so einer „Map" trifft – wunderbar Botschaften austauschen. Die Paris-Attentäter haben ihre Spielfiguren – so hieß es – an irgendeiner virtuellen Häuserwand zusammenkommen lassen und einer schoss dann mit seinem virtuellen Gewehr virtuelle Löcher in die virtuelle Wand. So entstanden Botschaften, die ein Mensch zwar mit dem bloßen Auge entziffern kann, die aber von keinem Computer- oder Überwachungsprogramm als Botschaft, Text oder auch nur als Buchstabe wahrgenommen werden. Abhören oder Ablesen durch Geheimdienste ist hier schlicht unmöglich. Diese Methode kann man natürlich auch in pädagogisch wertvollen Kinderspielen wie Minecraft nutzen. Ein Spiel, das von Millionen Kindern weltweit zum Bauen von Landschaften genutzt wird. Stein auf Stein, bzw. Klotz auf Klotz entstehen Landschaften, Gebäude und … wenn das jemand möchte: auch Botschaften. Minecraft kann man sogar in geschlossener Runde spielen. Der notwendige Server steht dazu bei einem der Spielkameraden im Keller. Und wer bleibt bei einer geschlossenen Gesellschaft unter Terroristen draußen? Die Polizei. Denn auch hier gilt: Das lässt sich unmöglich überwachen (Abb. 5.9).

Abb. 5.9 Makaber. Kommunikation über Grafiken im Ego-Shooter.

Dass sich die Pariser Attentäter über eine PlayStation oder gar über Zeichen in Multiplayerspielen abgesprochen haben, ist übrigens gar nicht wahr. Die Zitate, aufgrund derer die Zeitschrift Forbes das Gerücht in die Welt setzte, stammen zwar von Belgischen Politikern – allerdings jedoch aus der Zeit vor den Anschlägen. Der Autor Paul Tassi hat seine Fehlinterpretation mittlerweile eingeräumt.[16]

Unabhängig von den technischen Möglichkeiten, die von den Terroristen gar nicht genutzt wurden: Es gäbe auch noch Dutzende andere Alternativen, um sicher miteinander zu kommunizieren. Die hochverschlüsselten WhatsApp-Konkurrenten Telegram aus Deutschland oder Threema aus der Schweiz zum Beispiel. Auch das unsichtbare Einbringen von Informationen in Fotos – all das ist gar nicht und keinesfalls flächendeckend zu überwachen. Schon deshalb ist die Vorratsdatenspeicherung unsinnig. Mit ihr lassen sich nämlich nur Kleinkriminelle und Vollidioten erwischen – aber keine Terroristen. Leider.

---

[16] https://www.wired.de/collection/life/haben-die-terroristen-von-paris-ps4-kommuniziert-es-spielt-keine-rolle.

6

Online-Shopping

6.1 Alles, außer Tiernahrung – Wie man kostengünstig(er) im Internet einkaufen kann

Irgendwie ist es schon widersprüchlich, dass sich mit Diäten ganze Heerscharen an Journalistinnen und Journalisten von Frauenzeitschriften die fettige Butter für das Brot verdienen. Dabei ist abnehmen doch ganz einfach. Manche müssten einfach nur mal Zähne putzen.

Nun ja, ein unangenehmes Thema, keiner spricht darüber, wenn sie oder er ein bisschen zu viel hat. Abnehmen ist *vorher* ein Tabu. Der Mensch spricht erst *nachher* gerne davon. Geschäfte hingegen posaunen es geradezu heraus, wenn der Preis abnimmt und versuchen damit Kundschaft ins Geschäft zu locken. „Ohne Mehrwertsteuer", „Geburtstagsfeier im Möbelhaus" (sieben mal, jedes Jahr). Einige nennen das schon Rabatt-Gauklerei. Den Kunden aber freut es. Er kann anhand von Radiowerbung oder der Beilage in der Tageszeitung[1] den Händler ausfindig machen, der ihm das beste Gefühl gibt.

Dabei ist es doch so einfach, sich selbst seine eigenen Rabatte zu gewähren. Sogar im ein oder anderen Online-Shop – gleich um die Ecke im eigenen Wohnzimmer. Kein Scherz, es gibt Web-

---

[1] Siehe Kapitel „Altpapier und Recycling" – 3.1.

T. Schrödel, *Ich glaube, es hackt!*, DOI 10.1007/978-3-658-10858-8_6,
© Springer Fachmedien Wiesbaden 2016

shops, bei denen jeder mit ein bisschen Grips die Preise nach seinen eigenen Wünschen verändern und anpassen kann. Ich rede jetzt aber nicht von irgendwelchen Bugs oder Hacker-Angriffen auf die Bestandsdatenbank. Nein, ich rede von meinem eigenen Einkaufskorb, den ich mir mit den angebotenen Waren zusammenstelle.

Das Prinzip ist ähnlich der Vorgehensweise, die wir wohl alle als Kinder schon mal praktiziert haben. Ware in den Einkaufskorb legen, kurz in alle Richtungen blicken, ob einer guckt und dann schnell ein anderes Preisschild auf die Ware kleben. Schon ist diese billiger, falls es an der Kasse nicht doch noch der aufmerksamen Kassiererin auffällt.

Heutzutage geht das im Supermarkt nicht mehr. Dank Scannerkassen gibt es aufgeklebte Preisschilder eher selten und dort, wo sie noch im Einsatz sind, da kennen die Verkäufer meist auch alle Preise und die kleinen Aufkleber dienen lediglich als Informationsquelle für potentielle Kunden. Einer Scannerkasse ist es egal, was auf der Ware klebt, solange der Barcode zu lesen ist.

Im Internet ist das manchmal anders. Ist der Webshop schlecht programmiert, dient der dem Kunden angezeigte Preis auf der Webseite ebenso dem Lieferanten als Angabe für die spätere Rechnung. Das wäre kein Problem, sofern der Server wüsste, was der Klient am Client macht. Er müsste sicher sein, dass wir kein fremdes Preisschild aufgeklebt haben. Eine Webseite wird komplett übergeben und die Transaktion ist beendet. Vergleichbar mit einem Blatt beschriebenen Papier, welches Sie jemandem in die Hand drücken, sich dann umdrehen und den Inhalt vergessen. Bekommen Sie es zurück, würde Ihnen niemals auffallen, dass ein oder mehrere Worte verändert wurden.

Kaufen wir online im Internet ein, passiert folgendes: Der potentielle Käufer sieht sich Waren an. Vielleicht hat er schon eine Unterkategorie gewählt und steht nun virtuell vor einem Warenregal. Wollen wir beispielsweise einen Volleyball kaufen, gehen wir im Kaufhaus auch erst einmal in die Sportabteilung. Im Gegensatz zu einem echten Regal, sieht der Kunde aber nicht den echten Ball, sondern nur ein oder mehrere Bilder, sowie einen Text. Beides kommt aus einer Datenbank, die alle Informationen der Kategorie „Bälle" enthält.

Mit Hilfe einer ID werden nun aus verschiedenen Tabellen alle notwendigen und den Verkauf fördernden Daten geladen. Bezeichnung, Bild, Artikelnummer und Preis sind sicherlich dabei. Diese Informationen werden dem Kunden auf der Webseite präsentiert. Ein Klick auf *„In den Warenkorb"* und schon liegt der Ball im Einkaufswagen.

Eben nicht! Das ist nur beim echten Einkauf so. Im virtuellen Einkaufswagen liegt nur die Datenbank-ID des ausgewählten Volleyballes. Kein Text, keine Beschreibung, kein Bild – also eigentlich auch kein Ball. Gehen wir dann zur Kasse wird unsere Rechnung – unabhängig ob man gleich per Kreditkarte oder später per Nachnahme bezahlt – erstellt. Anhand aller Datenbank-IDs aus unserem Wägelchen werden noch einmal die ganzen Informationen der dazu passenden Waren aus der Datenbank geladen. Diesmal werden sie nur nicht *an*preisend, sondern *be*preisend dargestellt. Meist in tabellarischer Form einer Rechnung. Wäre in einem echten Supermarkt die Warenausgabe auch hinter der Kasse, würde es ebenfalls genügen, dass wir nur kleine Zettelchen mit der Artikelnummer zur Kasse tragen.

Diese Information genügt der Kasse nämlich, um uns den richtigen Betrag abzuknöpfen. Sie braucht aus der Datenbank nur den passenden Preis. Dem Packer hingegen wird Anzahl, Name und auch die Lagerposition mitgeteilt. Wie viel es kostet, ist ihm egal. Tja, so sollte es sein, allerdings gibt es immer noch Shopsysteme, die weit mehr als nur IDs in den Einkaufskorb legen. Sie geben den Preis auch gleich mit. Der stand neben dem angezeigten Preis zusätzlich in Form einer Variable auf der vorherigen Webseite. Der Webseite, die ich als virtuelles Regal bezeichnet habe.

Dieses elektronische Preisschild, meist in einem *Hidden Field* versteckt, lässt sich von Browsern wie Firefox anzeigen – und verändern. Hidden Fields sind nur für Unwissende unsichtbar. Alles, was der preisbewusste Einkäufer benötigt, ist ein frei zugängliches und völlig legales Tool, mit dem Programmierer eigentlich ihre Software auf Fehler prüfen: ein Debugging Tool. Damit kann ein Hacker den Preis einfach überschreiben.

Erstellt der Server an der Kasse aus diesen Informationen eine Rechnung, kann der Verkäufer nur hoffen, dass noch alle Preise so sind, wie er es wollte. Alle von mir untersuchten Shops mit Preisen in Hidden Fields taten das jedoch nicht. Kein einziger überprüfte den Preis im Einkaufswagen noch einmal mit dem in der Datenbank. Das ist so, als ob der Filialleiter den Kassenkräften die Anweisung erteilt, auf jeden Fall das zu kassieren, was auf der Ware drauf steht.

In diesen Shops wird alles billiger. Sogar Tiernahrung! Und wenn ich schon im Kaufrausch bin, gibt es bei mir richtige Rabatte. Nicht 30 % oder 40 %, auch keine 70 %. Nein, wenn ich will, dann setze ich einen Negativbetrag ein. Schon bekomme ich – abzüglich der Versandkosten – sogar noch etwas raus!

Abnehmende Preise sind daher einfacher zu erreichen, als Pfunde zu verlieren. Trotzdem habe ich mir fest vorgenommen, jetzt auch mal so eine Diät zu machen. Offenbar habe ich es nötig. Letzte Woche rief Google Earth an und bat mich, aus dem Bild zu gehen.

6.2 Es kracht – Wie Fake-Shops funktionieren

Jedes Jahr kracht es. Und zwar kräftig. Heiligabend unter dem Weihnachtsbaum – so sagen einige Statistiken – wird nämlich gestritten, dass sich die Balken biegen. Natürlich nicht überall, aber häufiger als an anderen Jahreszeiten. Ist ja auch klar, wie oft trifft man sich denn schon vollständig als Familie, wenn nicht gerade ein runder Geburtstag oder eine Hochzeit die Ruhe vor der ollen Verwandtschaft trübt.

Eine Woche später kracht es dann erneut, an Sylvester, wenn das neue Jahr begrüßt wird. Hier kann man sich die Partygäste wenigstens aussuchen und ist nicht durch traditionelle Riten zur Heuchelei verpflichtet. Meine Güte, dann ist so ein Jahr auch schon wieder vorbei. Dabei hat es doch gerade erst angefangen. Je älter man wird, desto schneller verschwinden die Jahre. Grad war noch März, schon ist Dezember und das Jahr ist verschwunden. Genau wie einige Online-Shops im Internet. So genannte Fake-Shops, die immer mehr in Mode kommen. Sie tauchen auf und sind bald wieder verschwunden.

Die Betreiber haben das Geschäftsmodell „Internet" perfektioniert, nämlich großen Umsatz bei geringen Kosten zu machen. Und das geht so: Internet-Adresse mit tollem Namen mieten, Shop-Software installieren und mit tollen Bildern ausstatten. Dann – um der Konkurrenz ein Schnippchen zu schlagen – werden Kampfpreise verlangt, Preise die deutlich unter denen der Konkurrenz liegen. Kann man ja mal machen, zu so einer Geschäftseröffnung, da ist das ja nicht ungewöhnlich. Die Bilder der Produkte sehen super aus, sind ja auch von einem guten Fotografen gemacht.

Billig waren sie auch, denn sie wurden kurzerhand einfach vom Online-Shop der Konkurrenz geklaut. Der Name … ja, der soll vermitteln, dass es sich um ein alteingesessenes Elektronik-Fachgeschäft aus der Provinz handelt. Eines, wo man sich noch vorstellen kann, dass der Senior-Chef hinterm Tresen bedient und der Junior jetzt den ersten Online-Shop erstellt. Und weil die Software für den Shop noch nicht ganz fertig ist, kann leider nur per Vorkasse bestellt werden.

Ein solcher Laden war „Baumgartner Elektronik 123", angeblich irgendwo im Osten der Republik angesiedelt. Dumm nur, dass es dort keinen Baumgartner gab. Und auch der Online-Shop hielt nur ganze drei Wochen, dann war auch der wieder verschwunden. Genauso wie der Firmeninhaber mit den ganzen Vorauszahlungen seiner Kunden. Ach ja die Ware, die gab's natürlich nie. Ehrlich gesagt, dass ein kleiner Laden auf Vorkasse bei Erstkunden beharrt, kann ich verstehen. Schließlich gibt es auch die andere Seite. Leute, die Ware bestellen und erhalten, dann aber nicht bezahlen.

Für den Verbraucher ist Vorkasse trotzdem die mit Abstand unsicherste Variante. Wer daher auf Nummer sicher gehen will, der sollte versuchen herauszubekommen, ob es sich um einen seriösen Händler handelt und so sein Risiko verringern.[2]

Die Alternative heißt, wir kaufen nur noch bei den bekannten Großen und die Kleinen gehen vor die Hunde. Der Einzelhandel stirbt aus und eine Teilschuld tragen die schwarzen Schafe, die Abzocker, weil wir kein Vertrauen in kleine Shops mehr haben. Das wäre schade und es bleibt zu wünschen, dass die kleinen Läden erhalten bleiben. Und zwar länger als ein Jahr dauert, denn das geht doch ehrlich gesagt schneller vorbei, als man gucken kann (Abb. 6.1).

6.3 Weihnachtseinkäufe – Wie man betrügerische Online-Shops erkennen kann

Wann auch immer Sie dieses Buch lesen, ich bin ziemlich sicher etwas zu früh dran, wenn ich Ihnen jetzt etwas über Weihnachtseinkäufe erzähle. Eigentlich beginnt die heiße Phase ja am späten Nachmittag des 23. Dezember. Ist das ein Sonntag, bekommt

---

[2] Siehe Kapitel „Weihnachtseinkäufe" – 6.4.

Abb. 6.1 Ein erfundener Online-Shop lockt mit neuester Technik zu extrem günstigen Preisen in die Falle

man da nur noch Blumen an der Tanke. Alternativ bleibt dann nur der Morgen des Heiligen Abends, um schnell noch etwas zu besorgen.

Wer rechtzeitig dran ist und das Gedränge in den Einkaufsmeilen der Umgebung meiden möchte, der nutzt gerne die Möglichkeit, online beim Christkind einzukaufen. Das ist deshalb bequem, weil man nicht laufen muss und praktischerweise kommt der Einkauf auch schon verpackt im Karton. Buntes Papier drum herum kleben und fertig.

Weil diese Methode des Einkaufs in den letzten Jahren immer beliebter wird (nicht nur an Weihnachten), schießen Online-Shops wie Pilze aus dem Boden. Leider hört und liest man immer wieder von Problemen, weil die Ware bezahlt wurde, aber nie ankommt.

Tatsächlich sind die allermeisten Geschäfte im Netz seriös und liefern astreine Ware. Selbst bei der Bezahlung mit Kreditkarte habe ich keine Bedenken, wenn es um Einkäufe bei Amazon, Lufthansa oder Zalando geht um exemplarisch mal drei von vielen zu benennen. Sie alle kümmern sich um eine sichere Verwendung und Speicherung Ihrer Kreditkartendaten. Ebenso liefern sie meist pünktlich und auch genau das, was tatsächlich bestellt wurde.

Sie alle leiden aber unter den schwarzen Schafen im Netz. Jenen, die den Ruf von Online-Geschäften schlecht machen. Ist ja auch klar, denn denen wird die Medienpräsenz geschenkt. Kein Fernsehsender berichtet über ein pünktlich ausgeliefertes und korrekt abgerechnetes Stift-Set aus dem Online-Shop. Stern TV, Akte oder Explodiert kommen mit ihren Kameras immer nur dann, wenn einer um Hilfe schreit.

Wie erkennt man aber ein schwarzes Schaf, einen betrügerischen Shop, bevor man dort einkauft? Geht das überhaupt? Ja und Nein. Es gibt meistens Hinweise, die einen zumindest mal nachdenklich werden lassen sollten, bevor man seine Bestellung absendet. Meine Tipps, damit Sie niemals online abgezockt werden:

Googeln Sie im Netz nach dem Shop. Gibt es schon andere Einträge von Benutzern, die warnen?

Fallen Sie aber nicht auf zu gute Bewertungen rein. Es gibt nachweislich Fälle, da hat ein Betrüger selbst die Frage gestellt „Hat jemand schon Erfahrungen mit dem Online-Shop XY?". Der Besitzer hat dann ebenfalls selbst mit zehn unterschiedlichen Accounts die besten Erfahrungen „geantwortet" und jeder glaubt, dass da schon viele problemlos eingekauft haben. Meist sind derartige „Antworten" in einem sehr kurzen Zeitraum von wenigen Tagen abgegeben worden und es finden sich im Netz keine älteren Bewertungen.

Prüfen Sie unbedingt das Impressum. Gibt es die angegebene Adresse? Google Maps bietet die Möglichkeit zu erkunden, ob es sich um ein Firmengebäude mit Lager oder ein Mehrfamilienhaus im Glasscherbenviertel der Stadt handelt.

Googeln Sie zusätzlich auch noch nach der Adresse. Gab es dort vielleicht schon drei, vier Shops mit anderem Namen, die negativ aufgefallen sind?

Rufen Sie an. Gewinnen Sie einen Eindruck von dem Laden, bevor Sie dort Geld verlieren.

Sind die Preise deutlich günstiger als anderswo? Gerade bei Elektronik-Artikeln ist dann erhöhte Vorsicht geboten.

Erhalten Sie **technische** Fehlermeldungen, wenn Sie die Bezahlungsmöglichkeit „*Auf Rechnung*" auswählen? Lassen Sie mich raten, es bleibt nur noch „*Vorkasse*" übrig. Auch in diesem Fall lassen Sie besser die Finger von der Maus und damit die Mäuse auf dem Konto.

Vergessen Sie aber nicht, dass viele sympathische Online-Shops bei Erstkunden zu Recht keine Zahlung auf Rechnung zulassen, denn es gibt auch genügend schwarze Schafe auf Kundenseite. Dies alleine ist also noch kein Indiz auf einen unseriösen Laden. Kommen aber ein paar der obigen Merkmale zusammen, dann sollten die Alarmglöckchen auf Ihrem Christbaum zu klingeln beginnen.

6.4 Auf Pump – Warum gute Online-Shops Ihre Kreditkartendaten gar nicht haben wollen

Würden Sie mir Ihre Kreditkartennummer geben? Sicher nicht einfach so. Es müsste schon einen guten Grund geben, dass Sie zum Beispiel in meinem Online-Shop einkaufen. Sie wollen meine Ware, ich will Ihr Geld. Das würde Sinn ergeben, für die Weitergabe der doch recht heiklen Zahlenkombination auf Ihrer Plastikkarte. Woher wissen Sie aber, dass ich Ihre Kreditkartennummer nicht heimlich weitergebe an meinen Freund im Ostblock, der mir dafür auch immer wieder ein paar Scheinchen zusteckt? Woher wissen Sie, dass der frustrierte Mitarbeiter in der EDV-Abteilung des großen Online-Versandhauses nicht Ihre Kreditkartendaten weiterverkauft, um seine Spielsucht zu bezahlen?

Im Endeffekt ist die Weitergabe von Kreditkarteninformationen immer ein Risiko. Allerdings nicht nur im Internet, sondern gleichfalls auch im Restaurant oder an der Tanke. Kellner können sich hinter dem Tresen die Zahlen unbemerkt abschreiben, Tankstellenbetreiber die Karte einfach durch zwei statt einen Kartenleser ziehen, um eine Kopie zu erhalten. Ist alles schon da gewesen. Wenn so etwas passiert, leiden Sie als Geschädigter darunter, keine Frage. Gleichermaßen leidet aber das Geschäft, wenn sich nämlich niemand mehr dort einkaufen traut. Sowas spricht sich nämlich ganz schnell rum. In aller Regel sind es einzelne, verwirrte Mitarbeiter, die ein Unternehmen so in Misskredit bringen und nicht „die Firma" per se. Wie also kann man sich vor so etwas schützen?

Aus Sicht von uns Kunden ist es klar: am besten keine Kreditkarteninformationen an einen Online-Shop weitergeben. Aus Sicht des Online-Shops ist es auch klar: am besten keine Kreditkarteninformationen von Kunden annehmen. Und wissen Sie, was das Beste ist? Das funktioniert auch noch. Und bezahlen kann man trotzdem – mit Kreditkarte wohlgemerkt.

Wie das geht? Ganz einfach ist das und viele Online-Shops haben dieses Prinzip schon lange übernommen. Sie als Kunde geben Ihre Kreditkarteninformationen samt Preis eben nicht an die Webseite des Ladens weiter, sondern (ohne dass Sie es merken) eigentlich an die Webseite einer Bank. Dazu wird eine so genannte FORM auf der Webseite des Shops mit der Bank verlinkt. Die Eingabefelder in dieser FORM werden beim Klick auf „Absenden" quasi umgeleitet und landen nicht beim Shop, sondern bei der Bank.

Die Bank wiederum prüft nun Ihre Kreditwürdigkeit, bucht den Betrag ab und bestätigt dem Shop nur, dass das Geld da ist. Das ist das Zeichen, dass die Bestellung bezahlt ist und das Päckchen auf die Reise kann. Die Karteninformationen der Geldtransaktion bekommt der Shop selbst nie zu Gesicht und kein hochverschuldeter Mitarbeiter kann die Bezahldaten der Kunden weiterverkaufen. Es sind also beide Seiten des Deals geschützt. Vertrauen braucht es nur in die Bank – und wer das nicht hat, der braucht wohl auch keine Kreditkarte.

6.5 Personalisierte Werbung – Warum personalisierte Werbung wirtschaftlich positiv, ansonsten aber negativ ist

Wer heute bei Amazon einkauft, der bekommt schon auf der Startseite Angebote gezeigt, die einem gefallen könnten. Hat man vor ein paar Tagen irgendwo den Trailer eines Films angeklickt, werden einem die DVD und passende Fan-Artikel feilgeboten. Amazon macht das ganz schlau, die Information erhalten sie durch so genannte Tracking-Mechanismen, unter anderem durch die so genannten Cookies.

Natürlich ist Amazon da nicht alleine, hier fällt es nur auf, weil die passenden Angebote so deutlich präsentiert werden. Mir wurde mal Werbung für ein Buch eingeblendet, auf dessen Verlagswebseite ich ein paar Tage vorher den Klappentext aufgerufen hatte. Zufall? Keineswegs. Das Ganze hat Methode und dient dazu, unseren Einkauf zu optimieren. Wem Äpfel gefallen, der kauft auch eher Apfelsaft, der mag wahrscheinlich auch Apfelmus und der möchte vielleicht auch Apfelgelee auf sein Frühstücksbrot schmieren. Werbung für Birnen wird daher nicht kommen.

Firmen zahlen gutes Geld für personalisierte Werbung, denn auch der Absatz geht *wahrscheinlich* in die Höhe. Und *wahrscheinlich* ist immer noch besser, als blind irgendjemandem irgendetwas anzubieten. Einen Nachteil hat das Ganze aber. Man presst uns in eine Schublade, die ganze Produktvielfalt wird uns gar nicht mehr angezeigt. Wir werden die wunderbare Vielfalt, den anderen Geschmack und auch andere Eigenschaften kaum mehr selbst kennen lernen.

Die Anbieter gaukeln uns Vielfalt vor, indem sie uns diverse Angebote der gleichen Produktgruppe zeigen. Sie bieten Granny Smith an, ebenso wie Boskop oder Golden Delicious. Eine augenscheinlich phantastische Auswahl. So unterschlagen sie mir aus rein finanziellen Gesichtspunkten aber die Pfirsiche, die Aprikosen und die Birnen – sofern ich nicht explizit danach suche.

Woher soll ich deren Geschmack kennen? Woher soll ich wissen, dass Birnen untergehen und Äpfel schwimmen, wenn ich nur Äpfel und keine Birnen angeboten bekomme? Wäre es nicht viel schöner, wenn mir personalisierte Werbung eben auch Alternativen anbieten würde und so dem Einheitsbrei entgegenwirkt? Beim Weihnachtsshopping fällt mir nämlich eines immer wieder auf. Egal in welchem Einkaufszentrum ich bin, sogar egal in welcher Stadt: es sind immer die gleichen Geschäfte mit den gleichen Waren. Wie schade.

Und noch etwas: Wer Weihnachtsgeschenke bei Amazon bestellt, der sollte nach der Bestellung mindestens nach zwanzig völlig unterschiedlichen Produkten schauen, da sonst jedes weitere Familienmitglied bereits beim Öffnen des Browsers weiß, was unter dem Christbaum liegen wird: „Brauchen Sie zu Ihrem neuen Handy auch eine passende Hülle?" Man kann personalisierte Werbung aber auch zum eigenen Vorteil nutzen. Suchen Sie vor Weihnachten und dem eigenen Geburtstag doch einfach auffallend oft nach Dingen, die Sie sich selbst wünschen – und lassen dann Ihren Partner an den Rechner.

7

Google, Facebook & Co.

7.1 Nachmacher – Warum Google gar nicht so innovativ ist, wie wir immer glauben

Google ist die innovativste Firma der Welt. Was die alles erfinden und dann auch noch so supertoll umsetzen, unglaublich. Da kommen wir Deutschen mit unseren altertümlichen „Innovationen" nicht mit. Denken wir nur mal an das Mautsystem. Wer hat's uns letztendlich abgekauft? Niemand. Da lobe ich mir Google, was die erfinden, wird ein Erfolg.

Wobei, was hat Google denn tatsächlich selbst erfunden? Die Google Glass-Brille zum Beispiel, die Informationen über unsere Umgebung in unser Blickfeld einblendet: welches Gebäude wir gerade ansehen oder auf welcher Straße wir gerade sind. So etwas kennen wir schon. Damals Tom Cruise in Top Gun 1986, da war die Brille zwar noch im Helm untergebracht und etwas größer, aber Kampfjetpiloten nutzen so was wie Google Glass schon länger.

Oder nehmen wir Google Maps. Sogar der gute alte ADAC hatte bereits vor Google Landkarten im Netz. Nicht ganz so toll, aber auch hier hat Google abgekupfert. Google Mail kam nach web.de und gmx. Google's Musikdienst gab es auch schon von anderen, heißt dort nur Spotify. Google Analytics ist wie Excel,

T. Schrödel, *Ich glaube, es hackt!*, DOI 10.1007/978-3-658-10858-8_7,
© Springer Fachmedien Wiesbaden 2016

die Google Bildersuche gab es in jedem Museum, Google Calendar bei jedem Schreibwarenhändler und den Google Translator gab es von Langenscheid – in Gelb.

Was ist mit Google Plus? Da war doch was? Ach ja, das ist wie Facebook. Und das gleiche gilt für Handys. Google's Android ist mittlerweile das Betriebssystem für Smartphones schlechthin und mit rund 900 Mio. Installationen am weitesten verbreitet. Man kann hunderte von Apps laden, mit den Fingern wischen um zu blättern, eine super Erfindung. Ach, Sie kennen das schon? Stimmt, das iPhone konnte das alles bereits früher.

Selbst Suchmaschinen gab es schon lange vor Google im Internet. Altavista dürfte dabei die Bekannteste gewesen sein, um auch nur ein Beispiel zu nennen. Nur – die waren alle nicht so gut wie der neue Riese aus Mountain View, Kalifornien.

Google ist ein Nachmacher! Allerdings schaffen sie es meistens, besser zu sein als all das, was vorher schon da war. Es wird also Zeit, dass sich Google mal um die wichtigen Dinge auf Erden kümmert. Ich warte daher sehnsüchtig auf Google Steuerreform und Google Ehefrau.

7.2 Golf ist nicht gleich Golf ... – Wie Google anonyme Suchanfragen personalisiert

... und Google ist nicht gleich Google. Ist Ihnen das schon mal aufgefallen? Es kann sein, dass Ihr Telefonpartner in der anderen Stadt ein anderes Suchergebnis angezeigt bekommt, obwohl Sie zeitgleich den identischen Suchbegriff verwenden. Der Hinweis „Nimm das dritte Suchergebnis." führt nun dazu, dass anstelle der Karten für das Theater ein Termin im Massagestudio arrangiert wird. Ist das Missgeschick entdeckt, hat den Premieren-Platz in der ersten Reihe meist schon ein anderer gekauft.

Der Grund unterschiedlicher Suchergebnisse liegt daran, dass Google versucht, Profile der Anfragenden zu erstellen. Zwar geben Sie bei einer Suchanfrage keine persönlichen Daten an, jedoch kann anhand der IP-Adresse des Rechners schon mal die geographische Lage des Rechners eingegrenzt werden. Das ist auch der Grund, warum auf entsprechenden Erotikseiten immer Werbebanner stehen, die mich darauf hinweisen, dass jetzt gerade *Schlampen aus München* auf meinen (kostenpflichtigen) Anruf warten, wenn ich in der bayerischen Landeshauptstadt am Schreibtisch sitze. Die offerierte Nähe zu den Damen scheint wohl das Geschäft besser anzukurbeln als eine eher anonyme Anzeige.

Neben dieser Eingrenzung auf Längen- und Breitengrad merkt sich Google für jede(!) durchgeführte Anfrage auch die Uhrzeit. Das ist wichtig für die Personalisierung, denn mal ganz ehrlich, Sie googeln doch auch sehr häufig zu den gleichen Uhrzeiten. Zum Beispiel ab 20:00 Uhr, wenn die Kinder im Bett sind. Oder als Hausfrau morgens um 9:00 Uhr, wenn der Mann im Büro sein trübes Dasein fristet und die Blagen die Lehrer ärgern. Sprich: Wenn Ruhe im Haus ist.

Nun reicht das nicht wirklich aus, um eine Person zu identifizieren. Es gibt zugegebenermaßen tausende Hausfrauen, die morgens um 9:00 Uhr nach dem nächsten Urlaubsziel oder Möglichkeiten zur Verbesserung der Ehe suchen. Das nächste Kriterium zur Eingrenzung ist daher die Art der Suchwörter. Googeln Sie immer nach einem Wort, einem ganzen Satz oder verwenden Sie schon erweiterte Suchanfragen mit Anführungszeichen und Minus? Sehen Sie, schon haben wir die Gruppen weiter verkleinert, denn ihr Suchmuster ändert sich in aller Regel nicht.

Das Gleiche gilt für Ihr persönliches Suchinteresse. Denken Sie mal nach, Sie suchen recht häufig nach dem gleichen Thema.

Sind Sie Camper, sind Suchanfragen für Campingplätze in Europa recht oft vertreten. Tauchen Sie, werden Sie das Rote Meer, Asien und dazu noch nach geeigneten Tauchschulen googeln. Jetzt hat die Datenkrake Sie fast schon. Es fehlt nur noch der entscheidende Hinweis – wer sind Sie? Das jedoch haben Sie höchstwahrscheinlich schon selbst einmal mitgeteilt. Wer sucht nicht mal hin und wieder nach seinem eigenen Namen – natürlich nur aus Interesse, was da schon alles über einem im Netz steht. Und schwupps, das war es dann mit der Privatsphäre im Netz.

Angeblich – leider liefert Google hier keine Zahlen – sind 70 % der regelmäßigen Google-Nutzer bereits mit erstaunlich hoher Wahrscheinlichkeit einer Person – der *richtigen* Person – zugeordnet.

Da ist es dann auch kein Wunder, dass Ihnen Volkswagen angeboten werden, während der reiche Schnösel nebenan bei der gleichen Suche nach *Golf* die schönsten und teuersten achtzehn Löcher der Umgebung angezeigt bekommt[1]. Diese für Sie perfekt passenden Trefferlisten sind aber auch der Grund, warum man so gerne googelt. Andere Suchmaschinen liefern eben nicht neun von zehn wirklich passende Links, sondern vielleicht nur fünf.

Die Personalisierung aller weltweiten Suchanfragen verschlingt riesige Speicher- und Rechenkapazitäten auf den Google-Servern. Diese wiederum verbrauchen eine ganze Menge Energie. Nach einer Schätzung produziert Google mit seinen Rechenzentren bereits heute so viel CO_2 wie alle General Motors Autofabriken zusammen – und zwar *vor* der Wirtschaftskrise. Kein Wunder also, dass eine Suche nach *Umweltschutz* kein einziges Ergebnis bringt, welches auf Google selbst verweist.

---

[1] Weitere Informationen: „Das Google Imperium" von Lars Reppesgaard.

7.3 BigBrother ohne Container – Wie Google hilft, fremde Wohnzimmer auszuspionieren

Den Blick in fremde Schlafzimmer ermöglichte uns erstmals der verstorbene Oswald Kolle mit Filmen wie *„Deine Frau, das unbekannte Wesen"* aus dem Jahr 1969. Eine Welle der Entrüstung fuhr durch das noch prüde Deutschland.

Heute ist das anders. Sex findet sich im Internet an jeder Ecke und in jeder nur denkbaren und undenkbaren Couleur. Dank PC und Webcam ist sogar der Einblick in fremde Schlafzimmer möglich. Teilweise, ohne dass der Bewohner dies weiß. Ein Spanner in Aachen hatte Mitte 2010 mehrere Dutzend junger Mädchen heimlich mittels deren eigener Webcam beobachtet. Über Wochen hinweg.

Ermöglicht hatte ihm dies ein Fehler im Windows-Betriebssystem. Über Schadcode in einem Bild ließ sich eine Software installieren, die die Steuerung der Kamera von außen ermöglichte. Damit die Mädchen das Bild öffneten und somit den Schadcode ausführten, sendete der Mann eine Witzmail mit Anhang im Namen eines Freundes der Mädchen. Dieser Junge war kein Komplize und auch völlig ahnungslos. Die Verbindung über SchülerVZ (oder Facebook) gab dem Spanner die nötigen Informationen. So waren die Opfer im Glauben, dass die Mail von einem Freund kommt und schöpften keinen Verdacht.

Mittlerweile ist die Lücke gestopft, das Öffnen eines Bildes stellt keine Gefahr mehr da und der gleiche Angriff würde nicht mehr funktionieren. Ein Update von Microsoft hat dafür gesorgt. Allerdings ist offen, wie viele ähnliche Lücken an anderer Stelle noch offen sind und wann sie entdeckt werden. Eine Entwarnung ist das daher nicht. Gerade Kinder sollten also unbedingt darauf achten, ob das kleine Licht an der Webcam auch dann leuchtet, wenn sie selbst **nicht** gerade mit Freunden Videofonieren. Ist das so, ist etwas nicht in Ordnung.

Gegen einen gezielten Angriff ist man sicherlich machtlos. Professionellen Schadcode können sich sogar Laien auf russischen Webseiten gegen eine geringe Gebühr von ein paar hundert Euro kaufen. Die Hacker, die derartiges anbieten, arbeiten mittlerweile hoch professionell. So garantieren sie, dass jeder Virus, jeder Schadcode, den sie verkaufen, mindestens zwei Wochen von keinem Virenscanner erkannt wird. Ansonsten gibt es das Geld zurück. Ehrensache.

Aber nicht nur zwielichtige Seiten helfen einem, fremde Kameras zu nutzen und einfach mal zuzusehen. Auch Google ist da Helfer in der Not. Zwar nicht bei ordinären Webcams, sondern bei fest installierten IP-Cams. Das sind in aller Regel Überwachungskameras. Sie sind etwas teurer und stecken nicht am USB-Port des Rechners, sondern sind per WLAN oder Kabel in ein Netzwerk eingebunden (Abb. 7.1).

Um das Bild zu empfangen, spricht der Hausherr die Kamera über eine IP-Adresse an und empfängt das Bild im Webbrowser. Dafür bringen diese Kameras einen eigenen integrierten Webserver mit. Eine Software, die dafür sorgt, dass das Bild den Anfragenden erreicht. Das sollte zwar eine berechtigte Person sein, allerdings kann das die Kamera nur erkennen, wenn sie ein Passwort abfragen kann. Ein beachtlicher Teil der installierten IP-Cams arbeitet aber ohne oder mit dem Standard-Passwort des Herstellers. Letzteres kann jeder über die Support-Seite abrufen – es steht im Handbuch.

In der Standard-Konfiguration lassen also selbst Kameras der namhaften Hersteller jedem Zugriff auf das Bild, der weiß, welche Adresse die Kamera im Netz hat. Und dank Google ist auch diese Frage schnell beantwortet. Man muss nur wissen, wonach man sucht. Begriffe wie *viewframe* oder *mode = motion* liefern entsprechende Suchergebnisse und schon blickt man in Wohnzimmer, Bars, Tiergeschäfte oder auch koreanische Kindergärten.

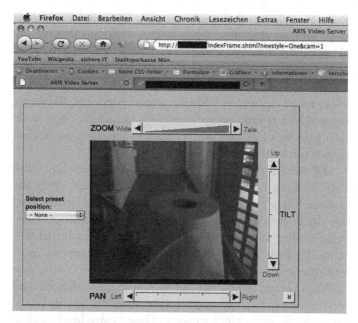

Abb. 7.1 Eine über Google gefundene Klorolle

7.4 Heiße Hunde – Wie sich Suchmaschinen in den nächsten Jahren verändern werden

Wer nach Hot Dog googelt, hat gute Chancen gleich zwei Informationen zu bekommen. Wo es welchen gibt und woher die heiße Wurst ihren Namen hat. Die Suchmaschine ist sogar in der Lage, die Ergebnisse nach voraussichtlicher Wichtigkeit zu sortieren. Was sie jedoch noch nicht kann ist: schmecken.

Die Wichtigkeit einer Antwort ist bei Google nach einem weitgehend geheimen Algorithmus berechnet worden. So spielt unter anderem die Anzahl von Links auf eine Seite eine große

Rolle. Sind die verweisenden Seiten selbst wichtig (was wiederum von Links auf eben diese Seiten abhängt) und am besten noch aktuell, steigt auch der Index der Hot Dog Seite und sie erscheint beim Googeln auf der ersten Seite.

Zieht man das in Betracht, wird klar, worauf sich Google verlassen muss – auf andere Webseiten-Administratoren, Webdesigner und Nutzer von Internetforen. So wird auch die Suche nach dem leckersten Hot Dog in einer Stadt zwangsläufig zur Abhängigkeit von Mathematik.

Hat nämlich ein cleverer Administrator die Begriffe „gut", „lecker" und „Hot Dog" in Verbindung mit der Stadt häufig auf anderen Seiten platzieren können, heißt „gut" und „lecker" das, was der Besitzer der Bude darunter versteht. Muss dieser labberige Brötchen mit Billigwürstchen verkaufen, weil seine fettverschmierte Bude sonst morgen schon zusperren kann, ist „gut" wohl eher relativ zu sehen.

Wenn Google in Zukunft also auch noch schmecken können soll, muss es sich mit seinem Algorithmus an die neueste Generation der Suchmaschinen anpassen. Diese binden bereits soziale Netzwerke mit ein und die Suche erweitert sich um persönliche Meinungen. Die erste Generation dieser sozialen Suchmaschinen ist bereits im Web erreichbar[2]. Noch werden die Anfragen dort an registrierte Nutzer gestellt, die diese beantworten. Die gewohnten Antwortzeiten von Google sind also nicht zu erzielen – manchmal dauert es ein paar Tage, bis die erste Antwort eintrudelt. Aber auch daran wird schon gearbeitet. So sollen Verknüpfungen mit Facebook und anderen Netzwerken hier Besserung bringen.

Suchen Sie also in den nächsten Jahren nach dem besten Hot Dog der Stadt, dann werden Sie Antworten erhalten, die von Erfahrungen geprägt sind. Möglicherweise hat eine Facebook-Bekanntschaft einer Facebook-Bekanntschaft ja schon einmal einen Hot Dog probiert und diesen für gut befunden. Solche Tipps

---

[2] Zum Beispiel www.thrives.us

sind Gold wert und wenn den Suchmaschinen das Einbinden menschlicher Erfahrungen wirklich praxistauglich gelingt, wird sich das Gold auch in den Aktienkursen der Unternehmen wiederfinden.

Eine Hürde gilt es jedoch noch zu erklimmen. Wünscht der Anfragende persönliche Ergebnisse aus dem eigenen Umfeld, ist eine Anonymisierung unumgänglich. Was bei der Frage nach „wer macht den besten Hot Dog in München" kein Problem ist – nämlich, dass Peter F. schon mal einen probiert hat, kann bei anderen Fragen schon mal unangenehm werden. Denken Sie nur an Fragen zur Linderung von Hämorrhoiden – wer möchte da schon gerne mit vollem Namen ganz oben in der Trefferliste stehen? Am besten noch mit Foto, die Bildersuche – samt Gesichtserkennung – macht es möglich.

Der Begriff Hot Dog kommt übrigens vom Dackel. Die Würstchen, die Harry Stevens im New Yorker Stadion der Giants verkaufte waren dünn, lang und deutsch („Frankfurter") – genau wie der Dackel. Und als 1903 eine Karikaturzeichnung in einer Zeitung einen Dackel in einem länglichen Brötchen zeigte, war der Name geboren. Übrigens enthält der *Heiße Hund* im Original nur Schweinefleisch – hierzulande zumindest, in China wäre ich mir da nicht so sicher.

7.5 Lachst Du noch oder mobbst Du schon – Warum soziale Netzwerke mehr tun müssen, als den Service aufrecht zu erhalten

Als Lindsey Stone ihren Facebook-Account einrichtete, ahnte sie noch nicht, dass sie deswegen bald ihren Job verlieren und wegen schwerer Depressionen ein Jahr lang das Haus nicht verlassen würde. Soziale Netzwerke können ein Leben, eine Marke, eine Karriere zerstören, selbst wenn man gar nichts Schlimmes getan hat. Zum Glück gibt es Hilfe. Doch die kostet Geld.

Lindsey Stone war eine lebensfrohe junge Frau, die sich in einer sozialen Einrichtung um die Integration behinderter Erwachsener kümmerte. Sportfeste wurden organisiert und Ausflüge ins Kino. Auch Fotos von den Veranstaltungen wurden gerne gemacht und Lindsey teilte diese auf Facebook mit der ganzen Welt, auch wenn es nur ihre gut zwei Dutzend Freunde interessierte. Mit ihrer Managerin und Freundin Jamie Schuh teilte Lindsey seit einiger Zeit immer wieder einen Spaß. Sie lichteten sich gegenseitig vor Schildern ab – und taten darauf vermeintlich genau das Gegenteil dessen, was das Schild verlangte oder verbot. Nur eine Sekunde natürlich, nur für den Wimpernschlag eines Augenblicks, bis das Bild im Kasten war. Eine Sekunde Hinsetzen auf die Wiese neben dem Schild „Rasen betreten verboten", ein kurzes Lächeln mit Softeis neben dem Schild mit durchgestrichener Eistüte. Zwei junge Frauen, die sozial engagiert und mit einem Augenzwinkern durchs Leben gehen.

Dieses Leben sollte so bald vorbei sein. Die Spaßfotos landeten auf Facebook und eines sorgte dafür, dass unzählige Menschen plötzlich Webseiten wie „Veterans against Lindsey Stone" unterstützten und „Daumen hoch" drückten bei der Forderung, man solle sie feuern. In den Fernsehnachrichten wird Lindsey als „Verräterin" und „Anti-Amerikanerin" bezeichnet, die Kommentare auf Facebook fielen oft deutlich hässlicher und aggressiver aus. Tatsächlich wurde sie nach wenigen Tagen tatsächlich entlassen. Die junge Frau versuchte zu retten, was zu retten ist. Sie entschuldigte sich in halbseitigen Anzeigen in der Tagespresse, ihr Vater erzählte im Fernsehen, dass alles nur ein Missverständnis gewesen sei, ein unbedachter Scherz. Und dass es ihr unendlich leid täte, wenn sie jemanden gekränkt hat.

Doch es hörte nicht auf und dem Presserummel und blankem Hass unbekannter Menschen war Lindsey Stone nicht gewachsen. Sie wurde krank. Glaubte man den Berichten, litt sie an schweren Depressionen und versteckte sich ein ganzes Jahr lang. Ihr Vergehen: ein Spaßfoto[3] auf dem sie vermeintlich laut rufend den Mittelfinger in die Kamera hält. Neben ihr ein Schild mit der Bitte um „Ruhe und Respekt".

Lindsey Fehler war, dass das Foto am falschen Ort aufgenommen wurde, nämlich vor dem „Grab des unbekannten Soldaten" in Arlington, dem zweitgrößten Soldaten-Friedhof der USA. Die Veteranen kennen beim Andenken an ihre 40.000 dort begrabenen Kameraden keine Gnade und einmal geteilt, hatte Lindsey das Bild nicht mehr unter Kontrolle. Es wurde dutzendfach kopiert und weitergeleitet. Das ist der Nachteil der sozialen Netzwerke. Die Möglichkeit, mit einem gigantischen Schneeballeffekt Dinge viral zu verbreiten, wird zur unaufhaltsamen, erdrückenden Lawine, wenn man zum Ziel wird.

Heute hilft eine Agentur Lindsey dabei, dass ihr Name bei Google nicht immer nur diese alte Geschichte ans Tageslicht zerrt. Es ist ein Agentur, die sich darauf spezialisiert hat, Shitstorms zu vermeiden und aus ihnen auch wieder raus zu kommen. Die New Yorkerin Justine Sacco hat selbst so eine Agentur gegründet. Sie weiß, wovon sie spricht – und auch, was die Opfer durchleiden. Justine Sacco war im Dezember 2013 eine der meisgehasstesten Frauen auf diesem Planeten. Zumindest auf Twitter, wo unter dem Hashtag #hasjustinelandedyet spekuliert wurde, ob sie wohl schon weiß, dass sie keinen Job mehr hat oder noch im Flugzeug sitzt. Sie wusste es nicht. Justina saß tatsächlich noch im Flugzeug, war offline und bekam fast 10 Stunden lang nicht mit, dass ihre Veröffentlichung das Netz längst verlassen hatte und ihr zum US-weiten, multimedialen Verhängnis geworden

---

[3] http://i.huffpost.com/gen/871434/thumbs/o-LINDSEY-STONE-FACE-BOOK-PHOTO-ARLINGTON-NATIONAL-facebook.jpg.

ist. Sie hatte sich nämlich – in zugegebenermaßen geschmackloser und rassistischer Weise – zum Thema Hautfarbe und HIV geäußert.

Hätte Justine diesen Spruch in der Umkleide eines Handball-Vereins gesagt, hätte sie sofort erfahren, dass Menschen unterschiedliche Schmerzgrenzen haben. Die Rückmeldung wäre ein Stöhnen oder ein „Nicht lustig" gewesen. Ihr schlechter Witz, als gesprochenes Wort, wäre kurz danach aus den Gedächtnissen verflogen und die Angelegenheit – sofern ein Einzelfall – hätte sich wohl erledigt. Diese unmittelbare Rückmeldung hat Menschen Jahrhunderte lang erzogen. Menschen lernen durch direkte Rückkopplung, was in ihrer Kultur richtig oder falsch ist. Diese Schonzeit geben die Sozialen Netzwerke ihren Usern heute nicht mehr. Das geschriebene Wort und Fotos auf Facebook bleiben nicht mehr im Mief einer Umkleide stecken, sie verbreiten sich sofort und unkontrollierbar weiter.

Die Systemgastronomiekette Vapiano lebt von einem frischen Image und frischen Speisen. Dass beides letztlich wichtig für den Betrag in der Kasse ist, wussten die Manager sehr früh. Schon 2009 hat Vapiano daher eine Agentur angeheuert, die sich um die strategische Beratung hinsichtlich PR- und Social-Media-Kommunikation kümmert. Als im Februar 2015 dann ein Kunde eine lebende Raupe in seinem Salatteller fand, wurde es erstmals richtig ernst. Ein Video der sich im Blattsalat räkelnden Raupe wurde noch aus dem Restaurant heraus in ein soziales Netzwerk hochgeladen. Es kam wie es kommen musste. Die ersten Nutzer begannen umgehend in Kommentaren zum Video ihre eigenen schlechten Erfahrungen mit Vapiano auszubreiten. Ein Shitstorm bahnte sich an.

Während in klassischen Firmenstrukturen nun erst einmal Flüge umgebucht und Meetings einberufen werden, reagierte die Social-Media-Agentur der Restaurantkette noch am gleichen Tag. Sie schrieb auf Facebook folgendes: *„Heute hat ein Fan bei* *uns ein Smartphone-Video gepostet. In den Hauptrollen: Ein Salat und eine Raupe. Man könnte dies als Beleg für die Frische unserer Salate sehen. Wir nehmen dies aber im Gegenteil sehr, sehr ernst. So etwas darf bei uns nicht passieren!* (…)"

Damit traf sie genau den Nerv ihrer Kunden. Der Post war witzig, kehrt den Vorfall aber nicht unter den Tisch. Und noch etwas gelang den Social-Media-Experten. Sie lenkten vom eigentlichen Problem ab und schrieben „(…) *Derzeit versuchen wir, mit dem Gast in Kontakt zu kommen.* (…)" Der Absender des Videos hatte nämlich einen anonymen Account benutzt. Wahrscheinlich hat sich jeder schon mal über Beleidigungen anonymer Accounts im Netz geärgert. Vielleicht ist das der Grund, warum sich sehr schnell die Stimmung drehte und die Kommentare sich nun gegen den „feigen" Tierfilmer richteten. „So etwas in der heutigen Zeit sofort online zu stellen ist Rufmord" schrieb einer, „ich würde dich anzeigen" eine andere und eine juristische Beratung, dass § 186 die „Üble Nachrede" mit Geld- oder Freiheitsstrafe belegt, erteilte ein Dritter.

Beide Vorfälle zeigen, dass sich die Kommunikation sowohl in Sprache und Geschwindigkeit an die neuen Medien anpassen muss. Das ist unmöglich, wenn ein Marketingchef erst alles abnicken will, was rausgeht. Das ist auch unmöglich, wenn eine Mitarbeiterin die sozialen Netzwerke neben Firmenevents und Messeauftritten quasi nebenbei mitmachen soll. Wer im digitalen Zeitalter von der Viralität und Geschwindigkeit profitieren möchte, der muss dem auch Rechnung tragen. Als Firma mit einer eigenen Abteilung oder externen Agentur, die in Minutenschnelle reagieren kann – und darf. Oder mit einer Neuerung aus dem Versicherungssektor: Einer Police gegen Image-Rückschläge und ihre Folgen. Nur dann hat man zumindest den Hauch einer Chance, auch die negative Seite der Macht sozialer Netze im Griff zu halten. Läuft die Maschinerie Shitstorm einmal an, ist es wie bei einem Atomkraftwerk. Ab einem bestimmten Punkt ist die Katastrophe einfach nicht mehr aufzuhalten.

Die Betreiber der Online-Plattformen lassen Menschen wie Lindsey Stone aber auch viel zu sehr alleine, wenn sie rüden Beschimpfungen und Beleidigungen ausgesetzt sind – ganz unabhängig davon, ob sie einen Fehler gemacht haben oder nicht. Auch wenn den allermeisten Menschen soziale Netze nur Spaß und Freude bringen. Ich kann es nicht oft genug sagen: Für mich entwickelt sich Cybermobbing zur Pest des 21. Jahrhunderts und die meisten großen sozialen Netzwerke ignorieren, dass ihre enormen Userzahlen auch eine soziale Verpflichtung mit sich bringen. Und diese Verpflichtung heißt eben nicht nur Gewinnmaximierung und permanente Verfügbarkeit. Solange sich Massen-Beschimpfungen und -Beleidigungen von nicht identifizierbaren Usern nicht schnell und zuverlässig entfernen lassen, werden Menschen an einem schlechten Witz oder an Missverständnissen zerbrechen. Es ist daher wohl nur noch eine Frage der Zeit, bis die Versicherer auch Policen gegen Imageschäden von Privatpersonen anbieten. Die werden wir jedoch aus unserem eigenen Geldbeutel bezahlen müssen. Es ist kaum anzunehmen, dass Marc Zuckerberg dafür seine Portokasse öffnet.

7.6 Das Schaf im Wolfspelz – Warum Facebook total überbewertet ist

Facebook ist total überbewertet, was den Nutzen für die meisten Unternehmen anbetrifft. Es ist ein Schaf im Wolfspelz. Uns wird suggeriert, dass jeder – ob Mensch, ob Firma – dabei sein müsse. Man kann auf Facebook aber keine Zimmer buchen, keinen Termin für die Maniküre ausmachen und Zierfische kann man dort auch nicht kaufen. Was also bietet Facebook an Mehrwert gegenüber einer normalen Webseite?

„*Wir sind jetzt auch auf Facebook*", vermelden immer wieder voller Stolz Unternehmen, die den Weg in die virtuelle Welt der sozialen Netzwerke gefunden haben: Raphaelas Kosmetikstudio aus Münster zum Beispiel, ebenso wie Thommys Geschäft für Zierfische aus Eisleben.

Doch was machen die da eigentlich? Ein kleines Hotel mit zwölf Zimmern schreibt auf seiner Facebook-Seite, dass man deshalb auf Facebook ist, weil es den Wünschen vieler Gäste entspricht. Immerhin fünf dieser vielen Gäste „liken" die Seite jetzt neben zwölf Familienmitgliedern des Besitzers. Der Rest scheint doch nicht sooo scharf darauf gewesen zu sein.

Vielleicht ist es die grandiose Möglichkeit, jede Belanglosigkeit an andere aktiv, direkt und zielgerichtet zu pushen. Zugegeben, das ist eine Möglichkeit, auch wenn es eigentlich nichts anderes als ein Newsletter ist.

Ist es vielleicht der Rückkanal? Also die Möglichkeit, dass Kunden per Like-Button kundtun können, dass sie den neuen Prospekt so schön bunt finden? Das würde dann Sinn ergeben, wenn auch die, die den selbigen ungeöffnet in die runde Ablage werfen, das ebenfalls – mit dem (noch?) fehlenden Dis-Like-Button – mitteilen könnten. Dann hätte zumindest der ein oder andere Baum gerettet und Porto gespart werden können.

Bleibt noch die Community – das ist das, was früher mal als Gruppe bezeichnet wurde. Das „Wir" im Sportverein, der Kegelclub oder die Freunde des Doppelauspuffs am VW Polo. Menschen mit gleichem Interesse. 800.000.000 Nutzer versprechen eine riesige Werbefläche – Facebook ist immerhin das drittgrößte Land nach China und Indien. Und wenn McDonalds seinen fast 29 Mio. Fans einen Rabattgutschein zukommen lässt, bleiben sicherlich auch ein paar Euro hängen.

Wenn Sie mit Facebook den eigenen Erfolg verbessern, präsenter sein oder sich als Teil der Netz-Community darstellen möchten, dann kommt man um eine Fan-Seite für sein Produkt kaum herum. Aber die kostet Geld. Es bringt nichts, wenn jemand aus der Marketing-Abteilung diese nebenbei pflegt, wenn das Tagesgeschäft schon 125 % der Arbeitszeit frisst.

Suchen Sie sich eine Agentur, die für Sie aktiv die neuen Kanäle – also vielleicht auch Twitter – zielgruppengerecht aufarbeitet. Es reicht nicht, in den sozialen Netzwerken lediglich präsent zu sein. Die, die Sie ansprechen möchten, erwarten auch regelmäßige Posts und Tweets. Ebenso sollte Ihre Agentur darauf achten, dass die Community nicht anfängt, über Ihr Produkt zu lästern. Es muss ja nicht gleich ein Shitstorm sein, aber ein paar negative Kommentare können das erhoffte Umsatzplus schnell ins Negative kehren.

Letztlich kommt es auch ganz entscheidend darauf an, wo sich Ihre Zielgruppe aufhält. Verkaufen Sie Helmkameras, mit denen man sich mit dem Mountain-Bike auf der Schotterpiste selbst filmen kann? Dann ab auf Facebook – Ihre Kunden sind Menschen, die Likes wie Luft zum Leben brauchen. Verkaufen Sie jedoch Treppenlifte, dann sollten Sie lieber in der „Apotheken Rundschau" nach Ihrer Community suchen und haben mit Facebook nur unnötig Kosten. Oder warum, glauben Sie, inseriert Red Bull nicht in der „Hörzu"?

7.7 Gartenparty – Wer haftet eigentlich, wenn die Tochter über Facebook die ganze Welt einlädt

Wenn eine Reiterstaffel der Polizei vor der Türe steht, wenn eine Hundertschaft in Schutzkleidung vor dem Gartentürchen Position bezieht, wenn Horden unbekannter Jugendlicher die Vorgärten der Nachbarn durchpflügen, spätestens dann stellen sich Eltern die Frage: „Wer soll das bezahlen?"

Thessa vergaß eine Einladung via Facebook als *Privat* zu markieren und lud so die ganze Welt zu ihrem sechzehnten Geburtstag ein. Glücklicherweise kamen nur rund 1.500 feierwillige Jugendliche ins beschauliche Bramfeld. Eine Gartenlaube brannte ab und die Zahl der Festnahmen pendelte sich letztlich bei elf ein.

Grundsätzlich gilt das Verursacherprinzip, so liest man zumindest überall und trotzdem scheint bisher kaum jemand (niemand?) für eine derart missglückte Einladung zur Kasse gebeten worden zu sein. Das kann daran liegen, dass die Kinder überzeugend darlegen konnten, dass es ein Versehen und keine Absicht war und die Veranstaltung umgehend nach Erkennen des Fehlers gelöscht wurde. Wenn Andere die Einladung trotzdem weiterschicken wie einen Kettenbrief, kann man selbst ja wohl kaum noch Verursacher sein, oder?

Solche Vorfälle werden die Gerichte in den nächsten Jahren sicherlich noch ein paar Mal beschäftigen. Sollte das Verursacherprinzip greifen, stellt sich aber auch die Frage nach den Kosten der Polizeieinsätze bei Fußballspielen oder Castor-Transporten. Verursacher sind hier der DFB und die AKW-Betreiber.

Im Jahr 2013 wurde eine hohe Geldstrafe verhängt, weil jemand die bereits zurückgezogene – weil aus Versehen öffentliche – Einladung weiterhin absichtlich verbreitete. Der junge Mann beginnt sein Leben nach dem Schulabschluss nun mit Schulden im sechsstelligen Bereich.

7.8 Facebook verkauft private Urlaubsbilder seiner Nutzer – Warum sich Facebook mit seinen AGB so weitreichende Rechte einräumt

Nutzen Sie Facebook? Haben Sie bei Facebook schon einmal ein Bild hochgeladen? Vielleicht eines, wo Sie am Strand liegen und bei Ihren Freunden angeben wollten, wie schön Sie es auf Malle haben? Wundern Sie sich nicht, wenn Sie sich plötzlich an diversen Bushaltestellen selbst von einer Werbetafel heraus anlächeln und für eine Salbe gegen Sonnenbrand werben. Das ist übrigens völlig legal, denn dem Szenario haben Sie bei der Erstellung ihres Facebook-Accounts zugestimmt.

Facebook darf ohne Einschränkung alle Inhalte (das sind auch Bilder) seiner Nutzer verbreiten, vervielfältigen, wiedergeben oder andere Werke damit erzeugen. So steht es in den Allgemeinen Geschäftsbedingungen. Übrigens auch in den AGB des so günstig erworbenen WhatsApp; auch denen haben die 450 Mio. Benutzer zugestimmt. Darüber hinaus steht Facebook sogar die Übertragung der genannten Rechte durch einen Verkauf an Dritte offen.

Halt, halt! Bevor Sie jetzt Ihr Facebook-Konto löschen, Ihre Festplatte formatieren oder Edward Snowden anrufen: Das liest sich schlimmer, als es eigentlich ist. Haben Sie schon mal jemanden getroffen, dem das passiert ist? Gab es jemals einen Fall, in dem irgendjemand das obige Szenario bei taff, Explodiert oder sternTV zum Besten gab? Natürlich nicht. Facebook, WhatsApp, Instagram und wie sie alle heißen, haben nämlich überhaupt kein Interesse daran, fremde Bilder zu verkaufen. Das würde das Vertrauen ihrer Nutzer zerstören und damit auch ihr eigenes Geschäftsmodell torpedieren. Sie könnten zusperren oder besser gesagt: die Server abschalten.

Es gibt einen ganz simplen Grund, warum Facebook & Co. sich diese Rechte sichern: ohne sie könnten die sozialen Netzwerke die von ihren Kunden ins Netz gestellten Bilder gar nicht anzeigen. Sie würden permanent, millionenfach und in den allermeisten Ländern dieser Erde Urheberrechte verletzen. Es bleibt ihnen also gar nichts anderes übrig, als Sie vorher um Erlaubnis zu fragen.

Die AGB von Facebook sind sowieso juristisch in Teilen strittig. Tatsächlich lesen sich die Geschäftsbedingungen aber schlimmer, als sie in Wirklichkeit sind. Wir übertragen Facebook ein so genanntes „einfaches Nutzungsrecht". Dies ermöglicht die Anzeige von Bildern außerhalb unseres Profils – zum Beispiel wenn jemand unser Foto teilt (d. h. dieses durch Anzeigen auf seiner eigenen Facebook-Timeline weiterverbreitet). Der einzig wirkliche Haken für (professionelle) Fotografen ist, dass sie einem anderen Kunden kein „exklusives Nutzungsrecht" mehr verkaufen können. Das ginge nur, wenn sie Facebook das „einfache Nutzungsrecht" vorher wieder entziehen würden. Das kann man auch tun, und zwar durch Löschen seines Facebook Accounts oder dieses Bildes in seinem Profil. Hatten andere das Bild schon mal geteilt, musste man früher noch alle diese Nutzer ausfindig machen und auffordern, das Bild ebenfalls zu löschen. Heute verschwinden bei Facebook auch geteilte Inhalte, wenn die Quelle entfernt wird. Eine absolute Erleichterung für Grafiker, Cartoonisten und Fotografen, deren Werke ungefragt in dem sozialen Netzwerk verbreitet werden.

Einen zweiten Grund, warum Facebook die Bilder nicht verkauft, gibt es aber auch noch: Von manchen Menschen will wirklich niemand großflächig Bilder auf Plakatwänden ansehen müssen. Schon gar nicht Bilder vom Strand.

7.9 Dieser Text ist in deinem Land nicht verfügbar – Wie die Ländersperre bei YouTube funktioniert und überwunden werden kann

Bei manchen YouTube Videos wird dem Zuschauen ein Riegel vorgeschoben und statt aktueller Musik ein trauriger Smiley mit der Botschaft „Dieses Video ist in deinem Land nicht verfügbar" eingeblendet. Das hat bestimmt jeder schon mal gesehen – und

Dieser Text ist in deinem Land nicht verfügbar.

Das tut uns leid.

Abb. 7.2   Manche digitale Informationen sind nicht überall abrufbar (Rechte: Teile Screenshot YouTube)

sich darüber geärgert. Mittlerweile ärgern sich auch manche EU-Politiker darüber und wollen diesem Treiben nun selbst einen Riegel vorschieben. Geoblocking soll verboten werden, fordert nicht nur EU-Vizekommissions-Präsident Andrus Ansip. Zeit also, mal einen Blick darauf zu werfen, wie Geoblocking überhaupt funktioniert und aus welch edlem Ansinnen es ursprünglich entstanden ist (Abb. 7.2).

Jeder Internet-User durchstreift das Internet mit einer Art eindeutigem Kennzeichen (wie das Nummernschild beim Auto), einer IP-Adresse, die er in der Regel von seinem Provider für einen begrenzten Zeitraum geliehen bekommt. Der Provider selbst leiht sich diese IP-Adressen nicht, er hat sich gleich einen ganzen Sack voll davon gekauft – eben, um sie seinen Nutzern für einen begrenzten Zeitraum zu überlassen. Welcher Provider welchen Sack voll IP-Adressen bekommen hat, ist bekannt und kann in einer Liste nachgesehen werden. In Europa ist es die „RIPE", ein Zusammenschluss europäischer Internetprovider, auf deren Webseite man nachschauen kann, welchem Provider welche Adressen zugewiesen sind.

Surfen Sie also einen Internetshop mit einer IP-Adresse der Deutschen Telekom oder einer von Sparc New Zealand an, dann weiß auch der Anbieter des Online-Shops mit ziemlicher Sicherheit, ob Sie in Deutschland sind oder bei den Schafen am anderen Ende der Welt. Er weiß also ein bisschen, wo Sie sind – zwar nicht ganz genau, aber zumindest „ungefähr". Und diese Information kann man natürlich auch verwenden, um passende Werbung einzublenden oder User aus bestimmten Gebieten anders zu bedienen – oder vom Angebot auszusperren. Und genau das macht YouTube. Diese Geotargeting genannte Idee wird leider meist zum Geoblocking benutzt, also dem Blockieren von Filmen, Musik und freien Nachrichten – weil Lizenzen nur für ein Land verkauft wurden und mehrfach Verkaufen auch mehrfach Geld bringt. Wäre also blöd, wenn dann doch Menschen aus anderen Ländern zugucken könnten. Ursprünglich war Geotargeting eigentlich dazu gedacht, um Produktbeschreibungen gesetzeskonform anzuzeigen, wenn Länder unterschiedliche Vorschriften bei der Kennzeichnungspflicht haben – zum Beispiel bei Lebensmitteln. Außerdem kann ein Dienst gleich die richtige Sprache anzeigen oder Überweisungen auf regionale Plausibilität und somit auf Betrugsverdacht prüfen.

Doch Geotargeting ist tatsächlich leicht zu überlisten. Mittels VPN oder Proxydiensten wie Anonymox kann sich jeder in zwei Minuten eine IP-Adresse eines anderen Landes borgen. Zwar hat dann der Computer zu Hause immer noch eine deutsche IP-Adresse, die Anfragen an YouTube & Co laufen dann aber über einen sogenannten Proxy. Im Prinzip fragt ihr Browser dann nicht direkt bei der Webseite an, die Sie aufsuchen möchten, sondern beim Proxy. Der wiederum sitzt zum Beispiel in Amerika und kontaktiert dann den Zielserver mit seiner IP-Adresse. Nutzen Sie also einen Proxy aus den USA, glaubt YouTube, Sie sitzen in den Vereinigten Staaten und spielt Ihnen ohne Probleme auch die Videos ab, die aufgrund von GEMA in Deutschland *eigentlich* nicht zu sehen sind.

Solche Dienste gibt es kostenpflichtig und auch kostenlos. Anfragen über derartige Proxy-Dienste sind aufgrund des Umwegs aber in der Regel langsamer. Die bezahlten Dienste stellen deshalb extrem schnelle Anbindungen zur Verfügung. Viele Menschen nutzen das, um bei Streamingdiensten amerikanische Serien im Original zu schauen oder um so grandiose Dienste wie Pandora weiterhin nutzen zu können, denn die Anbieter vermu-

ten Sie eben nicht in Deutschland. Wenn Shops oder Webdiens-
te Geotargeting nutzen, weiß der Betreiber aufgrund der groben
Zuordnung der IP-Adresse zum Land des Providers nur „ungefähr", woher seine Kunden kommen – dummerweise aber auch
nur „vielleicht".

7.10 Ali Baba und die 1.000 Freunde – Eine Anregung für hilflose Eltern beim Umgang mit ihren Kindern und Facebook

Ja früher, da hatte Ali Baba noch tausend Räuber um sich rum.
Das war Abenteuer pur und in der Phantasie malte man sich die
buntesten und wildesten Bilder aus, wenn Vati oder Mutti abends
noch ein Märchen vorgelesen haben. Doch davon träumen heute
höchstens noch Mutti und Vati selbst, denn die Kinder haben
mittlerweile auch schon 1.000 Freunde – online auf Facebook.
Wenigstens keine Räuber, aber wer weiß das schon. Man liest ja
so viel über Online-Bekanntschaften, bei denen sich 14-jährige
Mädels aus dem Chat plötzlich beim ersten Treffen als 57-jährige
männliche Schulabbrecher entpuppen.

Und dann auch noch diese ganzen Begriffe in diesen sozialen
Netzwerken, die keiner versteht. Chillen zum Beispiel – das heißt
„abhängen", hat aber mit Rindfleisch nichts zu tun, auch wenn es
wie Grillen klingt. Oder liken (gesprochen wie „leiken") – das ist
eine Art der Mitteilung, dass einem etwas gefällt.

Wer als Mutter oder Vater soll da noch mitkommen, bei einer
anständigen Ausbildung als Näherin oder Schlosser aus dem Jahr
1980 – wo es so Zeugs noch gar nicht gab. Viele versuchen ihren
Kindern daher den Zugang zum Netz oder zumindest zu Facebook so lange wie möglich zu verwehren. Das führt zu Streitig-

keiten, Unverständnis und in einigen Fällen wohl auch zu Aggressionen.

Nun bin ich zwar kein großer Freund von Facebook, aber es hat nun mal in der heutigen Zeit einen ganz entscheidenden Platz in der Kommunikation unserer Kinder eingenommen. Will sich die Klasse am Nachmittag am See zum Baden treffen, ist das Kind ohne Facebook nicht dabei, weil es nichts davon weiß. Man ruft sich nämlich heute nicht mehr an, man postet oder chattet, das ist einfach so. Mit einem rigorosen Facebook-Verbot machen Sie Ihr eigenes Kind möglicherweise unbewusst zum Außenseiter.

In vielen Fällen ist die Angst der Eltern vor den sozialen Netzwerken der Tatsache geschuldet, dass man selbst damit nicht klar kommt und auch gar nicht klar kommen will – man braucht es ja auch gar nicht selbst. Auch wenn ich kein wirkliches Patentrezept habe, halte ich ein Verbot ab dem Jugendalter eher für kontraproduktiv.

Viel wichtiger ist, dass Sie darauf achten, dass Ihre Kinder aufgeklärt sind, was den Umgang im Web betrifft. Es ist wichtig, dass Sie die Spielregeln kennen, mit denen Kinder und Jugendliche im Netz vertraut sein sollten. Sie müssen wissen, was möglich ist im Netz, damit sie auf nichts hereinfallen.

Diverse Ämter und Organisationen stellen Anregungen und Tipps für nahezu jede Altersgruppe ins Netz. „Deutschland sicher im Netz" zum Beispiel oder die EU-Initiative klicksafe.de – um nur zwei zu nennen.

Wer das beachtet, der hat auch mit Facebook genügend Freunde für das echte Leben. Also, warum lassen Sie sich nicht von Ihrem Kind das ganze Facebook mal erklären. Nehmen Sie Unterricht bei Ihrem Kind, einmal pro Woche am besten. Und ganz ehrlich: Sie müssen es gar nicht kapieren. Es geht doch nur darum, mal eine Stunde pro Woche am Stück miteinander zu reden.

7.11 Ausgesperrt – Wie man ohne Passwort fremde Facebook-Accounts kapert und wie man das verhindert

Hat man den Schlüssel verloren und sich ausgesperrt, hilft meist nur noch der Schlüssel-Notdienst. Der kommt für günstige 129 € Anfahrtsgebühr auch nachts und am Wochenende, bohrt die Türe auf und verbaut auch gleich einen „preisgünstigen", neuen Schließzylinder. Dann bekommt man zwei nagelneue Schlüssel ausgehändigt und der Handwerker zieht von dannen. Bevor er das macht, prüft er mittels Ausweis aber erst einmal nach, ob er Ihnen denn überhaupt öffnen und Sie in die Wohnung reinlassen darf, also wem er da die neuen Schlüssel gibt.

Im Internet ist das ähnlich, wenn Sie sich einloggen, insbesondere in einem WLAN und ganz besonders bei einem offenen WLAN. Loggen Sie sich dort bei Facebook & Co[4] an, prüfen die anhand von User-ID und Passwort, wer Sie sind und lassen Sie rein. Die Übertragung dieser Zugangsdaten erfolgt meist verschlüsselt, so dass niemand mitlesen kann – auch nicht, wenn Sie in einem öffentlichen WLAN am Bahnhof oder in einem Café sind.

Stimmen Passwort und User-ID überein, bekommen Sie eine Art Zugangskarte in Form eines so genannten Session-Cookies. Dieses müssen Sie bei jedem Klick auf der Webseite vorzeigen um zu beweisen: „Ich war schon mal da, ich bin bereits überprüft." Mehr braucht es nicht und diesen Vorgang übernimmt für Sie der Browser, so dass Sie davon nichts mitbekommen.

Sollten Sie sich jedoch längere Zeit vom Rechner entfernen, in der Mittagspause zum Beispiel und Sie vergessen sich auszu-

---

[4] Yahoo Mail, Amazon (ohne Bezahlen), ADAC, Partnerbörsen und viele weitere – jedoch keine Banken.

loggen, dann werden Sie beim nächsten Klick eine Fehlermeldung erhalten. Meist ist da von „Timeout" die Rede oder von „Zeitüberschreitung". Viele Session-Cookies haben nämlich eine Lebensdauer von ein paar Minuten. Läuft dieser Countdown ab, müssen Sie sich erneut mit User-ID und Passwort einloggen. Um aber ein vernünftiges Arbeiten zu erlauben, wird die Eieruhr bei jedem Klick wieder auf Anfang gestellt, so dass das nur dann passiert, wenn Sie längere Zeit untätig sind. Wer laufend etwas klickt, kann theoretisch jahrelang ohne erneute Abfrage der – auch Credentials genannten – Zugangsdaten arbeiten.

Problematisch ist nur, dass viele Webseiten dieses Zugangsticket unverschlüsselt an Sie zurück senden – trotz vorheriger verschlüsselter Übertragung des Passworts und der Webseite. Wer dieses mit Hilfe eines Sniffers abfängt und kopiert, der ist wie Sie eingeloggt und kann in Ihrem Namen alles schreiben – ganz so, wie Sie auch. Der Angreifer muss das lediglich im gleichen (W) LAN wie Sie angemeldet sein, weswegen eine Kabelverbindung keine Abhilfe verspricht.

Beim Rückstellen der Eieruhr wird nicht geprüft, ob die Zugangskarte auch von einem anderen Rechner genutzt wird. Sie wird akzeptiert und legitimiert somit auch den Angreifer. Kopie **und** Original des Session-Cookies werden erst ungültig, wenn man sich aktiv ausloggt. Wenn Sie nur den Browser schließen, lassen Sie in offenen WLANs eventuell jemanden zurück, der weiterhin auf Ihrer Facebook-Seite Dinge posten kann, die Sie niemals schreiben würden.

Allgemein geschützt ist man nur, wenn die jeweilige Webseite alles – also nicht nur den Austausch des Passwortes – per https verschlüsselt. Facebook tut das standardmäßig nicht. Wenigstens kann man in den „*Einstellungen*" unter „*Sicherheit*" den vielsagenden Punkt „*Sicheres Durchstöbern*" aktivieren, dann ist auch das Session-Cookie verschlüsselt. Das hätte Facebook auch einfacher und verständlicher nennen können – „*Dauerhaft ver-*

schlüsseln" wäre mein Vorschlag. Aber es existiert nun einmal ein Interesse an der generellen Rezession der Applikation relativ primitiver Methoden komplementär zur Favorisierung adäquater komplexer Algorithmen. Oder auf Deutsch: Warum einfach, wenn's auch kompliziert geht?

7.12 Der König ist tot, es lebe der König – Wie man Facebook-Freunde kaufen kann und erkennt, wer das getan hat

Wer hätte das gedacht. 2013 wurde Joey Heindle Dschungelkönig! Haben Sie es denn nicht gesehen, das Dschungel-Camp auf RTL? Ach ja, ich vergaß, guckt ja keiner. Zumindest gibt es keiner zu. Offenbar hat RTL die Zuschauerzahlen also manipuliert, sich vielleicht sogar Einschaltquoten gekauft, denn tagtäglich hatte die Sendung aus dem australischen Dschungel die höchsten Quoten! Wenn also keiner guckt, die Quoten aber hoch sind, dann muss RTL „Zuschauer" gekauft haben, es bleibt ja keine andere Möglichkeit.

Vorbild der ganzen Aktion könnte Georgina sein – sie war auch im Camp, das spielt aber keine Rolle. Zwar hat sie – verfolgt man die Presse – nicht wirklich viele Freunde auf Facebook, allerdings – wow – da sieht das anders aus: Die „Freunde", also eigentlich „Likes" – das sind „Gefällt mir"-Bekundungen für die Facebook-Seite einer Person des öffentlichen Lebens – wurden gekauft.

Aufgefallen ist das, weil Georgina zigtausende Fans in Vietnam hat, obwohl es schon in Deutschland nur eine Handvoll Menschen gibt, die sie vor dem Ausflug unter australische Palmen kannten. 10.000 solcher „Likes" bekommt man im Internet für

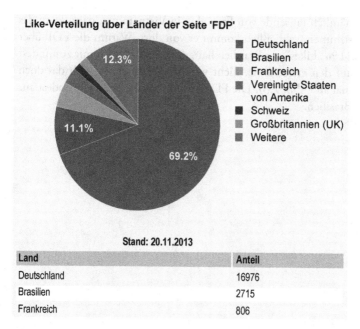

Like-Verteilung über Länder der Seite 'FDP'

- Deutschland
- Brasilien
- Frankreich
- Vereinigte Staaten von Amerika
- Schweiz
- Großbritannien (UK)
- Weitere

12.3%

11.1%

69.2%

Stand: 20.11.2013

Land	Anteil
Deutschland	16976
Brasilien	2715
Frankreich	806

Abb. 7.3 Like-Verteilung über Länder der Seite „FDP"

rund 1.500 €, 500 falsche Freunde sind im Sonderangebot schon ab 39.95 € zu haben.

Georgina behauptet, damit nichts zu tun zu haben und das kann man ihr zumindest glauben. Für sie und andere Promis kann jeder Mensch auf dieser Erde Facebook-Freunde kaufen. Man bekommt das auch gar nicht mit und kann sich daher auch nicht wehren.

Um aber mal selbst zu überprüfen, ob ein Promi tatsächlich viele Fans oder nur einen dicken Geldbeutel hat, gibt es ein kleines Prüfprogramm[5] im Internet. Die dortigen Zahlen müssen Sie aber auch richtig interpretieren. Wenn Philipp Rösler

---

[5] http://www.sterntv-experimente.de

nämlich tausende von Freunden in Vietnam hat, dann kann das stimmen, schließlich kommt er von dort. Warum die FDP über 11 % „Likes" aus Brasilien hat[6], das erschließt sich mir zumindest auf den ersten Blick nicht wirklich. Schauen Sie sich das doch mal an (Abb. 7.3). Die FDP kommt auf 11 % … zumindest aus Brasilien.

[6] Stand: September 2013.

8
Online-Banking

8.1 Der Bankschalter im Wohnzimmer – Wie sicher ist Online-Banking mit PIN und TAN

Ich erinnere mich noch ganz genau, wie ich meine erste Überweisung von zu Hause per BTX getätigt habe. Ein erhabenes Gefühl, dieses ungewohnte Vertrauen der Bank. Eine direkte Verbindung zwischen meinem Wohnzimmer und dem Safe der Bank – und das ohne Ausbildung zum Bankkaufmann[(m/w)]. In der Zweigstelle hatte man mich kurz vorher noch mit Panzerglas von den paar Kröten in der Kasse abgeschirmt.

Doch wo ist das Panzerglas beim Online-Banking? Reichen fünfstellige PINs und sechsstellige TANs wirklich aus, um die virtuellen Panzerknacker von meinem Geld fern zu halten? Betrachten wir die unterschiedlichen Verfahren beim Online-Banking doch mal genauer.

Allen gemeinsam ist die PIN, quasi das Passwort zur Kontonummer beim Zugang zum elektronischen Bankschalter. Eine meist nur fünfstellige Zahl, was meine inneren Alarmglocken sofort schrillen lässt. Passwörter dieser Länge knacke ich in wenigen Minuten. Werden – wie bei der PIN – nur Ziffern verwendet, dann benötige ich gar nur Millisekunden. Banken verwenden daher nur verschlüsselte Verbindungen. Sie erkennen das an der

T. Schrödel, *Ich glaube, es hackt!*, DOI 10.1007/978-3-658-10858-8_8,
© Springer Fachmedien Wiesbaden 2016

gelben oder grünen Adressleiste Ihres Browsers bzw. an dem geschlossenen Schloss-Symbol. Ihr Internet-Browser baut eine gesicherte Verbindung ganz alleine auf. Dazu handelt er mit dem Server der Bank ein Passwort aus und beide verschlüsseln die jeweiligen Informationen damit.

Durch eine https-verschlüsselte[1] Verbindung wird die fünfstellige PIN mit mindestens 128bit chiffriert, was einem 16-stelligen Passwort entspricht. Sie steckt also in einem dicken Safe und wird nicht auf einer Postkarte transportiert. Somit sind selbst vierstellige PINs ausreichend geschützt. Um diesen virtuellen Safe zu knacken und die PIN zu lesen, brauche ich mehrere tausend Jahre. Bei der aktuellen Inflationsrate ergibt es nach diesem Zeitraum auch keinen Sinn mehr, wenn die Verbindung geknackt wurde. Der Gegenwert des Maximalbetrages einer Überweisung dürfte dann bei dem einer Packung Kaugummis liegen, wenn überhaupt.

Wir sollten auch eines nicht vergessen: Die PIN liefert lediglich den Zugang zu Ihrem Konto. Ein Hacker kann sehen, wie viel Geld oder Schulden Sie haben. Um jedoch eine Transaktion auszuführen, ist zusätzlich noch eine TAN von Nöten. Die steht zum Glück nur noch bei ganz wenigen Banken auf Papier gedruckt und liegt dann – hoffentlich – sicher und unzugänglich verstaut an einem geheimen Ort. Viele haben sie nämlich offen in einer Schublade des Schreibtisches liegen. Sie hoffentlich nicht oder zumindest wenigstens ab jetzt nicht mehr. Anders als bei Pilswerbung gilt bei der TAN-Liste nämlich der Grundsatz: Nicht gucken, nur anfassen!

---

[1] https basiert auf einem Verschlüsselungsprotokoll, das TLS (*Transport Layer Security*) genannt wird. Es ist bekannter unter seiner früheren Bezeichnung *Secure Socket Layer*, kurz SSL genannt.

8.2 Ein Elektron, was kann das schon? – Was man benötigt, um eine sichere Verbindung zu knacken

Wenn ich im Supermarkt eine Batterie kaufe, dann schleppe ich eine ungeheure Menge an winzigkleinen Elektronen nach Hause. Haben Sie sich schon einmal überlegt, wie viele Elektronen wohl in so einer Batterie stecken? Ganz viele winzige Kraftwerke sind das, die unseren mp3-Player antreiben.

Aber haben Sie schon mal eines gesehen? Ich nicht. Sie verrichten Ihre Arbeit in der Dunkelheit der nano-Welt. Vielleicht kann so ein Elektron mehr als nur spröde Energie übertragen? Vielleicht hat es Gefühle, vielleicht kann es denken oder gar rechnen.

Nehmen wir einmal an, ein solches winzig kleines Elektron könnte eine Entschlüsselungsmaschine sein. Ein extrem schneller Rechner, mit dem wir die so genannte „sichere https-Verbindung"[2] einer Home-Banking-Anwendung knacken wollten. Jedes dieser Elektronen würde zudem in einem Frequenzbereich der Röntgenstrahlen arbeiten. Das sind 10^{15} Hz und damit das zigfache dessen, was der neueste PC von Aldi heute zu leisten vermag. Ein winziger Hochleistungsrechner halt.

Um den 256bit-Schlüssel einer gesicherten Online-Verbindung zu finden, müsste man nach heutigem Wissen alle möglichen Schlüssel ausprobieren. Wenn wir durchschnittlich nach der Hälfte aller möglichen Versuche erfolgreich sind, benötigen wir immerhin noch jeweils rund $2,5 \times 10^{77}$ Versuche. Das ist eine

---

[2] Siehe Kapitel „Der Bankschalter im Wohnzimmer" – 8.1.

Zahl, die 69 Stellen mehr hat, als die Chance im Lotto 6 Richtige samt Superzahl[3] zu treffen. Ziemlich viel Holz also.

Diese Art des Hackens wird allgemein Brute-Force Angriff genannt. Mit brutaler Kraftanstrengung werden alle nur möglichen Schlüssel systematisch der Reihe nach ausprobiert – bis einer passt. Ich denke, der Name kommt nicht etwa daher, dass das Opfer – also die verschlüsselte Verbindung – brutaler Gewalt ausgesetzt wird. Vielmehr ist es ein brutaler Kraftakt und Aufwand für den Angreifer selbst.

Um schließlich in einem Jahr garantiert den richtigen Schlüssel zu finden, brauche ich eine ganze Armada an Elektronen. Es sind 10^{55} Elektronen die alle ziemlich schnell arbeiten müssten. Ziemlich genau 10.000.000.000.000.000.000.000.000.000 .000.000.000.000.000.000.000.000 Stück.

Nun hat ein Elektron auch ein Gewicht, nämlich 10^{-27} g – das sind 27 Nullstellen *hinter* dem Komma, und die fallen selbst bei Essgestörten auf der Waage nicht auf. Die zum Knacken benötigten Elektronen würden aber zusammen $10^{55} \cdot 10^{-27}$ g wiegen. Das sind 10^{28} g, was in etwa dem Gewicht der Erde entspricht. Daher trägt eine sichere Verbindung ihren Namen völlig zu Recht. Außerdem hat mein Supermarkt gar nicht so viele Batterien.

8.3 Der unbekannte Dritte – Wie eine Man-in-the-Middle-Attacke funktioniert

Wie schon in Hitchcocks gleichnamigem Film gibt es immer wieder schlaue Leute, die gar nicht auf Gewalt, sondern Ihr Gehirn setzen. Einer hat sich die Frage gestellt, ob es nicht eine

---

[3] Die Chance im Lotto den Jackpot mit 6 Richtigen samt Superzahl zu haben, liegt bei nur 1:140 Mio.

bessere Methode gibt, als blindwütig alle Schlüssel einer sicheren Verbindung auszuprobieren, um sie zu knacken. Angeblich kann man eine sichere Online-Banking-Verbindung (https) durch eine Man-in-the-Middle-Attacke sehr schnell und einfach überlisten.

Eine Man-in-the-Middle-Attacke bedeutet, dass sich ein Mann zwischen Sie und die Bank schaltet. (Warum dieser Vorgang nicht auch Woman-in-the-Middle heißt, beantworte ich später.) Beim Aufbau der sicheren Verbindung zwischen Ihnen und der Bank – also beim virtuellen Schließen des Safes – tauschen Sie und Ihre Bank Schlüssel aus. Da Sie in Ihrem Wohnzimmer am PC sitzen und der Bankangestellte längst Feierabend hat, werden diese Schlüssel in Päckchen verpackt und über das Internet verschickt – mit einer noch weitgehend ungesicherten Verbindung.

Ein unbekannter Dritter könnte diese Päckchen mit den jeweiligen Schlüsseln einfach abfangen. Bevor er sie weiterschickt, geht er damit zum Schlüsseldienst um die Ecke und fertigt einen Zweitschlüssel an und schon ist Ihre sichere Verbindung ganz und gar nicht mehr sicher.

Klingt unheimlich einfach – ist es aber *nicht*. Auch wenn niemand den Schlüsseldiensten das Geschäft vermiesen will, hat die Internetgemeinde bei der Definition sicherer Verbindungen diese Möglichkeit in Betracht gezogen und verhindert. Es gibt nämlich zwei Schlüssel und anders als bei der Haustüre kann der Schlüssel, den Sie der Bank geben, das Schloss nur zusperren – niemals aber aufschließen. Der einzige Schlüssel zum Öffnen bleibt bei Ihnen. Die Bank macht das genauso. Sie schickt Ihnen einen Schlüssel zum Absperren und behält den einzigen, der dann das Schloss öffnen kann.

Senden Sie Ihrer Bank die Daten einer Überweisung mit Kontonummer, Betrag, Empfänger und Ihrer geheimen PIN zu, dann steckt der Internet-Browser diese in einen Safe und schließt diesen mit dem Absperrschlüssel der Bank zu. Sie selbst – oder andere – können das Schloss nun nicht mehr öffnen, das kann nur noch die Bank. Diese sendet Ihnen umgehend eine Bestätigung der Überweisung, oder – im schlimmsten Fall – die Mitteilung, dass Ihr Konto nicht gedeckt ist. Auch diese Information schließt sie in einen Safe und schickt diesen an Ihren Browser – verschlossen mit Ihrem Absperrschlüssel, den sie der Bank zukommen ließen. Diesmal sind Sie der einzige Mensch auf der Welt, der aufsperren kann.

Der unbekannte Dritte muss sich also etwas mehr einfallen lassen, als nur eine Kopie vom Absperrschlüssel zu machen. Er muss vier Schlüssel anfertigen: zwei Absperrschlüssel und zwei dazu passende zum Aufsperren. Gelingt es ihm, die ausgetauschten Absperrschlüssel von Ihnen und Ihrer Bank abzufangen, dann schickt er diese **nicht** weiter, sondern behält sie für sich. Je einen *seiner* selbst gefertigten Absperrschlüssel schickt er aber an Sie und die Bank – versehen mit dem Absender des jeweils anderen.

Da Sie nun im festen Glauben sind, Sie hätten den Absperrschlüssel der Bank, packen Sie Ihre PIN unbedarft in einen Safe, schließen ihn zu und senden diesen ab. Irrtümlich glauben Sie, dass nur die Bank den Safe öffnen kann.

Weit gefehlt, Sie haben den Schlüssel des unbekannten Dritten zum Sperren verwendet und er ist der Einzige, der aufsperren kann. Das tut er auch, liest Ihre PIN und die anderen Informationen. Damit sich der Aufwand lohnt, wird die Kontonummer des Empfängers noch schnell auf ein eigenes nicht nachvollziehbares Konto geändert und der Betrag auf das Tageslimit erhöht.

Die geänderten Daten packt er in einen neuen Safe, schließt ihn mit dem richtigen Absperrschlüssel der Bank ab und sendet diesen weiter. Die Bank kann den Safe öffnen – alles sieht danach aus, als ob dieser von Ihnen verschlossen wurde und niemand schöpft Verdacht.

Auch dieses Vorgehen klingt nicht schwer. Um eine solche Man-in-the-Middle Attacke durchzuführen, muss der unbekannte Dritte jedoch in Ihrem Keller an die Kupferkabel des Internetanschlusses heran, sich dazwischen klemmen und weiterhin den exakt richtigen Zeitpunkt Ihres Schlüsseltausches erwischen. Alles verbunden mit der Gefahr, dabei erwischt zu werden.

Nun sind Gauner auch Geschäftsleute (nicht immer nur umgekehrt). Der Business-Plan einer solchen Attacke geht einfach nicht auf. Der zu betreibende Aufwand und das Risiko, dabei erwischt zu werden, steht in keinerlei Verhältnis zum Nutzen. Mit einer derart ergaunerten PIN und TAN kann der Unbekannte nur das Tageslimit – meist läppische 2.000 € – auf das eigene Konto umleiten.

Es gibt weitaus einfachere, gefahrlosere und lohnendere Möglichkeiten an Geld zu kommen. Eine Scheidung zum Beispiel, womit die Frage beantwortet wäre, warum der elektronische Angriff auf sichere Verbindungen nur äußerst selten eine Woman-in-the-Middle-Attacke ist: das deutsche Familienrecht bietet Ihnen da ertragreichere Möglichkeiten.

8.4 Sicherheitsgetreide – Wie die sichere Schlüssel-Übergabe beim Online-Banking funktioniert

Maiskörner hat die Natur mit einem derartig guten Schutzschild ausgestattet, da können sich sogar die Klingonen noch eine Scheibe abschneiden. Eine Hülle aus Protein schützt das nahrhafte Innere eines Maiskornes – unzerkaut – sogar vor den aggressiven Magensäften von Mensch und Tier.

So ein Schutzschild könnte auch beim Online-Banking nicht schaden. Zwar ist die sichere Verbindung im PIN- und TAN-Verfahren weitgehend geschützt – gegen einen unbekannten Dritten (Man-in-the-Middle) hat sie aber keine Chance. Auch wenn ein solcher Angriff auf mein Konto in der Regel unattraktiv ist, die Gefahr besteht und die Banken sind sich dieser Gefahr durchaus schon länger bewusst gewesen.

Es musste also etwas Neues her, etwas das auch gegen Dritte schützt. Zwar ist nicht bekannt, ob der Mais als Vorbild gedient hat, die Funktion seiner Hülle wurde jedoch übernommen. FinTS heißt das Zauberwort, das vor gut zwei Jahren noch HBCI hieß und unter diesem Namen auch noch weitaus bekannter ist.

Es galt also, die Daten in ein Maiskorn zu stecken, das gegen die Magensäureangriffe der Hacker im Internet geschützt ist. Das Protein zum Durchdringen der Schale der von uns gesendeten Maiskörner durfte nur die Bank haben. Für Nachrichten der Bank an uns dagegen nur wir. Bis hierher haben wir eigentlich das gleiche Prinzip wie mit den Ab- und Aufsperrschlüsseln beim PIN- und TAN-Verfahren.

Die Schwachstelle der Schlüsselübergabe, dessen was ich bei HBCI das Protein nenne, musste aber anders gelöst werden. Damit sich hier niemand dazwischen klemmt, kann der Austausch nur gesichert stattfinden. Und wo geht das einfacher als am Bankschalter – von Angesicht zu Angesicht. Sie müssen also erst einmal in das Bankhaus gehen und dort unter Vorlage eines amtlichen Lichtbildausweises ihr Protein – Zertifikat genannt – abholen. Dieses bekommen Sie nicht in einem Reagenzglas, sondern in Form einer – *schon wieder eine* – Geldkarte.

Jedes Jahr werden einige Tausend dieser Plastikkarten als verloren oder gestohlen gemeldet. Besonders Vertrauen erweckend sind sie also nicht und der Vorteil des persönlichen Miteinanders bei der Abholung selbiger scheint auf den ersten Blick wieder eingebüßt. Bei genauerem Hinsehen stellen Sie aber fest, dass weder das Protein zum Öffnen der für Sie bestimmten noch die Hüllen der an die Bank gerichteten Maiskörner so einfach aus der Karte herauszulesen sind. Auch hier hängt nämlich ein dickes Schloss.

Neben Ihrer Hand drückt der Bankangestellte beim Abschied aber noch etwas anderes. Nämlich Ihnen einen Kartenleser in die Selbige. Einmal am Computer installiert, erwartet der Kartenleser Ihre HBCI-Karte und schon können Sie völlig sicher – und nach heutigem Stand der Technik absolut abhörsicher – mit Ihrer Bank banken.

Das Schloss an der Karte zur Protein-Ausschüttung öffnen Sie mit – was sonst – einer PIN. Und weil es böse Programme oder kleine Stecker[4] gibt, die die Eingabe Ihrer PIN auf der Computer-Tastatur mitlesen können, verfügt der Kartenleser über eigene Zifferntasten und ist versiegelt.

Maiskörner transportieren keine Informationen. Sie möchten selbst transportiert werden, um an anderer Stelle eine neue Maispflanze zu werden. Dazu nehmen Sie eine stundenlange Reise durch einen fremden Darm in Kauf. Die Hoffnung, dass der Körnerfresser sich nach dieser Zeit an anderer Stelle aufhält und die Maiskörner durch natürliches Ausscheiden nicht nur sät, sondern auch gleich düngt, klappt vorzüglich.

Nur beim Menschen funktioniert das nicht mehr. Als Alexander Cummings 1775 das Patent für ein Wasserklosett zugesprochen wurde, war ihm sicherlich nicht klar, was er den Maiskörnern damit antut.

8.5 The revenge of the Sparkasse – Wie sich Banken gegen Phishing wehren

Sparkassen sind ja die Lämmer unter den Banken, so glaubt der Volksmund. Die fast schon genossenschaftlichen Vorgaben, wie sie das Geld ihrer Kunden anlegen müssen, hat ihnen in Zeiten der Bankenkrise tausende neuer Kunden beschert.

Doch beim Kampf gegen Phishing zeigen sie die Schärfe ihrer Zähne ähnlich deutlich, wie das die Löwen unter den Banken tun, aber alles still und heimlich.

---

[4] Siehe Kapitel „Erst eingeschleift, dann eingeseift" – 4.7.

Alle paar Tage erreichen uns Mails, in denen eine Bank erklärt, dass sie ihr Sicherheitssystem überprüfen muss. Bitte geben Sie dazu auf www.spaarkasse.de Ihre PIN und am besten gleich drei TAN-Nummern ein.

Nun, die wenigsten fallen darauf herein, jedoch gibt es immer ein paar Promille der Mailempfänger, die genau das doch tun. Bei 20 Mio. solcher E-Mails, durchaus ein guter Schnitt an Menschen, denen man einen schönen Betrag vom Konto abschneiden kann. Die Banken warnen davor, aber was tun sie tatsächlich *gegen* solche Mails?

Nur eine der Möglichkeiten, die tatsächlich ausgeschöpft wird, ist eine dDOS Attacke. Diese distributed Denial Of Service Attacke erklärt sich namentlich am Aufbau der ganzen Aktion. Mehrere verteilte Rechner in den verschiedensten Niederlassungen verstreut wählen sich automatisiert ins Internet ein. Dabei nutzen sie nacheinander verschiedene Internet Provider. Erst T-Online, dann Alice, O2, Vodafone, NetCologne und wie sie alle heißen.

Bei jeder Einwahl erhalten die Rechner eine neue IP-Adresse und damit auch jedes Mal eine neue Identität. Der böse Server der Bösen, den sie nun ansprechen, wird also glauben, es handelt sich bei jedem Aufruf um einen neuen ahnungslosen Bankkunden.

Doch nun schlagen die Sparkassen und Banken zurück. Schön langsam und mit einer zufälligen Verzögerung beim automatisierten Ausfüllen, wird der gefälschten Bankseite eine Kontonummer, eine PIN und auch drei TAN-Nummern übermittelt. Tausendfach – und alle falsch. Falsche Kontonummer, falsche PIN und falsche TAN.

Während die Phisher irgendwo auf diesem Planeten sich schon als Dagobert wähnen, gibt es natürlich auch diejenigen Menschen, die im Tal der Ahnungslosen wohnen und ihre echten Daten übermitteln. Immer noch in der irrigen Annahme, die Bank überprüfe ihr Sicherheitssystem.

Die Gauner haben nun eine Datenbank voller Bankzugangsdaten, doch nur einige wenige davon sind echt und funktionieren auch. Doch welche? Da kann die Spaarkasse mit zwei a nur raten und sich auf die Suche nach der Nadel im Heuhaufen machen.

Phishing wird erst aufhören, wenn es sich nicht mehr lohnt, wenn also alle mitbekommen haben, dass Banken niemals und unter keinen Umständen Zugangsdaten oder Geheimzahlen per E-Mail oder sonst wie anfordern. Eigentlich sollte man meinen, dass das mittlerweile jeder weiß. Allerdings kenne ich auch heute noch Menschen, die versuchen, bei Tetris den höchsten Turm zu bauen.

8.6 Zufällig ausgewählt – Wie die iTAN funktioniert und warum sie eingeführt wurde

Sagt die Null zur Acht: „Schöner Gürtel". Ein alter Kalauer, ich weiß, aber die Schönheit der Zahlen ist schon ganz erstaunlich. Erinnern Sie sich noch an die TAN-Listen beim Online-Banking? Einhundert oder mehr sechsstellige Zahlen stehen da drauf. In Reih und Glied, sauber in Spalten untereinander. Und weil das offenbar noch nicht genug Zahlen sind, schreibt die Bank auch noch welche davor. Eine Nummerierung, jede TAN bekommt eine eigene fortlaufende Nummer. Zahlensalat ohne Ende.

Vor einiger Zeit brauchte die TAN noch keine Nummer — einen Index, daher auch i-TAN. Jede für sich war gleichberechtigt, eine beliebige Transaktion im virtuellen Zahlungsverkehr auszulösen. Doch dann kamen die Bösen und nahmen den TANs ihre Unschuld, indem Sie Nutzer dazu brachten, neben PIN auch TAN-Nummern weiterzugeben. Vorgegaukelt wurden Wartungsarbeiten oder Überprüfungen des Datensatzes, begleitet von einer E-Mail und einer nachgemachten Webseite der Bank.

Die ersten davon mit grammatikalischen Fehlern und Satzbauten, die sogar ABC-Schützen sofort aufgefallen wären. Manche Sätze wurden wahrscheinlich absichtlich nicht zu Ende gebracht.

Offenbar traute ein Teil der Teilnehmer am elektronischen Bankverfahren den Angestellten des örtlichen Geldinstituts derartige orthografische Schwächen durchaus zu. Der Schaden stieg, das Vertrauen sank und die Banken reagierten schnell.

Mit den ergaunerten TANs konnte man nur deshalb Unfug treiben, weil jede TAN für jede beliebige Transaktion gültig war. Würde die Bank jedoch die TAN-Nummern abfragen – in einer unbekannten Reihenfolge – dann, ja dann müssten die virtuellen Bankräuber alle Hundert auf der Liste kennen, um definitiv die nächste gewählte TAN zur Hand zu haben.

Sollte jemand tatsächlich fünfzig oder mehr TANs aufgrund einer E-Mail Nachricht in eine Webseite eintippen, dann würde auch ein Gericht eine nicht geringe Teilschuld wegen völliger Abwesenheit des Geistes unterstellen. Trotz allem tauchen bis heute Phishing-Mails auf, die allen Ernstes verlangen, die gesamte TAN-Liste abzutippen (Abb. 8.1).

Die Banken gaben jeder TAN eine Nummer und fortan wurde bei jeder Überweisung eine ganz bestimmte abgefragt. Möglichst zufällig verteilt natürlich und ohne nachvollziehbares Muster. Toll, so einfach war es, dem ganzen Spuk ein Ende zu setzen. Und gekostet hat diese Maßnahme auch nicht viel. Hatte ein Betrüger drei Transaktionsnummern ergaunert, musste er das Glück haben, dass eine der drei Nummern gerade für die nächste Überweisung abgefragt wurde. Die Chancen waren gering, die Einnahmen versiegten und so wurde zum Gegenschlag ausgeholt.

Was kaum jemand ahnte, war die Tatsache, dass Internetbenutzer durchaus auch mal mit Wartezeiten rechnen. Selbst in Zeiten des flotten DSLs dauert es manchmal ein paar Sekunden, bis die nächste Seite aufgebaut wird. Besonders dann, wenn Daten nachgeladen werden müssen, ein bekanntes Verhalten.

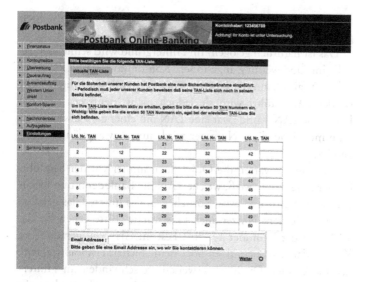

Abb. 8.1 Eine gefälschte Postbank-Seite verlangt 50 TANs

Die Phishing-Betrüger hatten in der Zwischenzeit ein paar Dolmetscher und Webdesigner eingekauft und bauten täuschend echte Bankseiten nach, kaum zu unterscheiden vom Original. Kurz darauf rollte in fehlerfreiem Deutsch die nächste Welle betrügerischer Mails auf uns zu. Fiel jemand auf eine solche Mail herein, wurde er auf eine vertraut wirkende Bankseite geleitet und aufgefordert, Kontonummer und PIN einzugeben. Die Abfrage einer TAN – also das eigentliche Ziel der Aktion und goldener Schlüssel zum Geldabheben – wurde **nicht** abgefragt. Noch nicht.

Um Geld auf ein am besten ausländisches Konto zu transferieren, muss bekannt sein, welche TAN die Bank als nächstes haben möchte. Also wird dem Opfer beim Klick auf den *Weiter*-Button eine sich drehende Sanduhr angezeigt. Ein bekanntes Symbol für Wartezeit und der Text verrät sogar, was im Hintergrund gerade passiert. „Hole Daten vom Server" steht da, oder „Daten werden geladen. Bitte warten."

Das ist natürlich gelogen. Im Hintergrund wird schnellstmöglich eine Überweisung angestoßen. Kontonummer und PIN sind bekannt, also kann die Überweisung ausgefüllt und abgeschickt werden. Ausgeführt wird sie jedoch nicht, denn erst will die Bank eine TAN – und zwar eine TAN mit einer ganz bestimmten Nummer. Und diese Nummer wird nun – zwangsläufig – angezeigt.

Ahnungslos warten die Opfer noch immer vor der Sanduhr, bis der böse Server weiß, welche TAN die Bank denn nun haben will. Kurz bevor das letzte Körnchen in das untere Glas gefallen ist, wird sie dem Nutzer auch präsentiert. „Bitte geben Sie die TAN mit der Nummer 17 ein". Fest im Glauben, gerade seine Kontaktdaten zu bestätigen oder dem „Sicherheitsbeauftragten" der Bank einen Dienst zu erweisen, verschwinden im Hintergund – just in diesem Moment – auf Nimmerwiedersehen ein paar tausend Euro vom Konto.

Das iTAN-Verfahren – indizierte TANs, so der Name – war geknackt. Nur wenige Wochen nach seiner Einführung und jeder dachte, das kann nie passieren.

8.7 Mobiler Hilfssheriff – Was die mTAN besser kann als die iTAN

Ein wirklich sicheres Vorgehen beim Online-Banking stellen die Banken ihren Kunden schon länger zur Verfügung. Mittels HBCI-Karte und entsprechendem Kartenleser ist Homebanking sicher. So sicher, dass es keine Möglichkeiten gibt, mittels Phishing-Mail an Geld zu kommen. Neben einer wirklich harten Verschlüsselung hat HBCI (auch FinTS genannt) einen ganz entscheidenden Vorteil. Führt man eine Überweisung aus, muss man Wissen und Haben. *Wissen* muss man die PIN und *haben* eine HBCI-Karte samt Kartenleser. In Fachkreisen nennt man dies eine Zwei-Faktor-Authentisierung.

Da die Kartenleser knapp unter 100 € kosten und das dazu passende Programm bis vor Kurzem nur auf Windows-Rechnern läuft, hat sich HBCI meist nur bei Firmenkonten durchgesetzt. Nur wenige Privatleute nutzen es und setzen weiter auf das einfache und bequeme PIN/TAN-Verfahren. Aber auch hier fanden die Banken schnell eine Möglichkeit, eine Zwei-Faktor-Authentisierung einzuführen – mittels der mTAN. Sie ist nicht indiziert wie die iTAN, sondern mobil.

Die mobile Transaktionsnummer wird bei Eingabe einer Überweisung per SMS auf ein Handy geschickt. Der Kunde muss also seine PIN und das Handy haben, dessen Nummer er vorher persönlich bei der Bank angegeben hat. Dorthin wird die TAN per SMS geschickt. Sie ist ausschließlich für die aktuelle Transaktion gültig und wird nach fünfzehn Minuten ungültig.

So gesehen eine Methode, die dem iTAN-Verfahren eigentlich in nichts nachsteht. Wer auf die Sanduhr starrt und wartet, der könnte auch eine per SMS übertragene TAN in die gefälschte Seite eintragen. Auf den ersten Blick eigentlich kein Gewinn bei der Sicherheit.

Weil eine Nachricht im Short Message System der Mobilfunkanbieter aber bis zu 160 Zeichen fassen kann, übertragen die Banken auch gleich weitere Informationen der Transaktion. Neben der TAN steht gleich dabei, wer wie viel Geld bekommen wird. Wer dort jetzt liest, dass Olga Bruschenko die 2.000 € erhalten soll, selbst aber gerade keine Überweisung tätigt und eine solche Olga sowieso nicht bekannt ist, dem sollten jetzt die Alarmglocken schrillen.[5]

---

[5] Dummerweise gibt es seit 2013 erfolgreiche Angriffe auf die mTAN im großen Stil, siehe Kapitel „Doppelt hält besser" – 8.9 und „Im Sandkasten" – 8.10.

8.8 Verkehrte Welt – Was sich beim sicheren Online-Banking für Sie ändert

Seit einiger Zeit schon stellen die Banken in Deutschland ihre Online-Banking Verfahren um. Diese heißen chipTAN, eTAN, smsTAN oder sm@rtTAN, je nachdem bei welcher Bank Sie Kunde sind. Eines ist diesen Verfahren gemeinsam. Sie nutzen zwei unterschiedliche Komponenten, weshalb sie auch als Zwei-Faktor-Authentifizierung bezeichnet werden.

Der erste Faktor ist klar, das ist die PIN, die Sie auf der Webseite der Bank eingeben, um dann eine Überweisung einzutragen und abzuschicken. Um anschließend die notwendige TAN zu erzeugen, benötigen Sie nun noch etwas anderes – meist ein zusätzliches Gerät oder Ihr Handy.

Mit dem chipTAN-Generator können Sie in Kombination mit der dazugehörigen Geldkarte eine TAN errechnen lassen, bei smsTAN erhalten Sie die passende Transaktionsnummer auf Ihr Mobilfunktelefon gesendet. Die Bestätigung der Rechtmäßigkeit einer Überweisung wird also aufgeteilt in Wissen (PIN) und Haben (Geldkarte bzw. Handy). Weiß ein Angreifer die PIN, muss er auch die Bank-Karte oder das Handy haben.

Das ist eher schwer zu bewerkstelligen, wobei es auch schon geglückt sein soll, eine fremde Handykarte mittels gefälschter Unterschrift zu einem anderen Anbieter inklusive Adressänderung portieren zu lassen. Bis derjenige merkt, warum sein Handy nicht mehr funktioniert, hat der Angreifer Zeit, die neue SIM-Karte zu nutzen und Überweisungen zu tätigen.[6]

Eines jedoch sollten Sie wissen. Sowohl der TAN-Generator als auch die SMS der Bank[7] zeigen Ihnen den Betrag und das

---

[6] Siehe Kapitel „Doppelt hält besser" – 8.9 und „Im Sandkasten" – 8.10.
[7] Siehe Kapitel „Mobiler Hilfssheriff" – 8.7.

Abb. 8.2   Die TAN für Ihre Überweisung am ...

Empfängerkonto an, bevor Sie die TAN erhalten. Hat ein Computervirus also Ihre Eingaben im Browser verändert und das Zielkonto vom deutschen Handwerker zum russischen Handlanger geändert, bekommen Sie das zu Gesicht. Geben Sie die TAN dann trotzdem ein, sind Sie selber Schuld.

Die Bank nimmt Sie jetzt also in die Pflicht, immer zu überprüfen, welchen Auftrag sie von Ihnen tatsächlich erhalten hat. Damit wird auch die Haftung umgedreht. Wo vorher die Bank für den Schaden aufkam, dürfen Sie nun selbst bezahlen. Schauen Sie mal in Ihre neuen Geschäftsbedingungen (Abb. 8.2).

8.9 Doppelt hält besser – Wie es gelungen ist, das mTAN-Verfahren kaputt zu machen

Wer hätte gedacht, dass das Online-Banking-Verfahren per smsTAN nach dem gleichen Sicherheitsprinzip geschützt wird, wie das Absperren eines Fahrrades am U-Bahnhof einer normalen Großstadt. Die Zwei-Faktor-Authentifizierung ist eine aktuelle State-of-the-Art-Methode, die wir seit Jahren nutzen, ohne es zu merken. Am Geldautomat zum Beispiel wird unsere Identität und damit die Legitimation zum Abheben von Barem eindeutig durch zwei Faktoren nachgewiesen.

Faktor eins ist Haben, Faktor zwei ist Wissen. Haben ist die Karte, die wir aus dem Geldbeutel nehmen und in den Kartenschlitz stecken, Wissen ist die PIN, die wir dazu passend auf der Tastatur eingeben. Beim Online-Banking per smsTAN ist Wissen die PIN und Haben das Handy, auf welches die TAN per SMS übertragen wird. Wenn also ein Trojaner auf dem Computer die PIN-Eingabe ausgespäht hat, nutzt das den bösen Jungs gar nichts, weil sie das Handy nicht haben können.

Dann jedoch, im Sommer 2013 tauchte erstmals im großen Stil ein Schadcode auf, der so klug vorging, dass man sich im Nachhinein fragen musste, warum da nicht schon vorher einer drauf gekommen ist. Hatte der Virus den Computer infiziert, überwacht er beim nächsten Online-Banking-Vorgang die Tastatureingaben und greift so die PIN ab. Danach suchte er auf dem Rechner nach Installationen von Programmen, mit denen Smartphones synchronisiert werden. Ist *Kies* installiert, hat der Besitzer des Rechners ziemlich sicher ein Samsung-Smartphone. Findet sich *iTunes* samt Backup, ist die Existenz eines iPhones sehr wahrscheinlich. Liegt die *LG PC Suite* auf der Festplatte, telefoniert das zukünftige Opfer offensichtlich mit einem Smartphone des koreanischen Herstellers.

Diese Information ist Gold wert. Sie erlaubt es nämlich nun, das entsprechende Smartphone ganz gezielt ebenfalls mit einem Virus zu verseuchen. Einem Virus, der eine eingehende SMS nur dann anzeigt, wenn sie **keine** TAN – also die Transaktionsnummer beim Online-Banking – enthält.

Der große Bruder auf dem PC beginnt nun mit der vorher schon erschlichenen PIN die Online-Banking-Seite aufzurufen und eine Überweisung an einen Sergej in Wolgograd auszufüllen. Die Bank sendet zur Legitimierung eine TAN per SMS an den Kontoinhaber. Dumm nur, dass dessen infiziertes Handy genau diese SMS leider nicht anzeigt – und auch nicht durch Piepsen oder sonst wie auf sich aufmerksam macht.

Enthält die Kurznachricht die gewünschte TAN, wird diese einfach über das internetfähige Handy an den PC übertragen. Dieser kann die Überweisung nun abschließen und für die Bank sieht es aus wie eine normale und völlig legitime Überweisung. Der Virus hat sich neben dem Wissen der PIN auch den zweiten Faktor erhascht, indem er die Kontrolle über das Handy übernommen hat.

Diese Methode funktioniert ganz prächtig, wenn die Angreifer wahllos Opfer suchen. Das LKA in Hannover berichtet aber von Fällen, in denen auf andere Methode der zweite Faktor übernommen wurde. Hier wurde jedoch nicht wahllos, sondern gezielt eine Frau zum Opfer, von der die Angreifer wussten, dass sie durch eine Abfindung einen großen Geldbetrag auf dem Konto hatte. Nachdem die PIN und andere persönliche Informationen wie Geburtsdatum bekannt waren, erschlichen sich die Gangster eine zweite SIM-Karte mit der Nummer der Dame beim Mobilfunkprovider (eine Multi-SIM). Somit bekamen sie die TAN ganz einfach auf ihr Handy geliefert und konnten 80.000 € stehlen.

Der Weg zum Smartphone selbst wird zur Belastungsprobe, wenn man weiß, wie einfach es ist, die SIM Karte eines fremden Menschen zu bekommen – und damit auch dessen SMS.

In einem Test im November 2013 hat die Zeitschrift Computer-BILD[8] versucht, durch Angabe von so simplen Daten wie Geburtsdatum und Kontonummer einer Person bei allen großen Mobilfunkanbietern eine SIM-Karte für einen bestehenden, fremden Anschluss zu bekommen. Nur ein einziger Anbieter verweigerte dies. Alle anderen lieferten Multi-SIM oder Ersatzkarte bedenkenlos aus – leider sogar eine andere Adresse als die, die in den Kundenstammdaten eingetragen ist. Das liegt daran, dass die Handynetzbetreiber nur ein paar Euro Risiko haben, falls einer auf Kosten anderer telefoniert. Das Online-Banking-System der smsTAN zu sichern, ist sicherlich nicht ihre Aufgabe.

Das Abfischen einer TAN, die per SMS übermittelt wird, funktioniert also auf zwei Arten. Entweder ein Virus unterdrückt die Anzeige auf dem Gerät des Opfers und leitet die TAN um oder der virtuelle Bankräuber beschafft sich eine Kopie der Mobilfunkkarte des Geschädigten. Beide Angriffe funktionieren aber nur, wenn die TAN per SMS übertragen wird.

Eines muss klar gesagt werden: Wie auch immer die TAN auf dem Handy abgefangen wird, es handelt sich nicht um eine Manipulation oder einen Angriff auf das Online-Banking-System der Banken. Die Methode smsTAN wurde nie geknackt. Immer wurden andere Schwächen, wie ein ungeschütztes Smartphone oder der ungenügend gesicherte Prozess zum Erlangen einer zweiten SIM-Karte ausgenutzt. Trotzdem muss man sagen, dass das smsTAN-Verfahren seit den ersten warmen Tagen des Jahres 2013 kaputt ist.

Es war an einem dieser Tage, an denen man das Rad nutzen konnte, um zum U-Bahnhof zu fahren. Die dort eingesetzte Zwei-Faktor-Authentifizierung gilt übrigens noch als sicher. Haben muss man den Schlüssel zum Fahrradschloss. Wissen muss man den Platz unter hunderten anderer Räder, an dem man sein Zweirad abgestellt hat.

---

[8] ComputerBILD Ausgabe 26/2013.

8.10 Im Sandkasten – Wie mit einer kleinen Änderung das mTAN-Verfahren doch wieder sicher ist

Kaum jemand hat sich mehr darüber geärgert, dass es Wege gibt, das smsTAN-Verfahren auszuhebeln, als die Banken und Sparkassen. Schließlich hat die Einführung des Systems auch ein paar Euro gekostet und jegliches Misstrauen der Kunden gegenüber dem kosteneffizienten Bankgeschäft ohne Schaltermitarbeiter ist unerwünscht.

Betrachtet man die Angriffe auf dieses System genauer, hat alles damit zu tun, dass die Übertragung der TAN per SMS das Problem darstellte. Eine SMS überträgt ein Mobilfunkprovider mehr oder weniger ungeschützt an ein Handy. Und dort landet sie in einem ebenso weitgehend ungeschützten Speicherbereich, auf den sogar Apps von Dritten (und demnach auch Viren) zugreifen können.

Was lag also näher, als selbst eine App zu entwickeln, die die TAN nicht per SMS, sondern hochgradig verschlüsselt direkt vom Server der Bank erhält. Als erstes sind die Sparkassen damit auf den Markt gekommen. Sie nennen es pushTAN-Verfahren, weitere Banken werden mit ähnlichen Bezeichnungen folgen. Allerdings sind hier – insbesondere bei der Erstinstallation – einige Sicherheitskriterien zu beachten. Damit die App nämlich auch wirklich die richtige App auf dem richtigen Smartphone ist, ist die Einrichtung etwas komplexer. Auf mindestens zwei gesonderten Briefen erhält man die Erstzugangsdaten zur Installation. Erst dann läuft alles wie geschmiert.

Ab diesem Zeitpunkt ist die Zwei-Faktor-Authentifizierung wieder sicher hergestellt. Es spielt nämlich keine Rolle mehr, ob die SIM-Karte dupliziert wurde oder ein Virus die SMS-Nachrichten scannt. Die TAN ist nun verknüpft mit dem Gerät, mit

Abb. 8.3 Das neue Verfahren der Sparkassen verzichtet auf die anfällige SMS über das Mobilfunknetz und ist trotzdem mobil einsetzbar

der Hardware des Handys selbst und nicht mit einer virtuellen und zugeordneten Handynummer (Abb. 8.3).

Eine Einschränkung gibt es allerdings doch. Damit ein Virus nicht doch auf die TAN zugreifen und die Signalisierung unterbinden kann, muss die pushTAN-App in einer sicheren Sandbox laufen. So nennt man einen Sicherheitsmechanismus, bei dem die laufenden Programme nebeneinander in getrennten Speicherbereichen agieren und keinerlei Zugriff auf die Sandkiste (und damit die Daten) des anderen Programmes haben. Das ist so, wie wenn am Spielplatz jedes Kind seinen eigenen umzäunten Bereich und eigene Förmchen hat – teilen ist nicht. Und das läuft nur sauber auf iPhones ohne Jailbreak und – wenn man es sauber implementiert – auch auf nicht gerooteten Android-Geräten.

8.11 Malen statt Zahlen – Welche Ideen es gibt, um Online-Banking noch sicherer zu machen

Beim Blick auf das eigene Bankkonto werden einige grinsen. Andere hingegen könnten sicherlich sofort losheulen, ob der gähnenden Leere, die sich dort vorfindet. Diese verschiedenen Gesichtsausdrücke hat sich die amerikanische Firma „Intelligent Environments" nun zum Vorbild für eine sichere Zugangsvariante beim Online-Banking genommen. Sie schlägt vor, keine numerischen Pins mehr zu nehmen, sondern einfach vier Emoticons (Abb. 8.4).[9]

Abb. 8.4 Kleine Geschichten sind einprägsamer als Zahlen-PINs (Quelle: Intelligent Environments – Pressemitteilung, Juli 2015)

---

[9] http://www.heise.de/newsticker/meldung/Online-Banking-Sicherer-dank-Emojis-statt-PIN-Code-2691485.html.

Smileys am Computer gibt es schon seit 1982 und im Laufe der Jahre haben sich auch geographische Unterschiede gebildet. Sie werden sogar von Land zu Land unterschiedlich interpretiert[10]. Damit das zu keinen Problemen führt, hat die Firma daher ein paar Smileys ausgewählt und mit Emojis erweitert. Emojis sind kleine bunte Bildchen wie Sektglas, Flamme oder Glücksschwein. Mit ihnen kann man – ähnlich wie mit Smileys – Situationen grafisch untermalen oder Emotionales zum Ausdruck bringen.

Und das ist eine der Hauptgründe hinter der Idee. Mit den Bildchen kann man kleine Geschichten darstellen, die sich besser merken lassen als jede vierstellige Nummer. Das ist eine Technik, die schon seit Jahrzehnten für Memotechniken beschrieben wird. Wandelt man Zahlen in Bilder um, kann man sich anhand einer (am besten absurden) Geschichte von Bild zu Bild hangeln und sich so selbst hundertstellige Ziffern leicht merken. Im Fernsehen beweisen sich da die Spezialisten dieser Disziplin ja auch ganz gerne. Nun muss nicht jeder gleich eine hundertstellige PIN am Geldautomat eintippen, aber manche Mitbürger haben ja selbst bei vier Stellen schon Probleme. Warum also statt 7493 nicht lieber das hier: „Ich mag keine Burger, ich bevorzuge Bier" eintippen (Abb. 8.5).

Abb. 8.5   Beispiel-PIN (Quelle: Intelligent Environments – Ausschnitt)

---

[10] siehe „Emotionen 2.0".

Bei Ziffern hat man pro Stelle nur die Auswahl aus 10 verschiedenen Möglichkeiten (also von 0 bis 9). Daher gibt es für einen vierstelligen PIN gerade mal 10.000 Permutationen – also verschiedene Möglichkeiten, nämlich 0000 bis 9999. Das wäre auch bei zehn Smileys so. Intelligent Environments bietet den Usern daher 44 unterschiedliche Smileys und Emojis an, wodurch gleich satte 3.748.096 Varianten möglich sind.

Es gab meines Erachtens schon bessere Ideen, die ein Passwort ersetzen sollten – sich aber nie durchsetzten. Die Uni Regensburg schaffte es bereits um die Jahrtausendwende mit dem System Psylock[11], Benutzer anhand ihres Tippmusters zu erkennen. Die User mussten sich also gar keine geheimen Passwörter oder PINs merken, sondern tippten allesamt den gleichen offen angezeigten Satz ab. Die bald danach gegründete Psylock GmbH ging trotzdem in die Insolvenz.

Dem Emoji-Login prophezeie ich das gleiche Schicksal, auch wenn die Idee nett ist. Der am häufigsten verwendete numerische PIN ist bekanntlich 1234. Bei den Emojis wird es das 1., das 2., dann das 3. und letztlich das 4. Emoji sein. Von links nach rechts. Oben links beginnend. Wetten?

8.12 Rücküberweisung – Welche raffinierten Tricks angewendet werden, um an Ihr Geld zu kommen

Servicewüste Deutschland? Nein, die Industrie investiert stetig in Programme, die den Service verbessern. Die Banken und Sparkassen zum Beispiel, die haben jetzt ihren Online-Banking-Systemen eine ganz neue Funktion spendiert. Geht mal eine Überwei-

---

[11] siehe „Links ist da, wo der Daumen rechts ist".

sung aus Versehen auf ein falsches Konto, weil man einen Zahlendreher hatte, kann der unrechtmäßige Empfänger mit zwei Klicks das Geld zurücküberweisen.

Und das geht so: Irgendjemand vertippt sich bei der Kontonummer und überweist die Rechnung des Bodenlegers über 3.824 € ungewollt an Sie. Er merkt das und informiert die Bank, welche aber gar nicht berechtigt ist, von Ihrem Konto einfach ungefragt Geld zurück zu überweisen. Daher markiert sie den Geldtransfer als „Falschbuchung". Irgendwann loggen Sie sich wie gewohnt bei Ihrem Online-Banking ein und merken, dass Sie 3.824 € zu viel haben.

Die Freude über das viele Geld währt nur kurz. Plötzlich klappt nämlich ein Hinweisfenster auf und erklärt Ihnen, was passiert ist. Sie werden gebeten, das Geld zurück zu überweisen, damit der arme Bodenleger nicht hungern muss, Anleitung anbei. Also klickt man, gibt die TAN ein, die auf dem Handy oder dem Chipkartenleser angezeigt wird und schon ist der Kontostand – leider – wieder so, wie er war.

Diesen „Service" bieten Ihnen jedoch keine deutschen Banken – sondern osteuropäische und asiatische Banden. Ein neuartiger Trojaner (auf Ihrem Rechner!) klinkt sich extrem geschickt in Online-Banking-Vorgänge von gut einem halben Dutzend Banken. Und zwar so gut, dass es selbst wachsamen Benutzern nicht auffällt, dass die Aufforderung in Wirklichkeit gar nicht von Ihrer Bank kommt.

Diese neuartige Methode hat den Zweck, den immer besseren Schutz der Banksysteme zu umgehen. Chip-TAN- oder SMS-TAN-Verfahren erhöhen die Sicherheit ungemein und sind nach heutigem Verständnis unknackbar. Also knöpft man sich die andere Seite vor, den Bankkunden und siehe da, hier finden sich Rechner, deren Sicherheitsniveau unter Normalnull liegt. Auch wenn es so aussieht, Angriffsziel ist nicht das Online-Banking-

Programm der Bank, der Angriff zielt auf Ihr System. Denn technisch wird hier keine Überweisung manipuliert oder umgeleitet. Vielmehr versucht man den User dazu zu verleiten, eine reguläre und mit echter TAN bestätigte Überweisung auszuführen.

Das jedoch bringt die nächste Konfliktsituation ins Spiel. Eine durch Sie von Anfang bis Ende eingegebene und mittels SMS- oder Chip-TAN autorisierte Überweisung an einen Kriminellen wird erst einmal von keiner Bank zurückerstattet. Schauen Sie mal in Ihre AGB, den Schaden sollen Sie tragen. Ist ja auch klar, das Banksystem lief fehlerfrei.

Faktisch haben Sie am Ende 3.824 € zu wenig auf dem Konto und sind der Dumme – denn die Geschichte mit der falschen Buchung ist natürlich erfunden und die angezeigte Umsatzliste samt Kontostand manipuliert. Eine Bank fordert niemals über das Internet auf, Geld zu überweisen! Und wenn Sie schon darauf hereingefallen sind und Ihre Bank sich weigert, den Schaden zu übernehmen: Wehren Sie sich – dieser Trojaner ist derart gut gemacht und getarnt, dass Ihnen aus meiner Sicht hier nur schwer Fahrlässigkeit unterstellt werden kann.

Ist der Rechner eines Kunden von einem Virus befallen, können sich Banken nicht dagegen wehren, dass sich dieser über ihre Online-Banking-Seite legt. Die Manipulation findet auf dem Rechner des Kunden statt – und darauf hat die Bank keinen Einfluss (Abb. 8.6).

Abb. 8.6 Ein Online-Banking-Trojaner versucht als Sicherheitssoftware getarnt auf ein Smartphone zu kommen. (Screenshot mit freundlicher Unterstützung des LKA Niedersachsen www.polizei-praevention.de)

8.13 Schnäppchenjäger – Warum WesternUnion Moneytransfer und ähnliche Dienste keine Überweisungen sind

Was 'ne Kiste! Tiefergelegt, schwarz, Breitreifen, 368 PS und vier Auspuffrohre. Dazu verdunkelte Scheiben und ein Subwoofer, dass dem Nachbarn die Fensterscheiben platzen, wenn das Radio angeht. Der spätpubertäre Traum steht da, im Internet, auf irgendeiner Gebrauchtwagenseite, sofort, jetzt und auch noch spottbillig.

Wer hier zugreifen möchte, der ist gut beraten, sich nicht blenden zu lassen. Auch im Internet hat niemand etwas zu verschenken. Unrealistisch günstige Preise sollten daher die Alarmglocken schrillen lassen. Auch, obwohl seriöse KFZ-Portale völlig unglaubwürdige Angebote nach Möglichkeit selbst erkennen und löschen.

Kritisch wird es, wenn der Verkäufer das Fahrzeug nur schweren Herzens abgibt, weil er beruflich ins Ausland geht und sein Lieblingsstück nicht mitnehmen kann. Der günstige Preis käme nur daher, weil er schon dort ist und sich nicht selbst um die Übergabe kümmern kann. Eine Firma ist damit beauftragt, die auf solche Fälle spezialisiert ist. Die gibt den Schlüssel raus, wenn das Geld überwiesen ist. Was hier noch plausibel sein kann, verliert endgültig seine Glaubwürdigkeit, wenn es an die Zahlungsmodalitäten geht.

Bargeldtransfers, auch von seriösen Anbietern wie Western Union, bergen bei einem Kauf immer ein Risiko. Diese Dienste sind eigentlich dazu da, schnell und unkompliziert Geldbeträge ins Ausland zu schicken. Dann zum Beispiel, wenn die Tochter beim Shoppen in Paris über die Stränge geschlagen hat und sich jetzt kein Rückfahrticket mehr leisten kann oder wenn dem Sohnemann auf der Rambla in Barcelona die Geldbörse abhandenkam. Die erhalten dann nach Vorzeigen eines Ausweises Bargeld und zwar schon Minuten nachdem Sie es einbezahlt haben. Weltweit, fast in jedem Kaff der Erde.

Doch Achtung, das ist keine Banküberweisung. Autos, aber auch andere Waren, werden mit dieser Zahlungsmethode oftmals in betrügerischer Absicht angeboten. Denn das eingezahlte Geld kann Minuten später an einem teilnehmenden Kiosk abgehoben werden, verschwindet auf Nimmerwiedersehen und der freundliche E-Mail-Kontakt mit dem Verkäufer bricht ab. Hier gibt es keine nachvollziehbaren Empfängerkonten. Das auszahlende Institut ist keine Bank mit Angestellten, sondern ein Kiosk in Sipalay, irgendwo in der Taiga oder an sonst einem abgelegenen Ort ohne Polizeistation – mit Angestellten, die im Zweifel für ein Trinkgeld bestätigen, dass der, der das Geld abgeholt hat, einen deutschen Pass vorgezeigt hat. Der Sinn dieses Services ist es eben, extrem schnell und unkompliziert Geld zu transferieren. Es ist nicht der Sinn dieses Services, eine nachvollziehbare oder gar stornofähige Überweisung, wie wir sie kennen, durchzuführen.

Passiert Ihnen also so etwas mit der schwarzen 368-PS-Kiste, dann dürfen Sie dem Typen auch 'ne Kiste wünschen: mit Platz für genau eine Person, aber auch zum Tieferlegen.

8.14 Meine Bank hat einfach zu viele Nullen – Warum die IBAN eigentlich gar nicht so schlimm ist, wie sie aussieht

Als vor ein paar Jahren aus Asien Sudoku zu uns kam, hat es mich auch gepackt. Seitdem versuche ich, Ziffern in neun 3×3-Spielfeldern so anzuordnen, dass keine der einstelligen Zahlen in einer Reihe oder Spalte doppelt vorkommt. Nullen spielen bei Sudoku übrigens gar nicht mit – die sind seit neuestem nämlich alle bei meiner Bank. Nein, nicht hinterm Schalter, sondern in dieser unsäglichen IBAN

Grundsätzlich haben alle IBAN-Nummern in ganz Europa einen weitgehend einheitlichen Aufbau. Zuerst kommt eine zweistellige Länderkennung samt gleich langer Prüfziffer. Danach kommt die Bank, dann die Kontonummer. Die Unterschiede kommen von dem Teil, der die Bank bezeichnet. In Albanien nutzt man dazu den nationalen Bank-Code und die Zweigstelle. In Liechtenstein gibt es nur den nationalen Bankcode, während Deutschland dort die Bankleitzahl einträgt. Die Bankkennungen in Europa haben fast alle unterschiedliche Längen, so dass es in Europa IBAN Nummern mit 15 (Norwegen) bis 31 (Malta) Zeichen gibt. Gut, die Sinnhaftigkeit einer einheitlichen Kontonummer leuchtet mir ein. Nur, warum die dann uneinheitlich definiert ist, ist mir total schleierhaft. Die IBAN ist in anderen Ländern anders lang, sieht anders aus und ist anders aufgebaut. Nix einheitlich. Und diese vielen Nullen erst!

Mein Finanzamt in München hatte mal die schöne Kontonummer 175 125 bei der Stadtsparkasse München mit der BLZ 701 500 00. (Versuchen Sie es erst gar nicht, da kann man nur einzahlen, nicht abheben.) Das war superleicht zu merken. Seit Einführung der IBAN muss ich meine Steuern nun aber auf DE88701500000000175125 überweisen.

Sind das jetzt sechs oder sieben Nullen? Nochmal nachzählen, eins, zwei, drei, … Mist, wieder verzählt. Aber auch gegen dieses Problem hat der Einheitsnormierer eine erleichternde Vorschrift. Er macht Vorgaben für eine unterschiedliche Schreibweise der IBAN auf Papier und für den Computer. Auf Rechnungen ist die Papierschreibweise mit einer Leerstelle alle 4 Zeichen vorgesehen: DE88 7015 0000 0000 1751 25. Schon besser. Hält sich nur nicht jeder dran und Merken ist so auch nicht gerade einfach, denn das sind sechs Felder, die man im Kopf haben muss. BLZ und Kontonummer waren nur zwei.

Noch einfacher, aber nicht vorgesehen, finde ich eine Schreibweise wie früher: Bankleitzahl und Kontonummer. Tatsächlich ist die IBAN in Deutschland auch gar nichts anderes. Es steht lediglich ein DE mit einer Prüfziffer davor. Dann kommt die altbekannte Bankleitzahl und zu guter Letzt: die Kontonummer. Die wird einfach links mit so vielen Nullen aufgefüllt, bis sie zehn Stellen hat. Neu ist also wirklich nur die Prüfziffer. Und in dieser Schreibweise DE88 70150000 0000175125 ergeben die Nullen plötzlich Sinn und machen einem keine Angst mehr. Die IBAN sieht nun fast so aus wie früher die BLZ mit Kontonummer. Wenn Sie sich also die neue Prüfziffer merken können, bekommen Sie so auch Ihre eigene IBAN ins Langzeitgedächtnis!

Apropos früher – und apropos Sudoku. Wer hat's erfunden? Die Schweizer! Kein Scherz. Sudoku kommt gar nicht aus Asien. Der Eidgenosse Leonhard Euler hat schon um 1730 unter dem Namen Lateinische Quadrate das Spielprinzip beschrieben. Und die Nullen waren übrigens auch damals schon ausgeschlossen.

9

E-Mail & Spam

9.1 Blutleere Gehirne – Wieso wir SPAM-Mails bekommen

Ob das im Sinne des Erfinders ist? Täglich bekomme ich Mails mit Angeboten von Salben und Pillen, die mein Geschlechtsteil binnen weniger Tage um ein paar Zentimeter verlängern können. Ich hab das mal von einer Woche aufsummiert und kam auf sage und schreibe drei Meter und sechzehn Zentimeter! *Zusätzlich* wohlgemerkt! In nur einer Woche!

Komischerweise verdrehte meine Frau bei dem Gedanken nur die Augen und meinte, es wäre dann ja noch weniger Blut im Gehirn als jetzt schon. Ob ich das Schlafzimmer dann überhaupt noch alleine finden würde? Eine durchaus berechtigte Frage, die ich aufgrund fehlender drei Meter (grob geschätzt) leider nicht beantworten kann.

Ich frage mich aber, woher diese Quacksalber eigentlich wissen wollen, ob ich an einem derartigen körperlichen Anbau interessiert bin? Woher haben die überhaupt meine E-Mail-Adresse?

Um das zu verstehen, ist es notwendig, sich das Innere eines Postverteilzentrums vorzustellen. Alle Briefe, die regional in Briefkästen eingeworfen werden, werden dort nach Postleitzahl in ausgehende LKWs sortiert. Briefe von anderswo, die hier zugestellt werden sollen, kommen in Lastwagen an und landen

T. Schrödel, *Ich glaube, es hackt!*, DOI 10.1007/978-3-658-10858-8_9,
© Springer Fachmedien Wiesbaden 2016

dann – sortiert – im Fahrradkorb eines Briefträgers. Alle diese Briefe tragen eine Empfängeradresse und eine Absenderadresse. Schreibt man nun von jedem ein- und ausgehenden Brief in einem Verteilzentrum beide Adressen ab, hat man in kürzester Zeit eine riesige Adressdatenbank.

Im Internet kann jeder sein eigenes Postverteilzentrum eröffnen. Je nach Auslastung der Internetleitung gelangt Ihre E-Mail nämlich über sehr viele Postverteilzentren an den Empfänger. Die Mail läuft vielleicht über Italien nach Marokko und von dort über Pakistan und Neuseeland zum Empfänger – auch wenn dieser in der gleichen Straße wohnt, wie Sie selbst.

Den Weg einer E-Mail kann niemand beeinflussen und er ist für jede Mail anders. Solange ein Postverteilzentrum Mails annimmt und weiterschickt, darf es sich in den weltweiten Verbund der Verteilzentren eingliedern und wird von anderen bedient.

Bei elektronischer Mail ist es ein Leichtes, einfach alle Adressen abzuschreiben und in einer Datenbank zu speichern. Sie gelangen also auf die Liste von Spammern, weil sie selbst einmal eine Mail geschrieben oder bekommen haben und diese – *zufällig* – über das Verteilzentrum eines zwielichtigen Adresssammlers lief.

Ein weiterer Quell, um an E-Mail-Adressen zu gelangen, sind so genannte Foren. Treffpunkte von Leuten mit gleichen Interessen, die sich untereinander austauschen. Fragen und Antworten, die man hier stellt und gibt, sind wie auf einem schwarzen Brett von jedem lesbar, der vorbeischaut. Adresssammler schreiben ganz gerne kleine Computerprogramme, die solche Foren systematisch abgrasen und einfach jede E-Mail-Adresse aus den Texten oder Absenderfeldern abschreiben.

Wer hier einmal nach dem besten Shampoo für das Haupt seines Königspudels gefragt hat, kann sich schon mal auf baldige WerbE-Mails im Postfach einstellen. Und diese WerbE-Mails treffen oft sogar auf das Interesse des Empfängers, was wiederum an der Tatsache liegt, dass man aufgrund des Themenschwerpunktes eines Forums einige Schlüsse ziehen kann. Wer nach Hundeshampoo fragt, der braucht auch Hundefutter und steht im günstigsten Fall sogar selbst auf Lederhalsband und Leine.

Da das Versenden einer Mail nichts kostet und auf Schwarzmärkten 50 Mio. E-Mail-Adressen umgerechnet für rund 50 € zu erhalten sind, lohnt sich eine derart gelagerte Werbeaktion durchaus – auch wenn nur geschätzte 0,004 % antworten und lediglich 0,0000081 % Viagra über eine SPAM-Mail bestellen.

Die mittels SPAM angebotenen Pillen zur Verlängerung von Körperteilen sind übrigens allesamt Fälschungen und bestehen im besten Fall aus Zucker. Das einzige, was Sie damit verlängern können ist der Umfang Ihres Bauches.

9.2 Leicht drauf, schwer runter – Wie man keine SPAM-Mails mehr bekommt

Ist diese Welt wirklich so schlimm wie es aussieht? Nein, nicht jeder SPAM-Versender möchte Sie unnötig mit sinnloser Werbung zuschütten. So einfach Sie auf seine Empfängerliste gekommen sind, so leicht lässt er Sie auch wieder runter. In den Mails dieser Versender finden Sie daher die Möglichkeit, sich aus der Liste austragen zu lassen. *„Klicken Sie hier, wenn Sie zukünftig keine Mails mehr von uns erhalten wollen"* steht dort.

Auch wenn Sie sich zuerst ärgern, dass Sie selbst aktiv werden müssen, ist doch die Aussicht auf baldige Ruhe vor WerbE-Mails äußerst verlockend. Ein Klick auf den Link und man kann sich im Internet durch Eingabe seiner Mailadresse von der Liste streichen lassen – denkt man. Hier handelt es sich um eine ziemlich perfide Falle: Bestätigen Sie dem Absender doch lediglich, dass Ihre Mailadresse aktiv ist und die dort ankommende Mail tatsächlich gelesen wird. Noch mehr Werbung wird die Folge sein!

Bleibt die Frage, wie man sich vor unerwünschter Werbung für blaue Pillen, Zugängen zu den besten Webseiten für Erwachsene, Online-Casinos und ganz außergewöhnlich günstigen Kreditangeboten – trotz Schufa! – schützen kann.

Eindämmen können Sie die Werbeflut zumindest ganz erheblich, wenn Sie zwei Mailadressen verwenden. Nutzen Sie Ihre Hauptadresse niemals bei Bestellungen, auf schwarzen Brettern oder bei der Registrierung für eine Webseite. So bleibt diese Adresse weitgehend sauber und nur erwünschte Korrespondenz läuft dort auf.

Es gibt aber zwei effektivere Möglichkeiten. Einmal können Sie alle paar Monate Ihre E-Mail-Adresse ändern. Das ist zwar etwas umständlich und nervig für alle, die Ihnen wirklich Mails schicken sollen, aber immer noch besser als Methode Zwei: Löschen Sie alle E-Mail-Adressen und nutzen nur noch Briefpost. Keine wirklich gute Alternative – zugegeben.

Um sich in Foren oder Portalen anzumelden, genügt es meistens, die Anmeldung zu bestätigen. Dies wird durch einen kryptisch langen Link in einer E-Mail vorbereitet, auf den der Nutzer klicken soll. Der Portalbetreiber kann so sicher sein, dass die E-Mail-Adresse stimmt. Zum Glück gibt es kostenlose Dienste wie trash-mail.com, die jedem ein beliebiges Postfach anbieten. Anders als bei GMX oder FreE-Mail muss man dieses Postfach nicht einmal anlegen.

Ebenso ist es nicht notwendig zu prüfen, ob die Mailadresse schon einmal von jemand anderem verwendet wurde. Egal was Sie vor dem @-Zeichen angeben. Die Mail wird zugestellt und Sie können diese im Web abrufen und Ihre Anmeldung bestätigen. Allerdings erhalten Sie über diese Postfächer auch andere Mails – falls sich jemand den gleichen Namen ausdenkt. Für private Mails also ungeeignet, als SPAM-Staubsauger genial.

Abb. 9.1   Eine Feldpostkarte von 1917 in Geheimschrift

9.3 Elektronische Postkarte – Warum E-Mails wie Postkarten sind

Im Juli 1917 erhielt Georg Zwick eine Postkarte von seinem Sohn. Dieser war als Soldat im Ersten Weltkrieg unterwegs und nutze die Feldpost, um Grüße nach Hause zu senden. Zwick Junior war sich wohl bewusst, dass eine Postkarte von jedem gelesen werden kann. Er verschlüsselte diese daher mit einem einfachen handschriftlichen Substitutionsverfahren, bei dem Buchstaben durch andere Zeichen – in diesem Falle je eine Ziffer – ersetzt werden.

Es ist nicht bekannt, wie lange die Postkarte benötigte, um nach Erbenschwang transportiert zu werden, was aber bekannt ist, ist die Tatsache, dass die Zwicks sicherer kommuniziert haben, als wir das heute tun. Wir schicken E-Mails durch die Welt. Rasend schnell zwar, aber mehr oder weniger für jeden lesbar (Abb. 9.1).

Eine E-Mail wird im Klartext durch das Netz geschickt. Sie passiert dabei verschiedene Stationen. Mail-Relays, Router und Switche – alles Geräte, die den Datenstrom sicher von A nach B transportieren. Sicher heißt jedoch nur, dass die Daten möglichst sicher dort ankommen. Es heißt nicht, dass die Daten sicher vor dem Zugriff Dritter sind. Datensicherheit ja, Datenschutz nein.

Jedem, dem es gelingt, sich in den Datenstrom zu hacken, kann E-Mails mitlesen. Dies ist für Externe zwar durchaus nicht ganz so einfach, schließlich ist es nicht vorhersehbar, welchen Weg durch das WWW die E-Mail nehmen wird. Allerdings ist ziemlich klar, von welchem Server die E-Mails ins Netz gelangen. Dieses Haupttor ist ein eindeutig identifizierbares Ziel. Anders als bei Postkarten und Briefen, denn die können in jeden beliebigen Briefkasten der Stadt gesteckt werden.

Einige Staaten haben sogar in der Verfassung stehen, dass die Geheimdienste zum Wohle der eigenen Wirtschaft operieren müssen. Das heißt, sie sind geradezu dazu verpflichtet, Firmen anderer Länder auszuspionieren und diese Informationen inländischen Unternehmen zur Verfügung zu stellen. Selbst der Innenminister der Bundesrepublik erwähnte dies in seinem Verfassungsschutzbericht 2009. Die nur indirekt genannten Schurkenstaaten haben gesetzlichen Anspruch auf Zugriff auf die Telekommunikationsleitungen in ihrem Hoheitsgebiet. Schickt die Auslandstochter Konstruktionspläne nach Hause oder berichtet vom Erfolg einer neuen Herstellungsmethode – Sie können sich sicher sein, dass die Konkurrenz an diesem Erfolg partizipiert.

Derartige Geschichten hat jeder schon einmal vernommen. Sie gehören nahezu zum Alltag und immer sind die anderen betroffen. Man selbst nie. Wer soll diese Flut an Mails denn auch lesen, interessante Informationen herausfiltern und diese dann auch noch weiterleiten? Stellt man sich diese Frage und sieht sich im Geiste selbst vor einem E-Mail-Postfach sitzen, während unablässig, im Millisekundentakt, neue Nachrichten eintrudeln, dann wirkt die Gefahr geradezu klein. Sie ist abstrakt und weit weg.

Vergessen Sie dieses Bild. Kein Mensch sitzt vor tausenden von Nachrichten und versucht sie zu ordnen oder zu sortieren. Denken Sie an Google, die finden doch auch alles. Genau nach diesem Prinzip werden auch Ihre unverschlüsselten E-Mails automatisch indiziert und klassifiziert.

Edward Snowdens Dokumente haben das auch bewiesen. Der amerikanische Geheimdienst NSA hat erst einmal nur Metadaten gesammelt. Bei E-Mails sind das Absender und Empfänger, Datum und Uhrzeit. Der Inhalt der Nachricht wurde vorerst nicht gespeichert, denn die Datenmenge wäre nicht zu handhaben. Erst wenn die Verknüpfung von Metadaten aus Banküberweisungen, E-Mail, SMS und Telefondaten eine Person „interessant" erscheinen ließ, wurde (und wird wohl weiterhin) auch der Inhalt der Nachrichten gelesen.

Nun stellt sich die Frage, wie kommt man an Ihre Mails, wenn sie nicht durch die Netze überwachender Länder laufen. Mit einem kleinen technischen Kniff, liest die Netzwerkkarte den gesamten Datenstrom des eigenen Subnetzes mit. Meist handelt es sich um ein Stockwerk oder eine Abteilung, je nachdem, wie die Unterteilung vorgenommen wurde.

Ein Netzwerksniffer erledigt den Rest. Er zeichnet alles auf, was in diesem Netzbereich an Daten umherfliegt. Ein gefundenes Fressen für Praktikanten aus China, welches diesem weiterhin deutsches Essen ermöglicht. Erscheint er nicht in regelmäßigen Abständen in seiner Botschaft und liefert Daten ab, wird ihm seine Regierung alsbald die Heimreise in Aussicht stellen.

Klingt nach Räuberpistole? Fragen Sie mal die Abteilung 6 vom Innenministerium in Nordrhein-Westfalen. Die befassen sich mit Wirtschaftsspionage und berichten von einem chinesischen Studenten. Den Namen seines Professors kannte er nicht, dafür hatte er schon siebzehn Praktika vorzuweisen.

9.4 Chance verpasst – Was Facebook und verschlüsselte E-Mails gemeinsam haben

Die deutsche Sprache treibt schon seltsame Stilblüten. Da spricht der Maler vom Farb*ton*, der Musiker aber von der Klang*farbe*. Das soll mal einer verstehen.

Ebenso wenig verstehe ich, warum so viele Menschen immer noch unverschlüsselt Mails verschicken. Das geht doch heute wirklich einfach. PGP installieren, Schlüsselpaar generieren und mit allen, mit denen man per E-Mail kommunizieren möchte, den öffentlichen Schlüssel austauschen. Und schon mailen Sie sicher und verschlüsselt.

Oft bekomme ich zu hören, dass das weder einfach klingt, noch einfach ist. Alleine, dass ich vorher mit meinem Briefpartner Kontakt aufnehmen muss, um den Schlüssel auszutauschen, halten viele für ein unschönes Hindernis. Etwas, dass das ganze schöne einfache Mailen unnötig verkompliziert. Die meisten verzichten daher auf Verschlüsselung und senden auch private oder mehr oder minder geheime Informationen auf der virtuellen Postkarte – mitlesbar von jedem.

Die Argumentation kann ich nicht nachvollziehen, denn bei all den sozialen Netzwerken machen Sie eigentlich auch nichts anderes. Auch da fragen Sie erst nach, bevor Sie mit jemandem über diese Plattform kommunizieren können. Bei Facebook akzeptieren Sie jemanden als *„FreundIn"*, bei XING bestätigen Sie einen *„Kontakt"*.

Im Prinzip ist das doch nichts anderes als ein Schlüsselaustausch. Hier einigen Sie sich auf eine Plattform, die zum Austausch genutzt wird und dort einigen Sie sich auf eine Verschlüsselung für den gleichen Zweck.

Wahrscheinlich würden wir heute alle sicher und verschlüsselt mailen, wenn eine Mailadresse den gleichen Kultstatus wie ein

Facebook-Account hätte. Probieren Sie es doch einfach selbst mal aus. Sowohl für Outlook als auch für Thunderbird gibt es kostenfreie Plugins. Auch Installationsanleitungen sind zuhauf im Netz zu finden.

Ein einfacher Schritt, der eine massive Erhöhung des Daten*schutzes* zur Folge hat. Zum Glück ist Facebook wenigstens Vorreiter in Sachen Daten*sicherheit* – die vergessen nix, genau wie Google.

9.5 xbbgxgievkhevfknxuifakxe – Warum wir alle verschlüsseln sollten und das auch einfach geht

Regelmäßig werde ich gefragt, warum es immer heißt, dass wir alle unseren Datenverkehr verschlüsseln sollen. „Ich habe doch nichts zu verbergen" oder „Meine Daten sind sowieso unwichtig, die kann jeder lesen" heißt es oft. Das ist aber ein Trugschluss.

Stellen Sie sich vor, ein Journalist verschlüsselt nur einige Mails an bestimmte Empfänger. Jeder weiß doch dann sofort, dass da brisante Informationen ausgetauscht werden. Wenn alle verschlüsseln, fällt das nicht auf. Dann schützen wir Journalisten und Whistleblower. Stellen Sie sich vor, in China surft jemand mit Verschlüsselung, um zu verschleiern, welche Webseiten er liest, weil er sonst staatlichen Repressionen ausgesetzt wird. Die wissen doch sofort, wer der Regimekritiker ist. Nutzen alle den Tor-Browser fällt keiner auf. Dann schützen wir so auch Dissidenten in totalitären Staaten und Diktaturen.

Andererseits erkennt die Polizei den Bankräuber an seiner Maske. Tragen hingegen alle Menschen Masken, würden die Ermittlungsbehörden es nicht so einfach haben. Wir werden also auch Verbrecher schützen, wenn wir alle Verschlüsselung einsetzen. Ich kann daher verstehen, dass der Staat Verschlüsselungsmethoden (Masken) gerne verbieten möchte.

Aber wäre es nicht absurd, Skimasken aus dem Sportgeschäft, Kabelbinder aus dem Baumarkt und schnelle Autos für alle zu verbieten, weil damit auch Verbrechen verübt werden können? Skimasken schützen uns vor Erfrierungen, Kabelbinder schützen vor Stolperfallen und schnelle Autos puschen unsere Wirtschaft und sind Teil unseres freien Lebens. Sie werden nicht verboten, nur weil einige wenige damit Banken ausrauben, Menschen fesseln oder flüchten könnten.

Verschlüsseln wir alle unsere Festplatten, den Internetverkehr und unsere Mails, dann schützen wir **primär** uns alle und unsere Daten. Vor Datendieben und vor wirtschaftlichen Konkurrenten, aber auch vor Angehörigen oder Nachbarn. Nicht zuletzt aber schützt Verschlüsselung uns selbst davor, dass unsere Daten, Kreditkarteninformationen und Zugangsdaten veröffentlicht werden, wenn ein Internetanbieter einen Programmierfehler gemacht hat. Oder weil wir selbst unachtsam waren.

Abhilfe bieten da Anleitungen und Erklärvideos bei YouTube. Der erste Schritt wäre, das Surfen im Internet und auch seine Mails zu verschlüsseln. Wer zum Beispiel mit dem TOR-Browser geschützt surft, der muss sich auf langsameren Seitenaufbau einstellen. Doch daran arbeiten die Forscher bereits und werden in naher Zukunft mit HORNET ein vielfach schnelleres Werkzeug zum anonymen Surfen bereitstellen. Prof. Bernhard Esslinger von der Universität Siegen hat zudem eine wunderbar einfache Anleitung für Mac, Windows (Outlook), Android und das iPhone erstellt, wie Mails per S/MIME (einer Alternative zu PGP) signiert und verschlüsselt[1] werden können. Meine Mails werden mittlerweile auch automatisch signiert und sogar verschlüsselt, wenn mein Kommunikationspartner ebenfalls S/MIME einsetzt

---

[1] https://www.anti-prism-party.de/downloads/sichere-email-am-pc-und-mit-dem-smartphone-anleitung.zip.

– ich bekomme davon gar nichts mit. Die Installation hat keine zehn Minuten gedauert, und war kürzer als jede WinWord-Installation. Mit dem TOR-Browser surfe ich nun auch immer öfter. Nicht immer zwar, aber regelmäßig – ganz unabhängig, ob ich Nachrichten lese oder mich über die neuesten Angriffsmethoden auf Smartphones informiere.

Was aber tatsächlich fehlt und ein riesiges Manko ist: Verschlüsselung müsste einfach da sein, egal, was wir digital unternehmen. So wie heute schon beim Online-Banking, da kriegen wir das gar nicht mit. Wenn Computerlaien Dutzende untereinander inkompatible Zusatztools und Add-ons installieren müssen, dann wird das nix. Die Hersteller sind also in der Pflicht, Verschlüsselung alltagstauglich zu machen. Sie muss eingebaut sein in jedem Windows-PC, jedem Mac und jedem Smartphone. Sie muss funktionieren bei jeder Mail, jedem Skype-Telefonat und jedem Aufruf aktueller News. Damit wir sie gar nicht bemerken… denn es muss ja niemand wissen, dass ich xbbgxgievkhevfknxuifakxe.

9.6 Ich sehe was, was Du nicht siehst – Wie man Adressen bei Rundmails eingibt

Zum Glück hatte ich Zeit. Vor mir in der Schlange stand eine arabische Großfamilie, um von Berlin nach Dubai einzuchecken. Das Familienoberhaupt klärte mit der Dame der Kranich-Airline gerade, wo die besten Sitzplätze sind, während seine Söhne alle Koffer anschleppten. Zwölf Stück waren es – groß, schwarz und so wie es aussah auch ziemlich schwer. Da keine Kofferanhänger angebracht waren, zeigte der Check-In-Assistent auf die ausliegenden kostenfreien, orangen Kofferanhänger aus verstärktem

Papier und der offenbar Jüngste machte sich sogleich daran, je eines an jedem Koffer anzubringen.

Etwas erstaunt war ich dann doch, denn der junge Mann war Datenschützer! Nachdem die länglichen Papierstreifen durch Griff und Öse gezogen waren, klappte er sie nämlich ordentlich zu, so dass das Feld mit der Adresse nicht mehr sichtbar war. Offenbar hatte er in den üblichen Vorabend-Magazinen die Warnbeiträge gesehen, in denen Räuberbanden offen liegende Adressen von Kofferanhängern an Flughäfen ablesen, um dann in aller Seelenruhe die Bude auszuräumen. Stolz präsentierte er seinem Vater das Ergebnis, was dieser – noch im Gespräch vertieft – mit einem wohlwollenden Nicken abtat.

Bei manchen E-Mails würde ich mir so viel Sorgfalt auch wünschen. Da kommen elektronische Nachrichten mit mehr als 40 vollständigen E-Mail-Adressen, sichtbar für jeden. Auch bei den gerne weitergeleiteten Hilfe-Rundmails wird das oft gemacht. Vor lauter Hilfsbereitschaft wird das gesamte Adressbuch aktiviert und jeder darin erhält Hilferufe für Bluttypisierungen oder Warnhinweise vor besonders fiesen Viren.

Mal ehrlich, sicherlich ist das Ganze wirklich nett gemeint und jeder hilft gerne. Allerdings sind solche Mails in aller Regel – *eigentlich immer* – Hoaxmails. So bezeichnet man Jux- oder Falsch-Meldungen, die einen dazu verleiten sollen, etwas zu tun. Sie sind das elektronische Pendant zu einer Zeitungs-Ente, gepaart mit einem Kettenbrief.

Hoaxmails bedienen sich eines ganz einfachen Prinzips. Entweder geht es um Angst oder um Hilferufe. Einmal warnt eine vermeintlich vertrauenswürdige Stelle vor einem besonderen Virus. Der vermeintliche Absender ist dann ein Polizist oder Microsoft. Ein anderes Mal werden Knochenmarkspender gesucht, meist für ein Kind.

Jedes Mal wird dazu animiert, die Mail an möglichst viele Empfänger weiterzuleiten. Zwar sind Hoax-Nachrichten, die echten Schaden anrichten und einen Virus installieren, glücklicherweise eher selten, aber auch so kommt es zu wirtschaftlichen Schäden. Tausende Menschen lesen die Nachricht, leiten sie oft sogar weiter. Nun haben SPAM-Mails sicherlich einen weitaus höheren Anteil am Netzwerkverkehr. Trotzdem verstopfen diese Nachrichten Postfächer, und zig Mitarbeiter lesen und bearbeiten die Mail – Arbeitszeitausfall ist die Folge.

Weiterhin neigen die Menschen dazu, ihr halbes Adressbuch anzusprechen und zwar direkt adressiert im AN: Feld. Wird die Mail weitergeleitet, sieht jeder die Mailadressen der vorherigen Empfänger. Das Ganze potenziert sich und schon nach kurzer Zeit sind teilweise hunderte Mailadressen im Text zu finden. Läuft eine solche Nachricht dann über einen dubiosen Mailserver, der Mailadressen abgreift, können sich all Ihre Freunde und deren Freunde auf neue SPAM-Mails einstellen.

Grundsätzlich gilt, dass Nachrichten an einen Empfängerkreis, der sich nicht kennt, über das BCC: Feld abgewickelt werden sollen. Anders ist das zum Beispiel bei der Einladung zu einer Geburtstagsfeier. Hier kennen sich die meisten und die unbekannten Empfänger wird man bald kennenlernen, sofern man die Party besucht. Dies bietet auch die Möglichkeit, sich für ein Gemeinschaftsgeschenk abzusprechen. Bei einer Einladung ist auch nicht davon auszugehen, dass sie unkontrolliert weitergeleitet wird.

Erkennt man eine Nachricht als Hoax, so sollte sie einfach gelöscht werden. Nur so stoppen Sie den Kreislauf. Und keine Angst, es ist noch kein Fall bekannt geworden, in dem jemand den angedrohten Hautausschlag bekommen hat, weil er nicht mindestens zehn weitere Empfänger mit der Nachricht beglückt hat.

Der arabischen Großfamilie auf dem Weg nach Dubai kann man übrigens nur alles Gute wünschen. Der Junge hat nämlich darauf verzichtet, in die fein säuberlich zugeklappten und verklebten Kofferanhänger eine Adresse zu schreiben. Manchmal kann man den Datenschutz auch übertreiben.

Und dann öffnete der Röntgenapparat des Flughafens seinen Rachen und verschluckte auf dem Transportband des Checkins nacheinander zwölf Koffer mit zwölf datengeschützten Kofferanhängern. Guten Flug!

9.7 Nicht lesen! – Was von Datenschutz-Klauseln am Ende einer Mail zu halten ist

Hinweis Diese E-Mail und/oder die Anhänge sind vertraulich und ausschließlich für den bezeichneten Adressaten bestimmt. Jegliche Durchsicht, Weitergabe oder Kopieren dieser E-Mail ist strengstens verboten. Wenn Sie diese E-Mail irrtümlich erhalten haben, informieren Sie bitte unverzüglich den Absender und vernichten Sie die Nachricht und alle Anhänge. Vielen Dank.

Solche oder ähnlich lautende Angstmacher stehen bei vielen E-Mails am Ende der Nachricht und sollen den Absender schützen. Nur, wovor schützen? Durchstöbert man das Netz und befragt Rechtsanwälte, scheint großes Achselzucken zu herrschen. Irgendwie sind alle der Meinung, dass derartige Sätze unsinnig sind. Sie schützen vor Nichts und Niemandem. Lediglich an wenigen Stellen im Netz findet man Hinweise darauf, dass „möglicherweise amerikanische Aktiengesetze" derartiges verlangen.

Sollten Sie mal eine Mail aus Versehen bekommen, in der irgendwelche geheimen Informationen stecken, dann brauchen Sie sich nicht zu fürchten, wenn am Ende solche Sätze stehen. Lässt man nämlich einen Rechtskundigen derartige Auflagen untersuchen, stellt er ziemlich schnell ein paar Fragen, die sogar Justiz-Laien einleuchtend erscheinen und die Absurdität solcher Abschlussanweisungen erahnen lassen.

Da ist vom „bezeichneten Adressaten" die Rede, dem, der die Mail eigentlich erhalten sollte. Doch wer ist gemeint? In aller

Regel gibt es zwei Adressaten – einen in der E-Mail-Adresse (das wären dann Sie) und meist noch einen in der Anrede. Da stehen die Chancen Fifty-Fifty, den Richtigen zu erraten. Eine ganz gute Quote zwar, aber gleiches gilt auch für die falsche Wahl.

Dann kommt das *„Verbot der Durchsicht"*, was absurderweise am Ende der Mail mitgeteilt wird. Dann, wenn man schon alles gelesen hat. Kein Mensch liest erst das Ende einer Nachricht, oder? Noch viel lustiger ist aber, dass der Satz ohne Einschränkung geschrieben steht. Offenbar dürfen Mails dieser Firma von Niemandem gelesen werden. Selbst dann nicht, wenn die Nachricht den eigentlich vorgesehenen Empfänger erreicht hat.

Weiter geht es mit dem Machtwort, die Nachricht keinesfalls *„weiterzugeben oder zu kopieren"*. Haben Sie also vor, im Rahmen eines Projektes die Kollegen zu informieren und wählen „Weiterleiten" – besser die Finger von der Maus lassen, ist auch verboten. Die Vorschrift mit dem *„Kopieren"* hat man übrigens schon verletzt, wenn man die Nachricht vom Server holt. Schließlich wird die Nachricht von dort geladen und lokal als Kopie im Mailprogramm gespeichert.

Hinweis: Dieses Kapitel und/oder der Rest vom Buch sind vertraulich und ausschließlich für den Käufer bestimmt. Mit den gewonnenen Informationen dürfen Sie machen, was Sie wollen. Wenn Sie dieses Buch irrtümlich als Geburtstagsgeschenk erhalten haben, können Sie es ungelesen weiterverschenken. In diesem Fall informieren Sie bitte keinesfalls den Autor, da dieser sich sonst unnötig ärgern wird. Vielen Dank.

9.8 Urlaub – Was eine Abwesenheitsnotiz für Informationen enthalten sollte

„Sehr geehrte Damen und Herren, vielen Dank für Ihre E-Mail. Ich bin bis zum 31.08. in Urlaub. Ihre Nachricht werde ich nach meiner Rückkehr umgehend beantworten. In dringenden Fällen wenden Sie sich bitte an Max Mustermann unter der Nebenstelle -123. Vielen Dank für Ihr Verständnis."

So, oder so ähnlich antworten Mailserver, wenn der Besitzer einer Mailbox in Urlaub geht und die Abwesenheitsnotiz aktiviert. Das ist nicht nur fair, sondern auch ein Fortschritt gegenüber der Briefpost. Da informiert der Postbote den Absender nicht darüber, dass der Empfänger weg ist und der Briefkasten schon überquillt. Bei E-Mails geht das. Immerhin weiß der Schreiber dann, dass er die nächsten 6 Wochen nicht mit einer Antwort rechnen kann.

Der Berliner Stadtrat Stephan Richter hingegen ist da noch konsequenter. In seiner Abwesenheitsnotiz vom Sommer 2013 teilt er mit, dass die eben eingegangene E-Mail ungelesen gelöscht werde. Er möchte – so sagte er auf Nachfrage – nach seiner Rückkehr nicht hunderte veralteter Mails lesen müssen. Der Anfragende kann sich nun also einen anderen Adressaten suchen – oder einfach nach Richters Rückkehr erneut schreiben – und dann wohl auch mit einer Antwort rechnen.

Der Aufschrei war groß, eine Unverschämtheit sei das, eine Frechheit. Ich finde, dass das weder verwerflich noch frech ist – es ist lediglich ungewöhnlich und mutig. Schließlich reden Psychologen und Politiker aller Parteien seit Jahren vom Stress der permanenten Erreichbarkeit. Große Firmen führen sogar medienwirksam Mitarbeiter-Programme ein, die das Arbeiten nach 20:00 und vor 6:00 verhindern – weil viele Mitarbeiter dank Blackberry & Co. nie abschalten können und völlig ausgebrannt sind. Wir sollen lernen, dass Feierabend Feierabend, Urlaub Urlaub und Arbeitszeit Arbeitszeit ist. Und wenn es dann einer macht, ist das Jammern groß.

Eine Abwesenheitsnotiz sollte im Übrigen immer ein paar wichtige Informationen beinhalten. Liest jemand zeitnah die eingegangene Mail und wenn nein, welche alternative Ansprechperson gibt es und wie kann ich sie erreichen. Des Weiteren empfiehlt die Netiquette noch, den Zeitpunkt der Rückkehr mitzuteilen – zumindest wenn es sich um einen Firmenpostfach handelt. Bei privaten E-Mail-Adressen kann man sich die Abwesenheitsnotiz sparen. Ebenso wie ein öffentlicher Twitter-Tweet oder ein Facebook-Post informieren Sie so Einbrecher über nächste Ziele ohne Gefahr. Mittlerweile gibt es sogar – nicht ganz ernst gemeinte – Webseiten, die Langfingern den Weg weisen[2].

Meine persönliche Lieblings-Abwesenheitsnotiz lautet übrigens: „Es ist ein Fehler aufgetreten. Bitte starten Sie Ihren PC neu und versuchen Sie die Mail erneut zu senden." Manche Nachrichten kommen dann tatsächlich doppelt oder gar dreifach und ich weiß genau, wer anfällig ist für Phishing-Mails und gefälschte Fehlermeldungen.

9.9 Rotwein – Wo das @-Zeichen in der E-Mail ursprünglich herkommt

Wer heute eine E-Mail sendet, der nutzt das @-Zeichen ganz selbstverständlich. Lustig wird es nur im Urlaub, wenn man am Hotel-PC eine französische oder dänische Tastatur rumliegen hat. Wo um alles in der Welt ist da der Klammeraffe?

---

[2] www.pleaserobme.com

Stellen Sie sich aber mal vor, wie Ray Tomlinson danach gesucht hat. Er war 1971 der erste Mensch, der jemals eine E-Mail geschickt hat. Und weil es vorher ja noch keine E-Mail gegeben hat, konnte auch kein Tastaturhersteller wissen, dass Ray das At-Zeichen brauchen würde – und trotzdem war es bereits da.

Aber der Reihe nach. Bis 1971 konnte man sich Nachrichten nur an einem einzelnen Computer hinterlassen, den man sich teilte. Wer also am Morgen am Rechner saß, legte eine Datei in ein Verzeichnis, in der eine Nachricht für denjenigen stand, der am Nachmittag am Rechner saß. Sinnvollerweise hat man der Datei einen Namen verpasst, mit dem klar war, für wen die Nachricht gedacht ist: sie hießen meist wie die Person, die die Nachricht lesen sollte. Also *max.mustermann* zum Beispiel.

Ray versuchte nun, so eine Nachricht in einer Datei an einen anderen Rechner zu schicken und entwickelte dazu das erste Mailprogramm. Damit das Programm wissen konnte, an welchem Rechner die Nachricht an Max Mustermann hinterlegt werden sollte, musste das mit angegeben werden. Tomlinson brauchte dazu ein Zeichen, das keinesfalls in einem Vor- oder Nachnamen vorkommen durfte – sonst hätte das Programm nicht wissen können, was der Personenname und was der Rechnername ist.

Bei der Suche nach Zeichen, fand Ray auf der Tastatur das @-Symbol. Seit etwa 1885 befindet sich dieses Zeichen auf den Tastaturen amerikanischer Schreibmaschinen, denn Kaufleute schrieben auf ihre Rechnungen einzelne Posten gerne so: „*12 Bleistifte zum Preis von je 0,50$ ergibt 6$*". Und damit das ganze hübscher in eine Tabelle passte, schrieben sie: „*12 Stifte @ 0,50$ = 6,00$*". Das At-Zeichen steht also ursprünglich für „*zum Preis von*" oder amerikanisch kurz gesprochen für „*12 pencils at 50 cent*".

Da „*at*" im Englischen aber auch „*bei*" heißen kann, bot sich dieses eingekreiste A für die erste E-Mail geradezu an. Das Mailprogramm wusste, dass max.mustermann die Nachricht „*at*" (bzw. „*bei*") Rechner 7 entgegennehmen sollte und so lautete die erste E-Mail-Adresse in etwa *max.mustermann@computer_7*. Seit 1973 ist das „@" internationaler Standard zum Versand und Empfang von E-Mail in der ganzen Welt.

Tatsächlich nutzten aber Kaufleute bereits um 1530 dieses Zeichen als Angabe einer Mengeneinheit. Brachte ein Handelsschiff Wein in Amphoren mit, so fand sich in den Ladungspapieren oft ein eingekreistes, kleines a als Abkürzung für „*Amphora*".

9.10 Emotionen 2.0 – Wieso Smileys heute eine ziemlich wichtige Rolle spielen

Der Clown ist total lustig, da musst du bestimmt :-) sage ich zu dem Mädchen. Die Rotzgöre streckt mir die :-P raus und rennt weg. Mit :-O schaue ich die Mutter an, die mich anpflaumt, ich solle sie nicht mit so großen 8-| anstarren. So sei die Kleine nun mal – und genau das macht mich :-(

Mit Smileys und anderen Emoticons kann man Geschichten erzählen. Diese Smileys sind aber kein Spaß, sie spielen in der Zeit von Kurznachrichten sogar eine äußerst wichtige Rolle. Denn obwohl die sage und schreibe 75.000 Wörter des Hauptwortschatzes der Deutschen Sprache durchaus die Möglichkeit bieten, neben Schwarz und Weiß auch Grautöne auszudrücken, können das Jugendliche immer seltener. Je nach Schulbildung nutzt der durchschnittliche Teenie gerade mal 640 bis 1200 Worte regelmäßig. Bei Kurznachrichten am Smartphone wird es dann doppelt schwer, einen Satz in den richtigen Kontext zu setzen.

Insbesondere bei ironisch gemeinten Kommentaren lässt eine kurze Nachricht Spielraum für Missverständnisse. Emoticons helfen dann, einen Satz richtig einzuordnen. „Stell Dir vor, Peter traut sich auch zur Party zu kommen" kann von dessen Ex nämlich so :-) oder so :-(gemeint sein – je nachdem, wie die kürzlich vollzogene Trennung über die Bühne ging.

Zu einem Missverständnis bei einem ironisch gemeinten Kommentar kam es 1982 im Vorgänger des heutigen Internets. In einem elektronischen Diskussionsforum hat jemand die Ironie eines Beitrages nicht erkannt und begann zu schimpfen. Glaubt man den diversen, sich teils widersprechenden, Geschichten im Internet, ging das ziemlich lange hin und her und nervte viele Teilnehmer.

Um zukünftige Fehlinterpretationen zu vermeiden, empfahl Scott Elliot Fahlman, dass man derart gemeinte Beiträge mit einem :-) kennzeichnen könne. Der Smiley am Computer war geboren und Fahlman gab zur Sicherheit noch auf den Weg, dass man den Kopf zum Lesen auf die linke Schulter kippen solle. Heute werden die auch Emoticons genannten Gesichter von vielen Programmen auch gleich als kleine Bildchen dargestellt. Mittlerweile finden sich auf jedem Smartphone mehrere Dutzend von in PacMan-Gelb gemalten Emoticons. Nahezu alle Gemütszustände, die ein empathischer Mensch so kennt, sind da dabei. Fröhlich, lachend, weinend, schmunzelnd, grantig oder erleichtert.

In Japan muss niemand den Kopf kippen; der grinsende Smiley :-) sieht im Land der aufgehenden Sonne so aus: (^_^) zumindest für Männer. Da es als unfein für Damen gilt, beim Lachen Zähne zu zeigen, ist deren passendes Emoticon (^.^) Kein Scherz, die Japaner haben gegenderte Smileys.

Scott Fahlman kann übrigens sogar nachweisen, dass er der Erfinder des Smileys ist. Die Original-Nachricht mit seinem Vorschlag vom 19.09.1982 11:44h konnte zwanzig Jahre später 2002 auf einem uralten Backup-Tape wieder hergestellt werden.

```
19-Sep-82 11:44 Scott E Fahlman :-)
From: Scott E Fahlman <Fahlman at Cmu-20c>
I propose that the following character se-
quence for joke markers: :-) Read it side-
ways. Actually, it is probably more eco-
nomical to mark things that are NOT jokes,
given current trends. For this, use :-(
```

Eigentlich ein Wunder, denn das Backup muss sich auf einem (empfindlichen) Magnetband befunden haben, für das es wahrscheinlich auch schon seit 25 Jahren kein Lesegerät mehr zu kaufen gab. Irgendein Freak wird es in irgendeinem Schrank aufgehoben haben. Ich sag ja immer: Gut, dass wir alle ein Backup unserer Daten haben. Und wenn einer aus der EDV-Abteilung sagt: „Ne, schmeiss das Teil noch nicht weg, wer weiß, wozu man das irgendwann mal wieder gebrauchen kann", dann hören Sie besser auf ihn, denn irgendwann kann man das Teil bestimmt **wirklich** mal brauchen ;-)

10

WLAN & Funknetze

10.1 Never Touch a Running System – Welches die richtige WLAN-Verschlüsselung ist

Stecker rein. *Pling.* Läuft. Super Sache, dieses Plug-and-Play. Einfach anstöpseln und loslegen. Und nicht nur beim Drucker geht das, nein, auch bei WLAN-Routern. Was vor ein paar Jahren noch den Profis vorbehalten war, kann heute jeder. Kabellos surfen im Internet – im Garten, im Keller und sogar auf dem Klo. Welch sinnvolle Errungenschaft.

Nur: Wenn es mal läuft, am besten die Finger davon lassen, wenn man selbst kein Profi ist. Ja nichts mehr umstellen. Das Passwort für die Konfigurations-Oberfläche am besten gleich in den Mülleimer legen und diesen zur Papierpresse bringen[1]. Never touch a running system. Ich weiß, wovon ich spreche! Ich werde jede Woche mindestens einmal angerufen, wenn irgendwo wieder irgendwas nicht mehr geht. Von guten Freunden natürlich nur. „Hi, lange[2] nichts mehr von einander gehört. Du kennst Dich doch mit Computern aus, oder?"

---

[1] Siehe Kapitel „Altpapier & Recycling" – 3.1.
[2] Durchschnittlich mehr als sechs Monate.

T. Schrödel, *Ich glaube, es hackt!*, DOI 10.1007/978-3-658-10858-8_10,
© Springer Fachmedien Wiesbaden 2016

Schon nimmt der Teufelskreis seinen Lauf. Der gute Freund wollte nur die Verschlüsselung des WLAN einrichten und schon geht plötzlich gar nichts mehr. Kein Mail, kein Internet, nichts. Im schlimmsten Fall hat er schon daran rumgedoktort, dann ist mein gemeinsamer Abend mit der Familie gelaufen. Schließlich wartet eine ganz wichtige E-Mail auf den guten alten Freund.

Nun gut, eine WLAN-Verschlüsselung ist wichtig, sie schützt vor zwei Dingen. Zum einen kann niemand einfach mitlesen, was ich gerade mache und welche Internetseite ich gerade aufrufe. Wenn ich mit meinem Laptop Mails abrufe, dann wird sogar mein Passwort für die Mailbox verschlüsselt. Zumindest vom Laptop bis zum WLAN-Router. Ab dann geht es – wie bei Mail leider weitgehend üblich[3] – unverschlüsselt ins Internet.

Ein weiterer Vorteil ist, dass sich niemand Fremdes an meinem Router anmelden kann, um Zugriff auf die Festplatte und die dort gespeicherten Daten zu erhalten. Auch das kostenlose mitsurfen über meinen DSL-Anschluss wird verhindert.

Gerade letzteres kann nämlich unangenehm werden, wenn ein Eindringling über meinen Anschluss illegal beschaffte Filme oder mp3-Dateien verbreitet. Von krimineller Pornographie mal ganz zu schweigen. Passiert so etwas, dann kann die Polizei über den Internetanbieter herausfinden, wem der Anschluss gehört. Sie kommt also zu mir und wird eine Anklage dalassen, meinen Computer aber im Gegenzug mitnehmen. Kein faires Tauschgeschäft, wie ich finde.

Diese Vorstellung alleine sollte also schon ausreichen, dass auch Sie sich zu dem Schritt durchringen, Ihren drahtlosen Internetzugang zu verschlüsseln. Es geht auch tatsächlich sehr einfach. Machen wir es kurz: es gibt nur zwei wichtige Verschlüsselungsmethoden.

---

[3] Siehe Kapitel „Elektronische Postkarte" – 9.3.

WEP ist der ältere Standard. Er ist mit ein klein wenig Know-how in weniger als zwölf Minuten, meist sogar in Sekunden, geknackt. Das liegt daran, dass der Router antwortet, wenn ich ihm ein paar Daten sende, mit denen er nichts anfangen kann. Freundlicherweise schickt er in der Antwort einen so genannten Initialisierungs-Vektor mit.

Etwa 50.000 davon brauche ich, um den verwendeten Schlüssel zu berechnen, also schicke ich pausenlos sinnlose Nachrichten an den WLAN-Router. Eine WEP-Verschlüsselung ist demnach nicht sehr wirksam.

Allerdings gibt es noch Endgeräte – ältere Laptops, Nintendo DS, Palm – die nichts anderes können. Und: WEP schützt zumindest vor unbedarften Gelegenheits-Hackern und dem Nachbarn, der nur kostenlos mitsurfen will. Wenn nichts anderes geht, ist WEP daher immer noch besser als nichts.

Sollten Sie die Möglichkeit haben, dass alle Ihre Endgeräte WPA2 unterstützen, nehmen Sie es! WPA2 ist nach heutigem Stand der Technik nicht zu knacken. Der verwendete Schlüsselbereich ist derart groß, dass ich Jahre bräuchte, um alle der Reihe nach auszuprobieren. Obendrein springt der Schlüssel alle paar Minuten an eine andere Stelle.

Auch wenn ich wirklich alle durchprobieren könnte, müsste ich zufällig im richtigen Moment den richtigen Bereich durchtesten. Rein rechnerisch ist die Chance geringer, als hundert Menschen mit identischer DNS zu finden – ohne Labor.

Wählen Sie an Ihrem Laptop WPA2 aus und tragen Sie dort das gleiche lange Passwort ein, das Sie auch in Ihren Router eingetragen haben. Mehr brauchen Sie nicht zu wissen oder tun.

Und wenn mal nichts geht, bitte nicht unwissend herumfummeln oder gar alle Einstellungen ausprobieren. Meist ist es ein ganz simples Problem, das in ein paar Minuten gefunden ist. Aber nur, wenn man nicht wieder alles andere geradebiegen muss, was Sie schon mal probeweise verstellt haben. Also bitte: Nichts anfassen!

Und noch eine Bitte. Rufen Sie am Abend doch mal den guten alten Freund an, der Automechaniker, Zahntechniker, Maler oder was auch immer geworden ist. Fragen Sie nach einem sofortigen, mindestens zweistündigen Hausbesuch für irgendeine Reparatur. Ich drücke die Daumen, dass das klappt. Ich habe der Familie zuliebe jetzt übrigens ein Plug-then-Play-Telefon. Stecker raus. *Plong.* Monopoly spielen. Es gibt bestimmt noch andere gute alte Freunde, die sich mit Computern auskennen.

10.2 Geschwindigkeit ist keine Hexerei – Warum das WLAN mal langsam sein kann, und wie man das ändert

„Willst Du mich heiraten?" Kürzer kann ein Mann das nicht fragen, ohne aus diesem Wunsch einen Befehl oder eine Aufforderung zu machen. Gut, Frauen wünschen sich mehr als vier Worte, sie wollen, dass dieser Moment ausgiebig gedehnt wird, aber: unter dem Gesichtspunkt der Optimierung sind vier Worte für einen Heiratsantrag das Nonplusultra. Besser geht's nicht. Dem Internet täte so eine Rationalisierung auch nicht schlecht, schließlich sind die Leitungen doch recht oft verstopft und es geht nur im Schneckentempo voran.

Es ist ja schon ärgerlich genug, wenn einem der Laptop auf dem Schoß mit seinem Akku die Oberschenkel verbrennt, aber viel ärgerlicher ist es, wenn man monatlich die Mörder-DSL-Leitung bezahlt, das Internet aber grottenlahm ist. Vielleicht könnte man Webseiten sprachlich optimieren und bestimmte Begriffe einfach weglassen ohne den Sinn zu verändern? Weniger Worte, schnellere Übertragung? So wie im Spanischen. Da ist man sogar noch weiter. „Las esposas" ist der Plural von *Ehefrau* und bedeutet gleichzeitig *Handschellen* – optimaler geht es nicht.

Wenn jedoch Ihr Internet langsam ist und Sie WLAN nutzen, dann kann es sein, dass Ihr Router schlicht und ergreifend auf dem falschen Kanal funkt. Ihr WLAN zu Hause ist nämlich einer Autobahn sehr ähnlich! Sie teilen sich die zur Verfügung stehende Bandbreite (Fahrspuren) mit allen, die um Sie herum auch WLAN surfen. Das ist ein bisschen so, wie im Berufsverkehr, wenn sich mehrere Autos die vorhandenen Fahrspuren teilen. Nutzen beispielsweise acht Router den gleichen Kanal, bekommt jeder auch nur 1/8 der Bandbreite. Eine Webseite benötigt dann – einfach ausgedrückt – eine 8mal so lange Ladezeit wie normal, bevor sie angezeigt wird. Der Flaschenhals ist also nicht der DSL-Anschluss, sondern die Frequenz, auf der Ihr eigener WLAN-Router funkt. Checken Ihre Nachbarn auf dem gleichen Kanal per WLAN Mails, suchen nach Urlaubszielen oder streamen Videos, dann staut es sich zwangsläufig auch bei Ihnen. Aber nur auf der Strecke zwischen Laptop/Tablet/Smartphone und Ihrem Router. Sie haben das Gefühl, Ihr Internet sei langsam. Das ist es gar nicht. Es könnte (ziemlich sicher) viel schneller. Ihr WLAN ist schuld, die Bandbreite zwischen Ihrem Endgerät und dem Zugang ins Internet ist reduziert. Quasi ein Stau auf dem Autobahn-Zubringer ins Internet, das ist das Nadelöhr.

Eine „Autobahn" bei Ihrem WLAN, ist ein Kanal, auf dem Ihr Netz sendet und empfängt. Nun kann Ihr Router aber aus über einem Dutzend Kanälen auswählen – es gibt also mehrere parallel verlaufende Datenautobahnen. Einige davon sind wahrscheinlich freier oder sogar unbenutzt – und auf denen könnten Sie so rich-

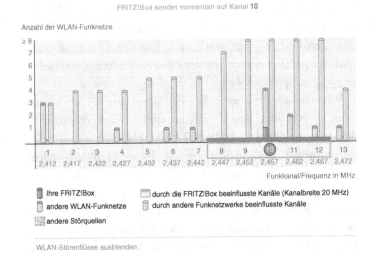

FRITZ!Box sendet momentan auf Kanal **10**

Anzahl der WLAN-Funknetze

Funkkanal/Frequenz in MHz

- Ihre FRITZ!Box
- andere WLAN-Funknetze
- andere Störquellen
- durch die FRITZ!Box beeinflusste Kanäle (Kanalbreite 20 MHz)
- durch andere Funknetzwerke beeinflusste Kanäle

WLAN-Störenflüsse ausblenden

Abb. 10.1 Kanal 10 ist jetzt nicht gerade die beste Option. Die Kanäle 2 oder 3 wären hingegen eine gute Wahl. Im Moment zumindest.

tig Gas geben … wenn Sie denn drauf wären. Im Gegensatz zu unserem Autobahnnetz können Sie aber beim WLAN problemlos auf eine weniger befahrene Parallel-Autobahn wechseln. Suchen Sie sich dazu in den Routereinstellungen doch einfach einen freien Kanal. Die weit verbreitete Fritzbox zeigt zum Beispiel auch an, wie viele andere Router auf dem von Ihnen genutzten Kanal senden, welche Kanäle wiederum von Dritten benutzt werden und welche frei sind. Oft ist es nur ein Klick und das WLAN rennt wieder wie am Anfang. Sobald Sie den Kanal wechseln, werden jedoch kurzzeitig alle im WLAN aktiven Geräte getrennt, erst dann läuft's wieder flüssig (siehe Abb. 10.1).

Übrigens: Wenn Ihr Router auf „Automatische Kanalauswahl" steht, dann heißt das nicht, dass er automatisch immer den Kanal wählt, auf dem am wenigsten los ist. Auch er macht das nur in dem Moment, wenn er (oder das WLAN) neu gestartet wird. Er wird sich also für einen Kanal festlegen auf dem **jetzt** nichts los ist, hält aber an dieser Entscheidung so lange fest, bis sie ihn wieder vom Strom trennen – auch wenn auf der Frequenz zu anderen Zeiten der Megastau ist. Um im Bild zu bleiben: Ein Wechsel der Autobahn (Kanal) ist nur bei einer Ausfahrt (Neustart) möglich, aber nicht bei laufendem (Daten-)Verkehr. Diese Einstellung ist also nicht unbedingt immer das Gelbe vom Ei, denn sie suggeriert für viele Menschen, dass sich der Router permanent um die beste Wahl des Kanals kümmert. In einigen Internetforen wird geschrieben, dass man die Tag-Nacht-Schaltung aktivieren soll, bei der das WLAN in der Nacht z. B. zwischen 2 und 6 Uhr automatisch deaktiviert wird. So hätte man jeden Tag einen optimalen Kanal. Das ist deshalb unsinnig, weil morgens zwischen 2 und 6 Uhr in Ihrer Nachbarschaft wahrscheinlich recht wenige am Surfen sind und kaum einer Filme herunterlädt. Morgens um 6 ist nicht nur die Autobahn frei, da ist auch das WLAN noch in Ordnung. Ob der um diese Uhrzeit gewählte Kanal aber auch um 11:14 h oder um 16:37 h die beste Wahl ist, sei dahingestellt. Der Vorteil der automatischen Kanalwahl liegt darin, dass es reicht bei Stau den Router kurz vom Stromnetz zu trennen, damit er **jetzt** einen feien Kanal sucht – ohne lästige Menüs aufrufen zu müssen.

Und wenn das WLAN wieder läuft, muss auch im Internet nichts mehr optimiert werden. Frauen schaffen es übrigens, einen Heiratsantrag noch optimaler zu formulieren als Männer. Sie sparen ganze 25 % ein und benötigen im Bestfall keine vier, sondern nur drei Worte: „Ich bin schwanger.

10.3 Wenn einer eine Reise tut ... – Wie das WLAN Signal in den Zug kommt

... dann kann er was erzählen. Außer, wenn im Zug mal wieder kein Empfang ist. Letztens im ICE saß mir eine Frau gegenüber, die auf der Suche nach Handyempfang verzweifelt ihr Handy an die Scheibe hielt. Ab und zu scheint dann wohl ein Balken auf der Anzeige aufgetaucht zu sein und dann wurde hektisch gewählt. „Hallo? Ja, ich bin es wieder. Neuer Versuch, also, wo war ich? Ah ja, also .... Hallo? Hallo? .... Mist! Scheiß Netz!"

Ein unsinniges Verhalten. Zu allererst sollte man wissen, dass man in einem ICE eigentlich überhaupt nicht telefonieren oder mobil surfen kann, wenn die Bahn das nicht will. Der Metallkäfig der Wagons und insbesondere die mit Metall bedampften Scheiben sorgen für eine über 99 %-ige Abschirmung. Da geht nix rein oder raus. Deshalb bringt Rumfuchteln mit dem Handy auch nichts. Um den Mobilfunk in den Zug zu bringen, muss die Bahn die Signale von außen nach innen leiten.

Das macht sie mittels einer kleinen Antenne auf dem Dach der Schnellzüge. Von dort geht es weiter über Repeater in die Waggons. So genannte Schlitzkabel in der Decke, die durch die gesamte Kabine verlaufen, bringen das Signal dann zu den Sitzreihen. Schlitzkabel sind Kabel, deren Ummantelung in regelmäßigen Abständen „angeschnitten" ist, damit das Signal austreten kann. Sie sorgen dann für einen gleichmäßigen Empfang. Es sollte im Normalfall also keinen Platz „nahe bei der Antenne" geben, an dem man einen Empfangsbalken mehr auf dem Display hat, als an einem anderen Platz.

Wird von der Bahn gar ein eigenes WLAN im Zug angeboten, nutzt dieses für die Verbindung zum Internet ebenfalls die

Antenne auf dem Dach. Ein normaler Router macht dann – fast wie zu Hause – ein WLAN-Netz im Zug auf. Mein Laptop baut also die Verbindung mit der Antenne im Waggon auf und nicht direkt nach draußen. Daher ist die WLAN-Anzeige immer auf vollem Ausschlag – selbst dann, wenn die tatsächliche Anbindung an das Internet bei einer Fahrt durch Tunnels abgebrochen ist. Ende 2015 begann die Bahn mit ihrem Internetvertragspartner die Technik neu zu bauen, denn die verfügbaren Kapazitäten waren durch die stetig wachsende Zahl der Smartphones schon lange nicht mehr ausreichend. Tatsächlich war sogar ein Vorschlag im Gespräch, dass sich alle großen Mobilfunkprovider zusammenschließen sollten, um zumindest an den ICE-Trassen genügend Bandbreite zur Verfügung zu stellen.

Übrigens: Wer nicht ICE fährt, sondern IC, der darf auch weiterhin mit dem Handy winkend nach Empfang suchen. Diese Züge haben nämlich in der Regel keine bedampften Scheiben und auch keine Verstärker für den Handyempfang in den Waggons. Außer in einem. Und zwar in dem, in dem der Schaffner sein Abteil hat. Kleiner Tipp für die nächste Platzreservierung.

10.4 Datenklau durch Kartoffelchips – Wie man mit einer Chipsdose eine WLAN-Richtfunkantenne bauen kann

So ein Hotelzimmer bietet doch in aller Regel sehr viele Annehmlichkeiten. Es reinigt sich quasi von selbst, es ist immer Klopapier vorhanden und die Minibar ist jeden Abend wieder voll. Aber auch an technischen Bequemlichkeiten wird nicht gespart.

Telefon, Fernseher, Haartrockner sind vorhanden, meist sogar noch ein Internet-Anschluss. Seit einiger Zeit sogar kabellos und damit in vielen Fällen ganz bequem zu nutzen.

Blickt man sich in den tageweise bewohnten Räumen um, dann entdeckt man sogar noch ein paar weitere Gadgets, die das langweilige Leben eines Berufsreisenden erheitern können. So enthält die Minibar meist eine Chipsdose und einige Fernseher lassen sich mit beiliegender Tastatur gar zum Internet-Surfen nutzen.

Knabbert der Reisende die Chipsdose leer, landet die runde Ummantelung der frittierten Kartoffeln meist im Abfall. Das produziert unnötigerweise Müll, denn die leere Dose lässt sich wunderbar zum Bau einer WLAN-Richtfunkantenne nutzen. Praktischerweise finden sich alle weiteren Bauteile in jedem Hotelzimmer und der Gast mutiert zum McGyver der Nacht.

Chipsdosen der Marke Pringles erfüllen alle notwendigen Kriterien zum Bau einer Yagi-Antenne. Die Länge im Verhältnis zum Durchmesser ist nahezu perfekt auf die Frequenz von WLAN abgestimmt. Obendrein ist die Dose mit Metall ausgekleidet, was wunderbare Reflektionen der Strahlung erlaubt. Auch wenn sie ein klein wenig streng riecht, der Empfangsqualität schadet das keinesfalls.

Besorgen Sie sich eine Gewindestange der Stärke M5. Anschließend benötigen Sie noch fünf Beilagscheiben, wozu Sie einfach die Schranktüren aushängen. Ach so, vielleicht fragen Sie sich, wo die Gewindestange herkommt? Ganz einfach: vom Klorollenhalter.

Sollten Sie nicht genügend Beilagscheiben finden, zum Beispiel, weil Ihr Hotelzimmer nur eine Schranktür hat, dann sollten Sie mal ein Hotel in Dänemark besuchen. In Kopenhagen vielleicht, das ist immer einen Besuch wert. Im skandinavischen

Abb. 10.2   WLAN-Richtfunkantenne aus einer Chipsdose

Nachbarland gibt es noch keinen Euro und das dänische fünf Kronen Stück ist genauso groß wie die Beilagscheiben, die Sie brauchen: 30 mm im Durchmesser.

Mit Kaugummi bringen Sie die Beilagscheiben in gleichem Abstand auf die Gewindestange auf. Das Ergebnis sieht aus wie ein fünfarmiger Pizzaschneider, es dient uns aber als *Direktor* innerhalb der Dose. Befestigt am Plastikdeckel der Chipsdose wird sie mittig in selbige eingeführt. Ein passendes Stückchen Karton oder festes Papier hilft, dass der Stab nicht wackelt, sondern pfeilgerade in der Mitte der Antenne bleibt.

Nun bohrt man mit dem Finder an der richtigen Stelle ein Loch in die Dose. Ein Stück Draht, der das Signal am Ende des Direktors in der Dose abnimmt, muss nach außen geführt werden. Von dort lässt sich unsere Richtfunkantenne Marke Eigenbau an die WLAN-Karte anschließen. Die Reichweite der internen Antenne (etwa 300 m) wird damit deutlich erhöht (Abb. 10.2).

Sollten Sie auf Ihrer WLAN-Karte keinen Anschluss für eine zweite Antenne sehen, dann schrauben Sie die Karte einfach mal auf. Fast alle WLAN-Geräte, egal ob Router, externe PCMCIA-Karte oder auch die in Laptops verbauten WLAN-Karten haben einen Anschluss für eine weitere Antenne. Aber Achtung, Sie verlieren beim Öffnen möglicherweise die Garantie auf Ihr Gerät.

Eine genaue Anleitung zum Nachbau finden Sie im Internet. Googeln Sie nach *WLAN* und *Pringles* erhalten Sie mehr als 22.000 Treffer. Ein Teil davon bietet neben der Bastelanleitung gleich ein Formular zum Download an. Es listet alle Teile mit Namen und Bestellnummern eines großen Elektronikversenders auf. Ausgedruckt, Absender drauf und fertig ist das Bestellformular. Einfacher geht's nicht.

10.5 Live-Schaltung ins Nachbarhaus – Wie man mit einem Babyfon fremde Schlafzimmer ausspioniert

Schlaf, Kindlein, schlaf. Welche jungen Eltern wünschen sich das nicht. Der Sprössling schläft ruhig und selig im Gitterbettchen, während Mama und Papa ganz entspannt bei den Nachbarn ein Gläschen Rotwein trinken. Leider sieht die Realität oft anders aus.

Der Stammhalter gibt Ruhe bis Mama und Papa weg müssen. Vorher ist ja auch Spannendes los. Warum malt Mami sich die Augen an? Was ist in der Flasche, die Papi mitnimmt? Lauter Fragen, die sich ein Baby nicht beantworten kann. Es kommt, wie es kommen muss. Junior schreit sich die Kehle aus dem Leib.

Von Einschlafen keine Spur, von Ausgehen schon gleich zwei Mal nicht.

Zugegeben, das passiert jedem Elternpaar, aber irgendwann klappt es auch mal mit dem Nachbarn, Verzeihung, mit den Nachbarn. Zum Glück gibt es ja das Babyfon. Es überträgt Geräusche des Babys durch Wände und Türen. Während die Eltern nebenan Schmidts über das neue Leben mit Kevin-Jonas erzählen, tragen Radiowellen das Geschehen zu diesen herüber.

Neuerdings nicht nur mit Ton, sondern auch mit Bild. Meist schwarz/weiß, dafür aber mit Nachtsichtsicht-Funktion. Eine super Sache, nun können sich Schmidts und deren Gäste gleich ein Bild davon machen, dass Kevin-Jonas tatsächlich in seinem Bettchen liegt.

Was macht man mit so einem Babyfon, wenn das Kind schon größer ist und eine abendliche Überwachung nicht mehr nötig ist? Es vergammelt im Schrank, wozu sollte man es auch nutzen können? Diese Frage beantwortet sich von selbst, wenn man sich einmal mit der Funktionsweise der Kamera vertraut macht.

Ein Babyfon sendet auf verschiedenen Frequenzen. Meist lassen sich zwei oder drei Kanäle auswählen. Warum aber? Mama und Papa kann die verwendete Trägerfrequenz völlig egal sein. Ob Kanal 1 oder 2, wen kümmert das? Hauptsache Bild und Ton kommen sauber beim Empfangsgerät an.

Die Antwort ist ganz simpel. In einem Wohnhaus mit mehreren Parteien ist es denkbar, dass nicht nur eine Familie einen Sprössling im Kleinkindalter hat. Auch bei den Nachbarn drüber, drunter, links oder rechts könnte die Verhütung versagt haben oder der lange Wunsch in Erfüllung gegangen sein. Da auch dort ein Babyfon eingesetzt wird, würden wohl zwei Elternpaare rennen, wenn das Baby schreit. Ein Pärchen rennt allerdings umsonst – denn Junior schläft ruhig und fest. Das Nachbarbaby war es, das um Milch bittet.

Ein Babyfon hat also deshalb mehrere Kanäle zu Auswahl, weil es andere Geräte gibt, die auf der gleichen Frequenz senden. Und wo gesendet wird, da wird auch empfangen – und zwar von jedem Empfänger, der für diese Frequenz gebaut ist. Wer also auf Babygeheule steht, der braucht lediglich ein altes Babyfon aus dem Keller holen und Abends durch die Straßen ziehen. Nur, wer will das schon…

Wer nicht hören will, der will vielleicht sehen. Das – oder so ähnlich – sagt schon ein altes Sprichwort. Spannen tun wir alle gern, auch wenn sich die meisten von uns nicht trauen. Wer käme schon auf die Idee, den Nachbarn per Fernglas ins Schlafzimmer oder das Bad zu glotzen. Gut, ein paar Menschen gibt es wohl, aber als Volkssport kann man es nicht gerade bezeichnen. Doch wer weiß schon, dass in einem staubigen Karton im Keller eine Überwachungskamera liegt: Das alte Video-Babyfon. Besser gesagt, der Monitor, der das Bildchen des schlafenden Säuglings angezeigt hat.

Drahtlose Überwachungskameras, heute in jedem Bau- und Elektrofachmarkt zu haben, senden auf der gleichen Frequenz, wie Video-Babyfon. Müssen Sie auch, schließlich sind das die einzig freigegebenen Frequenzbänder. Genauer betrachtet, handelt es sich sogar um ein und dieselben Geräte. Lediglich das Gehäuse ist unterschiedlich. Grau oder Rosarot.

Beim Spaziergang durch die Straßen der Stadt, begleitet von einem Monitor des alten Video-Babyfons, erscheinen nach und nach und immer wieder Einblicke in fremde Räume. Sicherlich eher selten eine private Wohnung, viel öfter aber die überwachten Räume von Bars, Restaurants und sonstigen Geschäften. Nun gut, ganz legal ist das nicht, aber wissen die Geschäftsinhaber, die

Funkkameras anbringen, dass jeder mit einem Video-Babyfon für ein paar Euros Einblick in den Aufenthaltsraum bekommt? Bei meinen Spaziergängen sind alle Passanten Außenseiter. Außer ich, ich bin sogar live dabei.

10.6 Fenster oder Gang? – Warum Funktastaturen zwar bequem, aber unsicher sind

Den sichersten Platz im Flugzeug gibt es zumindest laut Statistik nicht. Ganz egal, vorne und hinten sitzt man genauso sicher oder unsicher im Flieger, denn bei einem Unfall kommt es darauf an, was das für ein Unfall ist. Zum Glück weiß man vorher nicht, dass was passiert und selbst wenn der Pilot „Luftnotlage" funken muss, kann man als Passagier ja noch lange nicht wissen, ob und wo der Flieger auseinander bricht.

Wenn Sie sich trotzdem sicherer fühlen möchten, dann sollten Sie am Gang sitzen und nicht weiter als fünf Reihen von einem Notausgang entfernt. Im unwahrscheinlichen Falle eines Flugzeugabsturzes kommen Sie, statistisch gesehen, ein klein wenig eher raus, als der Rest der Mitreisenden.

Im Büro ist es egal, ob Sie am Fenster sitzen oder am Gang. Wahrscheinlich haben Sie eh beides, das Fenster zur Linken und den Gang zur Rechten – oder umgekehrt. Da ein Büro auch selten abstürzt – höchstens die Aktien der Firma – ist die Sitzplatzausrichtung egal. Etwas anders stellt es sich dar, wenn man sich überlegt, was aus dem Bürofenster oder -gang raus- oder reinfliegt. Neben WLAN und Handy strahlen da noch ganz andere Dinge und die scheren sich ehrlich gesagt weder um Fenster noch um Türen.

Arbeiten Sie zum Beispiel mit einer Funktastatur, können Sie fast sicher davon ausgehen, dass man das, was Sie tippen, auch noch im Nachbarbüro empfangen kann – oder draußen auf der Straße. Drahtlose HIDs (Human Interface Device) funken nämlich auf öffentlichen Frequenzen und von denen gibt es gar nicht so schrecklich viele.

Legen Sie sich ein paar der billigeren Eingabegeräte zu, kann es passieren, dass diese auf maximal fünfzehn unterschiedlichen Frequenzen senden. Hat der Zimmernachbar zufällig den gleichen Kanal erwischt, brauchen Sie sich nicht zu wundern, wenn sein Passwort plötzlich in Ihrer E-Mail auftaucht – oder Ihres bei ihm im Brief. Zum Glück haben zumindest die meisten Markenhersteller noch einen *Seed*, also eine Art Zufallszahl bei jeder Tastatur eingebaut. Die verhindert zwar, dass der Zimmernachbar aus Versehen Ihre Eingaben mitbekommt, gegen mutwilliges Mitlesen Ihrer geheimen Briefe oder Mails schützt das aber auch nicht zuverlässig.

Ausnahmen sind die etwas teureren Bluetooth-Tastaturen. Für die braucht man zum Koppeln zumindest einen Code. Durch diesen ist die Übertragung der eingegebenen Buchstaben verschlüsselt und deutlich sicherer als bei Tastaturen im Megahertz-Bereich.

Beim Arbeiten am Laptop während eines Fluges sollten Sie jedoch auf Funktastaturen verzichten, sonst kann es passieren, dass Sie ungewollt etwas früher und auch noch am falschen Airport eine Notlandung hinlegen. Sicherlich wird kein Flugzeug durch eine drahtlose Tastatur vom Himmel fallen, selbst Handys schaffen das nicht. Trotzdem muss man sie ausschalten, weil sie die Signale von Messfühlern stören oder auch mal ungewollt einen Feueralarm an Bord auslösen. Dann fühlt man sich zwar wohler, wenn man weiß, man sitzt am Gang und keine fünf Reihen vom

Notausgang entfernt. Aber eine Statistik besteht halt auch nur aus Zahlen, und die sagen auch, dass die Wahrscheinlichkeit, auf dem Weg zum oder vom Flughafen zu verunglücken, deutlich höher ist, als im Flieger selbst.

11

Filme, Musik & Fernsehen

11.1 Jäger und Sammler – Wie man seine CD-Sammlung legal kopieren kann

Auf eine große Festplatte passen locker eine Viertelmillionen mp3-Songs. Sind Sie auch so ein mp3-Jäger und Sammler? Einer, der alles was nach Musik aussieht, aus dem Netz kopiert. Wussten Sie, dass Sie gut zwei Jahre brauchen, um alle Stücke einer vollen Festplatte genau einmal anzuhören? Das wird eine lange Party. Hoffentlich reicht das Bier.

Ich muss Ihnen nicht sagen, dass das Laden von mp3-Dateien von Internet-Tauschbörsen illegal ist, das wissen Sie selbst. Sie begehen eine Urheberrechtsverletzung – ja, auch wenn Sie die Dateien nicht selbst tauschen und weitergeben. Oft höre ich Argumente wie: „Früher haben wir auch immer Kassetten[1] getauscht." oder gar „Das erstellen einer privaten Kopie ist erlaubt!"

---

[1] Für alle, die nach 1990 geboren wurden: Kassetten sind altmodische, magnetisch empfindliche Tonträger. Mit einem klobigen Zusatzgerät (Kassettenrekorder) konnte Musik aus dem Radio aufgenommen werden. Lieder wurden damit zu einmaligen Erinnerungen, denn am Anfang und Ende eines Liedes konnte man die Stimme des Moderators hören, der da immer reinquatschte. Kassetten konnten ca. 20 Lieder speichern und ließen sich in knapp 90 min kopieren – wenn man rechtzeitig daran dachte, die Kassette umzudrehen.

T. Schrödel, *Ich glaube, es hackt!*, DOI 10.1007/978-3-658-10858-8_11,
© Springer Fachmedien Wiesbaden 2016

Diese Menschen haben Recht. Früher haben wir Kassetten getauscht und damals wie heute ist das Erstellen einer privaten Kopie eines legal erworbenen Ton- oder Filmträgers erlaubt. Selbst die Weitergabe im Freundeskreis ist kein Problem. Absurderweise ist dieses Recht heute aus technischen Gründen aber fast nicht mehr anwendbar.

Es gibt da nämlich ein anderes, neueres Gesetz, welches das Brechen und Überwinden eines digitalen Kopierschutzes verbietet. Dieses Verbot wird in der Rechtsauffassung der Gerichte höher bewertet als das Recht einer privaten Kopie. Da Musik heutzutage nahezu ausschließlich in digitaler Form verkauft wird und diese Datenträger einen digitalen Kopierschutz enthalten, müssten Sie diesen zuerst knacken, bevor Sie eine Kopie anfertigen können.

Und da beißt sich die Katze in den Schwanz, denn das Knacken des Kopierschutzes ist strengstens verboten. Wie um alles in der Welt soll man so sein verbrieftes Recht auf eine persönliche Kopie der CD für das Autoradio nutzen können? Hat es die Musikindustrie endlich geschafft, die ungeliebten privaten Kopien zu verhindern?

Nein, zum Glück hat sie das nicht. Es gibt eine Möglichkeit, jede CD oder DVD legal zu kopieren ohne dabei den Kopierschutz zu knacken. Sie benötigen nur ein etwa 7 cm langes Kupferkabel mit einem kleinen Klinkenstecker an beiden Enden – einen wie an Ihrem Kopfhörer, den Sie in Ihren mp3-Spieler stöpseln. Für Videos brauchen Sie zwar ein paar Kabel und Adapter mehr, diese Methode funktioniert aber auch.

Spielen Sie eine CD auf Ihrem Computer ab, können Sie die Musik über die angeschlossenen Lautsprecher hören. So weit, so gut. Verbinden Sie nun aber die Buchse, in der Ihre Lautsprecher mit dem PC verbunden sind (grün) mit Hilfe des kleinen Kabels direkt mit dem Mikrofoneingang (rosa), dann können Sie die Musik mit einem zweiten Programm gleichzeitig wieder aufnehmen und direkt als mp3 codiert auf Ihre Festplatte speichern. Kleine Zusatztools trennen die Aufnahme sogar automatisch nach jedem Stück und benennen die Dateien dank einer Internet-Datenbank auch gleich korrekt nach Interpret und Titel.

An keiner Stelle überwinden Sie hierbei den Kopierschutz, Sie nehmen lediglich ein analoges Signal auf und digitalisieren dieses hinterher. Einziger Nachteil dieser Methode ist die Geschwindigkeit. Eine Kopie benötigt so lange, wie es dauert, die CD zu hören.

Diese Kopie dürfen Sie nun auch an bis zu sieben Freunde weitergeben – natürlich nur ohne finanzielle Gegenleistung. Die von Ihnen erstellte CD enthält fortan auch keinen Kopierschutz mehr. Achten Sie nur darauf, diese nicht im Internet zum Download anzubieten. Es dürfte schwer werden, nachzuweisen, dass alle Menschen der Welt mit Internetzugang Freunde oder Bekannte von Ihnen sind.

Ist Ihnen dieser Weg zu zeitintensiv oder zählen Sie gar zu den erwähnten Jägern und Sammlern, dann kann ich Ihnen von Ihrem illegalen Handeln nur abraten. Eine Computerzeitschrift hat einmal errechnet, dass die durchschnittliche Strafe pro illegaler mp3-Datei bei rund 5 € liegt. Da kann es teuer werden, wenn die Polizei Ihnen aufgrund eines anonymen Hinweises einen Hausbesuch abstattet und ihre Rechner mitnimmt. Gerade im Büro ist das doppelt unangenehm.

Übrigens, den Rechner des Datenschutzbeauftragten Ihrer Firma darf die Polizei bei Durchsuchungen nicht einfach so mitnehmen. Es muss eine explizite Verfügung dafür vorliegen.

Ein idealer Platz also für die mp3-Sammlung. Am besten werden Sie gleich selbst zum Datenschutzbeauftragten. Viele interessante Schulungen geben Gelegenheit zum Tausch und Aufstocken Ihrer Musik-Sammlung.

11.2 Unerhört – Wie das mp3-Verfahren funktioniert

In den 80er Jahren strahlte das ZDF eine Kinderserie mit dem Namen „*Anderland*" aus. Pseudopsychologische Geschichten sollten Kinder zum Träumen anregen und die Phantasie steigern.

In Folge 15 mit dem Namen „*Unerhört*" sucht ein kleiner Junge mit einer fürchterlichen Topffrisur das, was der Regisseur im Titel versteckte. Er fand es schließlich in einer Muschel am Strand von Sylt. Es war das Rauschen des Meeres, das man nur hört, wenn man daran glaubt. Unerhört eben.

Gut zwanzig Jahre später sind Forscher des Fraunhofer-Instituts auf die Idee gekommen, aus eben diesem Unerhörten eine der wohl größten Erfindungen der Neuzeit zu machen. Und weil Unerhört-Player nicht gut klingt, nannten sie es mp3.

Zu dieser Zeit waren Tony Blair[2] und ebenso das amerikanische Militär[3] noch davon überzeugt, dass das, was man nicht sieht auch nicht da *ist*. Die Fraunhofer-Forscher waren bereits einen gewaltigen Schritt weiter. Sie fragten sich, ob das, was man nicht hört, denn unbedingt da sein *muss*. Innovative Querdenker eben.

Analoge wie digitale Tonaufnahmen zeichnen ein gewaltiges Frequenzspektrum auf. Das menschliche Gehör kann Töne ab einer gewissen Höhe und auch Tiefe aber gar nicht hören. Seine Bauweise lässt das nicht zu. Bei Walen ist das anders. Sie hören tiefste Töne noch über Kilometer hinweg. Da können Sie neben einem Pottwal schnorcheln, der über Ihre Figur lästert und kriegen es nicht mal mit, während der zweite Meeressäuger hunderte von Kilometern entfernt zu lachen beginnt. Ein Menschenohr hört nicht alles. Menschen mit Ring am Finger können das bestätigen.

---

[2] Siehe Kapitel „Weitere Informationen finden Sie im Kleinstgedruckten" – 3.3.
[3] Siehe Kapitel „Wer hat Angst vorm schwarzen Mann" – 3.4.

Bei hohen Tönen ist es gar noch schlimmer. Am Anfang des Lebens ist das menschliche Ohr in der Lage, höchste Töne wahrzunehmen. Mit zunehmendem Alter lässt das nach. Bereits mit 20 Jahren fehlt uns eine ganze Tonleiter. Dass sich daraus sogar Geld machen lässt, zeigt die Existenz eines Handy-Klingeltons, den sich Jugendliche für 5 € herunterladen können. In Schulen sind angeschaltete Handys während des Unterrichts verboten. Das ewige Klingeln und Piepsen bei eintreffenden SMS-Nachrichten stört die mathematische Unterweisung mehr als der Klassenclown. Der angebotene Klingelton ist jedoch derart hochfrequent, dass er von Menschen über 20 Jahren (Lehrern) schlichtweg nicht wahrgenommen wird. Die Schüler hingegen wissen genau, dass jetzt ein vorgetäuschtes dringendes Bedürfnis angezeigt ist, um die Nachricht beantworten zu können.

Nun erhöht eine größere Zielgruppe den Gewinn. Warum also hochfrequente Töne nicht auch an die verkaufen, die es gar nicht hören können? Mit hochfrequenten Tönen können Sie beispielsweise auch die Parkanlage vor Ihrem Schlafzimmer beschallen. Jugendliche, die sich dort am „frühen Abend" zwischen 2:00 Uhr und 4:00 Uhr gerne noch ein Bierchen einverleiben, fühlen sich Dank des hohen Dauertons massiv unwohl. Die Suche eines neuen Treffpunkts wird recht zeitnah erfolgen. Ihrer ungestörten Bettruhe ab 21:00 Uhr steht nun nichts mehr im Weg und selbiger bleibt zukünftig auch deutlich sauberer. Hunde werden nämlich ebenso einen großen Bogen um Ihr Grundstück machen wie pubertierende Jugendliche.

Sie sollten sich aber nicht wundern, wenn das Baby der jungen Familie im Haus neben an, plötzlich zum Schreikind wird und keine Nacht mehr durchschläft. Oder Ihre Katze die Vorhänge zerfetzt…

Zurück zu mp3. Töne in Frequenzbereichen, die kein Mensch – egal ob alt oder jung – hören kann, erzeugen riesige Mengen an Daten. Die Aufnahmegeräte speichern diese natürlich ebenso ab, wie die, die der Komponist für Schnecke, Amboss und Steigbügel vorgesehen hat. Nun ist eine Musikaufnahme primär zum Anhören gedacht. Es stört also auch nicht, wenn die Frequenzen, die sowieso nicht zu hören sind, einfach herausgeschnitten werden. Die Datenmenge reduziert sich schlagartig ganz erheblich und zusammen mit einer verlustfreien Komprimierung erreicht mp3 dadurch eine Datenreduktion von knapp 80 %. Daher sind mp3-Dateien bei annähernder CD-Qualität derart klein.

Findige Verbrecher sind dann gleich auf die Idee gekommen, eine alte Idee ganz modern zu nutzen. Wenn man Daten in Bildern verstecken[4] kann, warum nicht auch in Musik? Unerhörte Frequenzen kann man auch verändern, ohne dass es jemanden stört. Ist das Ziel nicht die Verkleinerung der Datenmenge, lassen sich mehrere Dutzend Seiten Text und ganze Grafiken in einem vier minuten dauernden Lied unterbringen, ohne dass es beim Abspielen der CD zu hören ist. So können geheime Daten unbemerkt per Musik-CD das Land verlassen. Ein Umkehrprogramm baut die Daten beim Empfänger wieder zu einem Word-Dokument zusammen.

Sucht die Polizei nach Beweisen, wird sie nur ganz schwer fündig. Und selbst die Erkenntnis, dass Daten steganographisch in Verdis Aida versteckt sind, reicht nicht zwangsläufig aus, um diese in der richtigen Reihenfolge wieder sinnvoll zusammensetzen zu können.

Heute werden rund 140 Mio. mp3-Player pro Jahr verkauft. Als eigenes Gerät, in Handys, Autoradios und sogar in Brillen. Wenn das der Junge mit der fürchterlichen Topffrisur damals schon erkannt hätte, er wäre mit seiner Muschel unerhört reich geworden.

---

[4] Siehe Kapitel „Die Griechen haben angefangen" – 17.4.

11.3 Ein Kapitel nur für Männer – Wie Pay-TV im Hotel funktioniert

Hotelzimmer, finde ich, sehen alle gleich aus. Der Aufbau eines rechtwinkligen Zimmers lässt nicht viel Spielraum, um eine optimale Raumausnutzung zu erreichen. So befindet sich das Bad unmittelbar nach dem Eingang. Etwas weiter hinten das Bett, ein Sesselchen und meist ein Schreibtisch, der den Namen nicht wirklich verdient.

Gegenüber vom Bett ist eine Kommode und darauf prangt eine formschöne Plexiglasablage, die Ihnen die Fernbedienung anreicht. Nimmt man diese in die Hand, um den Fernseher mit der meist falsch geschriebenen Begrüßungsmeldung abzuschalten, dann sticht einem die nächste Haupt-Einnahmequelle des Hoteliers (neben der Tiefgarage) ins Auge: Pay-TV.

Ja, meine Herren, da können Sie für schlappe 12,50 € ganze 24 h lang Zorro oder Shrek zur abendlichen Entspannung ansehen. Bei durchschnittlich 120 min können Sie den Film Ihrer Wahl ganze zwölf Mal betrachten. Da kann es schon mal passieren, dass man an den langweiligen Stellen auf Pay-TV-Kanal 3 oder 4 umschaltet.

Aber halt! Denken Sie an das morgendliche Auschecken an der Hotelrezeption. Wenn Sie endlich an der Reihe sind, lächelt Sie die nette Blondine an und fragt in zaghaftem Ton, ob denn noch was aus der Minibar dazukäme. Anschließend wird sie rhetorisch vollendet und um 3db lauter verkünden, dass Sie „eine Übernachtung und einmal Pay-TV" hatten. Na, da fängt das Kichern der Kollegen hinter Ihnen doch schon an.

Machen Sie nicht den Fehler zu sagen, dass Sie nicht geschaut haben – das System irrt sich nie. Die blutjunge Schönheit kann Ihnen ganz genau sagen, welchen Kanal Sie wie lange geschaut haben, wie oft Sie bei langweiligen Stellen zwangsweise auf Kanal 4 umschalten mussten und so weiter. Auch ein mutiges Daumenhoch und die Aussage „Zorro war super" bringt nichts, es glaubt Ihnen sowieso keiner.

Das einzige, was hilft ist ein eigener Fernseher. Schließlich kommt das Bild nicht erst dann in Ihr Zimmer, wenn Sie die Fernbedienung mit zweimal auf OK drücken dazu veranlasst haben – das Bild ist immer da. Im so genannten Multicast Verfahren sendet ein Bild-Server das Video permanent an viele Empfänger – die Fernsehgeräte in den Zimmern. Das böse Fernsehgerät jedoch hält das Bild so lange in einer kleinen schwarzen Box auf der Rückseite zurück, bis Sie Ihren Geldbeutel erleichtern.

Warum also nicht einen eigenen Fernseher ohne so eine schwarze Box mitbringen? Die gibt es mittlerweile schon für die Hosentasche. Nämlich als analogen USB-TV-Stick für den Laptop.

Stick rein, Antennenkabel aus dem Fernseher raus, an den Stick anstecken und dann mit der beiliegenden Software den Kanalsuchlauf starten. Kurze Zeit später laufen Shrek, Zorro und die weiblichen Helden der Kanäle 3 und 4 völlig illegal – dafür aber auch völlig kostenfrei – auf dem Laptopmonitor (Abb. 11.1).

Dummerweise ist das nicht mit meiner sozialen Einstellung zu vereinbaren, schließlich erschleichen Sie sich fremde Leistungen. Auch ist der Trick nicht gerade neu und einige Hotels haben daher bewusst die Antennenbuchsen vertauscht. Das Kabel passt nicht mehr und ein Adapter muss her. Allmählich wird's dann wirklich kriminell.

Wenn Sie sich aber doch trauen: Manche etwas teurere USB-TV-Sticks haben auch noch einen mpeg2-Decoder Chip, da können Sie Shrek gleich für die Kinder zu Hause aufnehmen. Auf DVD gebrannt und im Bekanntenkreis weiterverkauft, ist das Upgrade für die Junior-Suite auch ruck-zuck wieder drin.

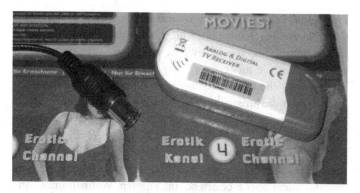

Abb. 11.1 Eine USB-TV-Karte und Werbung für Pay-TV

11.4 Public Viewing – Was die Filmindustrie nicht bekämpfen kann

Zur Fußball-Weltmeisterschaft 2006 in Deutschland haben wir uns erstmals wieder getraut, die eigene Fahne ins Fenster oder sogar ans Auto zu hängen. Ein positives nationales Wir-Gefühl, welches wir schon seit Jahrzehnten gar nicht mehr kannten und nur leicht vermindert auch 2010 noch anhielt.

Public Viewing war der neueste Hit. Zigtausende Menschen strömten schwarz-rot-gold bekleidet und bemalt auf öffentliche Plätze, um Philipp Lahm & Co. zuzujubeln und auf den respektablen dritten Platz zu schreien. Solche öffentlichen Aufführungen sind aber gar nicht neu. Auch aktuelle Kinofilme kommen auf diese Weise, manchmal sogar noch vor der Premiere, zu ungewollten Zuschauerzahlen.

Seit Jahren kämpft die Filmindustrie gegen Tauschbörsen im Internet, auf denen die teuer hergestellten Streifen kostenlos zum Download angeboten werden. Selbst die unerfahrenen Mütter und Väter haben mittlerweile landauf landab mitbekommen, dass die eigenen Kinder hier illegale Dinge machen und dies durch Androhung von Hausarrest oder Taschengeldkürzungen unterbunden. Sie auch?

Nun sind die kleinen Bälger aber durchaus erfindungsreich und bringen die juristisch unerfahrenen Eltern mit neuen Tricks in Erklärungsnot. „Was, wenn ich den Film gar nicht herunterlade, sondern einfach live über das Internet ansehe?" Live-Stream heißt das Zauberwort – Public Viewing im Kinderzimmer. Die Festplatte mit dem Film steht in Russland, China oder sonst wo und nicht mehr belastend im eigenen Wohnzimmer. Ansehen lässt sich der Streifen dann per Mausklick und das schnelle DSL-Netz überträgt meist ruckelfrei nur die gerade laufende Filmsequenz, ähnlich wie früher die analoge Antenne oder das modernere DVB-T. Ist der Video-Player auf dem PC richtig konfiguriert, wird auch wirklich nichts auf der Festplatte gespeichert.

Was soll man da antworten? Überall heißt es, dass das tauschen oder herunterladen von Filmen illegal ist. Von ansehen war nie die Rede. Bei den meisten keimt trotzdem ein kleiner Zweifel an der Rechtmäßigkeit auf. Zu Recht?

Wie so oft im Leben gibt es verschiedene Meinungen. Professor Heckmann von der Uni Passau, ein ausgewiesener Fachmann für IT-Recht, rät dazu, die Finger besser von der Maus zu lassen. Und das, obwohl ein Kollege von der Ruhruniversität Bochum die Nutzung von Streaming-Angeboten als urheberrechtlich zulässig ansieht.[5] Einig sind sich die Fachleute trotzdem: Der Inhaber der Urheberrechte wird nichts unversucht lassen, auch Nutzer derartiger Angebote zu belangen.

Gehen Sie also lieber ins Kino, am besten mit der ganzen Familie. Da haben Sie dann nichts zu befürchten und viel mehr

---

[5] Professor Dr. Georg Borges „Sicher geht's besser" WS 2009/2010 Abschlussbericht.

Spaß als heimliches Gucken im Wohnzimmer in meist mieser Qualität macht das auch.

Sollten Sie übrigens mal von einem Amerikaner zum Public Viewing eingeladen werden, achten Sie bitte auf korrekte Kleidung. Dort bezeichnet Public Viewing nämlich das Ausstellen einer aufgebarten Leiche zur Kondolierung. Wenn Sie da mit Tröte und Fanschal aufkreuzen, ist das eher unpassend.

11.5 Fernsehen nur für mich – Wie IP-TV das Fernsehen revolutionieren wird

Lieblingssendung verpasst? Kein Problem! Schon heute bieten die TV-Sender die Möglichkeit, die versäumte Folge der Vorabend-Soap im Web anzusehen. Mediathek nennt sich das und die Privatsender überschütten uns auch dort schon mit Werbung, Werbung, Werbung.

Die Mediatheken sind der erste Schritt in eine vollständig IP-basierende Fernsehwelt. Was mit *Entertain* oder *Maxdome* beginnt, wird in naher Zukunft alltäglich sein. Nicht der Satellit sendet das Fernsehbild, es ist der Internet-Provider. Und das revolutioniert das Fernsehen, es wird uns ein nahezu völlig privates, personalisiertes Filmangebot ermöglichen. Wir bekommen nur das gezeigt, was uns auch gefällt und die Werbung bringt wenigstens nur die Angebote, die mich echt ansprechen.

Klingt verlockend? Vielleicht. Möglicherweise ist es aber die Vorstufe zur Entmündigung. Doch bevor wir das beurteilen können, müssen wir erst einmal verstehen, wie IP-TV überhaupt funktioniert und welche Möglichkeiten es dem Anbieter bietet.

Zum Empfang von Fernsehen über Internet wird ein Receiver benötigt. Diesen bekommt man nicht im Geschäft, nein, er kommt automatisch vom Anbieter per Post. Was nach Service klingt, ist allerdings Zwang, denn das Gerät ist personalisiert. Es enthält einen eindeutigen Schlüssel, damit das Signal – der Videostream – entschlüsselt werden kann. Das ist notwendig, weil die Sendungen einer so genannten Grundverschlüsselung unterliegen.

Schaltet man den Receiver ein oder wechselt den Kanal, wird das entsprechende Videosignal vom Server angefordert. Der Anbieter weiß damit sehr genau, wer wann welchen Kanal sieht und wie lange er das tut. Theoretisch kann die Set-Top-Box über das Scart-Kabel sogar erkennen, ob das Fernsehgerät angeschaltet ist oder nicht. Das könnte man umweltpolitisch sinnvoll nutzen, wenn sich der Receiver dann selbständig in den Stand-by-Modus schalten würde, es geht aber nur um die Statistik der werbewirksam zusehenden Bevölkerung, nicht um Stromsparen.

Unser Fernseher hat im Zeitalter des Internets einen Rückkanal erhalten. Fast in Echtzeit können die Sender Informationen über ihre Zuseher erhalten und diese werden sie auch nutzen. Auch wenn es noch Zukunftsmusik ist, die Möglichkeiten für die Werbeindustrie sind gigantisch. Der Nutzer und sein Fernsehverhalten werden gläsern und verknüpft mit Facebook, Xing & Co. lassen sich auch Werbung und Spielfilme personalisieren.

Es wird kommen, dass unser Nachbar andere Werbung sieht, als wir. Das junge dynamische Paar von nebenan – *double income, no kids* – wird coole, energiegeladene Werbefilme eines schwäbischen Sportwagenherstellers gezeigt bekommen, während bei uns Windeln und Babykost angepriesen wird. Das mag vielleicht noch einleuchtend klingen. Psychisch belastend wird es, wenn wir merken, dass wir – zumindest für die Sender – langsam aber sicher als altes Eisen gelten. Werden plötzlich Werbespots für Zahnreinigung der Dritten oder Windeln für Erwachsene gesendet, kann das schon belasten.

Neben gezielter Werbung lassen sich mit verknüpften Daten aus sozialen Netzwerken aber auch andere Dinge ableiten. Was bestellen Menschen im Versandhandel, die die gleichen Filme sehen, wie Sie? Die Chance, dass Sie auf die gleichen Waren stehen, ist groß und anhand Ihres Business Profils lässt sich sogar Ihre Position und damit auch ein bisschen Ihre Zahlungsfähigkeit ableiten.

Auch das kann man vielleicht sogar als sinnvolle Errungenschaft ansehen. Aber wollen Sie, dass die Free-TV-Premiere bei Ihnen in gekürzter Fassung läuft, nur weil der Sender weiß, dass Sie minderjährige Kinder im Haushalt haben? In der Wohnung nebenan fehlt weder Blut noch Geschrei, da sind ja auch alle erwachsen.

Die Sender werden uns bevormunden. Sie sind in der Lage uns nur das zu zeigen, von dem **sie** glauben, dass es für **uns** sinnvoll oder richtig ist – immer begleitet von der Frage möglichen Umsatzes. Angelockt von zugegeben wirklich angenehmen Begleiterscheinungen wie zeitversetztem Sehen, einer Pausefunktion bei drückender Blase sowie einem gigantischen Angebot an Video-on-Demand-Filmen wird IP-TV mittelfristig die Haushalte durchziehen. Davon sind Zukunftsforscher ebenso überzeugt wie Unternehmensberatungen.

Ein auf Linux basierender Videorekorder[6] bietet übrigens heute schon die gleichen komfortablen Funktionen für Sat, Kabel und DVB-T. Ohne Nebenwirkungen der Sender und noch dazu völlig kostenlos. Open Source sei Dank.

11.6 Volle Batterien – Wie man Infrarotlicht sichtbar machen kann

Bei einem Meeting vor ein paar Tagen sah ich nur Pfeifen. Ich bin also gleich mal zum Augenarzt, da ich dachte, ich habe Tinnitus in den Augen. Er konnte mich beruhigen, das mit den Pfeifen, so

---

[6] VDR, siehe auch www.vdr-wiki.de

sagte er, liegt an etwas anderem, meine Sehkraft ist – bis auf eine kleine Kurzsichtigkeit – völlig in Ordnung.

Das mit dem Sehen ist schon so eine Sache. Tagsüber Pfeifen und Abends in der Glotze persönliche Schicksale, mit der Kamera begleitet. Ibiza-Schicksale junger Düsseldorferinnen auf RTL II. Da hilft nur schnell wegzuzappen. Wenn die Fernbedienung dann nicht reagiert, kann das zwei Gründe haben. Sie hat nach 37-mal zu Boden fallen endgültig den Geist aufgegeben oder die Batterien sind mal wieder leer.

In beiden Fällen hat man ein Problem. Entweder sind gerade keine passenden Energiespeicher im Haus oder kein Spezialgerät, um eine Fernbedienung auf Funktionsfähigkeit zu prüfen. Nun ja nicht ganz, sofern Sie eine Digitalkamera Ihr Eigen nennen.

Viele Aufnahme-Chips – so genannte CMOS-Sensoren – heutiger Digitalkameras und Smartphones (z. B. bis iPhone 4 und Samsung S-Serie) sind in der Lage, Infrarotstrahlen zu erfassen. Da nahezu alle Fernbedienungen mit Infrarotlicht arbeiten, kann man die Strahlen der Fernbedienung im Sucher der Kamera sehen. Halten Sie die Seite, die normalerweise zum Fernseher zeigt einfach mal in Richtung der Linse, drücken dauerhaft eine Taste und sehen davon auf den Monitor der Kamera.

Wenn es dort jetzt weiß blinkt, dann ist sowohl die Batterie als auch die Fernbedienung in Ordnung. Möglicherweise stand also nur eine Familienpfeife im Weg und hat den Empfänger abgedeckt.

Mit einer besonders starken Fernbedienung können Sie übrigens samt Ihrem Fotohandy auch unter der Bettdecke in völliger Dunkelheit lesen. Ein Nachtsichtgerät für Arme ist das. Nicht besonders gut für die Augen sagt mein Arzt, aber wenigstens gibt es dort keine Pfeifen zu sehen (Abb. 11.2).

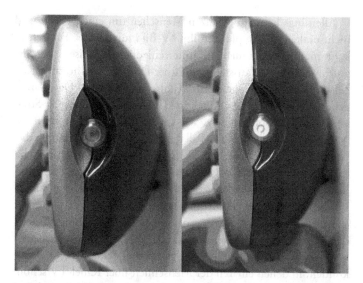

Abb. 11.2 Leere Batterie und volle Batterie – gesehen durch eine Digitalkamera

11.7 Erster! – Warum beim Fernsehen manche eher jubeln

So ein Elfmeterschießen kann schon verdammt langweilig sein. Besonders dann, wenn die halbe Nachbarschaft schon „*Toooor!*" schreit, obwohl der Schütze auf dem eigenen Fernseher gerade erst anläuft. Die Spannung sinkt auf den Nullpunkt, wenn man beim Treten der Flanke schon weiß, ob der anschließende Kopfball knapp daneben geht oder in die Maschen. „*Ooh*"- und „*Aah*"-Rufe der Nachbarn prophezeien dies mit der Trefferquote von Krake Paul[7] bei der Männer-Fußball-WM im eigenen Land.

---

[7] http://de.wikipedia.org/wiki/Paul_%28Krake%29

Allerdings haben die ganzen Menschen um einen herum gar nicht orakelt. Sie empfangen ihr TV-Bild nur anders. Fernsehen kann man heute nämlich auf unterschiedlichste Weise. Über die gute alte Antenne (aussterbend), über DVB-T, Satellit, über Kabel und neuerdings auch über IP, also das Internet. Das Ganze geht dann noch analog, digital, in HD, in HD+ oder gar als Stream über das Mobilfunknetz. Wer soll da noch durchblicken.

Eigentlich ist klar, dass bei all den verschiedenen Verfahren die Laufzeit der Bilder unterschiedlich sein muss. Es klingt logisch, dass ein Satellitenbild später ankommt, weil das Signal schließlich mit Hin- und Rückweg etwa 76.000 km zurücklegen muss. Ist aber gar nicht so. Tatsächlich legt ein Fernsehsignal die Strecke *Erde – Satellit – Erde* in etwa einer Viertelsekunde zurück, der zu beobachtende Zeitunterschied zwischen den verschiedenen Empfangsarten beträgt aber ganze drei Sekunden. Drei Sekunden, in denen ein Teil der Menschheit über Kabel-TV schon sieht, was passiert, während der andere Teil via DVB-T noch im Tal der Ahnungslosen sitzt – Wikipedia schreibt sogar von „zwei bis acht Sekunden"[8].

Tatsächlich liegt die Ursache im Codieren und Decodieren des Signals, in Komprimierungsverfahren, Fehlerkorrektur und in Puffern. Digitales Fernsehen, ganz egal, ob es über die Luft, ein Kabel oder aus einer Umlaufbahn heraus empfangen wird, muss umgerechnet werden. Dies geschieht an jedem Medienbruch, sprich überall dort, wo das Signal von einem Medium auf ein anderes umgesetzt wird. Je mehr Medienbrüche (Kabel – Luft – Antenne – Receiver), desto öfters die (De-)Codierungen, desto größer die Verzögerung.

Die Datenmenge, die übertragen wird, kann durch geschickte Komprimierung reduziert werden und ein Puffer sorgt zusätzlich dafür, dass das Bild nicht ruckelt oder stehenbleibt, wenn Störungen den Datenstrom kurzzeitig unterbrechen. Dieser Puffer spei-

---

[8] http://de.wikipedia.org/wiki/DVB-T

chert dazu den Datenstrom für eine gewisse Zeit vor, bevor er als Bild angezeigt wird. Das heißt auch, dass nach dem Umschalten eine kurze Zeit nichts angezeigt werden kann, ehe das Bild dann läuft[9], schließlich muss der Puffer erst einmal gefüllt werden.

Letztlich ist aber nicht nur die Anzahl der Medienbrüche für eine Verzögerung verantwortlich. Gerade bei einem HD-Kanal sind riesige Mengen an Information nötig. Die wollen auch noch gepuffert werden. Insofern werden Sie bei einem gestochen scharfen HD-Bild zwangsläufig auch hinter einem in Standard-PAL ausgestrahlten Kanal herhinken und später im Bilde sein.

Die Fehlerkorrektur sorgt letztendlich noch bei einer Störung dafür, dass fehlende Einzelbilder nachberechnet werden. Dazu wird das vorhergehende und das nachfolgende Bild analysiert und anhand von Mittelwerten der Farbpunkte das Fehlende errechnet und eingefügt. Das menschliche Auge gaukelt unserem Gehirn dann ein wunderbar scharfes und ruckelfreies Bild vor.

Ist der Empfang tatsächlich schlecht, hilft auch das nichts mehr und es kommt – wie bei digitalen Bildern üblich – zu Klötzchenbildung. Dies liegt wiederum daran, dass ein digitales Bild in Rechtecke unterteilt ist und immer nur solche Rechtecke übertragen werden, bei denen sich etwas geändert hat. Ein Bild mit festem Hintergrund und einer kleinen, sich bewegenden Figur wird daher auch bei schlechter Signalstärke gut sein. Schwenkt die Kamera aber, dann tauchen die Klötzchen in großer Zahl auf und das Bild wird unscharf.

Übrigens sorgt die eigentlich hervorragende Fehlerkorrektur heutzutage auch dafür, dass sich die Reichweite der DVB-T-Sender gegenüber den alten analogen Sendern erhöht hat. Wo früher nur noch Krisseln zu sehen war, reicht es heute noch zu einem Bild. Zwar ist das Bild größtenteils errechnet, dafür aber live – also fast.

---

[9] Was zusätzlich zur Dauer beim Wechsel der Frequenz innerhalb des Receivers kommt.

11.8 Wir schalten um zu Olympia – Warum live im Fernsehen nicht unbedingt live ist

Hyperventilierende Körper mit am Mundwinkel festgefrorenem Sabber hecheln beim Biathlon ins Ziel. Junge Menschen mit zu weiten Klamotten knallen beim Slopestyle aus 7 m Höhe auf *Rails* genannte Eisenrohre und magersüchtige Skispringer versuchen nach 103 m nicht mit dem Gesicht zu bremsen. Ich liebe Olympische Winterspiele! Besonders die Auftakt- und Abschlussfeiern.

Haben Sie die Eröffnungsfeier der Olympiade im russischen Sotschi gesehen? Toll! Fast perfekt war sie. Aber nur fast, denn einer der fünf Olympischen Ringe hat sich nicht entfaltet. Darüber wurde geredet – jedoch nur bei uns. In Russland wurde nämlich kurzerhand die gleiche Sequenz aus der Generalprobe vom Vortag ins Live-Bild eingespielt. 144 Mio. russische Fernsehzuschauer glaubten, alles hätte perfekt geklappt. Der Bildregisseur muss ja eine wahnsinnige Reaktionsfähigkeit haben. Obwohl er gar nicht wissen konnte, dass der fünfte Ring geschlossen bleibt, gab es im russischen Fernsehen nicht mal eine Zehntelsekunde Verzögerung. Wie geht das?

Das russische Live-Bild ist gar nicht Live. Die ehemalige Sowjetrepublik strahlt große Events mit etwa sieben Sekunden Verzögerung aus und nennt das dann trotzdem „Live". Das wird gemacht, um dem Regisseur Zeit zu geben, bei unliebsamen Bildern ein anderes Kamerabild zu nehmen – oder eben mal kurz auf eine Aufzeichnung zurückzugreifen wie bei der Eröffnung der Spiele in Sotschi. Man will keine Bilder zeigen, die dem russischen Volk „nicht zugemutet" werden können: Zuschauer mit pro-homosexuellen Parolen auf Plakaten, die nervigen Femenmädels, die barbusig gegen Putin plärren oder eben wenn etwas schief läuft und die perfekte Welt gar nicht so perfekt ist, wie der geschlossene fünfte Olympische Ring bei der Eröffnungsfeier.

Bevor Sie sich jetzt aufregen und auf die Russen schimpfen: Auch in Deutschland ist der so genannte Seven-Second-Delay hin und wieder im Einsatz. Bei RTL und Sky zum Beispiel, wenn bei BigBrother „live" ins Haus geschaltet wird. In das Haus des großen Bruders werden kantige Typen mit provakanter Meinung gesteckt, um für Quote zu sorgen. Dummerweise sagen solche Charaktere aber manchmal Dinge, die die Landesmedienanstalt nicht gesendet sehen will. Die Sender wollen links- wie rechts-radikale Meinungen oder Beschimpfungen von Politikern und Promis aber ebenso wenig ungefiltert und unkommentiert senden. Also muss eine Lösung her, wie das verhindert werden kann.

Im Gegensatz zu der täglichen Dosis auf RTL oder SAT.1 & Co. sendet der Pay-TV-Sender Sky viele dieser Programmgenres wie BigBrother ganze 24 h Stunden direkt aus dem Container. Es bleibt ihm also gar nichts anderes übrig, als bei seinem „Live-bild" eine Verzögerung einzubauen. Mehrere Mitarbeiter sitzen deshalb im Schichtbetrieb Tag und Nacht in Unterföhring vor dem echten Live-Bild und hören zu. Wird etwas gesagt, was nicht sendefähig ist, wird kurzerhand auf einen Knopf gedrückt. Im ausgestrahlten Bild, also sieben Sekunden später, wird dann von der spannenden Diskussion beim Abendessen kurzerhand auf einen Blumentopf im Eingangsbereich geschaltet. Der Hassauf-ruf, die rechte Hetze oder eine Beleidigung verhallen so ungehört im Äther. Der Zuschauer ärgert sich zwar ob des unsinnigen Um-schaltens zu einer Topfpflanze mitten in einer aufgeheizten Dis-kussion, die Sender haben aber kein mediales (und rechtliches) Problem.

Nun kann man mit dieser Methode natürlich auch Zensur be-treiben, indem man entfernt, was nicht beliebt. Ich gehe aber stark davon aus, dass das bei uns nicht passiert und kann be-stätigen, dass die Abkürzung RTL nicht für Russisch Television Live steht.

11.9 Ohne Visum – Warum es bei der DVD einen Ländercode gibt

Sehen Sie gerne Filme im Original? Dann bietet es sich an, auf der Urlaubsreise nach Asien oder Nordamerika einen Packen DVDs mit den neuesten Filmen zu kaufen. Original natürlich, keine Raubkopien.

Sind Sie dann zu Hause angekommen, wird Ihr DVD-Spieler die silbernen Scheiben jedoch nicht abspielen. Der Regionalcode stimmt nicht mit dem des Abspielgerätes überein. Zwar kann man – durch zigfaches Tastendrücken auf der Fernbedienung – den Ländercode am Player ändern, jedoch maximal fünfmal.

Begründet wurde die Einführung des Regionalcodes mit den Filmrechten der lokalen Vermarkter. Der Kunde sollte keine günstigen Filme im Ausland kaufen können – gerade in Zeiten des Internet-Shoppings.

Stellen Sie sich mal vor, Ihr Auto würde das auch tun. Kurz nach der Grenze in die Schweiz einfach stehenbleiben, weil es kein Visum hat, keinen Regionalcode für Helvetia. Ist ja schließlich in Deutschland gekauft.

Der Ländersperre in DVD-Playern wird unter den Freiheitskämpfern im Internet als bewusste Reglementierung der Kunden gesehen. Er ist nichts anderes als ein Anti-Feature.[10]

---

[10] Siehe Kapitel „Anti-Feature" – 16.4.

12

Biometrie

12.1 Biometrischer Reisepass – Wie man den Fingerabdruck aus dem Reisepass entfernt

Deutsche Haushalte verreisen im Schnitt 15 Tage im Jahr. Jeder Bürger spendiert für die schönste Zeit des Jahres durchschnittlich rund 70 € pro Tag und meist geht es ins Ausland. Dies mag auch ein Grund dafür sein, dass 80 % der Bundesbürger einen Reisepass besitzen.

Verglichen mit unseren europäischen Nachbarn liegt dieser Wert im oberen Mittelfeld. In Amerika ist es genau umgekehrt. Etwa 80 % haben **keinen** Pass. Warum ist das so? Es gibt Leute, die behaupten, dies läge daran, dass Amerikaner gerne die lästige Zollkontrolle umgehen – gerade in Ländern mit größeren Ölvorkommen soll das öfters der Fall sein, aber das lasse ich jetzt mal nicht gelten.

Reisepässe sind Eigentum des Staates, der sie ausstellt. Er gehört mir also nicht, ich habe nur ein Besitzrecht. Daher kann der Staat auch hineinschreiben, was er will, im Rahmen der Gesetze allerlei Daten über mich erfassen und in dem Dokument speichern. Seit 2005 werden in Reisepässen auch personenbezogene

T. Schrödel, *Ich glaube, es hackt!*, DOI 10.1007/978-3-658-10858-8_12,
© Springer Fachmedien Wiesbaden 2016

Daten wie Name und Geburtsdatum zusätzlich in einem kleinen Chip gespeichert. Es ist ein Funk-Chip (RFID), der kontaktlos von einem Lesegerät ausgelesen werden kann.

Natürlich ist alles verschlüsselt und die Chips entsprechen den höchsten Sicherheitsstandards – nach *heutigem* Stand der Technik und was das bedeutet, hat man beim WLAN gesehen. Was dort vor drei bis vier Jahren noch als unknackbar galt, ist heute in weniger als fünf Minuten gehackt.

Seit 2007 werden auch Fingerabdrücke im Chip des Reisepasses gespeichert. Überall wurde diskutiert, ob das jetzt nicht zu weit geht. Fingerabdrücke – das kennt jeder vom Tatort Sonntagabend 20:15 Uhr – werden immer nur den Verbrechern abgenommen. Den Bösen! Stehen wir nun alle unter Generalverdacht? Nur weil wir an Pfingsten am Roten Meer schnorcheln gehen? Unverschämtheit, Überwachungsstaat! Demos waren die Folge, tausende Leute gingen auf die Straße und in jeder Gazette war darüber zu lesen.

Sicherlich kann ich diese schleichende Überwachung und Infiltrierung meiner Privatsphäre nicht gutheißen. Auf der anderen Seite muss ich mich selbst fragen, ob ich nicht schon heute mit Payback und Co. viel zu viele private Informationen preisgebe. Und dann auch noch an kommerzielle Firmen, die mit dem Verkauf eines Käuferprofils viel Geld verdienen.

Wenn ich mir hin und wieder eine DVD ausleihen will, muss ich Mitglied in einer Videothek werden. Am besten sogar in einer 24-h-Videothek mit Ausleihautomaten. Super praktisch. Tag und Nacht geöffnet, keine komischen Blicke, wenn es mal Blond und nicht Bond ist. Und billiger ist es obendrein, weil ja auch keine Arbeitsplätze geschaffen werden müssen.

Bekanntlich werden in Videotheken auch Filme angeboten, die nicht jugendfrei sind. Deshalb muss der Betreiber sicherstellen, dass keine Jugendlichen an derartige Filme kommen. Sind keine Angestellten mehr vor Ort, die das kontrollieren, reicht dazu ein Mitgliedsausweis und eine PIN nicht mehr aus. Zu einfach könnte sich der Sohnemann die Karte aus Papis Geldbeutel nehmen.

Die PIN ist mit großer Wahrscheinlichkeit auch noch das Geburtsdatum des Erzeugers und schon steht dem Horror-Filmabend mit den Kameraden nichts im Wege. Nein, hier müssen sichere Methoden gefunden werden, und wenn selbst Vater Staat auf Fingerabdrücke setzt, ist das doch eine Superidee für eine Videothek.

Marktführende italienische Firmen überschwemmen Videotheken daher mit Fingerabdrucklesegeräten. Millionen Kunden lassen den Abdruck von mindestens zwei Fingerkuppen auf einem in aller Regel völlig ungeschütztem Rechner speichern. Dieser steht zudem meist nur hinter einer dünnen Gipswand. Zugriff darauf hat der Videothekenbetreiber, seine Freunde, seine Familie aber auch die Supportabteilung des italienischen Herstellers – also jeder, der an den Rechner gelassen wird.

Das muss man sich mal vorstellen. Ein Großteil der Bundesbürger steht der gesicherten und gut verschlüsselten Speicherung seines Fingerabdrucks durch Vater Staat äußerst kritisch gegenüber. Dem im Vergleich unzureichend geschützten Standard-PC, in der von jedem zu jeder Tages- und Nachtzeit zugänglichen Videothek aber, wird Vertrauen geschenkt und die Sicherheit gar nicht hinterfragt. Das passt nicht zusammen.

Natürlich gibt es Leute, die sich Gedanken machen und weder einer Videothek und schon gar nicht dem Staat trauen. Sie nutzen Videotheken mit Angestellten und einfacher Mitgliedskarte und diese Wahl kann jeder auch noch selbst treffen. Schwieriger wird es beim Reisepass, hier habe ich diese Wahlmöglichkeit nicht. Ich bin gezwungen, nun auch meinen Fingerabdruck zu hinterlassen

– gespeichert in einem kleinen RFID-Chip, eingebettet im Deckel des Reisepasses.

Sehr schnell kamen findige Datenschützer auf die Idee, den Chip zu zerstören und unlesbar zu machen. Der Pass wird dazu einfach ein paar Sekunden in die Mikrowelle gelegt. Puff – schon ist Schluss mit filigranen Fingerlinien. Dummerweise verpufft der Chip wirklich. Unschöne, wenn auch kleine Brandflecken sind die Folge und da das Reisedokument Eigentum der Bundesrepublik ist, handelt sich diese Tat um eine Ordnungswidrigkeit, die mit Bußgeld belegt werden kann.

Freundlicherweise haben sich Mitglieder des deutschen Chaos Computer Clubs (CCC) dieses Problems angenommen und schon nach kurzer Zeit eine Möglichkeit gefunden, die RFID-Chips ohne lästige Rückstände von ihren staatlichen Speicheraufträgen zu befreien.

Der RFID-Zapper erzeugt kurzzeitig ein extrem starkes Magnetfeld, welches durch Induktionsstrom mindestens ein Bauteil des Chips durchbrennen lässt. Gebaut werden kann der RFID-Zapper mit jeder handelsüblichen Einwegkamera für rund 10 €. Das darin verbaute Blitzlicht stellt für eine ausreichend kurze Zeit eine ausreichend hohe Spannung zur Verfügung.

Steht der biometrische Reisepass – zu Recht – immer wieder im Rampenlicht der Kritik, so hat das Blitzlicht-Gewitter der Fotografen mit dem RFID-Zapper doch eine ganz andere Bedeutung bekommen.

Und auch wenn die Amerikaner weniger Reisepässe haben, die Idee zu diesem Gerät hatten sie schon wieder als Erstes. Im Kinohit „*Men in Black*" hat ein kleines Gerät namens „Blitzdings" das Gedächtnis unerwünschter Augenzeugen gelöscht. Der RFID-Zapper ist auch so ein „Blitzdings" – nur halt für das virtuelle Gedächtnis eines Reisepasses. Bitte lächeln!

12.2 Filigrane Linien – Wie man mit Holzleim Fingerabdrücke imitieren kann

Katzen haben zwar fünf Finger, aber nur vier Zehen – an jedem Fuß natürlich. Also eigentlich zehn und acht. Insgesamt meine ich natürlich auch nicht Finger und Zehen, sondern Krallen. Bei uns Menschen ist das bekanntlich nicht so wie bei den Parasitenschleudern. Oben und unten ist die Anzahl gleich.

Uns Menschen ist auch ein eindeutiges Daktylogramm – ein Fingerabdruck – beschert. Obwohl, ob unser Fingerabdruck tatsächlich so eindeutig ist, ist bisher nicht bewiesen. Nur, weil bis heute noch keine zwei Menschen mit dem gleichen Abdruck gefunden wurden, geht man davon aus, dass dem so ist.

Die Annahme der Singularität reicht aus, um Menschen hinter Gitter zu befördern, also sollte es auch ausreichen, um damit den Zugang zu gesicherten Bereichen zuzulassen – oder eben nicht. Dummerweise öffnen sich Türen nicht durch Mitarbeiter der Spurensicherung, sondern durch Automaten. Fingerabdruck-Scanner, die die Minutien unserer Papillarleisten mit einem vorher hinterlegten Abbild vergleichen.

Lesen können sie die feinen Linien und Rillen durch verschiedenste Sensortypen. Kleine Elektroden messen pixelweise Spannung, Lichtbrechungen auf Prismenflächen, Ultraschall, Druck oder Temperaturen auf Thermosensoren.

All diese unterschiedlichen Sensoren haben ihre Vor- und Nachteile. Nicht nur im Preis, auch in der Sicherheit, einen Finger als solchen zu erkennen. Das biometrische Verfahren der Fingerabdruckerkennung muss echte von nachgemachten und lebende von toten Fingern unterscheiden. Ein lebendiges

Handglied kann ein Sensor mittels Temperaturmessung erkennen. Allerdings nur, wenn dieser nicht frisch amputiert wurde. Besser ist da schon die Puls- oder optische Blutsauerstoffmessung, die schon länger serienreif in Krankenhäusern am Zeigefinger der Intensivpatienten klippt.

Nun gut, sicherlich brauchen die wenigsten Einsatzgebiete eine Sicherheit gegen gestutze Tatzen. Meist reichen die günstigeren kapazitiven Scanner ohne Lebenderkennung. Sie messen minimale Spannungen an rasterförmig angebrachten Elektroden. Dumm nur, dass jeder Heimwerker mit Heimcomputer alles in seinem Werkzeugkoffer hat, um dafür fremde Fingerrillen nachzumachen.

Gezeigt hat das der Chaos Computer Club (CCC) in einem Video.[1] Der Fingerabdruck auf einem Bierglas wird mit den Dämpfen von Sekundenkleber sichtbar gemacht, abfotografiert und mittels Laserdrucker auf Folie gedruckt. Die durch den eingebrannten Toner dreidimensionalen Strukturen können dann mit einer dünnen Schicht von einfachem Holzleim abgenommen werden. So wird der eigene Finger zu dem eines anderen, Türen öffnen sich und Rechner erlauben Zugriff auf geschützte Daten.

Wenn ein Heimwerker in der Lage ist, die Fingerabdrücke anderer Menschen so nachzumachen, dass spezialisierte Lesegeräte, diese als echt erkennen, wieso ist dann noch nie ein Krimineller drauf gekommen, so eine falsche Fährte oder ein falsches Alibi zu legen? Mit dem falschen Finger am Tatort und dem eigenen am Komplizen zeitgleich im Nachbarort? Müssen wir den 1903 als Beweismittel in die Deutsche Kriminalistik eingeführten Beweis bald hinterfragen?

Die kapazitiven Scanner mit Auflagefläche benötigen keine Privatwerkstatt. Entgegen den schmalen Swipe-Sensoren, bei

---

[1] http://www.youtube.com/watch?v=OPtzRQNHzl0

denen man den Finger über einen kleinen Streifen zieht, erwarten sie die Auflage des gesamten Fingers auf einer Glasplatte. Wie bei einem Fenster oder Glas bleibt ein durch Hautfett entstandenes Abbild unseres Fingers auf der Auflagefläche zurück. Um den Stromfluss erneut anzuregen, reicht es aus, diesen Rückstand durch Anhauchen zu befeuchten. Der Vergleich mit der Datenbank wird den Finger erneut erkennen und das Schloß geht auf. Nur kurze Zeit verkaufte deshalb die Firma Siemens eine Computermaus, die den Zugang zum Computer auf diese Weise sicherte – vermeintlich zumindest.

Viel mehr Angst bereitet mir jedoch der Gedanke, dass ein kommunaler Wasser- und Abwasserzweckverband im Umland von Dresden seine Trinkwasserbrunnen mit solchen Scannern schützt. Ist der Wartungsdienst gerade weg, reicht es, das Türschloss kräftig anzuatmen. Ob Knoblauchfahne oder nicht, die Tür geht auf und wer will, kann dem Trinkwasser tausender Menschen etwas beifügen, was da bestimmt nicht reingehört.

12.3 Sicherheit auf Knopfdruck – Warum der geknackte Fingerabdrucksensor des iPhone trotzdem gut ist

Döner macht schöner – sagt der türkische Volksmund. Vielleicht stimmt das ja. Wie bei anderen Dingen sollte man es wohl nur nicht übertreiben mit dem krossen Fleisch im Fladenbrot mit Joghurtsoße und Gewürzen.

Eines ist jedoch ganz sicher: die Finger werden fettig, da hilft auch keine Papierserviette. Wer dann sein Smartphone bedienen muss, der hat seine Fingerabdrücke auf der Glasplatte des Touch-Displays und sorgt für vieles, nur nicht für klare Sicht auf den Bildschirm. Ist das Gerät mit einem PIN geschützt, kann man anhand der Fingertapser die vier Ziffern der PIN für das Gerät erkennen und muss nur noch maximal $4 \times 3 \times 2 \times 1 = 24$ Versuche starten bis man das Gerät kapern kann.

Viele Menschen verzichten jedoch gleich von Anfang an auf den Zugangsschutz am Smartphone. Je nach Bevölkerungsschicht und Statistik sollen gar bis zu 50 % der Smartphones von jedem Finder zugänglich sein. Als Grund wird meist das umständliche und andauernde Eintippen angegeben, was daran liegt, dass manche Bevölkerungsschichten auch im Minutentakt ihre Nachrichten abfragen. Da kann es schon nervig sein, permanent vier Ziffern zu tippen.

Zum Glück kam mit dem iPhone 5S das erste Smartphone mit Fingerabdruckscanner heraus. Kein Tippen der PIN ist mehr nötig, nein, das Auflegen des Fingers auf einen runden Knopf reicht völlig aus um Zugriff auf das Gerät zu erhalten.

Wie zu erwarten machten sich die üblichen Verdächtigen daran, diesen biometrischen Zugangsschutz zu überlisten. Es dauerte auch nicht wirklich lange, ein paar Tage nur, da meldete der Chaos Computer Club Vollzug und zeigte in einem Video, wie man einen falschen Fingerabdruck herstellt, den das Apple-Gerät akzeptierte.

Die gezeigte Methode ähnelt der bereits vor Jahren demonstrierten Variante[2]. Lediglich um die richtige Tiefe der erwarteten Rillen zu erhalten, musste die Vorgehensweise erweitert werden. Ansonsten konnte man erneut einen hinterlassenen Fingerabdruck von einem Bierglas mittels Sekundenkleber sichtbar machen und im Endeffekt mit Holzleim eine hauchdünne Auflage mit falschen Fingerlinien für den eigenen Finger herstellen. Grandiose Arbeit, Respekt!

---

[2] Siehe Kapitel „Filigrane Linien" – 12.2.

In den Gazetten des Landes wurde der Scanner gleich niedergemacht. Es wurde getönt, das Ding tauge nichts. Es mag ja sein, dass man den Fingerprintreader überlisten kann. Und ja, auch ich halte biometrische Zugangsbeschränkungen alleine für nicht ausreichend. Unabhängig, ob zukünftig DNA geprüft wird oder heute Fingerabdrücke. Biometrie ist der einzige „Schlüssel", den man an jedem Glas, jedem Kamm und jeder Zahnbürste hinterlässt. Eine Zugangsberechtigung zu sensiblen Daten, und alleine auf biometrischen Merkmalen basierend, kann daher nicht funktionieren.

Allerdings muss man eines sagen. Die Touch ID von Apple soll gar keine Geheimdienste vom Handy fernhalten und auch keine Spezialisten des Chaos Computer Club. Sie soll lediglich den normalen Finder eines Handys abhalten, dem Taxifahrer zum Beispiel, der das Handy auf der Rückbank seiner Droschke vorfindet, nachdem der Fahrgast zum Zug gehetzt ist (und wo in der Regel auch kein Bierglas mit Fingerabdruck zurückbleibt). Für diese alltäglichen Fälle ist der Zugangsschutz völlig ausreichend.

Und eines schafft er auch noch – die Menschen, die heute noch ohne PIN am Handy sind, werden, dank der bequemen und einfachen Methodik, vielleicht auch endlich ihr Handy schützen. Also: Daumen hoch und Finger drauf! (Abb. 12.1).

12.4 Links ist da, wo der Daumen rechts ist – Was das persönliche Tippverhalten über einen verrät

Das Navi sagt „Links", sie fährt rechts. Das Navi sagt „Rechts", sie fährt links. Zum Wahnsinn werden.

Das Phänomen des Links-Rechts-Verwechselns wird in Sketchen gerne dem weiblichen Geschlecht zugeschrieben. Das ist

Abb. 12.1 Der biometrische Fingerabdruck Scanner des iPhone ist zwar geknackt, erhöht aber trotzdem die Sicherheit

ungerecht und wohl auch nicht ganz korrekt. Mir ist aufgefallen, dass offenbar eher Linkshänder dazu neigen, die Seiten zu verwechseln.

Meine Tochter zum Beispiel ist Linkshänderin. Als sie Schreiben lernte, kam es vor, dass sie die Übungswörter im Schönschreibheft seitenweise zwar richtig, dafür aber jeden Buchstaben spiegelverkehrt schrieb. Es fiel ihr nicht einmal auf, wenn sie die Wörter laut vorlesen sollte.

Linkshänder sind offenbar anders gepolt, sie kämpfen gegen eine für sie unnatürliche Richtung. Und da Computer heutzutage ja alles und jedem die Arbeit erleichtern sollen, frage ich mich, warum das nicht auch für Linkshänder machbar ist. Zwar kann ich die Funktionen der linken Maustaste mit denen der rechten wechseln, so richtig umfassend scheint mir dieses Konzept aber nicht zu sein.

Um sich auf Linkshänder einzustellen, müsste der Computer ja erst einmal wissen, ob der Nutzer ein solcher ist. Kann ein Computer erkennen, ob der ihn bedienende Humanoid Links- oder Rechtshänder ist? Er kann. Und das sogar ohne irgendwelche zusätzlichen Geräte.

Professor Bartmann und sein Team von der Regensburger Universität haben ein System[3] entwickelt, mit dem sie anhand des Tippverhaltens auf der Tastatur erkennen können, *wer* davor sitzt. Sie werten ein biometrisches *Verhalten* aus, kein biometrisches *Merkmal*, wie es Fingerabdruck und Augen-Iris sind. Einmal antrainiert, brauche ich mir ab sofort kein Passwort mehr merken. Der Login-Schirm meines Betriebssystems zeigt mir einfach einen Satz an, den ich abtippen muss. Ganz offen und ohne Geheimniskrämerei.

Versucht sich nun jemand anderes an meinem Rechner und tippt den eingeblendeten Satz ab, wird das System ihm den Zugriff auf meine Daten verwehren. Tippe ich selbst den Satz ab, komme ich problemlos hinein, so als ob ich ein geheimes Passwort eingegeben habe. Beim Abtippen des angezeigten Satzes, registriert das System bis zu 34 verschiedener Tipp-Merkmale und wertet diese aus. Es kann so mit sehr hoher Trefferquote bestätigen, dass der rechtmäßige Nutzer an der elektronischen Klaviatur sitzt.

Diese Methode ließe sich nicht nur für den Login nutzen. Vielmehr könnte damit – selbst Monate später – einem Hacker der Einbruch in ein Computersystem nachgewiesen und die

---

[3] Psylock – mittlerweile jedoch als Unternehmen insolvent.

Verurteilung extrem vereinfacht werden. „Angeklagter, bitte tippen Sie dort Ihren Namen ein" tipptipptipp – Übereinstimmung gefunden. „Drei Jahre ohne Bewährung. Die Sitzung ist geschlossen." Eine Beschleunigung des Strafwesens sondergleichen.

Eine derartige Erkennung muss natürlich sehr genau arbeiten und so genannte Falsch-Positiv-Ergebnisse (also Herrn Müller als Frau Schmidt erkennen) vermeiden. Der Professor führte daher einen Test durch.

Früh morgens, am Tag nach der studentischen Weihnachtsfeier der Universität ließ er rund einhundert Studenten zum Tippen antreten. Ich kenne den durchschnittlichen Promille-Wert der Probanden jetzt nicht, aber aus eigener Erfahrung kann ich sagen, dass er zweifelsfrei nicht unter 0,8 gelegen haben kann und für den ein oder anderen das frühe Aufstehen wohl eher anstrengend war. Der Test gelang trotzdem. Lediglich eine handvoll Studenten im Vollrausch kamen nicht in ihr System. Es darf aber bezweifelt werden, dass sie sich an ihr Passwort erinnert hätten, geschweige sinnvoll arbeiten hätten können.

Nun ist die Idee des Tippverhaltens nicht neu, aber 34 Merkmale hat nach meinem Kenntnisstand bisher noch kein anderes System ausgewertet. Daher ist es auch nicht verwunderlich, dass die meisten Firmen wegen zu großer Ungenauigkeit wieder von diesem Markt verschwunden sind. Was genau seine 34 Merkmale sind, das verrät der Professor – verständlicherweise – nicht.

Nur so viel: Er weiß genau, wann seine Sekretärin gerade wieder versucht, vom Glimmstängel loszukommen und wann sie dies wieder aufgegeben hat. Er kann auch nach wenigen Worten feststellen, ob der Proband ein Links- oder Rechtshänder ist. Letzteres ist – nach seinen Angaben – sogar ein sehr einfach festzustellendes Merkmal. Der gemeine Rechtshänder verwendet in der Regel die linke Shift-Taste für Großbuchstaben, ein Linkshänder die rechte.

Es bleibt die Frage, warum so etwas nicht schon früher erkannt und ausgewertet wurde. Stellen Sie sich doch mal vor: Das Navi im Auto erkennt selbständig bei der Eingabe des Ziels, dass der Fahrzeuglenker Linkshänder ist. Es könnte die Richtungsanweisung dann einfach immer für die entgegengesetzte Richtung aussprechen und jeder käme problemlos an sein Ziel. Sogar Linkshänderinnen.

12.5 Hinterteil – Welche Methoden angedacht sind, um Menschen biometrisch zu erkennen

In Japan ist vieles anders als bei uns. Wem die Nase läuft, der zieht hoch – Schnäuzen finden Japaner widerlich. Dafür rülpsen sie, was das Zeugs hält – in der U-Bahn einem auch mal gerne ins Gesicht, wenn das Frühstück lecker war. Gleiches gilt beim Niesen – Hand vorhalten Fehlanzeige, das ganze Zeugs muss ja raus. Das ist auch einer der Gründe, warum man immer wieder Asiaten mit Mundschutz rumlaufen sieht. Das machen die nur zum Selbstschutz.

Ansonsten haben Japaner die gleichen Probleme wie wir: Sie müssen sich dutzende Passwörter merken. Sie vergessen diese, schreiben sie auf gelbe Haftzettel, legen sie unter Schreibtischunterlagen, nutzen das gleiche Passwort für dutzende Systeme usw. Also ganz ähnlich wie hier.

In Taiwan ist man da schon weiter. An der National Chung Hsing Universität haben Forscher 2012 entdeckt, dass die

Herzfrequenz eines Menschen einzigartige Merkmale enthält, ganz ähnlich wie bei einem Fingerabdruck. Der Herzschlag eines Menschen lässt sich also wunderbar als biometrisches Passwort nutzen. Morgens, nach der Mittagspause und wenn der Bildschirmschoner angesprungen ist, schließt man sich eben mal kurz ans EKG an und schon geht's am Rechner weiter.

Eine kanadische Firma[4] hat das bereits umgesetzt und bietet ein Armband mit Herzfrequenzmesser zum Öffnen von Türen für rund $ 100 an. Der Herzschlag sei so einzigartig und schwer fälschbar, dass die Firma davon spricht, die Herzschlagmethode sei noch sicherer als ein Fingerabdruck.

Die Japaner hingegen, haben es eher mit dem Hinterteil eines Menschen, als mit dem Herzen oder dem Fingerabdruck. Auf der Toilette gibt es dort neben einer Rolle Papier auch noch ein paar Drehknöpfe. Mit denen lässt sich die Temperatur der Klobrille justieren und auch die Härte des Wasserstrahls, mit dem Ihr Hinterteil vollautomatisch nach – na Sie wissen schon – gereinigt wird.

Und weil auch der Hintern eines Menschen einzigartig ist, ersetzt dieser bald schon einen anderen Zugangsschutz: den Autoschlüssel. Forscher aus Tokio haben einen Autositz entwickelt, der anhand von mehr als 350 Druckmessfühlern den Po seines „BeSITZERs" erkennt und dann automatisch das Fahrzeug startet. Da kann so ein Pickel am Allerwertesten schon mal problematisch werden. Bald heißt es also nicht mehr: „Schatz, fahr Du, ich habe getrunken!" sondern: „Schatz fahr Du, ich hab' ein Furunkel."

---

[4] Bionym.

13

Unterwegs

13.1 Blitz – Warum Blitzer-Warner verboten sind, aber trotzdem erlaubt

Das Wort „Blitz" ist irgendwie nur beim Fotografieren positiv belegt. Bei einem Gewitter, da haben alle Angst vorm „Blitz". Beim Autofahren ist es ähnlich, wenn da der „Blitz" kommt, dann ist das Jammern groß. *„Immer fahre ich exakt 50, nur dieses eine Mal nicht. Da war dieser Penner vor mir, den hab ich schon seit Minuten angeblinkt und nichts, der ist einfach nicht schneller gefahren, der Volldepp. Und kaum überhole ich, blitzt es gleich. Und das auch noch in einer 30er-Zone...."*

Damit dies nicht zu oft passiert, gibt es Blitzer-Warner – Im Radio zum Beispiel. Meistens nach den Nachrichten wird gepetzt, wo's blitzt. Das ist erlaubt, weil... ja warum eigentlich? Weil man es auch wieder vergessen kann und Sie vor lauter anderen Dingen im Kopf eben doch in die Radarfalle tappen können. Es wäre verboten, wenn der Radiosprecher Ihnen jedes Mal **unmittelbar vor** einer Radarfalle ein *„Achtung, jetzt langsamer"* in den Refrain des laufenden Liedes einsprechen könnte und würde. Dann wären Sie nämlich just in dem Moment aktiv gewarnt worden.

T. Schrödel, *Ich glaube, es hackt!*, DOI 10.1007/978-3-658-10858-8_13,
© Springer Fachmedien Wiesbaden 2016

So etwas kann aber ihr Smartphone. Mit seinem GPS und einer Blitzer-Warn-App nämlich. Waze, Trapster oder Blitzer.de sind solche Apps, die Sie durch ein akustisches Signal, ein paar Sekunden vor dem gleich drohenden Führerscheinverlust warnen. Und deshalb sind die angeblich verboten. Nicht so richtig, denn vor festinstallierten Blitzern dürfen sie warnen, vor mobilen jedoch nicht. So oder so ähnlich hat der Gesetzgeber das gemacht. Inhaltlich ist das in etwa so nachvollziehbar wie das Pfand für Getränke mit oder ohne Kohlensäure.

Funktionieren tun diese Apps nach zwei Prinzipien. Einige bedienen sich bei Radiosendern, andere setzen auf die Community. Fährt jemand mit dieser App an einem Blitzer vorbei, den das Programm noch nicht anzeigt, tippt er auf den Bildschirm und Sekunden später werden alle anderen mit dieser App an dieser Stelle gewarnt. GPS im Smartphone sei Dank.

Einige Juristen behaupten übrigens, dass die Apps sehr wohl erlaubt sind und auch vor mobilen Blitzern warnen dürfen. Das Gesetz verbietet – so ihre Argumentation – lediglich Geräte, die „dafür bestimmt sind" vor Geschwindigkeitskontrollen zu warnen. Und das tut ein Smartphone erst einmal nicht, das ist nämlich zum Telefonieren bestimmt. Aber wie gesagt, das behaupten *einige* Juristen, die sind sich nämlich auch nicht alle einig. Was fehlt, ist ein klärendes Gerichtsurteil.

Da sich ausländische Anbieter um deutsche Gesetze oft nicht kümmern, kriegen Sie derartige Apps natürlich weiterhin. Sie dürfen sich nur nicht bei der Nutzung erwischen lassen. Das kann 70 € kosten und 4 Punkte im schönen Flensburg einbringen. Aber dafür, dass Sie nicht erwischt werden, sorgen ja die Apps selbst. Durch ein deutliches Signal kurz vor der Verkehrskontrolle. Manche Apps zeigen nämlich auch diese an. Letztens bin ich übrigens doch mal in eine Radarfalle gerast. Hat zwar nicht geblitzt, dafür aber ziemlich gescheppert.

13.2 Bitte lächeln – Warum Dash-Cams immer beliebter werden

In Russland sind sie bereits in jedem zweiten Auto – Dashcams. Das sind kleine Videokameras, die – irgendwo im Bereich der Windschutzscheibe angebracht – alles aufzeichnen, was sich vor dem Auto abspielt, solange der Motor läuft. Heraus kommen dabei lustige und teils haarsträubende Filmchen von Unfällen, die gerne auf YouTube hochgeladen werden. Eine YouTube-Suche nach dem Stichwort *dashcam* liefert über 850.000 Treffer.

Dashcams – in Deutschland auch Carcams genannt – haben eine Fischaugenlinse zum Erfassen großer Bereiche und nehmen in einer Endlosschleife auf. So sind teilweise bis zu 8 h der letzten Fahrten in HD im Auto gespeichert. Je nach Modell merken sie sich anhand eines GPS-Moduls auch permanent die genaue Position und G-Sensoren registrieren bei einem Unfall auch die Einschlag- oder Aufprall-Kraft. Kurzum: Sie sind wie diese Dinger in Flugzeugen. Sie wissen schon, diese knallorange Kiste, die komischerweise Black Box heißt.

In Deutschland sind diese Dashcams noch nicht alltäglich – die großen Elektronik-Discounter verkaufen aber von Tag zu Tag mehr davon[1]. Kein Wunder, denn seit geraumer Zeit erkennen immer mehr Gerichte die Aufnahmen bei Unfällen auch als Beweis an. Das mag komisch klingen, aber es ist tatsächlich so, dass das Gericht bei einem normalen Verkehrsunfall selbst entscheiden kann, ob es Videoaufnahmen des Unfalls als Beweis akzeptiert oder nicht. Anders bei Straftaten – wer da ein Video hat, darf seine Unschuld damit in jedem Fall beweisen.

Warum sind die Kameras aber gerade in Russland so begehrt? Man könnte sich ja fragen, ob es dort nichts Wichtigeres gibt, als

---

[1] Achtung: In Österreich ist der Betrieb von Dashcams verboten und kann Strafen bis zu 10.000 €, bei Wiederholungstätern sogar bis 25.000 €, nach sich ziehen.

sein Geld in unsinnige Kameras zu stecken, die langweilige Auto-
fahrten in einer Endlosschleife aufzeichnen. Tatsache ist aber,
dass diese Kameras Geld sparen. Sie beweisen nämlich gegenüber
den zahllosen korrupten Verkehrspolizisten, dass man gar nichts
falsch gemacht hat. Einmal 30 € für eine Kamera ausgeben, er-
spart das Bezahlen dutzender, nicht begangener Ordnungswid-
rigkeiten ohne Quittung.

13.3 Endlich Steuerfrei – Warum das selbstfahrende Auto nicht nur eine technische Herausforderung ist

Schau mal, Mama! Ich kann freihändig fahren. Darauf war ich als
Kind schon stolz – allerdings auf dem Fahrrad. Im Frühjahr 2015
durfte ich dann für eine stern-TV-Reportage auch freihändig fahren. Diesmal mit einem Auto. Genauer gesagt einem Prototypen
für „autonomes Fahren" von BMW – von der Münchner Allianz
Arena bis zum Flughafen und wieder zurück.[2]

Dieses Auto fährt von ganz alleine: Es cruist mit bis zu
130 km/h, kennt den Weg, lenkt selbst, beschleunigt, bremst
und überholt sogar von ganz alleine. Ich habe die ganze Fahrt
über kein Pedal getreten und bei Lenkrad und Blinker musste
Anfassen auch nicht sein – obwohl ich als „Fahrer" immer eingreifen kann und bei Gefahr auch muss. Schlafen ist also nicht.

Ein wenig verschämt habe ich dann doch noch in den Sei-
tenspiegel gesehen, als das Auto das erste Mal zum Überholen
ansetzte, denn so ganz blind wollte ich mich der Technik anfangs nicht anvertrauen. Spätestens beim dritten Überholmanö-
ver zuckt man aber nicht einmal mehr. Die Automobilhersteller
weltweit arbeiten schon seit Jahren am autonomen Fahren. Erste

---

[2] https://www.youtube.com/watch?v=89yOIQnupiA.

Abb. 13.1   Freihändig fahren auf der A9 bei München

Assistenzsysteme wie Abstandsmesser und Spurassistent gibt es ja heute schon serienmäßig. (siehe Abb. 13.1)

Um vollständig alleine fahren zu können, setzen die Hersteller auf mindestens vier Systeme, die sich gegenseitig überprüfen: GPS, Kamera, Laser und Radar. Klingt wie das neue James-Bond-Auto, dient aber der Sicherheit. Jedes System funktioniert in manchen Situationen nämlich nicht hundertprozentig. Das GPS versagt im Tunnel, die Kamera bei starkem Nebel, Radar wird von großen Flächen (LKW-Planen) reflektiert und Regentropfen können wie eine Linse einen Laserstrahl um- und damit in die Irre leiten. Und es gibt Situationen, bei denen ein Spurwechsel nicht möglich ist, weil andere unser Auto nicht reinlassen (es benötigt einen Mindestabstand) und wir dann an einem Autobahnkreuz geradeaus fahren – anstatt abzubiegen.

All das kriegen die Techniker aber locker und bald in den Griff, sagen sie, das ist bloß eine Frage der Zeit. Es gibt nur zwei Dinge, die noch Kopfzerbrechen bereiten. Im Zusammenspiel mehrerer Verkehrsteilnehmer kommt es immer wieder mal zu

Situationen aus denen es keinen Ausweg gibt und es zwangsläufig zu einem Unfall kommt. Und dann muss entschieden werden, welche Alternativen es gibt und welche davon der „kleinste Haufen" ist. Stellen Sie sich vor, das Auto rast auf ein stehendes Hindernis zu und rechtzeitig bremsen ist nicht mehr möglich. Wie wird sich ein computergelenktes Fahrzeug entscheiden, wenn die Alternativen lauten: nach links ausweichen und in den entgegenkommenden (leeren oder vollbesetzten?) Bus krachen, geradeaus auf den stehenden Kleinwagen auffahren und ihn samt Insassen unter den Laster schieben oder nach rechts auf den Bürgersteig, wo das Kind steht. Ein computergesteuertes Auto könnte sich für Rechts entscheiden, denn dort wird es mit Sicherheit den geringsten Schaden am Auto geben. Das kann keiner wollen.

Das größte Problem beim autonomen Fahren ist aber die juristische Frage, wer denn eigentlich Schuld hat, wenn ein selbstlenkendes Auto einen Unfall baut. In den USA sind immer mehr autonom cruisende Testfahrzeuge in einen Crash verwickelt. Meist sind es nur Blechschäden, die Googles Autos produzieren und zumindest bis November 2015 traf den Computer nicht ein einziges Mal die Schuld. Bei einem Unfall mit zwei selbst lenkenden Menschen ist die Schuldfrage immer einfach zu beantworten: Schuld hat da – grundsätzlich – immer der andere.

13.4 ConferenceCall im Großraumwagon – Wie man im Großraumwagon etwas Privatsphäre bekommt

Eine Bahnfahrt, die ist lustig, eine Bahnfahrt, die ist schön, denn da kann man fremden Menschen beim Telefonieren zuhör'n. Holla hi, holla ho. Und so weiter. Sie kennen das Lied. Und wenn

Sie Bahn fahren, dann kennen Sie auch die, die uns im Großraumwagen zu einer Konferenzschaltung mit ihrem Handy einladen. Leider nur Mono, denn der zweite Kanal bleibt am Ohr des Mitreisenden und uns deshalb verborgen.

Was man da alles zu hören bekommt, ganz erstaunlich. Angeblich haben die chinesischen Sicherheitsbehörden einen Großteil ihrer Agenten von den gefährlichen Observationsaufgaben beim Betriebspraktikum entbunden und jedem eine BahnCard 100 gekauft. Schauen Sie sich nächstes Mal ruhig um im Großraumwagen, sie sind unter uns!

Flüchtet man dann in Richtung Speisewagen oder zur Getränkerückgabe, läuft man an dutzenden Laptops vorbei. Schamlose Geschäftsleute schauen aktuelle Kinofilme, deren Ursprung zweifelsfrei dubiosen und illegalen Ursprungs sein dürfte. Andere stricken noch am Businessplan. Wer in der Reihe dahinter sitzt, liest mit und weiß, wer Filme klaut. Von Privatsphäre und Datenschutz kann da keine Rede mehr sein.

Was also tun? Einfach abhängen und nichts mehr arbeiten? Die Zeit ungenutzt verstreichen lassen, nur weil vielleicht jemand von den Plänen und Zahlen der Firma erfahren könnte? Dabei ist doch gerade das ein Hauptargument contra KFZ und pro Bahn – in Ruhe arbeiten zu können, die Hand an der Tastatur und nicht am Lenkrad.

Abhilfe schafft eine Sichtschutzfolie. Sie wird einfach auf das Display des Laptops gelegt. Rund ein Dutzend feine Lamellen pro Millimeter sorgen für freie Sicht. Allerdings nur, wenn man direkt und gerade vor dem Bildschirm sitzt. Bewegt man den Kopf nach rechts oder links, wird das Bild schnell merklich dunkler. Liegt der Betrachtungswinkel über 30° in der Schräge, ist der Bildschirm schwarz. Ein Sitznachbar oder Spanner, der von hinten durch die Sitze glotzt, sieht darauf nichts mehr (Abb. 13.2).

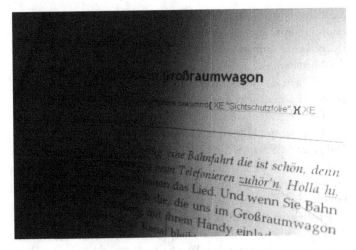

Abb. 13.2   Sichtschutzfolie im Einsatz

13.5 Wuuup, Wuuup – Wie die funkgesteuerten Schlüssel bei Autos funktionieren

Jeden Samstag spielen sich auf den Großparkplätzen der Supermärkte die gleichen Szenen ab. Menschen mit vollen Einkaufswagen suchen ihre Autos. Zum Glück gibt es funkgesteuerte Schlüssel. Ein Druck auf den Knopf und – Wuuup, Wuuup – blinkt ein Fahrzeug drei Reihen weiter und öffnet die Türschlösser. Ton und Blinker signalisieren dem Besitzer den Weg zum eigenen Vehikel.

Gut, dass nur *ein* Auto aufgeht. Was wäre das für ein Chaos, würden sich gleich alle öffnen. Aber natürlich tun sie das nicht, denn – ähnlich einer Seriennummer – sendet der Schlüssel ein eindeutiges Merkmal. Zwar erkennen mehrere Fahrzeuge das Signal, reagieren tut aber nur eines. Das nämlich, welches die Seriennummer als die seine erkennt.

Was passiert aber, wenn jemand diese Seriennummer kennt, sie vielleicht sogar aufzeichnet und als sogenannte Replay-Attacke später wieder abspielt? Geht das Auto dann auf und verschwindet über die Neisse oder die Oder in Richtung Osten? Nein, das tut es nicht mehr. Schon seit mehreren Jahren haben die Automobilhersteller diesem Treiben eine Abfuhr erteilt.

Neben der Seriennummer kennen Schlüssel und Auto eine Reihe von Zahlen. Ähnlich der TAN beim Online-Banking reagiert der fahrbare Untersatz nur, wenn der Schlüssel auch eine richtige TAN sendet. Diese Zahlenreihe errechnet sich ganz unterschiedlich. Anhand der Seriennummer, der Schlüsselnummer (meist hat man zwei oder drei Stück davon erhalten) und einem Zähler zum Beispiel. Jeder Autohersteller hat sein eigenes System. Der Zähler ist aber wichtig, weil damit klar ist, welches die nächste TAN auf der Liste ist.

Anders als beim Geldverschieben per Internet verlangt das Kraftfahrzeug aber nicht unbedingt genau die nächste TAN von der Liste. Nervöse Zeitgenossen spielen im Aufzug an dem Schlüssel und drücken 47-mal den Knopf. Das Auto ist nicht in der Nähe, empfängt daher das Signal nicht und der Zähler passt nicht mehr zum Fahrzeug. Gäbe es keinen Airbag für solche Fälle, die Türe bliebe verschlossen (Abb. 13.3).

Das Fahrzeug lässt auch die TAN-Nummern zu, die in der Liste etwas später kommen, es weiß also, dass es Fahrer gibt, die gerne mal am Schlüssel spielen. Nun könnte ein Autodieb auf die Idee kommen, einfach mal wild alle möglichen Signale zu senden. Bei irgendeinem Fahrzeug wird die Kombination aus Zähler und TAN schon passen. Es ist nur eine Frage der Zeit.

Um einen derartigen Angriff abzuwehren, haben die Hersteller eine ganz einfache Methode erdacht. Empfängt das Auto eine passende TAN zum passenden Zähler, dann zählt es erst einmal nach, wie viele TANs zwischen der empfangenen und der erwarteten Nummer liegen und ermittelt so den Abstand zwischen Wirklichkeit und Erwartung. Ist der Abstand größer als der, dem man einem hippeligen Schlüsseldrücker zutraut, dann geht das

Abb. 13.3 Intelligenter und dummer Schlüssel

Auto nicht auf. Erst einmal zumindest. Es erwartet nun als nächstes Signal exakt die nächste TAN in der Liste. Der echte Besitzer müsste also einfach ein zweites Mal auf den Schlüssel drücken.

Probieren Sie es aus, drücken Sie zu Hause ein paar hundert Mal auf Ihren Schlüssel. Hält die Batterie, dann werden Sie den Knopf in der Garage exakt zwei weitere Male drücken müssen um einsteigen zu können. Hält die Batterie nicht, dann sollten Sie den freundlichen Herrn aus dem Osten Europas bitten, mit dem Kleiderhaken beim Öffnen des Fahrzeugs behilflich zu sein. Sicher nur eine Sache von Sekunden.

13.6 Knochenspiegel – Wie man die Reichweite eines Funkschlüssels erhöhen kann

Entfernungen schätzen ist für Männer so eine Sache. Manche Kerle halten 12 cm irrtümlich für fast 30 cm, was Kneipenbesitzer dazu drängt, über den Pissoirs schon mal so Sprüche anzubringen wie: „Geh näher ran, er ist kürzer als Du denkst."

Frauen und Kinder hingegen haben ein unbeirrbares Gefühl für Längenangaben aller Art. Fast in der Präzision einer Naturkonstante stellt die Dame des Hauses bei der Fahrt in den Urlaub nach exakt 53 km die Frage, ob Herd oder Bügeleisen ausgeschaltet sind. Kinder hingegen beginnen nach exakt 1/5 der Reisestrecke mit der Frage „Sind wir bald da?" – nur um dann den Rest der Fahrt die Eltern um den Verstand zu bringen.

Ein ebenso untrüglicher Entfernungsmesser ist der Funk-Autoschlüssel. Die Reichweite ist exakt 3 m kürzer als die Strecke vom Fenster zum geparkten Auto. Dumm für diejenigen, die sich regelmäßig die Frage stellen, ob man denn das Fahrzeug auch abgeschlossen hat. Also noch mal raus in den Regen und den Knopf auf dem Schlüssel drücken. Meistens war das KFZ dann doch schon zu, genau wie Herd oder Bügeleisen auf der Fahrt in den Urlaub natürlich auch ausgeschaltet waren.

Für den Herd bzw. das Bügeleisen habe ich noch keinen Trick, doch dank einer einfachen Methode können Sie Ihr benzinbetriebenes Gefährt öffnen – oder schließen – auch wenn die meist nur sehr kurze Reichweite Ihres Funkschlüssels normalerweise nicht reicht. Wenn Sie nämlich den Schlüssel vorne an Ihren Unterkiefer halten und dann den Knopf drücken, erhöhen Sie die Reichweite um bis zu 15 m.

Warum ist das so? Ihr Schädelknochen fungiert als Spiegel. Dadurch reflektiert er die Funkstrahlen und bündelt sie so, dass sie verstärkt auf Ihr Vierrad zufliegen und ihm signalisieren, dass sein Herrchen im Anmarsch ist und gerne einsteigen würde – oder einfach nicht mehr sicher war, ob die Türe zu ist.

Übrigens ist der korrekte Umgang mit Entfernungen den Männern wohl erst im Laufe der Jahre verloren gegangen. Noch im 3. Jahrhundert vor Christus beherrschten sie die Berechnung einer Länge nämlich perfekt. Eratosthenes von Kyrene zum Beispiel. Er berechnete anhand des Einfallwinkels der Sonne und der bekannten Entfernung zwischen Assuan und Alexandria den

Erdumfang mit 39.690 km[3] und lag damit gerade mal 385 km daneben. Nicht schlecht, wenn man bedenkt, dass selbst hunderte Jahre später die Menschen und ganze Glaubensrichtungen noch dachten, die Erde sei eine Scheibe.

---

[3] Andere Quellen sprechen von 41.750 km, was einer Ungenauigkeit von 1.675 km entspricht.

14
Telefon, Handy & Co.

14.1 Ganz schön mies – Warum seit Jahren Handys abgehört werden können und keiner etwas dagegen tut

Seit mindestens 1897 zersetzt der Zucker in der Zuckerwatte die Milchzähne von kleinen Kindern. Warum glauben Sie, erfindet einer so etwas?

Seit mindestens 1997 wissen wir, dass man Telefonate und SMS im Mobilfunknetz mit einem Laptop und ein paar Elektronikartikeln für 200 € abhören kann. Warum glauben Sie, ändert das keiner?

Die Antwort auf beide Fragen lautet: Weil es um Interessen geht. Und während Antwort eins nur eine Person betrifft, sind bei Antwort zwei gleich zwei Gruppen betroffen: Firmen und Politiker.

Durch Edward Snowden erfuhr die deutsche Bevölkerung, dass Frau Merkel ganz penibel Regierungsgeschäfte von Parteigeschäften trennt. Wahrscheinlich hat sie Angst, dass man ihr vorwerfen würde, von Steuergeldern bezahlte Telefonate für die Koordination ihrer Partei zu verschwenden. Daher nutzte sie neben dem verfügbaren Diensthandy auch eines, dass die CDU

T. Schrödel, *Ich glaube, es hackt!*, DOI 10.1007/978-3-658-10858-8_14,
© Springer Fachmedien Wiesbaden 2016

bezahlte und mit dem sie ihre Parteikollegen anrief.[1] Auf den ersten Blick eine löbliche Überlegung. Auf den zweiten Blick jedoch völlig unverständlich.

Die Kanzlerin nutzte für Parteigespräche ein ganz normales Mobiltelefon. Dieses hat sich – wie unsere Handys eben auch – am stärksten Mobilfunkmast eingeloggt. Die Verbindung zwischen Handy und Funkmast ist mittels der 1987 entwickelten A5/1-Stromchiffre grundverschlüsselt. Es sollte nicht verwundern, dass nach mehr als einem Vierteljahrhundert diese Verschlüsselung mittlerweile geknackt werden kann.

Um ein Mobilfunkgespräch abzuhören, gibt es mehrere Möglichkeiten, die sich jedoch auf zwei grundlegende Methoden reduzieren lassen. Am einfachsten ist es, mittels eines IMSI-Catchers einen Mobilfunkmasten zu simulieren. Ein solches Gerät lässt sich kaufen, kostet aber eine ganze Stange Geld und ist nicht im Supermarkt erhältlich. Wie so oft ist aber auch Marke Eigenbau möglich. Gut 1.500 € kosten die Teile dann, die passende Software OpenBTS gibt es kostenfrei.

Sendet der IMSI-Catcher in der Nähe eines zu überwachenden Handys das stärkste Signal, bucht sich das Handy dort ein und glaubt, ganz normal kommunizieren. Der falsche Mobilfunkmast hingegen verhält sich gegenüber der echten Antenne wie ein Handy – er fungiert also wie ein Adapter in der Mitte, der das Signal einfach durchschleift. Eines jedoch macht der IMSI-Catcher noch zusätzlich, er gibt dem Handy den Befehl, die Grundverschlüsselung abzuschalten. Das Gespräch kann nun einfach mit einem Kopfhörer belauscht oder aufgezeichnet werden.

Der Nachteil eines IMSI-Catchers liegt auf der Hand. Um permanent dem zu überwachenden Handy das stärkste Signal anzubieten, muss man dauernd sehr nah an diesem dran sein. Bewegt sich die Zielperson – und sei es nur innerhalb eines grö-

---

[1] Interview mit Angela Merkel vom 25.10.2013.

ßeren Gebäudes – wird es schwierig, das unbemerkt und über einen größeren Zeitraum zu bewerkstelligen.

Aus diesem Grund ist auch stark davon auszugehen, dass die Amerikaner Frau Merkel nicht mit dieser Methode belauscht haben. Vielmehr werden sie mittels einer Richtfunkantenne alle Mobilfunksignale um das Kanzleramt herum abgefangen haben. Weiß man einmal, welche Handynummer – und damit SIM-Karte – die Kanzlerin nutzt, kann man die aufgefangenen Signale filtern und muss sich nicht mit den Daten der Touristen Berlins rumärgern.

Wo 2009 noch mit Grafikkarten-Power gearbeitet werden musste, reicht heute ein Laptop aus. Rainbowtables[2] und optimierte Knackalgorithmen erlauben das Knacken von A5/1 innerhalb weniger Minuten, teilweise sogar Sekunden. Und weil mit A5/1 nicht nur die Gespräche, sondern auch SMS-Nachrichten verschlüsselt sind, können auch die gleich mitgelesen werden. Es ist trotzdem nur ein Gerücht, dass die Abkürzung GSM für ganz schön miese Verschlüsselung steht.

Obwohl mit A5/3 bereits seit vielen Jahren eine sichere Verschlüsselungsmethode verfügbar ist und diese auch für den Datenverkehr des mobilen Internets via UMTS eingesetzt wird, nutzen Gespräche und Kurznachrichten weiterhin die alte Methode. Der Grund ist recht einfach und beantwortet Frage zwei der Einleitung dieses Kapitels. Die Mobilfunkanbieter haben kein Interesse an einer Nach- bzw. Umrüstung, weil es einfach viel Geld kostet. Die zweite gemeinte Gruppe sind die Sicherheitsbehörden. Sie haben kein Interesse A5 sicher zu machen, denn dann könnten auch sie selbst nicht mehr so einfach mithören. Aus den genannten Gründen bleibt es auch weiterhin problemlos

---

[2] Eine große Datenbank mit vorab berechneten Verschlüsselungen von Passwörtern. Findest sich ein verschlüsseltes Passwort in dieser, ist der dazugehörige Klartext – und damit das Passwort selbst – sofort bekannt.

Abb. 14.1 Sorgen für frische Luft: Clip-Krawatten sollten bei Personenschützern Pflicht sein

möglich, die Verschlüsselung von Mobilfunkgesprächen mit ganz normalen Handys zu knacken – natürlich auch dann, wenn die Kanzlerin damit telefoniert.

Es ist aus diesem Gesichtspunkt völlig unverständlich, dass die Sicherheitsberater der Kanzlerin ihr die Nutzung eines ungeschützten Mobiltelefons erlaubt haben. Dabei achten die normalerweise sogar auf so Kleinigkeiten wie den Krawattenknoten. Die Schlipse von professionellen Personenschützern sind nämlich Clip-Krawatten, die sich bei Zug sofort löst. Stellen Sie sich mal vor, ein Angreifer würde einem Bodyguard an der normalen Krawatte ziehen. Dann gurgelt der erst einmal, anstatt die Zielperson zu schützen. Oder wenn sich die Krawatte in einem drehenden Motor verfängt – von einer Zuckerwattemaschine zum Beispiel. Dann braucht es einen Mediziner – und zwar einen richtigen, keinen Zahnarzt wie William Morrison, den Erfinder der Zuckerwatte (Abb. 14.1).

14.2 Das Merkel-Handy – Wie Crypto-Handys funktionieren

Bis Juli 2013 haben wir doch alle geglaubt, der Amerikaner sei unser Freund, Partner & Verbündeter. Plötzlich aber stand in der Zeitung, dass US-amerikanische Geheimdienste aus deren Berliner Botschaft heraus das Handy unserer Bundeskanzlerin abhören und alle waren total überrascht, dass sich ausländische Geheimdienste so etwas überhaupt trauen. Frau Merkel war verschnupft und viele Menschen fragten sich, warum unsere Bundeskanzlerin nicht auch so ein abhörsicheres Telefon hat wie der Herr Obama. Das hat sie, sie hat es nur nicht benutzt, sondern eines, wie wir es auch im Elektrofachmarkt kaufen können. Aber erst einmal der Reihe nach.

Als in Deutschland mit dem C-Netz das erste nationale Mobilfunknetz lief, fuhren die Großen der Nation mit nahezu ebenso großen Geräten im Kofferraum durch die Gegend. An diesen Autotelefonen waren mit einem Kabel Telefonhörer angeschlossen, die vergleichsweise winzig waren. Die Funktelefone ähnelten eher einer tragbaren Telefonzelle, als dem, was wir heute als Handy kennen. Gespräche über das C-Netz liefen analog und waren daher von jedem mit einem Empfangsgerät für diese Frequenz und ein wenig Know-how abhörbar. Verschlüsselungsgeräte waren nur in Form so genannter Zerhacker verfügbar, die das gesprochene Wort wortwörtlich so zerhackten, dass nur ein Gegengerät das erzeugte Kauderwelsch wieder verständlich zusammensetzen konnte. Derartige Geräte waren unheimlich unsicher und obendrein auch noch unheimlich unhandlich und ebenso unheimlich unpraktisch.

Einer, der das C-Netz auch für dienstliche Gespräche ausgiebig nutzte, war der damalige Bundeskanzler Dr. Helmut Kohl. Es wird erzählt, dass er berechtigte Angst vor den Abhörspezialisten aus Ost und West hatte und daher bei sensiblen Themen seinen Fahrer bat, einfach mal an einer Telefonzelle anzuhalten. Das war klug, denn aufgrund der großen Menge an Telefonhäuschen war es nahezu unmöglich, genau das richtige anzuzapfen und mit einer Wanze auszustatten. Weiterhin sind Telefonzellen verkabelt, sie strahlen also nicht in alle Richtungen wie Funktelefone und liefern somit einer feindlichen Antenne keine Informationen. Diese Eigenschaft hebt die gute alte gelbe Telefonzelle selbst von den modernsten Crypto-Handys positiv ab, doch dazu später.

Als das D-Netz aufgebaut wurde, begannen Firmen in Europa und Nord-Amerika damit, die ersten echten Crypto-Handys mit Sprachverschlüsselung zu bauen. Das war deshalb möglich, weil das D-Netz im Vergleich zum guten alten und analogen C-Netz das erste digitale Mobilfunknetz war. Digitale Daten lassen sich nun einmal viel einfacher verschlüsseln als analoge Informationen. Diese Eigenschaft wurde bei der Verabschiedung der Standards des D-Netzes auch berücksichtigt, so dass von Anfang an jedes Gespräch im D-Netz vom Handy zum Mobilfunkmast einer Grundverschlüsselung unterliegt[3].

Da eine Grundverschlüsselung keinen ausreichenden Schutz gegen fremde Geheimdienste bietet, musste man für besonders exponierte Personen Handys anbieten, die eine weitere, deutlich stärkere Verschlüsselung boten. Die Münchner Firma Rhode & Schwarz brachte daher etwa um 2001 das erste Gerät auf dem Markt, das dieser Anforderung entsprach und obendrein auch noch weitgehend komfortabel war. Die TopSec genannten Geräte, die in Zusammenarbeit mit der ebenfalls aus München stammenden Firma Siemens entwickelt wurden, basierten auf einem S35i – einem der damals meistverkauften Geräte im deutschsprachigen Raum.

---

[3] Siehe Kapitel „Ganz schön mies" – 14.1.

Abb. 14.2 Auch wenn sie schon ein paar Jahre auf dem Buckel haben: mit diesen TopSec-Geräten wäre es nicht möglich gewesen, Frau Merkel abzuhören

Auch wenn sie sich äußerlich nur durch ein kleines Logo unterschieden, waren die für den Massenmarkt bestimmten Geräte den Crypto-Handys deutlich unterlegen. Im Inneren der kleinen Technikwunder werkelt nämlich ein etwa briefmarkengroßer Chip, der die gesprochenen Worte verschlüsselt. Dazu muss nach dem Tippen der Zielrufnummer eine Taste gedrückt werden und die Verwandlung beginnt. Hat der angerufene Teilnehmer auch ein TopSec-Handy, dann piepst es dort einmal kurz. Hier wird allerdings der kommende Anruf zunächst einmal nur angekündigt, denn beide Mobiltelefone beginnen nun erst einmal, einen Schlüssel für die gleich folgende Verschlüsselung des Telefonats auszutauschen. Ist das nach gut fünf bis zehn Sekunden geschehen, klingelt das angerufene Gerät wie jedes andere auch und man kann den Anruf entgegennehmen (Abb. 14.2).

Das Gespräch selbst läuft nicht über den Sprachkanal. Im D-Netz gibt es auch einen Datenkanal, auf dem technische Parameter ausgetauscht werden, ganz ähnlich dem D-Kanal beim ISDN, auf dem unter anderem die anzuzeigende Rufnummer für das Display übermittelt wird. Im Mobilfunk liefen neben technischen Parametern auch die Nutzdaten von WAP, dem Vorgänger des mobilen Internets, über diese Frequenz – er eignet sich also durchaus zum Übertragen von Datenpaketen. Zwar nicht besonders schnell, aber ausreichend. Der Spezialchip der TopSec-Geräte nutzt diesen Kanal und sendet darüber nichts anderes, als das, was wir heute Skype oder Voice-over-IP nennen: in digitale Datenpakete umgewandelte Sprache. Mit einem Unterschied jedoch – die Datenpakete wurden vorher verschlüsselt und somit vor Abhörversuchen geschützt.

Nun ist es leider so, dass die Verschlüsselung von Daten einfach Zeit kostet und eine Faustregel sagt: Je sicherer verschlüsselt wird, desto zeit- und rechenaufwändiger wird es. Ein gesprochener Satz wird bei diesen Geräten daher gefühlte ein bis zwei Sekunden später vom Empfänger gehört, weil der aufwändig verschlüsselte Datenstrom auf dem Zielhandy auch erst einmal wieder entschlüsselt werden muss. Ein Gespräch entwickelt sich daher so, wie wenn man das in den 80er Jahren erlebte, wenn man mit jemandem in Amerika telefonierte. Sie kennen das vielleicht noch. „Wie geht es Dir?" Pause. Und während man „Hallo, bist Du noch dran?" sagt, hört man die Antwort des anderen auf die erste Frage. Der Gesprächspartner unterbricht seinen Satz, weil er Sie plötzlich fragen hört, ob er noch dran ist, Sie machen das gleiche und am Ende steht betretenes Schweigen, weil sich keiner mehr was zu sagen traut. Zusammengefasst heißt das: Man kann abhörsicher telefonieren, Spaß machte es zumindest um 2001 noch nicht.

Die neueste Generation an Crypto-Handys hingegen, die, die Anfang 2013 auf der Cebit in Hannover vorgestellt wurden,

Abb. 14.3 Die neueste Generation der Crypto-Handys erlaubt den Wechsel zwischen sicherem Arbeiten und Spielen in der Freizeit (Abbildung SiMKo3 mit freundlicher Genehmigung der Deutschen Telekom AG)

sind da schon von ganz anderem Kaliber. An dem Tag, an dem die ehemals größte Computermesse der Welt eröffnet wurde, erhielten Crypto-Handys auch einen neuen Namen. Grund dafür war ein Marketing-Coup von einem der zwei großen Anbieter. Secusmart drückte der vorbeilaufenden Kanzlerin ein Gerät mit einem Aufkleber des Bundesadlers in die Hand und ein plötzlich einsetzendes Blitzlichtgewitter der anwesenden Fotografen sorgte dafür, dass Crypto-Handys ab sofort nur noch *Merkel-Handy* heißen.

Die neuesten Geräte eliminieren endlich auch einen der größten Kritikpunkte früherer Produkt-Generationen. Sie ermöglichen nämlich erstmals auch, Spaß mit dem Gerät zu haben. Hatten die ehemaligen Geräte nahezu alles unterbunden, was nicht streng dienstlich war, erlauben Secusmart und SiMKo 3 per Fingergeste den Wechsel zwischen *Dienstlich* (Verschlüsselt) und *Leben,* wo dann auf dem Handy auch mal ein Spiel installiert werden kann (Abb. 14.3).

Da es um einen Multi-Millionen-Auftrag geht – ein einzelnes Merkel-Handy kostet schließlich um die 2.500 € ohne Infrastruktur und Betrieb – streiten sich die zwei Platzhirsche erwartungsgemäß und jeder stellt das heraus, was sein Crypto-Phone besser kann als das andere. Im Jahr 2013 sind diese Unterschiede tatsächlich noch greifbar gewesen, denn die Entwicklung ist noch lange nicht abgeschlossen. Während der eine nur die vorläufige Zulassung für Daten- und Sprachverschlüsselung hat und auf Blackberry-Geräte setzt, programmiert der andere das Samsung Galaxy S3 um und hat dafür bereits die finale Zulassung – allerdings nur für den Datenverkehr und nicht für Sprachanrufe. Das sind aber nur Scharmützel an der Marketing-Front, denn bereits 2014 rechnen beide Anbieter mit den finalen Zulassungen für Daten und Sprache – und auch der Interoperabilität. Beide Handys werden sich dann gänzlich an den vom Bundesamt für Sicherheit in der Informationstechnologie (BSI) vorgegebenen Standard SNS halten. Dann ist es völlig egal ob die Kanzlerin ein Gerät von Anbieter A in der Hand hält und der Finanzminister eines von Anbieter B – oder umgekehrt. Beide werden – vor Abhörversuchen geschützt – mobil miteinander telefonieren können. Zumindest wenn es überhaupt noch genügend Auswahl an Crypto-Telefonen „Made in Germany" gibt. Die Deutsche Telekom hat nämlich 2015 die SimKo-Weiterentwicklung eingestellt und Secusmart wurde 2014 an die kanadische Firma Blackberry verkauft.

Merkel-Handys und die zum Betrieb notwendige Infrastruktur können übrigens von Jedermann käuflich erworben werden. Beide Anbieter sprechen neben der Deutschen Regierung auch explizit die Industrie an. Wer heimlich an einer Firmenübernahme, einem neuen Herstellungsverfahren oder einem größeren Angebot arbeitet, der kann seine Projektgruppen vor den Abhörversuchen der Konkurrenz und fremden Geheimdiensten schützen. Was auf den ersten Blick vielleicht übertrieben erscheint, wird geradezu logisch wenn man daran denkt, dass es Länder gibt, deren Auslandsgeheimdienste verpflichtet sind, zum Wohle der eigenen Wirtschaft zu spionieren und die gewonnen Informationen weiterzugeben. Wenn Sie sich also öfters schon gefragt haben, warum die Chinesen immer das günstigste Angebot abgegeben haben – es lag vielleicht nicht jedes Mal an den günstigeren Lohnkosten in Asien.

In Deutschland gibt es übrigens vier Geheimhaltungsstufen, deren Bruch auch unterschiedlich hohe Strafmaße nach sich ziehen. Ganz oben steht *„Streng geheim"* , gefolgt von *„Geheim"* und *„Verschlusssache – Vertraulich"* . Die Veröffentlichung derartig eingestufter Informationen kann den *„Bestand oder lebenswichtige Interessen"* (Streng geheim), *„die Sicherheit"* (Geheim) oder *„die Interessen"* (Verschlusssache – Vertraulich) der Bundesrepublik Deutschland gefährden. Die vierte und niedrigste Stufe der Geheimhaltung wird *VS NfD* abgekürzt. Das steht für *„Verschlusssache – Nur für den Dienstgebrauch"* und bedeutet, dass diese Informationen für **jeden** Mitarbeiter einer Behörde im Rahmen seiner Dienstgeschäfte zugänglich sind.

Frau Merkel wird über die nach ihr benannten Mobiltelefone mit ihren Gesprächspartnern übrigens nur lächerliche Informationen der Klasse VS NfD austauschen dürfen. Selbst die neuesten Crypto-Telefone erhalten ihre Zulassung nämlich nur bis zu VS NfD, obwohl die Verschlüsselung durchaus mehr hergibt. Für alles mit höherer Geheimhaltungsstufe müssten diese Geräte nämlich einen Abstrahlschutz haben – was bei Handys eher kontraproduktiv ist. Ich bin mir aber sicher, dass die Entwickler auch an diesem Problem bereits arbeiten und wir uns auf die Cebit 2018 freuen dürfen.

14.3 Telefonbuch online – Wie man per Bluetooth an das gespeicherte Telefonbuch eines Handys kommt

Auf Platz 10 der Hitliste, was die Deutschen bei Google suchen steht der Begriff „*Telefonbuch*", geschlagen nur von wichtigeren Suchwörtern wie „*Wetter*", „*Video*" und „*Paris Hilton*".[4]

Früher waren Telefonbücher noch aus Papier. Jugendliche verbrannten sie in Telefonhäuschen und Großstädte hatten sogar mehrere Bände: A-K und L-Z. Man schleppte sie Jahr für Jahr von der Post nach Hause und wer eine neue Nummer bekam, musste bis zu einem Jahr warten, bevor man sie dort finden konnte. Heute unvorstellbar.

Moderne Telefonbücher sind online abrufbar und immer aktuell. Sei es im Internet oder durch unsere eigene Pflege elektronisch gespeichert auf dem Handy, dem Blackberry oder dem iPhone.

Will man mit der Tastatur eines normalen Handys den Namen Tobias Schrödel und die Nr. 089 12 34 56 78 speichern, muss man sage und schreibe 58 Tasten drücken. Ein Aufwand ist das und dann holt man sich ja so gerne und möglichst oft ein neues Handy. Leider sind die aber (fast) alle inkompatibel und man muss alle gespeicherten Namen und Nummern händisch immer wieder eintragen. Wie beim guten alten Telefonbuch kann sich das schon mal Wochen hinziehen. Einziger Vorteil daran: Man mistet gnadenlos aus. Wer in den letzten Wochen nicht kontaktiert wurde, wird den Weg in das neue Gerät nicht mehr finden.

Praktisch wäre es doch, wenn man das komplette Telefonbuch aus dem alten Handy auslesen und direkt im neuen Gerät speichern könnte – und zwar **von** jedem **in** jedes Gerät.

---

[4] Welt Kompakt vom Donnerstag, 11.12.2008, Seite 1.

Das geht! Zwar nicht von wirklich jedem Gerät, aber bei immerhin neun Modellen ist es mir sogar möglich, ein **fremdes** Telefonbuch auszulesen. Bei diesen Modellen gibt es nämlich einen Fehler im Bluetooth-Stack. Das bedeutet schlicht, dass der Programmierer, der das Menü mit Telefonbuch, SMS Editor, Währungsrechner und Wecker in das Handy programmiert hat, einen Fehler gemacht hat. Es gibt einen Bug, der bei der Qualitätssicherung des Herstellers übersehen wurde.

In Zeiten, in denen Hersteller immer schneller mit neuen Modellen auf den Markt müssen, kommt das – zwangsläufig – leider immer häufiger vor. Die Geräte müssen zu einem Termin fertig sein, den eine Marketingabteilung festgelegt hat. Unabhängig davon, ob sie ausreichend getestet und damit qualitätsgesichert sind.

Ein Bananenprodukt also: Reift beim Kunden. Ausnahmen sind selten, aber umso vorbildlicher. Die deutsche Firma, AVM zum Beispiel, hat ihre berühmte FritzBox in der VDSL-Variante trotz Ankündigung mehr als ein halbes Jahr später auf den Markt gebracht, weil sie einfach nicht reif war. Dass sich das lohnt, sehe ich an mehreren Kollegen, die zwar genervt waren, jedoch tapfer die Auslieferung abwarteten und nicht auf einen anderen Hersteller auswichen.

Bei neun Handy-Modellen von Nokia und Sony Ericsson lief das leider anders. Zwar muss der Handybesitzer den Aufbau einer Bluetooth-Verbindung mit einem dieser Geräte bestätigen, jedoch nur, wenn alles den geplanten Weg geht.

Bei Bluetooth nutzen Handys verschiedene Kanäle. Es gibt zusätzliche Service-Kanäle auf denen das Handy zum Beispiel mit einem angeschlossenen Headset die Parameter der Übertragung austauscht. Hier meldet das Telefon dem Headset, dass es klingelt oder das Headset teilt dem Handy mit, dass bei ihm der Knopf zum Auflegen gedrückt wurde und es doch bitte den Anruf beenden möge.

Abb. 14.4 Bei einem Vortrag in Berlin gefundene Bluetooth-Geräte „Terror Mietze" und „Undertaker"

Normalerweise authentifiziert sich das externe Gerät auch auf diesen Kanälen mit einer PIN beim Handy – normalerweise. Hat der Software-Entwickler diesen Schritt vergessen, akzeptiert das Handy jede eingehende Verbindung auf den Service Kanälen ohne Abfrage einer PIN und ohne es dem Handynutzer anzuzeigen.

Um ein anfälliges Gerät zu finden, suche ich nach bluetoothfähigen Geräten in meiner Umgebung und lasse mir dazu MAC-Adresse und Name des Gerätes anzeigen. Die MAC-Adresse ist eine Art Seriennummer, die das Handy eindeutig identifiziert. Der Name wird vom Hersteller meist mit dem Modellnamen vorbelegt, kann aber vom Besitzer jederzeit geändert werden. Der Phantasie sind dabei keine Grenzen gesetzt. Oftmals finde ich hier den vollständigen Namen der Besitzer, habe aber auch schon „Porno-Ralle" (Uni Heidelberg 2009), „Terror Mietze" und den „Undertaker" (Hotel Berlin 2010) entdeckt (Abb. 14.4).

Wichtig ist aber erst einmal die MAC-Adresse. Sie besteht aus sechs hexadezimalen Zahlen, von denen die ersten drei Werte den Hersteller identifizieren. Sollten Sie einmal einer MAC-Adresse begegnen, die mit 00:40:BE beginnt, dann ziehen Sie besser schnell den Kopf ein. Da fliegt nämlich gerade etwas von *Boeing Defense and Space Industries* um Sie herum. Eine vollständige Liste aller Hersteller und MAC-Adressen finden Sie im Internet, ebenso eine Aufstellung der angreifbaren Handys.

„Terror mietze" hat 00:25:66, demnach ein Handy von Samsung, der „Undertaker" mit 00:18:C5 eines von Nokia. So kann ich schon mal recht gut vorselektieren, bei welchen Geräten ein möglicher Angriff auf das Telefonbuch überhaupt Sinn macht.

Ist ein verwundbares Handy erst einmal aufgespürt, dauert es keine fünf Sekunden und eine Verbindung über den Service-Kanal ist aufgebaut. Der Besitzer merkt davon erst einmal gar nichts. Sein mobiles Telefon blinkt nicht, es summt nicht und es vibriert auch nicht. Da nahezu alle Funktionen eines Handys nicht ausschließlich über das Menü per Tastatur, sondern auch über Steuerbefehle (Hayes AT-Befehle) aufgerufen werden können, steht uns nichts mehr im Wege, das Gerät zu erkunden.

Es ist mir nun möglich alle gespeicherten SMS zu lesen, zu löschen oder zu verändern. Natürlich kann ich auch eine SMS von diesem Gerät verschicken. „Dummkopf" an die 110 wäre mal eine Idee oder per SMS mit der Freundin des Handy-Besitzers Schluss machen. Was Boris Becker kann, kann der schon lange, auch wenn er es nicht mitbekommt. Leugnen hat übrigens gar keinen Sinn, weil die Nachricht ja unter „*Gesendete Objekte*" gespeichert wurde und bei SMS, im Gegensatz zu Anrufen, der Absender nicht verfälscht[5] oder unterdrückt werden kann.

Das Telefonbuch ist natürlich ebenso schnell angezeigt, was mir auch schon mal die Möglichkeit für nen Fuffi nebenbei und eine ganze Menge Schabernack eröffnet. Können Sie nämlich herausfinden, wem das Handy aus Abb. 12.2 gehört, könnten Sie dem Besitzer ja mal anbieten „Susi zu Hause" die Nummer von „Mausi in Hamburg" zu stecken. Da sind sogar ohne große Diskussion 70 € drin. Wetten?

---

[5] Siehe Kapitel „Deine ist meine" – 14.6.

Das Demogerät, welches ich bei Vorträgen einsetze, habe ich übrigens von meinem Kollegen Christoph. Eigentlich sammelt er alles und gibt auch nichts wieder her. Es war daher nicht überraschend, dass er es mir nicht geben wollte, weil er es ja irgendwann für Kind oder Kegel gebrauchen könnte.

Es blieb mir also nichts anderes übrig, als mir sein Telefonbuch nicht nur anzusehen, sondern auf meinen Laptop herunter zu laden.

Mit einem kleinen Skript habe ich alle Namen und Rufnummern seines Telefonbuches zufällig durchmischen lassen und wieder zurück aufs Gerät gespielt. Jeder Anruf ging prompt irgendwie schief. Wen auch immer Christoph anrief, es hob jemand ab, den er zwar auch kannte, aber gar nicht anrufen wollte.

Ich habe das drei Tage durchgezogen, dann kam er, gab mir das Handy und sagte: „*Hier, kannste haben, ist aber kaputt*" (Abb. 14.5).

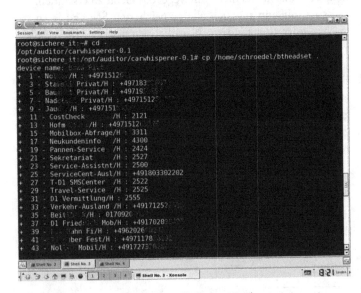

Abb. 14.5   Das Telefonbuch eines fremden Handys

14.4 Frisch erpresster Datensalat – Warum auch ein Mac einen Virenscanner braucht

Seit Jahren sagen Leute zu mir: „Auf einem Mac brauche ich doch keinen Virenscanner, weil es da gar keine Viren gibt. Oder?" Und ich antworte immer: „Doch, natürlich gibt es auch Viren für den Mac. Und deshalb sollten Sie auch dort einen Virenschutz haben." Tatsächlich gibt es im Vergleich zu einem Windows-PC aber deutlich weniger Schadsoftware, die ein Gerät mit dem Apfel-Logo angreift. Das liegt aber daran, dass es auch viel weniger Macs gibt, im Vergleich zu PCs mit Windows-Betriebssystem. Trotzdem gibt es natürlich auch Viren für den Mac.

Spätestens seit Ende 2015 grassieren für Apfelgeräte die Art von Schadprogrammen, die einem alle persönlichen Daten und Bilder mit dem praktisch unknackbaren AES-Algorithmus verschlüsseln – und so unbrauchbar machen. Dann wird der User erpresst: „Zahle 100 €. Nur dann schicke dir das Programm zum Entschlüsseln." Eine Stunde später steigt der Preis auf 150 €, dann auf 200 € und so weiter. Auf diese Weise bauen die Erpresser Druck auf. Das Opfer soll möglichst gar nicht zum Nachdenken kommen und auch gar nicht die Möglichkeit haben, sich kompetente Unterstützung zu holen.

Eine andere Variante dieser meist als Trojaner auf die Computer gelangten Programme gaukelt dem User vor, dass dieser eine Straftat begangen habe. Angeblich seien Bilder gefunden worden, die den Tatbestand der Kinderpornografie, Nekrophilie und/oder Zoophilie bzw. Sodomie erfüllen würden. Um der Strafe – genannt werden dann die absurdesten Paragrafen – von bis zu 500.000 € oder mehreren Jahren Haft entgehen zu können, hätte man die einmalige und zeitlich auf wenige Stunden begrenzte Möglichkeit, sich freizukaufen. Mit schlappen 100 €. Zahlen kann man die bequemerweise mit Prepaidkarten, die man an der Tankstelle oder im Supermarkt erwerben könne. Anhand der eigenen Postleitzahl werden einem auch gleich die nächstgelegenen Verkaufsstellen zeigt. Mittlerweile tauchen auch bösartige Apps für Smartphones auf, die exakt so vorgehen und das Handy sperren. Da macht die interne Kamera auch gleich ein „Beweisfoto" des Nutzers. Ich gehe davon aus, dass diese Erpresserprogramme immer mehr Smartphones befallen und in den kommenden Jahren regelmäßig ganz oben auf der Liste der Schädlinge stehen (Abb. 14.6).

Ransomware nennt man diese Viren, abgeleitet vom englischen Begriff für Lösegeld (ransom). Absurderweise rief ein FBI-Ermittlungsleiter mal dazu auf, das Lösegeld zu bezahlen, denn die „Polizei sei machtlos". Für mich lediglich eine Rauchbombe, die beim Normalbürger Angst vor Verschlüsselung schüren soll. Tatsächlich schützt uns Verschlüsselung – auch vor dem FBI und der NSA. Die Aussage zeigt nur, dass eine gute Verschlüsselung auch von den Behörden nicht geknackt, und daher ebenso von bösen Menschen missbraucht werden kann. Die Polizei in Deutschland rät dazu, nicht zu bezahlen. Und zwar deshalb, weil es von tausenden dieser Fälle nur ganz wenige gibt, in denen die Software zum Entschlüsseln nach er Zahlung auch tatsächlich geliefert wurde. Meist wurde bezahlt und trotzdem blieben die Daten unlesbar.[6]

Aus wirtschaftlichen Gründen ist das aus Sicht der Täter eigentlich unsinnig. Der geforderte Betrag um die 100 € ist so niedrig, dass wahrscheinlich jeder mehr oder weniger freiwillig bezahlen würde, wenn bei Google die meisten Suchergebnisse bestätigen, dass andere Menschen so den Zugriff ihre Bilder und Daten zurückbekommen haben. Aber daran besteht überhaupt kein Interesse. Es geht nur ums Geld. Deshalb sind diese Viren jetzt auch für Macs immer stärker im Kommen. Hacker sind halt auch nur Geschäftsleute. Sie arbeiten nach einem Businessplan.

---

[6] das trifft nicht auf den Locky Virus von 2016 zu

Abb. 14.6 Ein Handytrojaner droht mit dem BKA, dem BND, Merkel und Gauck. Vom erschrockenen Opfer wird auch gleich noch ein Beweisfoto gemacht.

Lohnende Geschäftsfelder werden beackert, unrentable ignoriert. Offenbar gibt es mittlerweile genügend Apple Geräte im Markt, so dass Viren für OS X ein rentables Geschäft sind. Wahrscheinlich hat auf dem letzten Hacker-Kick-Off der Ober-Hacker die Losung ausgegeben: „Kollegen, unsere Marktdurchdringung auf Windows PC ist gesättigt, die Gewinne stagnieren. Unser Forecast und die Budgetplanung für das kommende Jahr sieht aber eine Steigerung von 10 % des Gewinns vor Zinsen und Steuern vor. Geht also hinaus und erschließt neue Märkte. Sonst müssen wir nächstes Jahr Personal abbauen – und das kann doch keiner von Euch wollen."

14.5 Ungeziefer am Körper – Wie man Bluetooth-Headsets als Wanze missbrauchen kann

Fahrzeuge scheiden Schadstoffe aus, das ist kein Geheimnis. Heute reden alle über CO_2, aber das war früher ganz anders. Als vor über hundert Jahren noch Pferdekutschen durch die Straßen fuhren, war das, was die zwei PS hinten rausfallen ließen, ein störendes Nebenprodukt der Fortbewegung. Neben dem Gestank kam gerade bei feuchtem Wetter noch dazu, dass die Räder den ganzen Mist auch hoch schleuderten und umstehende Passanten einsauten. Probleme löst man, also erfand ein schlaues Köpfchen den Kotflügel, der auch heute noch so heißt, auch wenn auf den heutigen Straßen keine Pferdeäpfel mehr liegen.

Aber wie wir Menschen so sind: Ist ein Problem gelöst, machen wir uns selbst das Nächste. Vor einigen Jahren stieg die Unfallstatistik und der Bösewicht war schnell ausgemacht: das Handy. Eine Hand am Ohr, die andere am Schaltknüppel und dann noch die Kippe anzünden – klar, dass dies für Fußgänger oder

Abb. 14.7 Ein Bluetooth-Headset mit Standard-PIN

Rotbremser zum Problem werden würde. Kurzerhand kam das Handyverbot am Steuer und die Erfindung der Freisprechanlage kam erst so richtig in Fahrt. Neben dem Festeinbau im Fahrzeug gibt es auch so praktische Ohrstöpsel, die am Ohrwaschel eingeklemmt pure Redefreiheit verschaffen. Den Knopf im Ohr, blau blinkend, glaube ich manches Mal Mr. Spock neben mir im Auto zu erkennen.

Der Aufbau der Bluetooth-Verbindung zwischen Headset und Handy ist technisch gesehen exzellent implementiert. Gemäß Spezifikation wird der Audiokanal von Kopf bis Handy mit einer PIN verschlüsselt und glaubt man den grauen Ecken im Internet, so ist diese Verbindung sehr gut verschlüsselt. Sie ist bei korrekter Implementierung – nach heutiger Erkenntnis – nicht zu knacken.

Einziges Problem bei Headsets, ist die Tatsache, dass es meist nur drei Knöpfe gibt. Einen zum Abheben und zwei für die Lautstärke – hoch und runter. Bis heute ist mir kein Headset bekannt, das eine Zifferntastatur hat, ähnlich wie ein Telefon: von Null bis Neun. Das ist ein Problem, denn die PIN zum Verschlüsseln können Sie gar nicht eingeben, es fehlen schlicht die Tasten dazu (Abb. 14.7).

Aus diesem Grund ist der Hersteller so freundlich und gibt dem Headset eine Standard-PIN. Diese druckt er sogar im Handbuch ab. In aller Regel: 0000, manchmal auch 1234 – da hat sich der Hersteller dann richtig was einfallen lassen. Nun, theoretisch können Sie die PIN auch ändern. Mit den drei vorhandenen Tasten hangeln Sie sich blind durch das System und hoffen, dass alles glatt geht. Nach dutzenden Tastendrücken müssen sie beten, keinen Fehler gemacht zu haben, denn schließlich kann das Headset außer einem Piepsen keine Bestätigung oder Fehlermeldung abgeben. Ist der Akku dann mal leer, findet sich der Freisprech-Knopf auch wieder in der Werkseinstellung. Kurzum: Das machen Sie ein Mal und nie wieder – wenn überhaupt.

Bei der Suche nach Bluetooth-Geräten[7] ist für Hacker daher neben der MAC-Adresse auch der Gerätetyp von Interesse. Liefert ein Scan den Wert 0 × 200, dann ist klar: dies ist ein Headset. Die ersten Bytes der MAC-Adresse liefern den Hersteller und schon lässt sich auf russischen Webseiten die PIN für dieses Headset erfragen. So erhält ein Hacker die PIN für jedes Headset dieser Erde.

Nun geht es ganz schnell. Nach dem Pairing mit dem Gerät, lässt sich der Freisprechanlage ein AT+RING Befehl senden. Ein Klingelsignal und das Headset glaubt: *Huch, es klingelt.* Also Mikrofon an und senden. Den nun folgenden Audio-Datenstrom kann man aufzeichnen oder direkt anhören. Allerdings, und das ist der Nachteil an der Sache, muss der Angreifer permanent im relativ kleinen Radius von gut 15 m um das Headset sein. Das geht bei Meetings aber wunderbar. Der mit Rigips abgetrennte Nebenraum reicht völlig aus, um Vertragsverhandlungen oder Betriebsratssitzungen zu verfolgen.

Natürlich können Sie auch Ihr eigenes Headset anzapfen. Das ist überaus nützlich, wenn am Abend DFB-Pokal im Fernsehen läuft und Ihr Vertragspartner will und will einfach nicht unter-

---

[7] Siehe Kapitel „Telefonbuch Online" – 14.3.

schreiben. Da wird gefeilscht, was das Zeugs hält und Sie haben Angst, dass Sie den Anpfiff verpassen. Kein Problem. Gehen Sie kurz zum Händewaschen! Verlassen Sie den Raum. Was macht Ihr Geschäftspartner, wenn Sie draußen sind? Er stimmt sich ab, er wird klären, wie die weitere Verhandlungsstrategie ist, wo er hart bleiben und wo er nachgeben wird. Sie stehen derweil am Waschbecken und hören alles mit. Zehn Minuten später ist die Tinte trocken, sie kommen pünktlich nach Hause, alles kein Problem.

Zum Glück ist ein Headset nicht verwundbar, wenn damit gerade telefoniert wird. Der Kanal ist besetzt, die Verbindung verschlüsselt, da geht nichts. In der übrigen Zeit jedoch, da sind wir verwundbar. Die Financial Times Deutschland forderte deshalb sogar dazu auf, den Bundestrojaner zu vergessen, *„die Spione stecken schon in Euren Taschen"*[8].

Aber vielleicht noch eine Kleinigkeit für Ihr Geschäftsleben. Bluetooth-Headsets arbeiten bidirektional. Das heißt, man kann nicht nur mithören, man kann auch zurück sprechen. Das macht bei einem Headset in der Sakkotasche keinen Sinn, aber Autos haben heutzutage nicht nur Kotflügel, sondern auch Kopfstützen. Und in diese (oder im Radio) sind ganz gerne auch mal derartige Headsets eingebaut.

Legt man sein Handy auf die Mittelkonsole, verbindet sich das Telefon mit dem Auto und beschützt Sie so vor Knöllchen. Neue Fahrzeuge verlangen eine persönliche PIN, ein paar ältere Fahrzeuge und viele mobile Navigationsgeräte mit integrierter Bluetooth-Freisprechanlage arbeiten aber nach dem Headset-Prinzip. Damit ist die PIN bekannt und in solche Fahrzeuge kann man nicht nur reinhören, sondern auch reinsprechen.

Vielleicht kennen Sie das, Sie müssen zum Kunden und sind spät dran. Auto auf, Koffer rein und Rampe hoch. Fast die Oma auf dem Bürgersteig erwischt – noch mal Glück gehabt. Jetzt rauf

---

[8] Financial Times Deutschland, 09.12.2008, Autor: David Böcking.

auf die Autobahn, gleich mal rüber auf die linke Spur und Vollgas. Und da ist er wieder – der Schnarchzapfen auf der Überholspur. Der, der mit 210 km/h rumschleicht und nicht rüber fährt. Sie hängen hinten drauf, das Fernlicht aufblinkend, dass fast die Birne durchbrennt. Der Blutdruck steigt und Sie schreien hysterisch: „Fahr weg! Ich muss zum Kunden!"

Bleiben Sie ruhig! Nehmen Sie den Laptop nach vorne, loggen sich kurz ein und dann sprechen Sie dem Vordermann doch einfach mal etwas ins Fahrzeug. Verstellen Sie die Stimme und sagen zum Beispiel: *In 50 Metern scharf rechts abbiegen.* Die Spur ist frei, Sie kommen pünktlich zum Kunden, alles kein Problem. Bluetooth sei Dank.

14.6   Pakete ohne Zoll – Was man bei Voice-over-IP beachten sollte

Menschen reisen heute um den halben Erdball. Dank Internet sind Discount-Flugpreise heute von Jedermann selbst zu finden. Dafür gibt es Webseiten, die einem die jeweils günstigste Fluggesellschaft heraussuchen.

Derartige Portale gibt es natürlich auch für andere Waren. Ob Flüge, Versicherungen oder auch für Telefonanbieter – Portale finden den günstigsten Tarif, wenn Sie zwischen 14:00 und 16:00 Uhr von Castrop-Rauxel nach Ost-Timor telefonieren möchten. Das alles lässt sich heute bequem und schnell herausfinden. Ob man aber eine qualitativ hochwertige Telefonverbindung bekommt, oder über günstige und oftmals minderwertige Internetverbindungen per Voice-over-IP telefoniert, das wird von manchen Portalen verschwiegen. Schließlich gibt es ja Provisionen für vermittelte Klicks auf die Webseite des Anbieters.

Voice-over-IP, kurz VoIP genannt, ist das Telefonieren über das Internet. Dienste wie Skype nutzen das und Dank Headset und Mikrofon kann heute jeder kostengünstig um den halben Erdball quatschen. Natürlich gibt es mittlerweile auch Geräte, die wie echte Tischtelefone aussehen und sich direkt an den DSL-Router anschließen lassen.

VoIP nutzt ein bestimmtes Format, um die Sprache in kleine Datenpakete zu stückeln und sie wie eine E-Mail, zoll- und portofrei, über das Internet direkt an den Empfänger zu senden.

Wichtig hierbei ist, dass alle Pakete möglichst schnell ankommen, da sonst das gesprochene Wort abgehackt klingt oder Wortteile fehlen. Ein Zähler sorgt dafür, dass das angerufene VoIP-Telefon die Datenpakete in die richtige Reihenfolge bringt. Ansonsten würde jedes Gespräch zwangsläufig ungarisch oder malayisch klingen.

Außer den technisch einfachen Aspekten bietet VoIP dem Anwender Fluch und Segen gleichermaßen. Neben günstigen Telefonaten um den Globus, ist der Urlaubsreisende dank Laptop sogar auf Bali unter der gewohnten Rufnummer erreichbar. Ob Fluch oder Segen möge hierbei jeder für sich entscheiden.

Eindeutig Fluch ist das Problem der „Röchel-Anrufe". Hier geht es keinesfalls um sexuell motiviertes Ausatmen in den Hörer, nein, vielmehr sind die Anrufe gemeint, die beim Notruf eingehen und bei denen der Anrufer nicht mehr mitteilen kann, dass er Atemnot und ein Stechen in der Brust verspürt, sondern lediglich ein „Ähhhh" oder „Ächz" hauchen kann.

Die Rettungsleitzentrale konnte den Röchler früher eindeutig anhand der angezeigten Rufnummer identifizieren und den Notarzt schicken. Wer heute seine Nummer mitnimmt, dem kann es passieren, dass kein Notarzt in das Urlaubsdomizil zum Patienten kommt, die Feuerwehr dafür zu Hause die Türe der leeren Wohnung aufbricht. Dem Patienten wird's egal sein, sollen sich doch die Erben darum kümmern.

14.7 Deine ist meine – Wie man mit VoIP fremde Rufnummern zum Telefonieren verwenden kann

Telefonieren ist nicht so einfach. Schon Karl Valentin hat mit seinem Buchbinder Wanninger die Unverbindlichkeit eines Ferngesprächs komödiantisch verarbeitet. Heute spricht man mit Computern. „Sagen Sie Eins, wenn Sie Bananen kaufen möchten". So hat 50 Jahre nach Karl Valentin eine Firma, die farbigen Strom verkauft, für ihre CallCenter geworben, in denen man tatsächlich noch mit (echten) Menschen spricht. Anscheinend etwas, mit dem man Kunden anlockt.

Wenn ich mich bei machen Hotlines durch diverse Menüs gesprochen oder gedrückt habe, wächst nicht selten die Angst, dass ich plötzlich zu mir selbst durchgestellt werde. Ein Horror-Szenario, wenn bereits drei Minuten auf der, 0900-Rufnummer ticken.

Zu Buchbinder Wanningers Zeiten konnte man wenigstens davon ausgehen, dass der der anruft, auch der ist, der er vorgibt zu sein. Zumindest der Anschluss musste stimmen. Als in den 80er-Jahren so genannte Dienstmerkmale wie CLIP oder CLIR aufkamen, konnten die modernen Telefonapparate auf ihrem Display die Rufnummer des Anrufers erstmals anzeigen. Man wusste also, wer einen anruft und konnte bei der Schwiegermutter getrost den neuen Anrufbeantworter testen.

Heute ist das alltäglich. Jedes Handy, sei es noch so klein, hat ein Display und zeigt die anrufende Nummer an. Ist sie zusätzlich im persönlichen Telefonbuch gespeichert, wird sogar der passende Name angezeigt.

Geändert hat sich jedoch eines. Die angezeigte Nummer oder der daraus resultierende Name aus dem Telefonbuch muss nicht mehr zwangsläufig stimmen. Was CallCenter schon seit langem können, kann – dank Voice-over-IP – heute jeder: Sich seine persönliche Absenderrufnummer aussuchen.

VoIP-Nutzer werden von manchen Anbietern in die Lage gebracht, ihre eigene Absenderrufnummer zu konfigurieren. Die beim Angerufenen angezeigte Nummer kann frei gewählt werden. Jede *beliebige* Festnetz- oder Handynummer lässt sich bequem per Webfrontend eintragen – wer will, kann sie sogar vor jedem Anruf ändern.

Dass man die Nummer eintragen kann, macht Sinn. Schließlich will man ja auch zu erkennen geben, wer man ist und von Fall zu Fall ja auch unter der bekannten Festnetznummer identifiziert oder zurückgerufen werden – unabhängig davon, ob man per ISDN oder VoIP anruft. Nicht ganz so sinnig erscheint es, dass es jede *beliebige* Nummer sein kann, die man sich aussuchen darf. Sie muss nicht einmal mir gehören und kann die des Nachbarn oder eines Fremden sein.

Mag die freie Wahl beim Hauptgewinn an der Losbude ja gewollt sein, VoIP-Anbieter machen das nicht ganz freiwillig. Wie sollten sie auch prüfen, ob die eingetragene Nummer wirklich mir gehört? Sie müssten Zugriff auf die Verzeichnisse jedes Telefonanbieters haben. Ein Datenschutzproblem in Deutschland, eine Unmöglichkeit für ausländische Anbieter (Abb. 14.8).

Neben dem Missbrauch dieser Funktion beim Diebstahl von Betriebsgeheimnissen[9] kann sie auch privat ganz praktischen Nutzen haben. Nehmen wir einmal an, Sie sind verheiratet. Nehmen wir weiterhin an, Ihr Ehepartner geht fremd. Schlimmer noch, das Liebesspiel findet mit Ihrem besten Freund (oder Freundin) statt und Sie ahnen etwas davon.

Rufen Sie Ihren Ehepartner doch einfach mal an. Tragen Sie als Absenderrufnummer die Handynummer des Techtelmechtels ein und warten dann, wie Ihr Ehepartner das Gespräch entgegen nimmt. Kommt ein „Hallo Schatz!", wird es Zeit anwaltlichen

---

[9] Siehe Kapitel „Fach-Chinesisch für Frau Schneider". – 15.2.

Abb. 14.8   Eine gefälschte Rufnummer ruft an

Rat zu suchen und sich schon mal um eine eigene Wohnung zu kümmern. Fluch oder Segen – auch in diesem Fall ist es Ihre ganz persönliche Sicht.

14.8 Kein Schwein ruft mich an – Fangschaltung kann jeder, nicht nur die Polizei

Rund 300 Mrd. Minuten[10] haben wir Deutschen etwa im 2014 Jahr telefoniert. Nur bei ganz wenigen dieser Telefonate wird dabei gestöhnt oder beleidigt. Trotzdem sorgen gerade diese vereinzelten Anrufe bei Stalking-Opfern für massive Belastungen.

---

[10] http://www.bitkom.org/de/markt_statistik/64046_77519.aspx.

Zum Glück gibt es Fangschaltungen, mit denen man sogar die unterdrückte Rufnummer eines Stalkers bekommt. Und anders als beim Tatort kann jeder eine Fangschaltung legen lassen – ganz ohne Kommissar und auch ohne richterlichen Beschluss.

Kein Scherz. Nur im Krimi muss der Assistent vom Kommissar nachts den Richter aus dem Bett klingeln, um eine Telefonüberwachung anlaufen zu lassen. Im echten Leben braucht es keinen Richter. Zumindest dann nicht, wenn es um den eigenen Anschluss geht. Denn will man herauszufinden, wer einen belästigt, dann ist das mit zwei ausgefüllten Formularen möglich. „Feststellungsmaßnahme" nennt sich das, und die gibt es beim Provider für Handy und für Festnetz und kostet – je nach Anbieter – um die 200 €.

Nun wird im Fernsehen ja immer alles etwas anders dargestellt als es in Wirklichkeit ist. Kennen Sie den Film „Das Grauen kommt um Zehn" (Originaltitel „When a Stranger Calls") aus dem Jahr 1979? Hier wird eine Frau in anonymen Anrufen bedroht und der besorgte Kommissar lässt eine Fangschaltung legen. Unmittelbar nach dem letzten Drohanruf muss er dem armen Opfer mitteilen, dass der Anruf aus ihrem Hause kommt – und hört dann schon aus dem Hintergrund, wie der Mörder sich seinem Opfer nähert. So schnell einen Anrufer ermitteln, das kann nur die Polizei bei Gefahr im Verzug. Bei einem Provider ginge das nicht, denn bei der normalen „Feststellungsmaßnahme" bekommt man den Namen des Anrufers nicht unmittelbar nach einem belästigenden Anruf mitgeteilt. Hier schickt man seinem Provider erst einmal nach Ablauf einer vereinbarten Frist von einer oder zwei Wochen eine Liste mit den Zeiten, an denen die belästigenden Anrufe kamen. Dann bekommt man per Post die unterdrückte (oder falsch angezeigte) Rufnummer samt Anschlussinhaber mitgeteilt, die zu den genannten Zeiten angerufen hat.

Allerdings wird auch die überwachte Person etwa eine Woche später gemäß § 101 TKG[11] darüber informiert, dass sie deren Name und Adresse abgefragt haben, und erfährt also, dass sie überwacht wurde. Verhindern kann man das nur, indem man innerhalb dieser Wochenfrist schwerwiegende Gründe vorbringt, warum es noch viel mehr schadet, die Fangschaltung zu offenbaren, als es zu lassen. Was so ein Grund ist, wird im Gesetz nicht näher definiert. Allerdings muss schon ein wirklich schwerwiegender Grund vorgebracht werden, denn – so sagen die Juristen – die vorgebrachten Nachteile müssen schon wesentlich schutzwürdiger sein, als die Interessen des Belästigenden. Das wäre zum Beispiel der Fall, wenn der Anrufer aus dem eigenen engen Umfeld kommt und in der Vergangenheit schon sehr gewalttätig war.

Die ganze Sache hat nur einen Haken: Im Kleingedruckten wird darauf hingewiesen, dass Name und Adresse nicht immer stimmen müssen. Das Telefonat kann ja über eine anonym registrierte Prepaid-Karte von der Tanke oder vom Discounter geführt worden sein. Zwar schreibt das Telekommunikations-Gesetz eine **namentliche Registrierung** aller Telefonanschlüsse vor, jedoch **keine Pflicht zur Verifizierung** der Daten (z. B. über einen Personalausweis). Daher kann sich theoretisch und praktisch jeder unter falschem Namen eine Telefonkarte freischalten lassen. Die Piratenpartei in Baden-Württemberg ruft seit April 2013 sogar explizit dazu auf, falsche Daten anzugeben.[12]

In der Folge trifft das BKA jedes Jahr bei tausenden Ermittlungsverfahren wegen Telefon-Terrors und anderen Delikten immer öfter auf Namen wie „Schweinchen Dick"[13] und kommt nicht weiter. In einem seiner Lieder bedauert es der Sänger Max

---

[11] http://www.gesetze-im-internet.de/tkg_2004/__101.html.

[12] http://piratenpartei-bw.de/2013/04/10/wehr-dich-gegen-die-bestandsdaten-auskunft-anonyme-sim-karten-gewinnspiel (aufgerufen im Oktober 2015).

[13] http://www.datenschutzbeauftragter-info.de/justizminister-fordern-ausweiszwang-fuer-prepaid-karten.

Raabe, dass er keine Anrufe erhält. „Kein Schwein ruft mich an"
singt er da. Manchmal ist das gar nicht so schlecht.

14.9 Komfortrauschen als Lebensretter – Warum unsere Handys mit Absicht rauschen

Erst ab einer Geschwindigkeit von etwa 50 km/h erzeugen PKWs
ohne Verbrennungsmotor genügend Lärm, um als ankommen-
des Gefährt wahrgenommen zu werden. Das passiert aber nicht
durch ein Brummen des E-Motors, sondern absurderweise durch
das Abrollgeräusch der Reifen auf dem Asphalt. Deshalb sind
langsame Elektromobile eine Gefahr für unachtsame Fußgänger.
Sie werden nämlich nicht gehört und die Gefahr, unachtsam auf
die vermeintlich freie Fahrbahn zu treten, erhöht sich bedrohlich.
Die EU plant daher eine Richtlinie zu erlassen, nach der Elekt-
roautos ab Juli 2019 beim Anfahren ein künstliches Geräusch erzeugen müssen. Noch ist unbekannt, wie hoch die Mindest- und
die Maximallautstärke sein wird. Auch, wie das Geräusch klingen
soll, steht noch nicht fest.
Beim Telefonieren mit dem Handy ist man hier schon weiter.
Dort wird eine ähnliche Technik schon seit längerem eingesetzt:
das Komfortrauschen nämlich. Beim Telefonieren im Mobilfunknetz wird das gesprochene Wort durch so genannte Codecs
in kleine Datenpakete umgewandelt. Damit diese Datenpakete
möglichst klein sind und wenig Bandbreite bei der Übertragung
benötigen, werden unnötige – weil sehr leise – Geräusche heraus-
gefiltert. Das permanente, natürliche Hintergrundrauschen zum
Beispiel gehört dazu. Also das, was wir normalerweise als leises
Rauschen im Äther hören und wahrnehmen.

Diese Idee, das Rauschen zu entfernen, gibt es auch bei teuren Kopfhörern. Dort werden Rauschen und gleichmäßig brummende Geräusche durch exakt gegenläufige Schallwellen aufgehoben, so dass man z. B. im Flugzeug das Brummen der Triebwerke nicht mehr hört. Ein kleines Mikrofon am Kopfhörer lauscht, was für Geräusche um einen herum sind. Gleichmäßige und insbesondere tiefe Tönen werden dann als genau entgegenlaufende Schallwelle in die Gehörmuschel gespielt. Wer in Physik aufgepasst hat, weiß, dass sich gegenläufige Wellen aufheben. Das Brummen ist weg. Dies funktioniert übrigens besonders gut mit tiefen Tönen, was etwas mit der Länge der Amplituden und der Größe der Ohrmuscheln der Kopfhörer zu tun hat.

Beim Telefonieren übernimmt das Smartphone die Aufgabe der Rauschunterdrückung. Diesmal per Software, also ohne aufwändige Physik. Allerdings hat das Entfernen des Rauschens bei Gesprächen einen entscheidenden Nachteil. Zwar werden weniger Daten gesendet und damit Bandbreite gespart; aber ohne das Hintergrundrauschen entsteht am anderen Ende der Leitung während einer Sprechpause der Eindruck, dass die Verbindung abgebrochen sei. Dies liegt an der plötzlich auftretenden absoluten Still, e wenn niemand etwas sagt. Permanentes Nachfragen „Hallo? Bist Du noch dran?" ist die Folge. Und jetzt wird's absurd: Um das zu verhindern, fügt ein intelligenter Sprach-Codec wie G.729 beim Entpacken der Datenpakete – also beim Zuhörer und nach der Datenübertragung – einfach ein künstliches Dauergeräusch in das Telefonat ein. Und das wird Komfortrauschen genannt, denn es klingt – welche Überraschung! – wie ein dauerndes leises Rauschen. Und so hört man, dass die Verbindung noch besteht – auch während einer Gesprächspause.

Wie das künstliche Geräusch beim Elektroauto klingen soll, weiß man, wie gesagt, noch nicht. Nur, wie es nicht klingen darf, das hat eine EU-Kommission bereits 2012 festgelegt. Glockengeläut, Hundebellen sowie Sirenen und Melodien werden nicht erlaubt. Auch das Klingelgeräusch eines Handys oder Telefons ist unerwünscht – weil unsinnig.

Bei einem Test mit einem klingeltonähnlichen Geräusch hatte man anfangs zwar die Hoffnung, dass die Menschen sofort aufhorchen und reagieren – ähnlich wie sie das bei einem eingehenden Telefonat auch tun. Tatsächlich aber achtete keiner der Fußgänger mehr auf das herannahende Elektroauto. Jeder kramte, in der irrigen Annahme einen Anruf zu erhalten, in der Tasche nach seinem Mobiltelefon – anstatt auf den Verkehr zu achten. Und wenn die Testpersonen dann – unachtsam – die Straße betreten hätten, hätte das eher unschöne Geräusche gegeben: Quietsch, Bumm, Knack und Aua nämlich.

14.10 0180-GUENSTIG – Wie man bei kostenpflichtigen Servicenummern zum Nulltarif anruft

Viele Firmen bieten heutzutage Servicenummern an. Sie bündeln das Groß der Anrufer in einem CallCenter. Dort wird dem Kunden geholfen, schließlich sind die Mitarbeiter darauf trainiert, mit Anfragen aller Art umzugehen.

Vor ein paar Jahren hatten 0180er-Nummern aber noch einen anderen Sinn. Sie sollten dem Kunden Kosten sparen. Wer von München in einem CallCenter in Bremen anrief, zahlte genauso viel, wie jemand, der direkt neben dem CallCenter wohnt.

Heute ist das anders. Flatrates gehören fast schon zum Standard und da spielt es keine Rolle, ob man aus dem Süden anruft oder aus der gleichen Stadt. Ausgenommen sind bei Flatrates jedoch die Servicenummern. Sie werden separat berechnet und erscheinen als zusätzlicher Kostenpunkt auf der Telefonrechnung. Was früher Kosten sparen sollte, kostet heute also mehr.

Nun steckt hinter jeder Servicenummer in Wirklichkeit eine echte Rufnummer, mit Ortsvorwahl und Anschlussnummer – so wie zu Hause auch. Wird die 0180 gewählt, leitet das intelligente Netz der Telefonanbieter den Anruf lediglich auf den richtigen Anschluss – und stellt nebenbei ein paar Cent dafür in Rechnung.

Um derartige Kosten zu sparen, wäre es praktisch, wenn die Anbieter solcher Hotlines auch die direkte Anwahl mitteilen würden. Da sie an den Servicenummern mitverdienen, vermeiden sie das aber tunlichst. Hilfe bieten da Portale[14] im Internet, die zu fast jeder 0180er-Nummer auch gleich die passende Direktwahl anzeigen.

So lässt sich herausfinden, dass ein Reiseanbieter seinen Lost & Found-Service aus Hannover bedient, während eine Versicherung, die zwar die Stadt Dresden im Namen trägt, seine Kunden aus München und Bad Vilbel betreut.

Keine Information über die Direktwahl erhalten Sie bei 0900er-Nummern. Hier sollen Sie ja auch nicht das Gespräch, sondern eine Dienstleistung bezahlen. Als Inhaber einer Deutschland-Flat können Sie 0180er-Servicenummern aber ab sofort kostenlos anrufen.

14.11 Umziehen – Warum beim Umzug der Telefonanschluss oftmals nicht mit umzieht

In meinem Leben bin ich bisher sieben Mal umgezogen. Glaubt man dem Volksmund, ist mein Haushalt demnach schon zwei Mal abgebrannt. Vieles geht kaputt, anderes passt nicht mehr in das neue Domizil und manches geht schlichtweg verloren. Man

---

[14] Googeln Sie nach „0180 Ersatznummern".

findet es einfach nicht wieder. Ähnlich den verschwundenen Socken in der Waschmaschine ist der Verbleib mancher Gegenstände selbst Monate nach dem Einzug weiterhin ungeklärt.

Weitaus öfter höre ich aber von liegen gebliebenen Telefonanschlüssen. Freunde, Bekannte und auch Fremde sprechen mich an, warum nach dem Umzug der Telefonanschluss nicht geht. Sie erwarten, dass der alte Anschluss mit Schlüsselübergabe abgeschaltet und in der neuen Behausung sekundengenau mit Eintreffen des Möbelwagens aktiviert wird. „Du warst doch mal bei der Telekom. Kriegen die das nicht hin? Es kann doch nicht so schwer sein, ein Kabel links raus- und rechts einzustecken." Ein oft geäußertes Vorurteil. Würde ich diesen Leuten jetzt Recht geben, lägen wir beide falsch.

Unabhängig vom Telefonanbieter ist ein Umzug eine ziemlich komplexe Sache. Technisch gesehen, gibt es den Auftrag „Umzug eines Telefonanschlusses" bei der Telekom und anderen Providern aber gar nicht. In den Köpfen der Menschen herrscht lediglich immer noch das Bild der Dame vom Amt vor. Sie steckt bei einem Anruf ein Kabel einfach in eine Klinkenbuchse und schon stand die Leitung. Zieht man um, nimmt sie einfach eine andere Buchse – fertig.

Tatsächlich machen Sie mit Ihrem Telefonvertrag aber nichts anderes, als mit Ihrem Mietvertrag. Sie kündigen den einen und schließen einen neuen ab. Dies versuchen Sie zeitlich möglichst ohne Überlappung zu koordinieren. Dann räumen Sie eine Wohnung aus, fahren Ihren Haushalt zur neuen Adresse und räumen alles wieder ein.

Ein Telefonanschluss ist nicht viel anders als eine Wohnung, die Telefonnummer vergleichbar mit Ihren Möbeln. Nach einer Kündigung des Anschlusses kommt ein „Möbelpacker" und packt Ihre Telefonnummer ein. Diese wird bildlich gesprochen in einen Transporter geladen und zur neuen Adresse gefahren. In dieser Zeit sind Sie nicht mehr erreichbar. Genauso wenig könnten Sie die Schublade einer Kommode öffnen, um etwas herauszunehmen, sie steht ja schon im Laster.

An der neuen Adresse wird nun ein Anschluss geschaltet, vergleichbar mit der Schlüsselübergabe der luxussanierten 4½ Zimmer. Die Wohnung ist aber unbewohnbar, weil die Möbel fehlen. Sobald die Telefonnummer freigegeben und geschaltet wurde, kann sie in den neuen Räumen klingeln. Die Kommode muss auch erst ankommen und in den dritten Stock geschleppt werden.

Ein Umzug sind demnach eigentlich zwei Aufträge. Eine Kündigung und ein Neuanschluss. Die Schwierigkeit liegt in der zeitlichen Koordination, gerade wenn die Aufträge in unterschiedlichen Abteilungen, von verschiedenen Personen und schlimmstenfalls von unterschiedlichen Standorten aus bearbeitet werden.

Zug um Zug werden die Umzüge aber besser. Alle Telefonanbieter haben in den letzten Jahren an den Bearbeitungszyklen und der Vernetzung gearbeitet, auf Neudeutsch die „Workflows synchronisiert". Meistens klappt es ja jetzt auch recht zeitnah mit dem Telefon. Allerdings sollten Sie es vermeiden, zum Umzug noch weitere Änderungen an Ihrem Telefonanschluss vorzunehmen. Wer zusätzliche Dienstmerkmale möchte oder weitere Rufnummern braucht, weil die Tochter jetzt ihr eigenes Zimmer hat, der sollte warten, bis der Umzug geklappt hat und das Telefon am neuen Standort genauso funktioniert, wie vorher am Alten.

Was nicht auf dem Umzugsformular des Telefonanbieters zum Ankreuzen dabei ist, wird von den Workflow-Systemen auch nicht standardmäßig abgedeckt. Läuft dann etwas schief, kann es länger dauern. Etwa so, wie wenn der Möbeltransporter nicht nach Paris mit Eiffelturm, sondern nach Paris, Texas, USA gefahren ist. Bis der wieder da ist, wird es dauern. Zeit genug, das neue Schlafzimmer einzuweihen. Kann ja keiner stören.

14.12 Nach Hause telefonieren – Warum ein Handy klingeln kann – egal wo es sich auf der Welt befindet

Einer der größten Kinohits aller Zeiten war einmal „E.T. – der Außerirdische". Die Effekte waren für damalige Zeiten irre. Da flog ein Fahrrad mit einem Jungen am Mond vorbei. Wer heute Avatar kennt, der bekommt da nicht mal mehr ein müdes Lächeln auf die Lippen. Tja, so ändern sich die Zeiten.

E.T. hatte für damalige Zeiten jedoch nicht nur tolle Special Effects, auch die gezeigte Technik entsprach weitgehend dem, was wir heute – rund 30 Jahre später – tatsächlich einsetzen. Ein tragbares Telefon, mit dem man nach Hause telefonieren konnte! Das erste Handy!

Zugegeben, es sah noch etwas klobig aus, so mit dem Grammophontrichter, aber es reichte aus, um damit einen Notruf bis zu einem weit entfernten Planeten zu senden. Die Roaming-Kosten müssen schier unbezahlbar gewesen sein, Flatrates für intergalaktische Ferngespräche in fremde Netze gab es noch nicht.

Heute gibt es weit über 80 Mio. verkaufte Handys in Deutschland. Rein rechnerisch hat also jeder mehr als eines davon zu Hause, auch wenn sicherlich nicht mehr alle in Gebrauch sind. Man bekommt ja schließlich auch alle zwei Jahre ein neues Gerät vom Provider, damit man ihm treu bleibt.

Das Handy ist mittlerweile zu einem treuen Begleiter geworden, auch wenn die wenigsten wissen, wie die Technik dahinter funktioniert oder wie lange es Handys schon gibt. Irgendwie gibt es rein gefühlsmäßig keine Zeit davor. Oder wissen Sie noch, dass Sie am Tag des Mauerfalls noch gar kein Handy hatten? Es gab nämlich noch keine – das einzige, was 1989 verfügbar war, waren koffergroße Auto-Telefone, die ein halbes Jahresgehalt kosteten.

Was ich schlimm finde, ist, dass ich die Dinger oft eben nicht finde – weil sie immer kleiner werden. Ist etwas klein, verliere ich es auch leichter. Manchmal suche und suche ich, bin mir sogar sicher, ich habe es auf den Tisch gelegt und sehe es trotzdem nicht, weil die Geldkarte es verdeckt. Dabei ist Handy finden ganz einfach. Man muss es nur anrufen. Da Geldkarten nicht klingeln, ist das tragbare Telefon auch ruck-zuck gefunden.

Nur, woher hat der Provider gewusst, wo mein Telefon ist? Wie schafft er es, dass es sogar im Ausland – auch auf der winzigen philippinischen Insel Cabilao – klingelt, wenn einer anruft?

Die Antwort heißt kurz und knackig: HLR. Das ist die Abkürzung für Home Location Register und das ist eigentlich nichts anderes als eine große und schnelle Datenbank. Die hat jeder Provider und wenn sich Ihr Handy an einem Funkmast einloggt, dann informiert der Mast das HLR und teilt mit, das Handy XY ist bei mir aktiv – und zwar in Slot 7.

Obwohl, ganz richtig ist das nicht, denn eigentlich wird nicht das Handy angemeldet, sondern die SIM-Karte. Der Provider weiß also, das zum Beispiel Ihre SIM mit der Kartennummer 1234567890 zur Zeit an einem bestimmten Funkmast in Rosenheim oder Kiel aktiv in Slot 7 angemeldet ist.

Wählt nun jemand Ihre Nummer, schaut der Provider erst einmal nach, welche SIM-Kartennummern – sie könnten ja mehrere Karten für die gleiche Nummer haben – sich hinter der Rufnummer verbergen. Der nächste Blick geht ins HLR. Dort wird nachgesehen, wo diese SIM gerade angemeldet sind und schwupps, schon wird dem Funkmast mitgeteilt, er möge doch bitte auf Slot 7 einen Anruf signalisieren. Geht alles gut, klingelt es bei Ihnen.

Etwas komplexer wird die Sache, wenn Sie im Ausland sind. Hier schreibt der lokale Netzbetreiber zwar auch in sein HLR, wo Sie sind, zusätzlich informiert er jedoch auch Ihren Provider zu Hause, dass Sie sich gerade in einem Fremdnetz aufhalten. Klingelt das Handy im Ausland, geht es im Prinzip ähnlich zu, wie im Inland, nur dass die Bitte zu klingeln erst mal zum ausländischen

Provider weitergeleitet wurde und dieser sein HLR bemüht hat, um Sie aufzuspüren.

Da ein Anrufer aber nicht wissen kann, ob Sie gerade im Ausland sind, kann man ihn auch nur ein Inlandsgespräch zahlen lassen und Sie selbst zahlen den Auslandsteil. Deswegen kann es ziemlich teuer werden, wenn Sie im Ausland auf dem Handy angerufen werden.

Noch teurer wird es, wenn Sie am Traumstrand in der Karibik liegen und der Chef ruft an, während Sie gerade keine Lust auf Frust haben und deshalb den roten Knopf drücken (oder es einfach klingeln lassen). Der Chef landet dadurch auf Ihrer Mobilbox und Sie haben Ruhe. Das Problem dabei ist, dass das ausländische HLR bereits bemüht wurde und ein Ablehnen oder Nicht-Abheben eines Anrufes mit eingeschalteter Mobilbox einer Rufumleitung gleichkommt. Soll heißen, Sie zahlen in so einem Fall nicht nur den Auslandsteil *Chef←→Karibik*, sondern auch noch ein komplettes Gespräch *Karibik←→Mobilbox* on top. Quatscht der Chef Ihnen jetzt minutenlang alle Details auf Band, weil er selbst nicht einschätzen kann, was davon wirklich wichtig ist, wird es schweineteuer. Innerhalb der EU sind die Auslandskosten zwar geregelt und Sie werden keine tausende von Euros zahlen müssen, in der Schweiz, Amerika oder Asien gibt es allerdings noch keine Kosten-Grenze.

Hier heißt es also, Mobilbox ausschalten oder – noch besser wenn man Urlaub hat – Handy ausschalten. Dann steht man in keinem HLR und die Umleitung zur Mobilbox kostet einen selbst zumindest keinen Cent.

Das HLR ist eine der kritischsten Anwendungen in einem Mobilfunknetz. Fällt die Datenbank aus, kann niemand mehr telefonieren oder angerufen werden. Daher sind solche Datenbanken redundant aufgebaut. Das heißt, sie sind mindestens zweimal vorhanden, wobei beide Server immer auf dem gleichen, aktuellen Stand sind. Gibt es mal einen Defekt an so einem Rechner, übernimmt der Zweite, und man kann den Ersten reparieren, ohne, dass wir mobil telefonierenden Kunden es merken. Ach ja, danke E.T. für das Handy, und gute Reise!

14.13 Das macht alles keinen SIM – Warum wir bald keine SIM Karte mehr brauchen und das nicht nur Vorteile hat

Noch gibt es SIM-Karten – zumindest bis die e-SIM kommt. Seit es Handys gibt, brauchen wir SIM-Karten, um mobil telefonieren zu können. Schließt man einen Handy-Vertrag ab, bekommt man eine SIM-Karte, setzt diese ins Handy ein und wartet, bis sie aktiviert wird. Will man den Anbieter wechseln, muss man sich eine neue SIM-Karte besorgen, setzt sie ein und wartet wieder, bis sie aktiviert wird. SIM-Karten gibt es zwar fast überall, aber: Man muss sich halt eine neue Karte besorgen, diese einsetzen – und warten, bis sie aktiviert ist.

Wäre es nicht besser, wenn man seine SIM-Karte beim Providerwechsel einfach mitnehmen könnte? So wie seine alte Rufnummer auch? Der neue Anbieter programmiert die SIM-Karte online um – fertig. Eine Wechsel-SIM ist technisch auch gar kein Problem. Wer sich dagegen wehrt, sind erstaunlicherweise auch nicht die SIM-Kartenhersteller – sondern die Mobilfunkbetreiber. Und das hat einen ganz einfachen Grund: Wenn das Wechseln schwer ist, bleiben auch die Kunden länger. Kein Mobilfunkanbieter kann wollen, dass wir mit zwei Klicks, auf der Couch sitzend, den Provider wechseln – noch während dessen Werbung läuft.

Die e-SIM wird trotzdem kommen. Die nächste Generation Smartphones braucht dann keine echte SIM-Karte mehr. Sie bekommen den kleinen Chip von dem Plastikkärtchen nämlich direkt auf ihre Platine eingepflanzt. Damit ist nicht nur ein Providerwechsel per Klick möglich, ein Smartphone könnte auch gleichzeitig mehrere SIM-Karten emulieren. Dann ist man zur selben Zeit unter der Telekom-Geschäftsnummer und der privaten Vodafone-Nummer erreichbar – auf einem Gerät. In den Ferien kann man sich noch zusätzlich eine Billigkarte des Urlaubslandes hinzuklicken, und so mit den mitgereisten Freunden telefonieren. Ohne einkaufen und ganz ohne Roaming-Kosten. Praktisch und verbraucherfreundlich ist die e-SIM. Oder etwa nicht? – Denkste!

Samsung und Apple haben gemeinsam die Provider davon „überzeugt", zukünftig auch die e-SIM zu unterstützen. Hmm, die Konkurrenten und Platzhirschen Samsung und Apple (zusammen 42 % Marktanteil in Q1-2015) machen gemeinsame Sache? Dann muss es um Geld gehen. Und das wird es auch. Bei der e-SIM wählt man auf dem Handy aus einer Liste seinen Provider aus. Wie diese Liste aussieht, entscheidet... der Hersteller des Telefons beziehungsweise seines Betriebssystems. Wer kommt da drauf – und vor allen Dingen in welcher Reihenfolge? Wer steht ganz oben, wer ganz unten – und warum? Und selbst wenn alle Provider zu finden sind oder unter „Andere" eingestellt werden könne, welche Tarife werden dort angeboten? Alle verfügbaren? Wohl kaum.

Es würde mich nicht wundern, wenn günstige Provider wie SimYo, Fyve oder blau.de am Ende der Liste zu finden sind – wenn sie überhaupt drauf kommen. Wer ganz oben stehen will, wird bezahlen müssen und deshalb nur mit seinem Premiumtarif erscheinen wollen. T-Mobile, Vodafone und O2 können sich das leisten. Diese Zusatzkosten werden sie aber auf die Gebühren umlegen und am Ende zahlen wir Verbraucher drauf – Wetten? Daher: EU-Internet-Kommissar Oettinger, übernehmen Sie, es gibt Arbeit! Nicht dass sich der Lederhosenträger von klarmobil wieder so aufregen muss und rumschreit, weil man ihn nicht in die e-SIM kriegt.

14.14 Dieser Anruf wird zu Schulungszwecken aufgezeichnet – Was mit unserem Anruf im CallCenter passiert

Ruft man in einem CallCenter an, erwarten einen als allererstes ein paar Bandansagen. „Vielen Dank für Ihren Anruf.", „Sprechen Sie Deutsch, drücken Sie die 1" oder auch „Dieser Anruf wird zu Schulungszwecken aufgezeichnet."

Was bedeutet das eigentlich, zu „Schulungszwecken"? Ehrlich gesagt, habe ich immer gedacht, dass ein Supervisor mit dem Agenten im CallCenter den ein oder anderen Anruf gemeinsam anhört und mit diesem das Gespräch analysiert. Was hätte man besser ausdrücken können, hätte man früher merken können, was der Anrufer tatsächlich will oder einfach nur für ein „Gut gemacht, der Anruf lief optimal."

Weit gefehlt. Seit kurzem weiß ich, dass manche CallCenter dabei den Anruf durch ein Spracherkennungssystem jagen. Beide Tonspuren, die des Anrufers und die des Agenten, werden dabei nach Schlagworten durchsucht. Sagt der Agent zu oft das Wort „Problem" oder gar „Scheiße", wird der Vorgesetzte informiert. Es geht einerseits darum, dass der Kunde am anderen Ende des Telefons mit möglichst positiven Wörtern beglückt wird und sich gut betreut fühlt. Andererseits geht es auch darum, die Agenten am Telefon zu überwachen. Nichts anderes ist das.

Denke ich an manches Gespräch mit einem CallCenter, halte ich das auch für angebracht. Der ein oder andere Gesprächspartner schien genervt und war sogar hin und wieder richtig unfreundlich.

Auf der anderen Seite muss ich mir die Frage stellen, ob das nicht vom System so vorgegeben ist. Wer kann auf Dauer mit einer vorgegeben Anzahl an Gesprächen pro Stunde, einer vorgegebenen Maximalgesprächsdauer mir, dem Kunden, wirklich die Zeit widmen, die ich erwarte? Wir müssen uns also die Frage stellen, ob ein CallCenter wirklich das ist, was König Kunde will? Oder das, mit dem unsere Kinder während des Studiums ein Zubrot verdienen oder Männer und Frauen ihre Familien ernähren. Es wird dazu kommen, dass Computer anhand der gewählten positiven und negativen Worte, die verwendet werden ein Profil erstellen. Wer öfter mal „ungünstig", „das kann ich nicht ändern" oder „das ist ein Problem" anstelle von „Lösung", „ich werde Ihnen helfen" und „kein Problem" sagt, wird irgendwann automatisch weniger Geld auf seiner Gehaltsabrechnung vorfinden. So weit sind wir noch nicht, aber die Systeme geben das bereits her.

Andererseits kann so ein computergesteuertes System auch mal positive Ergebnisse für mich bringen. Einmal hatte ich eine Störung meines DSL-Anschlusses. Es war Freitagabend, sicherlich die ungünstigste Zeit für eine Störung. Trotzdem erreichte ich jemanden persönlich bei der Störungsstelle. Erst einmal das übliche Prozedere von „Drücken Sie 1, wenn Sie Blutgruppe AB positiv haben." und schon nach ein paar Minuten in der Warteschleife war Justus Jonas persönlich am Apparat. Problem geschildert und just in diesem Moment, nach 8 min am Telefon, ging der rasende Internetzugang wieder. Justus Jonas beteuerte, noch gar nichts gemacht zu haben… Egal, Hauptsache, das Internet flitzt wieder.

Keine drei Minuten, nachdem wir uns einen schönen Abend gewünscht hatten, war das Problem jedoch wieder da. Nichts ging und das Modem blinkte ohne Pause. Also wieder die Nummer der Störungsstelle gewählt – zum Glück gibt es ja die Wahlwiederholung – und im Geiste schon mal zurecht gelegt, wie man möglichst schnell an den Bandansagen vorbei kommt, nur um einer zweiten Person alles noch einmal zu erklären.

Doch dann kam die Überraschung. Die Computerstimme stellte nur eine Frage: „Rufen Sie wegen dem gleichen Problem an, weswegen Sie schon vor kurzem bei uns angerufen haben, dann sagen Sie bitte Ja." „Jaaaa." Das war genau das, was ich wollte. Wenige Sekunden später hatte ich jemanden am Telefon. Zwar war Justus in einem anderen Gespräch, aber seine Kollegin hatte meine Daten samt dem geschilderten Problem schon auf dem Radarschirm. Kurz die Leitung durchgemessen, ein paar Daten meines Modems abgefragt und schon war klar: Irgendetwas stimmte mit der Technik in der Vermittlungsstelle nicht. Leider kann sich erst am Montag jemand darum kümmern. Ganz ehrlich, nachdem ich beim zweiten Anruf nicht mehr fünfmal Ja und dreimal Nein sagen musste, bevor überhaupt die Warteschleifenmusik anfing, war ich deutlich entspannter und hatte – trotz einer leichten Enttäuschung darüber, das Wochenende offline zu sein – kein wirkliches Problem damit und beendete das Gespräch als zufriedener Kunde.

Klar, so positiv geht das nicht immer aus, manchmal kann man nicht anders, als sich zu ärgern. Auch das erkennt das System übrigens. Dafür gibt es *Emotion Detect*, ein Plugin in die Spracherkennung bei CallCentern. Es erkennt Stimmungsschwankungen des Anrufers. Wandelt sich die Stimmlage von verärgert zu aggressiv, wird das Gespräch sofort aufgezeichnet, und wenn es gar eskaliert, rumgeplärrt wird, dann schaltet sich automatisch der Vorgesetzte mit hinein. Ein Segen für den Agenten, der auch vor Anrufern geschützt werden muss, die nur ihren Frust an jemandem ablassen wollen.

Emotion Detect ist jedoch noch nicht ganz ausgereift. Bei manchen Menschen schlägt das System permanent an, auch, wenn sie nur freundlich nach dem Wetter fragen. Irgendetwas in deren

Stimmlage lässt das System andauernd eine aggressive Stimmung erkennen. Ich bin sicher, Sie kennen sofort drei bis vier Menschen in Ihrem Umfeld bei denen Sie das auch raushören, bei jedem Gespräch – auch ohne *Emotion Detect*.

14.15 Wie sag ich's meinem Chef – Wie man beim Handy direkt auf der Mailbox landet

„Und Sie trauen sich allen Ernstes mir das einfach so zu sagen? Wenn Sie Ihr Projekt nicht im Griff haben, dann..." So etwas dürften die meisten von Ihnen schon einmal gehört haben.

Wie schön wäre es da, wenn man den Vorgesetzten zu einer Zeit erwischt, an der er (oder sie) gar nicht erreichbar ist. Am besten dann, wenn das Handy aus oder im Funkloch ist. Nur, wie soll man wissen, wann der richtige Zeitpunkt ist?

Dummerweise sind gerade die unangenehmen Zeitgenossen unter den Vorgesetzten diejenigen, die immer erreichbar sind und das gleiche auch von uns erwarten. Einmal versuchte ich während einer Systemstörung den Projektleiter eines Kunden zu informieren, wie der aktuelle Status ist. Als er abhob, raunzte er nur ein „Ich hoffe für Sie, dass es wichtig ist, ich sitze nämlich gerade auf dem Klo."

Also mal ganz ehrlich: Mich interessiert es überhaupt nicht – und vorstellen mag ich mir das erst recht nicht – wie mein Kunde gerade seinen Darm entleert, während ich erkläre, dass die Datenbank immer noch nicht konsistent ist und weiterhin nicht hochfährt. Drücken Sie doch bitte einfach auf den roten Knopf und rufen Sie wenige Minuten später entspannt zurück, wenn Sie gerade da sind, wo ich auch gerne alleine bin.

Mir war zusätzlich jedoch klar, dass der negative Statusbericht in das eh schon nervöse Wesen nur noch mehr Beunruhigung bringt. Eventuell stand mir sogar wieder einer dieser unschönen Wutausbrüche bevor und ich richtete mich auf ein paar laute Worte ein. So kam es auch, der Mann fing an zu schreien, während ich mich fragte, warum dieser Typ Mensch nicht kapiert, dass laut schreien noch niemals eine Datenbank zum Laufen gebracht hat.

Wie schön wäre es gewesen, ich hätte den Anrufbeantworter, die Mobilbox, erreicht und hätte entspannt und ohne Kommentare mein Sprüchlein aufsagen können. Dann Auflegen, Handy ausschalten und in Ruhe um den kaputten Index kümmern. Zu schön, um wahr zu sein?

Keineswegs – wenn Sie möchten, dass Ihr Gesprächspartner gerade im Funkloch steckt, dann können Sie das haben. Alle Mobilfunkanbieter bieten die Möglichkeit, dass ihre Kunden von jedem Festnetztelefon dieser Welt ihre eigene Mobilbox abhören können. Dazu wählt man eine spezielle Nummer und es kommt sofort das ausgewählte Sprüchlein: „Ich bin im Moment nicht erreichbar. Bitte hinterlassen Sie eine Nachricht nach dem Piepston." Tippt man vor dem Pieps die Rautetaste, wird man aufgefordert, seine PIN einzugeben. Stimmt die, darf man die gespeicherten Nachrichten anhören. Genau so, wie wenn Sie selbst von Ihrem Handy die 3311 (Telekom), 333 (O2), 5500 (Vodafone) oder 9911 (E-Plus) wählen – da brauchen Sie nur keine PIN, weil das Handy an seiner eigenen Nummer erkannt wird.

Diese Funktion hat einen ganz entspannenden Nebeneffekt. Hört man sich die Ansage nämlich bis zum Ende an, kommt tatsächlich der Piepston und nach dem kann man auch wirklich eine Nachricht hinterlassen. Natürlich macht das keinen Sinn, wenn man seine eigene Box anruft, aber Sie und ich können auch jede andere Mobilbox direkt anrufen und draufquatschen. Ganz unabhängig davon, ob der angerufene Teilnehmer das Handy an oder aus hat, direkt vor einem Sendemasten steht, tatsächlich keinen Empfang hat oder gar auf dem stillen Örtchen auf ihr Wörtchen wartet. Er wird es nicht mal merken, bis der Provider ihm signalisiert, dass eine neue Nachricht wartet.

Hat ihr cholerischer Kunde (oder Chef) die Handynummer 0171 1234567, dann wählen Sie einfach 0171 XX 1234567. Bei einem T-Mobile-Kunden ersetzen Sie das XX einfach durch die 13, bei O2 durch die 33, bei Vodafone durch die 50 und bei E-Plus-Kunden durch die 99. Sie landen direkt auf der Mailbox und können eine Nachricht hinterlassen.

Beginnen Sie Ihre Mitteilung am besten mit „Leider konnte ich Sie nicht erreichen…" und beenden Sie diese mit einem ehrlich klingenden „Unten im Rechenzentrum habe ich nur schlechten Empfang. Ich freue mich trotzdem auf Ihren Rückruf." Danach sofort das Handy abschalten und in Ruhe die Datenbank wieder zum Laufen bringen. Stören wird Sie dabei niemand. Der Mohr hat seine Schuldigkeit getan, der Mohr kann in Ruhe arbeiten.

14.16 Geschenkt ist nicht umsonst – Warum In-App-Käufe problematisch und sinnvoll zugleich sind

Stellen Sie sich vor, Sie sind der Chef einer Computer-Firma mit zehn Angestellten. Sie planen ein kleines, nettes Computerspiel für Smartphones zu produzieren und stecken mit allen Mitarbeitern gut zwei bis drei Monate plus Überstunden in das Projekt. Sie beauftragen Grafiker, die Ihrem virtuellen Helden ein cooles Aussehen verschaffen und Marketing-Firmen kümmern sich um einen einprägsamen Namen (mit Markenschutz) und die anschließende Vermarktung – Anzeigen in entsprechenden Medien inklusive.

Ihre Ausgaben sind im oberen fünfstelligen, vielleicht auch sechsstelligen Bereich, und in einem Meeting überlegen Sie dann, welchen Preis Sie für das Spiel verlangen werden. Die Marketingagentur legt eine Zahl auf den Tisch, wie viele Downloads erwartet werden und Sie teilen Ihre Kosten durch die Anzahl plus 20 % Risikozuschlag und den gewünschten Gewinn. Schlagartig wird Ihnen klar, dass niemand das Spiel zu diesem Preis kaufen wird und Sie beschließen daher, es einfach zu verschenken.

Drei Wochen später haben Sie Ihre Ausgaben reingeholt und nach acht Wochen fährt bereits ein Drittel der am Umsatz des Null-Euro-Produktes beteiligten Belegschaft Porsche. Wundern Sie sich nicht. Ich war in Mathe nicht besonders gut, aber so schlecht auch nicht. Das geht wirklich. Neben einigen wenigen, die an eingeblendeter Werbung oder dem (unerlaubten) Verkauf Ihrer Kontaktdaten verdienen, sind so genannte In-App-Käufe derzeit der Renner. Das Prinzip ähnelt dem Dealer, der durch kostenlose Testpakete seine Kundschaft an ihn bindet.

Sie bekommen das Spiel also umsonst, die ersten Level sind voll spielbar und machen auch mächtig Spaß. Ab dem vierten Level beginnt es dann aber. Nun brauchen Sie plötzlich einen Raketenanzug, um das nächste Level zu erreichen. Den kann man sich selbst erspielen, indem man 142 h stupide die Spielfigur von links nach rechts rennen lässt oder indem man ihn für ein paar kleine Euro hinzukauft.

Andere Spiele starten nur fünf Mal pro Stunde oder der Spieler muss nach jedem Fehlversuch acht minuten warten, bis ein neues Spiel möglich ist. Abhilfe? Klar, 25 Schnellstart-Coins für 2,99 €. Züchten Sie im virtuellen Garten Karotten und die Kontrahenten im Wer-hat-den-schönsten-Garten-Spiel haben Möhren so groß wie Kanonenrohre, während Ihre einem Zahnstocher ähneln? Keine Sorge, mit dem sagenhaften digitalen Dünger aus dem AppStore oder MarketPlace für schlappe 1,79 € geht das auch bei Ihnen. Ansonsten macht auch das Weiterspielen keinen

Spaß. Eine Gelddruckmaschine also, insbesondere für die großen Softwarefirmen.

Allerdings ist das Prinzip der In-App-Käufe nicht nur für die Hersteller von Vorteil. Ähnlich wie bei Musik-CDs konnten Spiele früher nur „eingeschweißt" gekauft werden und sind vom Umtausch ausgeschlossen. Gleiches gilt natürlich auch beim Download von Programmen: bei Nichtgefallen gibt es kein Geld zurück. Es blieb einem einfach nur übrig, die „Katze im Sack" zu kaufen, denn die Spiele konnten nicht getestet werden. Seit Jahr und Tag einer der großen Kritikpunkte im Spieleladen. In-App-Käufe lösen dieses Problem. Wem das Spiel nicht gefällt, der kann es löschen und hat nichts verloren. Wer weiter daddeln möchte, der bezahlt einfach.

Das Ganze ist also weder illegal noch verwerflich. Ich halte es nur dann für problematisch, wenn die Spiele ganz klar auf Kinder und Jugendliche zugeschnitten sind und gerade Vielspieler in Summe oft deutlich mehr ausgeben müssen, als so ein Spiel tatsächlich wert ist. Sie geben Ihr Taschengeld ab einem gewissen Punkt für nichts anderes aus, als für die Erhöhung eines virtuellen Punktestands im pubertären Vergleichswettbewerb mit den Kameraden. Eindämmen könnten die Hersteller das Problem, indem sie Bezahlmethoden wie Prepaid-Geldkarten ablehnen. Wer nur Kreditkarten akzeptiert, hat die Gewissheit, dass in den allermeisten Fällen auch die Eltern den Kauf gutheißen.

Zum Glück ist dieses Bezahlprinzip derzeit nur bei Computer- und Smartphone-Programmen verbreitet. Stellen Sie sich vor, Sie bekämen von Ihrem Autohändler ein Fahrzeug vor die Türe gestellt – umsonst. Wenn es aber schneller als 80 km/h fahren soll, dann müssen Sie zahlen. Ebenso, wenn die hinteren Türen auch aufgehen sollen. Den Kofferraumschlüssel gibt es nur gegen Bares und wenn Ihnen Eitergelb als Farbe nicht gefällt, keine Sorge, für den Zugang auf Ihr Bankkonto kann das geändert werden.

14.17 Die Mutter aller Sicherheitslücken – Warum man Updates auch für alte Geräte immer einspielen sollte

Dass man Updates einspielen soll, weiß heute eigentlich jedes Kind. Dass das manchmal nervt, auch. Viele wissen aber nicht, dass manche Updates gar nicht alle User bekommen – obwohl sie eigentlich verfügbar sind.

Anfang/Mitte 2015 sind zwei massive Sicherheitslücken für Android-Smartphones bekannt geworden, mit denen ein Angreifer vollen Zugriff auf das Gerät bekommt. Auf die Kamera, die Nachrichten, einfach alles. Diese Lücken sind seit Version 4.0 (also seit 2011) im System und betreffen daher sage und schreibe 94 % und somit fast 1 Mrd. Geräte mit Android Betriebssystem.

Das Android-Konsortium (Open Handset Alliance) unter der Leitung von Google hat zwar schnell reagiert und einen Bugfix bereitgestellt, aber: Den wird nicht jeder bekommen. Es gibt also quasi den passenden Verbandkasten für eine Verletzung – der ist aber verschlossen. Der Grund: Android läuft auf Geräten diverser Hersteller: Samsung, HTC, LG, Motorola und diversen Noname-Anbietern. Nicht Android (bzw Google) ist daher gemäß Lizenzvereinbarung dafür verantwortlich, die Patches bereitzustellen. Es sind die Hardwarehersteller, die das für ihre eigenen Geräte tun müssen. Sie bedienen sich einer allgemeinen Standard-Version von Android und verändern diese dann. Meist sind es nur Farbschemata, Firmenlogos oder die Anordnung der Menüpunkte. Manchmal geht es darüber aber weit hinaus und betrifft Anpassungen im Kern des Betriebssystems, um dieses optimal an die eigene Hardware anzupassen. Wird also ein Fehler im System gefunden und im Standard-Android repariert, dann

Samsung Mobile UK ✓ @SamsungMobileUK · 4. Juli
@WesoLabeshnai We don't like to give out bad news Rohan but the Note 2 and the **Galaxy S3** won't be receiving the Lollipop update.

↩   ⟲ 3   ♥   •••

Abb. 14.9 Selbst halbwegs aktuelle Smartphones erhalten keine Updates mehr (Quelle: Twitter Screenshot)

heißt das noch lange nicht, dass alle Android-Geräte diesen Patch auch 1:1 übernehmen können.

Die Firmen müssen für jede angefasste, veränderte Version ein eigenes Update erstellen, es testen und verteilen. Das kostet – und so wird jede Firma abwägen, welche Geräte es noch wert sind. So werden sich – wie bereits in der Vergangenheit geschehen – einige Hersteller gegen Updates einiger Geräte entscheiden. Insbesondere Billiggeräte von Noname-Herstellern werden daher für immer anfällig bleiben. Ebenso aber auch „ältere" Smartphones der großen Anbieter. Das Samsung S3 zum Beispiel wurde noch bis Mitte 2015 per Fernsehwerbung als günstige Alternative angeboten – laut Samsung wird es dafür aber kein Update mehr geben (Abb. 14.9).

Bei einer der aktuellen Sicherheitslücken reicht es, die Handynummer des Opfer zu kennen und diesem eine MMS zu schicken. Stagefright heißt dieser Bug und er wird als die „Mutter aller Android-Lücken" bezeichnet. Die Sicherheitsfirma Trend Micro hat kurz darauf die zweite Lücke beschrieben. Bei dieser braucht man nicht einmal die Telefonnummer des Opfers. Es genügt, dass der Benutzer ein manipuliertes Video auf einer Webseite wie YouTube ansieht. Das macht jeder! Die Lücke ist also noch schlimmer! Das ist nicht die „Mutter aller Lücken", nein, das ist die „Schwiegermutter aller Lücken".

14.18 Oh freuet euch sehr – aber nicht zu früh – Welche neuen Krankheiten uns die Smartphones von heute bescheren

Heilig Abend in Deutschland. Kinder krakelen Lieder über verschneite Wälder, während sich draußen das erste Maiglöckchen durchs Gras kämpft. In den Stuben stehen geschmückte, herrlich duftende skandinavische Fichten, die mit stinkenden LKWs tausend Kilometer durch Deutschland transportiert wurden. Die staubtrockene Nadeln lösen sich bei der kleinsten Berührung – nur um sich dann vermeintlich für immer und ewig in den von pakistanischen Kinderhänden geknüpften Schlaufen des Teppichs zu verfangen. Sauteures aber maschinell für Centbeträge hergestelltes Plastikspielzeug wartet darauf – in korrektem Recyclingpapier verpackt – von Kindern ausgepackt zu werden. Und irgendein Unverantwortlicher verschenkt bestimmt auch wieder ein Smartphone – und fördert so die Verbreitung von Zivilisationskrankheiten

Was ich damit meine? Ganz einfach: Früher brach man sich beim Spielen draußen einfach mal den Arm. Heute stehen Menschen mit Sehnenreizungen und Muskelentzündungen in den Arztpraxen. Der eine hat den Handynacken, weil er beim Mailchecken am Handy permanent nach unten glotzt und so andauernd seine Nackenmuskeln überdehnt. Der Nächste beklagt ein Kribbeln des Armes, verursacht durch den Mausarm" – typisch für Büroangestellte mit Bildschirmarbeitsplatz. Auch der SMS-Daumen kommt immer mehr in Mode. Kein Scherz!

Durch die ungewohnten Bewegungen beim Tippen auf winzigen Tastaturen werden die Sehnen im Daumengelenk ungewöhnlich stark beansprucht. 2/3 der Briten litten bereits 2012 unter Nomophobie. Das ist die Angst, mobil nicht erreichbar zu sein. Tendenz auch hierzulande: steigend. Oder die Jugendlichen, die unachtsam, weil ins Handy glotzend am Bahnhof ins Gleisbett fallen

Der menschliche Körper ist trotz 200.000 jähriger Evolution schlichtweg nicht auf das Handy vorbereitet. Es kam zu schnell. In wenigen Jahren verändert es unseren Gang, unsere Körperhaltung und die Bewegung unserer Finger. Da kommt keine vernünftige Evolution hinterher. Was für Krankheiten werden also noch auf uns zukommen? Das Bluetooth-Headset-Ohrläppchen? Der Highspeed-Datenvolumen-überschritten-Tobsuchtsanfall? Oder das WhatsApp-Schienbein, wenn man hochkonzentriert tippend gegen einen Stuhl rennt?

15

Der Faktor Mensch

15.1 Sauber machen – Wie man geschützte Objekte betreten und dort Dokumente stehlenkann

Ein Freund von mir hat eine Firma und spaziert einfach so mir nichts dir nichts in ein Gebäude, in die er eigentlich gar nicht darf. Er kopiert dabei die Arbeitsverträge von Vorständen, fotografiert Entlassungspläne oder andere pikante Unterlagen. Klingt unglaublich? Ist es aber nicht. Michael Hochenrieder überprüft die Sicherheit von Zugangskontrollen auf seine Art. Er knackt keine Server und bricht auch nicht in Mailserver ein. Er verwendet den Menschen vor Ort, um an sein Ziel zu kommen.

Eigentlich kein Problem, oder? Da wird der Sohnemann des Geschäftsführers vor der Schule abgepasst, Kapuze über den Kopf, rein in den Lieferwagen und Papi erpressen. Der gibt die Unterlagen dann schon mehr oder minder freiwillig raus. Nun, ganz so brutal geht es nicht zu und hätte ich es nicht selbst erlebt, ich würde ihm nicht jede seiner Geschichten glauben.

Es geht darum, mit legalen Mitteln vorzugehen. Lügen und Verkleiden ist erlaubt, Erpressen nicht. Das Verrückte an der Sache ist, dass er sich dabei gar nicht versteckt oder über unverschlossene Dachluken ins Gebäude steigt. Er geht oft durch den

T. Schrödel, *Ich glaube, es hackt!*, DOI 10.1007/978-3-658-10858-8_15,
© Springer Fachmedien Wiesbaden 2016

Haupteingang hinein und mit geheimen Unterlagen auch wieder raus. Manche Pförtner wünschen sogar noch einen „Schönen Abend".

Michael hat vorher eine „Gefängnis frei"-Karte bekommen. Die Geschäftsführungen großer Unternehmen, von Versicherungen bis hin zu Lieferanten militärischer Waffensysteme, beauftragen ihn, die Zugangskontrollen und Sicherheitsvorkehrungen zu prüfen. Was mich dabei beunruhigt, ist die Tatsache, dass er bisher nahezu überall hinein gekommen ist.

Manchmal ist das sogar ganz einfach. Ein paar Tage Recherche mit dem Teleobjektiv auf der Kamera und schon ist der Firmenausweis nachgedruckt, eigenes Foto und falscher Name inklusive. Wer kennt bei 2.500 Mitarbeitern am Standort schon jedes Gesicht. Jetzt heißt es mit der vollen S-Bahn im Pulk durch die offene Türe zu rutschen. Gerne genommen sind auch Raucherecken. Die Fluchttüre nach draußen wird mit dem Aschenbecher aufgehalten, damit man auch wieder rein kommt. Ein Pförtner sitzt da nie, denn dort wo der tatsächlich wacht, sind Raucher in Gruppen schon rein optisch eher unerwünscht.

Einmal drinnen, können in Ruhe die Papierkörbe in den Drucker- und Kopierräumen nach interessanten Fehldrucken durchsucht werden. Steht dort einer dieser metallenen Kästen mit schmalem Einwurfschlitz zum sicheren Entsorgen von Dokumenten, wird kurz darauf ein Kollege von Michael diesen im Blaumann durch einen leeren austauschen und die Papiere zur „sicheren Weiterverwertung" mitnehmen. Die richtige Kleidung ist sowieso sehr wichtig. „Wer bei Microsoft Anzug und Krawatte trägt, geht ebenso wenig als Mitarbeiter durch, wie jemand, der in Jeans und Turnschuhen bei einer Versicherung reinkommen möchte.", so seine Erfahrung.

Manchmal reicht es sogar aus, viel zu früh zu einem erfundenen Termin zu erscheinen und darum zu bitten, in einem freien

Besprechungsraum warten zu dürfen. Dort liegen häufig wertvolle Hinweise, wie ein internes Telefonbuch und mit etwas Glück findet man sogar noch die beschriebenen Flipchart-Blätter der letzten Meetings.

Besonderes Interesse weckt aber die in nahezu jedem Meeting-Raum vorhandene Netzwerk-Dose. Hier kann sehr leicht ein kleiner WLAN-Router angesteckt werden, so dass man Zugriff auf das Netzwerk bekommt und unverschlüsselten Datenverkehr unbehelligt auf dem Parkplatz mitlesen kann. Jetzt fehlt nur noch eine Zugangskennung, aber auch das sollte kein Problem sein.[1]

Lautet der Auftrag, Papiere aus dem Vorstandbüro zu entwenden, kommen andere Methoden zum Einsatz. Der falsche Firmenausweis wird spät am Abend einfach mehrfach vor den Kartenleser gehalten, der die Türe natürlich nicht öffnet. Nun muss laut geflucht werden, damit es auch schön realistisch wirkt. Da kommt dann auch schon mal die freundliche Putzfrau gelaufen und macht auf. Die kennt das Problem: „Meiner geht auch manchmal nicht.", hat eine mal gesagt.

Und weil man in Deutschland mit Höflichkeit schon lange nicht mehr weiter kommt, wird die Dame dann sofort angelogen und unter Druck gesetzt. Der Chef sei beim Dinner und hat die Unterlagen vergessen, also soll sie gleich auch noch dessen Büro aufsperren. Weigert sie sich, hilft in aller Regel die Drohung, dass sie dann morgen keinen Job mehr hat. Wahrscheinlich wäre das in Wirklichkeit tatsächlich so. Sie steht also vor einem Konflikt, den sie nicht auflösen kann und entscheidet sich für die sofortige Bereinigung des Problems: Sie sperrt auf.

Immer auf die Kleinen, so scheint es. Keineswegs. Seiner Kenntnis nach wurde deswegen noch keine Putzfrau gefeuert, Wachpersonal hingegen schon, sagt Michael. Diese haben näm-

---

[1] Siehe Kapitel „Fach-Chinesisch für Frau Schneider" – 15.2.

lich die dienstliche Anweisung, Personen zu überprüfen und Zugang zu verhindern. Die Putzfrau hat höchstens die Anweisung alles schön sauber zu machen und nichts anzufassen. Von Kontrolle des Firmenausweises war nie die Rede. Angeblich hat eine sogar mal ein Geschenk bekommen, weil dem Chef des Rüstungsunternehmens plötzlich klar wurde, dass er seinem Reinigungspersonal etwas mehr als Putzpläne mitgeben musste. Eine Hotline zum Beispiel, die die Reinigungskraft im Zweifel befragen kann, wenn sie sich in einer derartigen Situation nicht richtig zu verhalten weiß.

Würde Michael seine gefundenen Dokumente an die Presse geben, wäre wohl schon so mancher Vorstand von seinen Aufgaben entbunden worden. Als pikantes Beispiel sei der dritte Tagesordnungspunkt der Vorstandssitzung einer großen deutschen Aktiengesellschaft genannt. Gefunden hat er die Agenda im Papierkorb neben dem Drucker. Sie wurde wohl erneut gedruckt, denn im ersten Absatz war ein Tippfehler. Nach „Problematischen Posten auf Aktiva und Passiva" am Vormittag, beschäftigte man sich dort ab 14:30 Uhr mit „Bilanzgestaltenden Maßnahmen".

15.2 Fach-Chinesisch für Frau Schneider – Wie man Laien unter Druck setzt, um an geheime Daten zu gelangen

Hier Hansen aus der IT-Abteilung. Mensch, Frau Schneider, endlich haben wir es lokalisiert. Seit Stunden versuchen wir herauszufinden, wo der Virus sitzt. Es ist Ihr Rechner! Der schickt lauter Syn-Acc-Pakete auf Layer 3 und die droppen dann an den Edge-Routern. Bald bricht das ganze Netz zusammen.

Klingt gar nicht gut, oder? Falsch. Klingt gut, ist aber inhaltlich völliger Unsinn. Aber wie soll das eine Sekretärin wissen? Sie hat gelernt Termine zu verwalten, Reisen und Meetings zu koordinieren und Briefe sowie Präsentationen auf dem Computer zu erstellen. Auch noch Informatiker sein, davon war nie die Rede.

Sinn und Zweck, derartigen Unsinn zu erzählen, ist es, die Sekretärin dazu zu bringen, ihre User-ID samt Passwort zu verraten. Hat sich der Hacker schon physikalischen Zugriff zum Netz verschafft[2], fehlt ihm nämlich genau das: eine Zugriffsberechtigung auf möglichst viele, am besten noch sensible Daten. Wer bietet sich da am besten an, ganz klar, die (Chef-)Sekretärin.

Michael Hochenrieder nutzt bei Sicherheitsüberprüfungen zu solchen Zwecken am liebsten eine interne Rufnummer. Das erweckt am wenigsten Misstrauen. Interne Telefone findet man am besten in leeren Besprechungsräumen, die man unter irgendeinem Vorwand nutzen darf.[3] Noch ungefährlicher ist es aber, von außerhalb anzurufen und das Telefon dazu zu bringen, eine interne Nummer anzuzeigen.[4]

Das weckt Vertrauen und wenn der Anrufer der armen Frau Schneider dann noch Hilfe anbietet, wird sie sich dankbar an die kompetenten Anweisungen am Telefon halten. Sie wird in Command-Shells-Befehle eintippen, IP-Adressen und Netzmasken durchgeben, Server pingen, Netzlaufwerke mappen und vielleicht sogar eine Telnet Session eröffnen. Das alles wird und muss sie nicht verstehen, sie ist nur der verlängerte Arm des Anrufers.

Möchte der Angreifer lieber in aller Ruhe selbst nach Dateien suchen, muss er Frau Schneider dazu bringen, ihm ihr Passwort zu nennen. Dazu werden am besten wieder ein paar unsinnige,

---

[2] Siehe Kapitel „Sauber machen" – 15.1.
[3] Siehe Kapitel „Sauber machen" – 15.1.
[4] Siehe Kapitel „Deine ist meine" – 14.6.

aber toll klingende Fremdwörter benutzt, damit sich das Opfer ausloggt.

In Firmennetzen enthält der Login-Schirm meist drei Eingabefelder, die gefüllt werden müssen. User-ID, Passwort und die Netzwerk-Domäne. Letztere ist der Name des Netzwerkes, welches den User kennt. Meist wird der Name der Firma verwendet. Hat Frau Schneider noch die Schweißperlen auf der Stirn, weil sie immer noch der irrigen Annahme ist, ihr Rechner verseucht gerade das gesamte Firmennetz, klingt es doch völlig plausibel, wenn sie dort „ANTIVIRUS" eintragen soll.

Dummerweise gibt es keine Domäne, die so heißt. Tippt Frau Schneider jetzt noch ihre User-ID und Passwort ein, wird sie beim Klick auf den Login-Knopf eine Fehlermeldung erhalten. Selbst nach dem Hinweis, die Groß-Klein-Schreibweise zu überprüfen und es noch mal zu versuchen, klappt es nicht. Garantiert.

Zum Glück ist ja der kompetente Herr Hansen aus der IT-Abteilung am Telefon, es eilt, also wird Frau Schneider mal Fünfe gerade sein lassen und das Passwort durchgeben. Herr Hansen verspricht, das Problem schnell zu beheben und sich dann wieder zu melden. Das Passwort kann Frau Schneider ja danach umgehend ändern.

Es gibt wenige Tricks, die derart gut funktionieren wie Fach-Chinesisch von vertrauenswürdigen Stellen. Etwa acht von zehn Hansens bekommen so das Passwort über das Telefon genannt, sagt Hochenrieder.

Einfacher Tipp an alle Schneiders dieser Welt, wenn irgendjemand – auch ein (vermeintlicher) Kollege – Zugangsdaten am Telefon verlangt: Rufen Sie zurück, oder lassen Sie sich, wenn möglich, von einer Ihnen bekannten Person dieser Abteilung zum vermeintlichen Herrn Hansen verbinden. Nur so stellen Sie sicher, dass Ihnen tatsächlich bald das Netz um die Ohren fliegt und Sie selbst nicht bald raus.

15.3 Finderlohn – Wie man Mitarbeiter dazu bewegt, einen Trojaner im Firmennetz zu installieren

Stellen Sie sich vor, Sie finden einen USB-Stick in der Tiefgarage Ihrer Firma. Super, so ein 8 GB-Teil wollten sie doch schon immer haben. Links-Rechts-Blick – keiner guckt und schwups – eingesackt! Natürlich wollen Sie den Stick dem Besitzer zurückgeben, ist ja klar. Wie aber soll man den Besitzer ausfindig machen?

Die Lösung ist recht einfach. Erst einmal nachsehen, was da überhaupt drauf ist. Vielleicht findet sich ja ein Brief mit Absender oder gar ein paar Fotos vom letzten Urlaub und der Kollege ist identifiziert. Sind wir doch mal ehrlich: Die Hoffnung auf ein paar peinliche Bildchen des Kollegen wären doch die Rettung des eh schon so mies angelaufenen Tages. Der dröge Schneider aus der Buchhaltung mit zwei Pommes in den Nasenlöchern oder gar ein erotisches Bildchen seiner hässlichen Gattin? Das wäre der Brüller unter den Kollegen.

Die Neugierde der Menschen ermöglicht es Hackern auf einfachste Art und Weise, in Ihrer Firma einen Trojaner zu installieren. Programme also, die heimlich im Hintergrund lauern und entweder Passwörter mitlesen oder Daten an ausländische Server schicken – alle erreichbaren Dokumente und Kopien von E-Mails zum Beispiel.

Das Vorgehen ist einfach, gefahrlos und kostengünstig. Für eine handvoll Euro besorgt sich der Einbrecher ein halbes Dutzend USB-Sticks. Auf diese kommen dann unverbindliche Bildchen von Alpenseen oder vom Strand. (Sinnvollerweise lässt man eigene Portraitbilder weg. Soll schon vorgekommen sein und hat die ganze Aktion im Nachhinein auffliegen lassen.) Vielleicht noch eine mp3-Datei und das Setup-Programm eines Virenscanners. Das lässt den Stick schön ungefährlich erscheinen.

Als nächstes braucht man einen Trojaner, den das aktuellste Virenprogramm nicht erkennt. Ist man in der Lage, selbst zu programmieren, ist das gut, denn dann gibt es einen Zeugen weniger. Ansonsten kauft man sich für rund 250 € einen solchen in entsprechenden Foren. Ein solches Hackerforum hat das LKA vor Kurzem ausgehoben und einen minderjährigen Jungen als Drahtzieher eingebuchtet.

Nachdem das Forum nun zwangsweise geschlossen wurde, kamen andere auf den Trichter, die Geschäftsidee zu übernehmen. Der geneigte Kunde muss nun lediglich eine andere URL in seinen Browser tippen, und mit gebrochenem Deutsch vorlieb nehmen.

Dieser Trojaner kommt natürlich auch auf den Stick, jedoch stellt sich immer noch die Frage, wie er ausgeführt wird. Kein Mensch würde auf einem gefundenen Stick die Datei Trojaner .exe starten. Doch hierbei hilft das Betriebssystem. Zwar hat Microsoft seit einiger Zeit die Autostart-Funktion bei USB-Sticks und -Laufwerken deaktiviert, trotzdem hat sich das noch nicht auf allen Rechnern verbreitet. Da der Hacker das aber vorher schlecht wissen kann, muss eine andere Methode her, die den User dazu verleitet, das Programm zu starten. Und zwar ganz bewusst zu starten!

Ich persönlich beginne solche Angriffe bei Audits ganz gerne vor Festtagen. Kurz vor Weihnachten, vor Ostern oder an Halloween zum Beispiel. Da sind es die Leute gewohnt, Mails mit lustigen Anhängen zu kriegen. Tanzende Rentiere die Jingle Bells singen oder ein nettes kleines Spielchen für zwischendurch, bei dem man Ostereier suchen oder Pumpkins mit der Pumpgun abknallen muss.

Lädt der Titel und das Icon zu einem solchen Spielchen ein, ist die Chance recht groß, dass der spätere Finder meines USB-Sticks dieses mal antestet. Natürlich startet dann auch das erwartete Spielchen, im Hintergrund installiere ich aber zuerst die Hintertüre zu meinem neuen Gast-System. Leider gibt es immer noch ein paar Feiglinge, die sich nicht zu klicken trauen, daher muss es mehr als ein Stick sein, den ich munitioniere.

Die USB-Sticks werden dann verteilt. Natürlich nicht im persönlichen Kontakt. Vielmehr verliere ich sie ganz bewusst an Stellen, die für mich zugänglich sind. Im Parkhaus, vor dem Haupteingang, in der Toilette, im Aufzug oder im Treppenhaus. Komme ich unter einem Vorwand ins Haus, umso besser. Je tiefer die Sticks im Fleisch der Firma stecken, desto größer die Chance, von den Richtigen gefunden zu werden.

In aller Regel gehen bereits sechs dieser Sticks innerhalb der ersten Stunden intern ans Firmennetz und installieren meine „Fernwartung". Das bestätigt auch Michael Hochenrieder als Experte im Bereich Social Engineering. Da er diese Tests weitaus regelmäßiger macht, ist seine Statistik sehr viel aussagekräftiger als meine.

Wie so oft hilft uns Hackern die Neugier – und die Gier nach Technik – um bei Ihnen ins Firmennetz zu gelangen. Das Ganze funktioniert aber nur, wenn die Mitarbeiter nicht damit rechnen, dass ein alltäglicher Gegenstand missbraucht werden kann. Wenn sie das aber wissen, können sie richtig handeln. Sie selbst sind ja jetzt im Bilde und wissen, was mit fremden Gegenständen zu tun ist.

Finden Sie also mal einen USB-Stick auf Ihrem Firmengelände, dann bringen Sie ihn besser unverzüglich in die IT-Abteilung. Die machen zwar auch nichts anderes als Sie: Die stecken den Stick an und sehen erst mal nach, was drauf ist. Ist leider so, aber wenigstens sind Sie dann nicht schuld.

15.4 Früher war alles besser – Warum man Kinder zum Lügen animieren sollte

Wenn man älter wird, neigt man dazu, die Vergangenheit zu glorifizieren. Die Preise waren niedriger, die Arbeit nicht so stressig und als Jugendliche hatten wir noch Respekt vor dem Alter. Heute ist alles teurer, die Herzinfarktrate unter 50 ist fast doppelt so hoch und in der U-Bahn steht auch keiner mehr auf – im Gegenteil, man bekommt eher eine Faust oder eine Bierflasche ins Gesicht als einen Platz unter das Hinterteil.

Doch ist das wirklich so, ist alles schlechter geworden? In jungen Jahren haben wir noch ein ganz anderes Gefühl für unsere Umwelt. Alles ist offen, man probiert dies und das, es fehlt die Verantwortung für Mann, Frau und Kinder. Demnach wird vieles als halb so wild betrachtet. Doch die Statistik spricht dagegen. Es gibt definitiv mehr Übergriffe von Jugendlichen auf Erwachsene, ebenso steigen die Lebenshaltungskosten nahezu von Jahr zu Jahr.

Alles steigt an, sogar die Anzahl an Steinschlägen in PKW-Frontscheiben! Und das nicht nur total gesehen, was durch die steigende Anzahl an Kraftfahrzeugen zu erklären wäre. Nein, sogar die Anzahl an Steinschlägen pro 100 zugelassener KFZ stieg in den letzten fast 50 Jahren stetig an. Manchmal stelle ich mir vor, wie Mitarbeiter der Autoglas-Firmen mit Steinschleudern hinter Brückenpfeilern lauern, nur damit sie anschließend kaskofrei eine neue Frontscheibe nach patentierter Methode einsetzen können – im Zweifel auch direkt vor Ort.

Manche Dinge ändern sich jedoch im Laufe der Zeit, ohne dass es einer merkt. Lügen zum Beispiel ist etwas, was Vater und Mutter ihren Kindern seit Jahrzehnten verbieten. „Du sollst nicht lügen." oder „Wer einmal lügt, dem glaubt man nicht mehr." Dabei ist es mittlerweile an der Zeit, dass die Eltern ihre Kinder endlich dazu erziehen zu lügen, was das Zeug hält. Das ist heute wichtig, denn es geht dabei nicht um Richtig oder Falsch, sondern um Schutz.

Immer wieder liest man von Erwachsenen, die sich in Foren für Kinder und Jugendliche einwählen und dabei meist unter falscher Identität Kinder anchatten. Im günstigsten Fall fragen sie nur mal nach, welche Unterhose Ihre Tochter gerade trägt, im ungünstigsten Fall wollen sie sich mit ihr treffen.

Da gerade Kinder kaum einschätzen können, ob das Angebot eines Treffens von einer gleichaltrigen Pferdefreundin aus dem Netz kommt oder von einem erwachsenen Mann, sollten Sie Ihren Kindern mal zeigen, wie leicht es ist, eine fremde Identität anzunehmen.

Registrieren Sie sich deshalb doch einfach mal selbst im beliebten Forum oder bei Facebook und machen Sie sich dabei zu einem vierzehnjährigen Mädchen. *Jule2000* wäre ein passender, weil irreführender Nickname. Vielleicht öffnet das den Kindern die Augen und ermuntert sie tatsächlich dazu, einen Erwachsenen hinzuzuziehen, wenn sie ein Angebot zum ersten realen Treffen erhalten.

Bringen Sie Ihre Kinder dazu, auf ihr Bauchgefühl zu achten. Mein Fahrlehrer bläute mir ein, dass ich dann zu schnell auf der Autobahn unterwegs bin, wenn ich anfange mich unwohl zu fühlen. Gleiches gilt für die Datenautobahn – das Bauchgefühl warnt, selbst wenn das eigentliche Problem noch nicht eingetreten oder noch nicht wirklich greifbar ist.

Doch zurück zum Lügen. Ermuntern Sie Ihre Kinder dazu, im Netz falsche Angaben zu machen. Das gilt für Namen, Adresse, Hobbys, aber auch das Alter. Sie sollen lügen, bis sich die Balken biegen, um sich und ihre Identität, ihre Privatsphäre zu schützen. Das einzige, gegen das sie dabei verstoßen, sind die AGB des Anbieters. Nicht mehr. Soll sich der perverse Sack doch vor die falsche Schule stellen und warten, bis er schwarz wird.

Die Zeiten ändern sich halt. Die Geschichte mit der steigenden Anzahl an Steinschlägen in Windschutzscheiben hat übrigens einen ganz simplen Grund. Es liegt daran, dass die Autos windschnittiger werden. Die Scheiben veränderten in den letzten Jahrzehnten ihre Position. Sie liegen heute fast immer schräg, während sie früher nahezu senkrecht eingebaut waren. Dabei entstand ein Luftwirbel vor der Scheibe, der kleine, entgegenkommende Steinchen über das Fahrzeug und damit am Verbundglas vorbei nach oben gewirbelt hat. Heute schlagen sie voll ein und es geht etwas kaputt. Zum Glück nur eine Scheibe und keine gesunde Kindheit.

15.5 Was weg ist, ist weg – Wie sich die Rechtsprechung verändern und an virtuelle Welten anpassen muss

Kann man etwas stehlen, was man nicht anfassen kann, was es sogar gar nicht wirklich gibt? Natürlich nicht, werden Sie sagen. Außer vielleicht die Schwiegermutter. Die kann das. Wenn *Mann* sonntags zum Kaffee muss, dann klaut die einem Zeit. Die gibt es laut Einstein zwar schon, aber irgendwie nicht so real, so zum Anfassen und daher kann *Mann* Schwiegermütter auch nicht verklagen.

Rechtsanwalt Professor Ernst aus Freiburg kann jedoch von einem Fall aus Bochum berichten, in dem gerade das passiert ist. Da wurde zwar keine Zeit gestohlen, aber etwas, das es auch nicht wirklich gibt: Phönixschuhe.

Jetzt sind es ja eher die Frauen, denen ein Schuhtick nachgesagt wird. Ausgereizt in Sketchen und der Werbung erstarrt das weibliche Geschlecht vor den Stilettos in Rot mit dem edlen Design vom edlen Designer. Hin und wieder sind auch Männer davon gepackt und träumen von feinen Sohlen.

Bei manchen Computerspielen mit echtem Suchtfaktor und mehreren Selbsthilfegruppen kommt es darauf an, in Rang und Ansehen gegenüber den Mitspielern aufzusteigen. Dies geschieht durch Handel, Kampf und stundenlanges Spielen.

Hat ein Spieler mehrere hundert Stunden damit zugebracht, mit seiner Spielfigur im Märchenland umherzuwandern, sammelt seine Figur virtuelles Geld, virtuelle Erfahrung und andere ebenso virtuelle Gegenstände. Diese Gegenstände kann man durch das erspielte Guthaben von anderen Teilnehmern kaufen – man kann sie aber auch tauschen. Doch lesen Sie selbst:

Es war einmal vor langer Zeit ein Wanderer, der seit geraumer Zeit in den Auen und Wäldern umherstreifte und dabei mit den Reisenden, die er traf, Handel trieb. Er vermehrte sein Vermögen stetig und schon bald war er in der Lage, sich seiner alten Kleidungsstücke zu entledigen und feinen Zwirn zu besorgen. Besonders stolz war er auf seine silbernen Phönixschuhe. Fast niemand konnte sich solche Schuhe leisten und er trug sie zur Schau wie ein Pfau. Es gab nur eines, was er sich mehr wünschte, als diese silbernen Schuhe: goldene Phönixschuhe.

Doch um goldene Phönixschuhe zu bekommen, musste der Spieler seine Figur noch viele hundert echte Stunden am PC durch das Computerspiel steuern. Wochenlang, wenn nicht gar Monate musste er mit virtuellen Reisenden Handel treiben. Eine nicht nur nerven-, auch eine extrem zeitintensive Tätigkeit.

Just als sein Avatar im Spiel einen Reisenden im Wald traf und mit ihm Handel treiben wollte, ging ein kleines Fenster auf dem Bildschirm auf und der fremde Spieler startete einen Chat. „Warum er denn unbedingt sein wertvolles Erz gegen die eigentlich geringwertigeren Kräuter tauschen wolle?" fragte ihn dieser. Nun, ganz einfach, die Kräuter geben mehr Heilkraft und damit lässt sich bei den Heilern Honig tauschen. Und mit ganz viel Honig kann man die silbernen in goldene Phönixschuhe umwandeln.

Da lachte der andere Spieler ein lautes „*:-D*" und fragte, ob er denn nicht wisse, dass das auch mit einem Cheat geht?

Ein Cheat ist ein Trick, etwa eine bestimmte Tastenfolge oder eine ungewöhnliche Reihenfolge von Bewegungen, die ein Spieler eingeben muss. Links, Links, Rechts, Page up, Delete und dann Rechts, Rechts zum Beispiel. Das macht im echten Spiel kein Mensch und so lässt sich wunderbar die eine oder andere Abkürzung ins Spielgeschehen zaubern.

Cheats waren ursprünglich dazu gedacht, den Entwicklern und vor allen Dingen den Testern von Spielen ein paar Hintertürchen zu geben. Sie hatten so die Möglichkeit, auch höhere Level zu testen, ohne tagelang bereits durchgetestete Sequenzen erneut durchlaufen zu müssen. Gäbe es diese Abkürzungen nicht, kämen manche Computerspiele nicht nur verspätet auf den Markt, sondern nie, weil die dazugehörige Hardware längst im Museum steht. Heute haben sich Cheats durchaus gewandelt. Sie dienen auch als Marketinginstrument, um den ein oder anderen Ladenhüter zumindest noch einmal kurz in die „Schon gehört"-Kolumnen von Chip, c't und Computer Bild-Spiele zu bringen.

Doch zurück zu unserem tapferen Wanderer im Wald. Angefixt von der Vorstellung in Kürze zu den wundervollen goldenen Phönixschuhen zu kommen, lässt er sich den Cheat im Chat erklären. Schuhe ausziehen, neben sich stellen und dann Ctrl-Esc-Alt-Tab-Del gleichzeitig drücken.

Sie ahnen es vielleicht, mit dieser Tastenkombination beendet man sein Spiel. Und dann stehen sie da, die silbernen Phönixschuhe. Ganz allein im dunklen Wald. Nein, nicht ganz alleine. Der Reisende ist ja auch noch da. Der, der dem anderen den „Cheat" gechattet hat und der findet jetzt auf dieser einsamen Lichtung im Wald ein paar virtuell extrem wertvolle, silberne Phönixschuhe, nimmt sie an sich und macht sich aus dem Staub.

Als der Spieler des bestohlenen Avatars seinen kapitalen Fehler bemerkt, geht er zur Polizei und erstattet Anzeige. Wegen Diebstahls von Phönixschuhen, die seinem Avatar gehört haben und durch einen anderen Avatar entwendet wurden.

Nun ist ein Diebstahl definiert als Entwendung einer fremden und – *aufgepasst!* – beweglichen Sache. Das kann es offenbar ja nicht gewesen sein. Möglicherweise greift aber Betrug. Da muss man falsche Tatsachen vorspielen und nicht über die Konsequenzen aufklären. Passt schon eher, nur wie hoch ist der entstandene Schaden?

Erstaunlicherweise ist das schon eher zu klären, schließlich kann es sich auch bei virtuellen Gegenständen um Dinge mit einem Vermögenswert handeln. Dann nämlich, wenn diese zum Beispiel gegen echte Euros bei eBay zu ersteigern sind. Und was Wert hat, das kann auch Neid und Gier erzeugen. Und Gier, egal ob in der virtuellen oder realen Welt, macht den einen oder anderen Menschen böse.

Im realen Hier nutzen Hacker Neid und Gier auch beim Social Engineering aus und sind damit überaus erfolgreich. Im Gegensatz zum Bochumer Fall, sind dadurch aber ganz reale Werte zu ergaunern – welche, die man tatsächlich auch anfassen kann.

Im Herzen des Ruhrgebiets ermittelte die Polizei schließlich ganz klassisch einen ganz anderen Tathergang. Ein Bekannter des Opfers hat sich die Zugangsdaten erschlichen und die Phönixschuhe auf sein Online-Konto transferiert – neben einem Siamesenmesser und einem Himmelssträhnenband. Die Beute konnte jedoch nicht sichergestellt werden, da das Computerspiel über keine Asservatenkammer verfügt.

15.6 Gewinnsucht – Wie man Menschen dazu bringt, User-ID und Passwort zu verraten

Schönen Guten Tag, wir kommen vom Institut für Internet-Sicherheit und analysieren Passwörter. Sind Sie so nett und schreiben Ihr Passwort auf? Natürlich bleiben Sie anonym, so dass keiner etwas damit anfangen kann. Sie können das Passwort einfach auf ein weißes Blatt Papier schreiben.

Auf diese Art und Weise hat Markus Linnemann mal Passwörter gesammelt. Tatsächlich haben sich einige Dutzend Menschen in wenigen Stunden dazu durchgerungen, ihre Passwörter preiszugeben. Ohne dazugehörende Benutzerkennung ist das Lösungswort ja auch nutzlos.

Tatsächlich waren die Menschen zuerst gar nicht gerne bereit, ihre Kennwörter preiszugeben. Erst als ein iPhone als möglicher Gewinn in einem Preisausschreiben ausgelobt wurde, klappte das besser. Um das iPhone gewinnen zu können, brauchte es aber auch die persönlichen Daten wie Name, Adresse und – ganz wichtig – die E-Mail-Adresse. Dafür gab es ein Extraformular, das der Reihe nach gestapelt wurde – genau in der gleichen Reihenfolge wie die weißen Blätter mit den Passwörtern.

Und weil E-Mail-Adressen in vielen Fällen als Benutzerkennung dienen, hatte der freundliche Herr vom Institut nun Zugriff auf diverse eBay-, Amazon- und Webmail-Konten.

Einen Preis gewonnen, hat übrigens niemand. Die konnten alle froh sein, nicht draufgezahlt zu haben.

15.7 Promi-Bonus – Wie mit Social Engineering persönliche Daten abgegriffen werden

Dutzende Promis wurden gehackt. So stand es auf den Titelseiten der Gazetten mit den bunten Bildern. Auf einer russischen Webseite wurden private Informationen diverser Promis preisgegeben. Vom Kontostand über Kreditkartenabrechnungen bis hin zu Telefonnummern von Freunden, Anwälten und Ärzten. Ein Anwalt beklagt (welch schönes Wortspiel), dass rund 500 Menschen täglich bei ihm anriefen, um Kontakt zu Justin Bieber zu bekommen. Den Kontakt stellt er zwar nicht her, aber vielleicht ja die Kosten für die vielen Telefonate dem Herrn Bieber in Rechnung, wer weiß das schon.

Wenn man sich mal Gedanken macht, wie ein Hacker an all diese Daten gekommen sein könnte, dann kommt man schnell auf den Trichter, dass es mehrere Quellen gewesen sein müssen. Denn wo bitte sollten sich Kreditkartenabrechnungen von Paris Hilton neben den privaten Telefonnummern von Michelle Obama tummeln? Bald stellte sich heraus, dass die Angreifer gar keine technische Lücke genutzt haben. Sie haben schlicht bei Call Centern von Kreditkartenfirmen, Versicherungen und Telefonanbietern angerufen und sich als die jeweilige Person ausgegeben. Das kennen wir, da wird zur Überprüfung nur mal das Geburtsdatum und der Name der Bank abgefragt, von der abgebucht wird – oder die Adresse und die Kundennummer. Diese wenigen Information genügen dem Call-Center-Agenten, um „*Sie*" als „*Sie*" zu identifizieren.

Eigentlich lächerlich, denn Ihre Kontonummer (und damit Ihre Bank) kennt jeder Handwerker, den Sie mal legal bezahlt haben und Ihr Geburtsdatum steht vielleicht sogar auf Facebook. Eigentlich reicht das daher zur Identifizierung nicht aus und jeder Halunke könnte sich als „*Sie*" ausgeben.

Ist man so akzeptiert worden, kommt man an ein paar weitere Informationen. Allesamt für sich genommen wohl kein großes Datenschutzproblem. Das kommt erst auf, wenn man die ganzen Daten zu einem großen Bild verknüpft. Wenn viele, viele unscheinbare Metadaten etwas mehr verraten, als ein einzelnes Datum (gemeint ist hier der Singular von Daten). Die NSA hat das bei den durch Edward Snowden veröffentlichten Überwachungsmaßnahmen gemacht.

Beispielsweise lassen sich durch Amazon-Rechnungen Interessen und vielleicht auch politische Ansichten erschließen. Telefon- und Maillisten ergeben ein Gesamtbild der Kontakte, besuchte Webseiten verraten viel über (auch sexuelle) Neigungen.

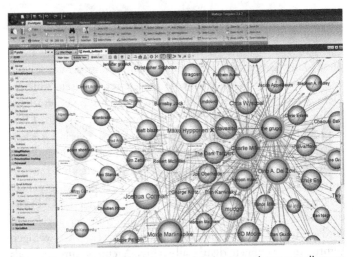

Abb. 15.1 Die Software Maltego verbindet Metadaten aus diversen Quellen zu einem Gesamtbild

Das kann peinlich sein und bei Bedarf auch durch Erpressung ausgenutzt werden. Ein effektives Programm, welches frei verfügbare Metadaten aus Google, Facebook, Mailservern und weiteren Internet-Quellen zusammensucht und diese grafisch verknüpft, heißt Maltego. Es erstellt selbst in der kostenfreien Community-Version bereits erstaunliche Ergebnisse – richtig beängstigend wird es, wenn die kommerzielle Version mal alles über einen selbst heraussucht und zeigt, mit wem Sie jemals irgendwie im Netz Kontakt hatten (Abb. 15.1).

Aber zurück zu den Call Centern. Wie sollten sie uns dann am Telefon sicher identifizieren? Ein Passwort wie beim Telefon-Banking wäre denkbar – nur benutzt dann jeder Zweite wieder das gleiche Kennwort bei zig verschiedenen Anbietern, das bietet also auch keine gute Sicherheit. Ein zusätzliches, zufällig erzeugtes Codewort, versendet per SMS an die hinterlegte Mobilfunknummer würde als eine Art Zwei-Faktor-Authentisierung zwar die Sicherheit, aber ebenso die Kosten drastisch erhöhen und scheidet daher wohl aus. Es gibt also technische Möglichkeiten, die eine ausreichende Sicherheit bieten. Diese scheitern jedoch wie so oft am gewohnten Komfort und dem Business-Plan.

Was wäre die Alternative? Nichts ginge mehr mal schnell soeben am Telefon zu erledigen. Man müsste mit Ausweis persönlich in die Geschäftsstelle kommen, um sich zu legitimieren.

Call Center würden daher zwangsläufig abgeschafft. Direktbanken, Versicherungen und Telefonanbieter würden anfangen neben den Sparkassen in jedem kleinen Ort eigene Geschäftsstellen zu eröffnen. Die Preise steigen zwar, aber die Arbeitslosenzahl sinkt rapide. Deutschland hat mit der Euro-Krise bald gar nichts mehr am Hut und kauft am Ende Griechenland und Italien aus der Portokasse.

16
Hardware

16.1 Mein Drucker hat Masern – Was man bei Farblaser-Ausdrucken alles herausfinden kann

In Deutschland sind heutzutage rund 90 % der Schulkinder gegen Masern geimpft. Mein Drucker nicht. Jetzt hat er Masern. Nicht mit roten Punkten auf der Haut, dafür mit gelben Punkten auf dem Papier. Diese rufen zwar kein Fieber hervor, allerdings steigt die Temperatur jedes Datenschützers beim Gedanken daran auf 40,5 °C.

Der medizinische Fachausdruck dieser Krankheit heißt „Tracking Dots" – was auf Deutsch so viel bedeutet wie „verfolgende Punkte". Befallen werden ausschließlich Farbdrucker, in aller Regel Farb*laser*drucker, aber auch bei einigen der neueren Farb*tinten*drucker wurde diese tückische Krankheit schon diagnostiziert.

Ist der Drucker erst einmal infiziert, druckt er winzig kleine Pünktchen zusätzlich zu Ihrem Text mit auf das Blatt. Viele hundert sind es, winzig klein und hellgelb. So klein und so hellgelb, dass sie mit bloßem Auge und bei normalem Licht nicht zu sehen sind. Erst eine starke Lupe oder ein Mikroskop helfen.

Unter einer blauen Lampe oder einer Geldscheinprüfleuchte ändert sich die Lichtbrechung und die gelben Punkte erscheinen

T. Schrödel, *Ich glaube, es hackt!*, DOI 10.1007/978-3-658-10858-8_16,
© Springer Fachmedien Wiesbaden 2016

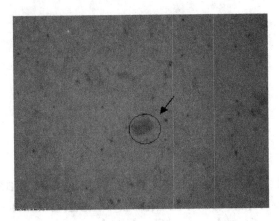

Abb. 16.1 Ein Tracking Dot, etwa 180-fach vergrößert, die kleinen dunklen Punkte sind Toner-Partikel

schwarz. Wer dann die gesunden Augen nah genug an das Blatt bringt, erkennt sie vielleicht auch ohne optische Hilfsmittel.

Sind die Pusteln bei der menschlichen Masernerkrankung eher willkürlich gesät, so ergeben „Tracking Dots" ein bewusstes, wiederkehrendes Muster. Ein rund 5 × 5 cm großes Stückchen Papier genügt, um anhand dieses Musters festzustellen, an welchem Tag, um welche Uhrzeit und mit welchem Drucker – inklusive Seriennummer – das Blatt bedruckt wurde.

Ist der verwendete Drucker mit EC-, Kreditkarte oder gar auf Rechnung bezahlt worden, war er jemals in Reparatur oder wurde er beim Hersteller registriert, dann ist auch Eigentümer schnell ermittelt. Jeder Ausdruck lässt sich somit neben dem wirklichen Druckdatum auch einer Person zuordnen (Abb. 16.1).

Eingeführt wurden „Tracking Dots" nach dem 11. September 2001. Alle namhaften Druckerhersteller wurden von amerikanischen Behörden freundlich gebeten bei der Suche nach Falschgeldfabrikanten behilflich zu sein. Andere Länder, auch Deutschland, fanden die Idee so prickelnd, dass sich gleich gar keiner beschweren wollte.

Dass zufällig auch festgestellt werden kann, ob das Druckdatum einer beim Finanzamt eingereichten Rechnung mit dem aufgedruckten Datum übereinstimmt oder gar um zwei Jahre abweicht… ein Schelm, wer Böses dabei denkt.

Gegen Masern gibt es einen wirksamen Impfstoff, gegen „Tracking Dots" nicht. Wenn Sie also noch die eine oder andere Rechnung erstellen müssen, suchen Sie am Besten im Keller nach dem guten alten Nadeldrucker. Auch wenn er recht laut ist, die Masern kriegt er bestimmt nicht.

16.2 Yum Kotyen dieses Kezboard – Warum nicht alle Tastaturen auf dieser Welt gleich sind

Wer schon einmal im Urlaub aus einem Internet-Café eine Mail nach Hause geschickt hat, der kennt das Problem, dass er ungewollt Quark schreibt. Im Ausland sind halt nicht alle Tasten auf der Tastatur da, wo wir sie erwarten. Auf englischsprachigen Keyboards ist zum Beispiel das Y da, wo unser Z ist. Erstaunlich, dass eine einzige unterschiedlich belegte Taste uns so verwirren kann. Tatsächlich sind nämlich weltweit auf handelsüblichen Tastaturen fast alle „regulären" Buchstaben dort, wo wir sie auch haben

Ausgedacht hat sich diese Tastenbelegung schon 1866 der Buchdrucker Christopher Latham Scholes. Bei den ersten Schreibmaschinen waren die Buchstaben nämlich – wie sollte es anders sein – alphabetisch angeordnet. Diese verhakten sich aber andauernd, weil bei den alten mechanischen Schreibmaschinen die Lettern auf Metallstangen sitzen und diese auf das Farbband gepeitscht werden, um Farbe von tintengetränkten Bändern aufs Papier zu pressen. Liegen die Typenhebel von häufig genutzten

Buchstaben jedoch nah beieinander, kommen Sie sich auch leicht in die Quere und mussten daher häufig entwirrt werden.

Scholes verbesserte das. Er ordnete die häufigsten Buchstaben und Kombinationen so, dass ihre mechanischen Stangen möglichst weit entfernt von einander sind: Die QWERTY-Tastatur war geboren, und so liegen nun (meist) die Typenhebel nebeneinander, deren Buchstaben sich in einer gebogenen Linie von oben nach unten auf der Tastatur finden: RFC, TGV oder UJN – allerdings nicht in dieser Reihenfolge sondern erst die mittlere Reihe, dann die obere (FRC, GTV bzw JUN).

Da im Deutschen das TZ deutlich häufiger vorkommt (Spatz, Katze, Platz) als im Englischen, tauschte man hierzulande die Plätze des Z und des Y – weshalb wir hier eine QWERTZ-Tastatur haben. Mit zwei Fingern von unterschiedlichen Händen lässt sich diese Buchstaben-Kombination nämlich deutlich angenehmer tippen als mit zwei Fingern der gleichen Hand.

Aber trotz Z und Y-Tausch: Die heute noch genutzte Anordnung der Buchstaben auf Milliarden Computertastaturen hatte wegen der Typenhebel im Grunde einen rein mechanischen Grund – der bei heutigen Tastaturen gar nicht mehr sein müsste. Wirklich ergonomisch und effizient in Bezug auf kurze Wege für die Finger ist weder QWERTY noch QWERTZ. Ganz und gar nicht – im Gegenteil!

Obwohl es deutlich ergonomischere Tastaturlayouts gibt, werden sich diese niemals durchsetzen können. Das gleiche Schicksal traf übrigens schon für andere technische Errungenschaften zu, die zwar besser waren als ihre Konkurrenz, es aber niemals über ein Nischendasein hinaus schafften. Video-2000 zum Beispiel unterlag dem deutlich schlechteren VHS, weil es sich aufgrund der geringen Auswahl an Filmen einfach nicht beim Endkunden durchsetzten konnte. Ab einem gewissen Punkt stellt das weiter verbreitete Produkt dann den Quasi-Standard und kann von diesem Platz nicht mehr verdrängt werden. Man nennt das Pfad-abhängigkeit, wenn einfach zu viele Dinge von etwas abgeleitet sind, sich daran orientieren oder dafür zugeschnitten werden. Man kommt einfach nicht mehr davon weg. Ein Beispiel für Pfadabhängigkeit ist neben dem Tastaturlayout auch die Seite, auf der wir Auto fahren. Großbritannien fährt als einziges Land in Europa auf der linken Fahrbahnseite. Würde man in England auf Rechtsverkehr umstellen wollen, müssen nicht nur die Schilder umgedreht werden. Alle Fahrbahnmarkierungen, Fahrschul-bücher und Ampeln müssten verändert werden, auch Busse und Trambahnen hätten plötzlich die Türe auf der falschen Seite. Der Aufwand wäre enorm und steht in keinem Verhältnis zum Nut-zen. Ganz so extrem wäre die Änderung des Standard-Tastatur-layouts zwar nicht, aber neben Büchern, Schulungsunterlagen und Millionen bestehender Tastaturen müssten sich Milliarden Nutzer umstellen. Jeder, der auf QWERTZ perfekt im Zwei-, Vier- oder Zehn-Finger-System tippen kann, wird sich kaum freiwillig umstellen wollen.

Doch zurück zur Tastatur selbst. Obwohl die Pfadabhängig-keit dafür sorgt, dass wir immer noch und wohl auch zukünftig mit QWERTY/Z-Keyboards tippen werden, gibt es Alternati-ven. Sie heißen Colemak, Velotype oder NEO. Die wohl ergo-nomischste Buchstabenanordnung ist aber die Dvorak-Tastatur-belegung. Dvorak-Tastaturen kann man im Fachhandel kaufen und fast jedes Betriebssystem unterstützt sie auch. Für die ganz Harten unter uns gibt es die Blank-Tastaturen. Das sind Key-boards, deren Tasten überhaupt keine Beschriftung haben. Das macht das Tippen zwar fast unmöglich – ist aber immer noch besser als eine kyrillische Tastatur.

16.3 Aufhebungsvertrag für Dokumente – Warum Kopiergeräte immer eine Zweitkopie erstellen

Der Begriff Pleonasmus bedeutet die doppelte Verwendung einer Gegebenheit in einem Satz. Eine runde Kugel, die tote Leiche oder American Weeks bei McDonalds ist ebenso ein Beispiel dafür, wie eine Katzenherberge, die auch ein Miezhaus ist.

Apropos Miete: Immer mehr Firmen wechseln heute bei Druckern oder Kopierern vom Kaufvertrag zum Mietvertrag. Das spart nicht nur Geld, sondern auch oftmals Ärger und Aufwand bei der Wartung der Geräte. Die Vermieter kümmern sich darum, dass immer Toner im Gerät ist (was neuere Geräte selbst per E-Mail melden) und wenn es mal eine Störung gibt, dann wird sogar der Drucker-Notarzt automatisch gerufen – sofern nicht die Netzwerkkarte einem Virus erlag.

Oftmals wird dann pro Etage nur noch ein Drucker aufgestellt, auf dem alle drucken können. Auf den ersten Blick nimmt man den Mitarbeitern sicherlich das Privileg eines eigenen Druckers, der zweite Blick hingegen wird auch den Betriebsrat freuen, denn: Etagendrucker fördern die Gesundheit!

Je nach Position des Büros und Anzahl der Drucke, legt ein Mitarbeiter nun zwangsläufig mehrere Dutzend Meter zurück und bringt durch das Auf und Nieder auch den Kreislauf in Schwung. Aber das ist sicherlich nur eine gesundheitliche Randerscheinung. Tonerpartikel von Laserdruckern, die vorher noch einzelne, kleine Büroräume mit krebserregendem Kohlenstoff belästigt haben, finden sich fortan in einem aus feuerpolizeilichen Gründen mit geschlossener Tür vorzufindenden Raum – in dem sich auch noch niemand länger als nötig aufhält.

Stellen wir uns nun die Frage, warum das also nicht jeder macht und nur noch superriesige, superschnelle, supertolle und sich selbst wartende Drucker mietet oder least? Nun ja, nicht jedes Geschäftsmodell lässt sich damit vereinen. Am Express-Schalter der Autovermietung würde es wohl eher verwundern, wenn der Mitarbeiter den Schlüssel erst aushändigt, nachdem er kurz mal vorne links um die Ecke zum Drucker gehen würde.

Ganz andere Probleme sehen hier die Datenschützer. Es geht um die Platte. Moderne Drucker (und Kopierer!) haben allesamt eine Festplatte integriert. Diese muss nicht zwangsläufig rotieren, es kommen auch Festspeicher zum Einsatz, so wie zum Beispiel in einer Digitalkamera die Speicherkarte. Wie auch immer, ein Speichermedium ist jedenfalls drinnen. Und auf diesem Medium werden alle Ausdrucke gespeichert, schließlich werden diese ja auch digital verarbeitet. Ein Drucker ist also eigentlich ein Computer, auch wenn er anders aussieht.

So weit, so schlecht. Druckt ein Mitarbeiter einen sensiblen Bericht aus – beispielsweise über das ungute Mitarbeitergespräch wegen permanentem Achselschweißgeruch schon am Morgen – dann soll das ja nicht zufällig anderen in die Hände fallen, die gerade den Essensplan der Kantine gedruckt haben und just in dieser Sekunde abholen.

Dafür gibt es Lösungen. Kontaktlose Ausweise oder notwendige PIN Eingaben direkt am Drucker, die den Ausdruck erst dann auswerfen, wenn die anfordernde Person davor steht. Oder einfache zeitliche Verzögerungen, die der Benutzer hinterlegen kann, weil er weiß, dass er es in handgestoppten 17,4 s vom Schreibtisch zum Drucker schafft.

Was aber, wenn das moderne Zauberkästchen seinen Geist aufgibt? Je nach Schwere der Verletzung wird vor Ort operiert und oftmals bringt nur eine Transplantation – also der Austausch einiger Teile – die erwünschte Heilung. Hin und wieder aber hilft auch das nichts mehr. Dann – spätestens jedoch zum Ende der Mietlaufzeit – wird das Gerät endgültig abgeholt und ausgetauscht. Aus den Augen, aus dem Sinn. Und mit ihm geht die Speicherplatte, samt einem Abbild aller gedruckten Dokumente

(abhängig vom Speicherplatz werden die Ältesten überschrieben)
– Dokument für Dokument als Datei meist im Postscriptformat
fein säuberlich und auch noch chronologisch sortiert im Dateisystem. Auslesbar oder rekonstruierbar von jedem Servicetechni-
ker und jedem, der sich dafür ausgibt. Der Mietvertrag sollte also
eher Aufhebungsvertrag heißen – und zwar für Ihre Dokumente.
Ich kenne Kunden, die aus diesem Grund die Geräte versiegeln
und die Wartung der Geräte nur unter Aufsicht durchführen lassen.

16.4 Rasterfahndung – Wie man Webcams als Bewegungsmelder nutzt

Im März 2009 wurde das Weltraumteleskop Kepler ins All geschossen, um erdähnliche Planeten, am besten mit Leben, außerhalb unseres Sonnensystems zu finden. Ausgestattet mit einer
95 Mio. Pixel Kamera könnte es wohl sogar ein Portraitfoto der
Maus auf dem Mars[1] schießen, an deren Existenz ich übrigens
auch heute noch glaube. Nur ob das rechnergesteuerte Teleskop
die Maus auch erkennen würde?

Tatsache ist, dass heute nicht mehr nur Lebewesen sehen können, auch Computer fangen damit an. Ihnen fehlt jedoch die
räumliche Achse und sie können das Bild nur mit bekannten
Mustern vergleichen. Ob Kepler auf seinem weiten Flug durchs
All ein Vergleichsbild der Maus vom Mars dabei hat, wage ich zu
bezweifeln.

Wenn ich die Seite eines Buches einscanne, ist das Ergebnis
ein Bild, eine Grafik. Es handelt sich nicht um Text, so wie ich
ihn in einer Textverarbeitung weiter bearbeiten könnte. Spezielle

---

[1] Eine Kinderserie aus den 70er/80er Jahren.

Programme sind aber in der Lage, ein Bild in viele kleine rechteckige Parzellen zu teilen. Der Inhalt dieser Parzellen wird dann mit den Buchstaben von A bis Z in verschiedenen Schriftarten verglichen. Sie sind so in der Lage, aus einer Grafik mit Text auch wieder eine Word-Datei zu machen.

Findet das Programm beim Vergleich der Parzelle eine große Übereinstimmung, geht das Programm davon aus, an dieser Stelle einen bestimmten Buchstaben oder eine Zahl vorgefunden zu haben. Schwierigkeiten haben OCR-Programme nur, wenn sich Buchstaben oder Ziffern ähnlich sehen, wie das O und die 0 oder das kleine l und das große I[2]. Solche Ungenauigkeiten lassen sich aber weitgehend korrigieren, indem die Zeichenfolgen zwischen den Leerzeichen (also die Worte) mit einem Lexikon verglichen werden.

Auf ähnliche Art und Weise arbeiten Programme, die einen Bewegungsmelder simulieren.[3] Richten wir eine einfache Webcam auf unseren Schreibtisch, erzeugt sie meist 30 oder 60 Bilder pro Sekunde. Das Überwachungsprogramm teilt jedes dieser Bilder in viele hundert Rechtecke auf und vergleicht diese mit dem jeweiligen Rechteck des vorangegangen Bildes.

Ändert sich in einer vorher festgelegten Menge an Rechtecken die Helligkeit oder die Farbe, geht das Programm davon aus, dass sich dort jemand bewegt und löst Alarm aus – meist in Form eines Signals oder der Aufzeichnung des Bildes, wie bei einer echten Überwachungskamera.

Eine Webcam für wenige Euro ist so in der Lage, den Griff des Büronachbarn in Ihren Geldbeutel zu verhindern. Überlisten lassen sich solche falschen Bewegungsmelder, wenn es ganz dunkel ist (und auch kein Infrarotlicht[4] leuchtet) oder wenn jemand extrem langsam durchs Bild schleicht (Abb. 16.2).

---

[2] Siehe Kapitel „8ungH4cker!" – 4.2.
[3] Das Programm go1984 von logiware arbeitet nach dieser Methode.
[4] Siehe Kapitel „Volle Batterien" – 11.6.

Abb. 16.2   Bewegungserkennung durch Rastervergleich

16.5 Rattenscharf – Wie Digitalkameras schärfere Bilder als die Wirklichkeit erzeugen

Es ist richtig, dass Eulen nachts bis zu einhundert Mal besser sehen als ein Mensch. Was nicht stimmt ist, dass die großen Pupillen dafür sorgen, dass sie tagsüber schlechter sehen. Tatsächlich sehen Eulen bei Tageslicht genauso gut wie in der Nacht. Da sie sich jedoch überwiegend von Ratten und Mäusen ernähren und diese Viecher nun mal überwiegend in der Nacht unterwegs sind, bleibt der Eule schlicht nichts anderes übrig, als ebenfalls nachtaktiv zu sein.

Was jedoch stimmt ist, dass sie mit ihren riesigen Glubschaugen verdammt gut sehen können. Sogar aus 50 m Höhe sind sie in der Lage, Details ihrer Beutetiere gestochen scharf zu erkennen. So scharf, dass davon die meisten Amateurfotografen nur träumen können. Und ganz ehrlich, nichts ist doch ärgerlicher als ein verschwommenes Foto.

Zum Glück machen wir Schnappschüsse heute nicht mehr auf einer mit Fotoemulsion beschichteten Folie, sondern auf CMOS-Sensoren in Digitalkameras und Smartphones. Das erlaubt gleich hundertfach auf den Abzug zu drücken, ohne Film zu verschwenden. Irgendein Foto wird schon passen. Außerdem werden die Bilder heutzutage nachträglich optimiert, wobei nachträglich hier nicht am PC bedeutet. Viele aktuelle Kameras verbessern die Bilder selbst, direkt nach der Aufnahme. Das erledigt die Software für uns automatisch und oftmals unbemerkt. Manche Kameras machen nämlich nicht nur eine Aufnahme, wenn man den Zeigefinger durchdrückt, sondern gleich drei oder noch mehr.

Diese Bilder sind in verschiedenen Helligkeitsstufen und Kontraststärken aufgenommen und das Programm überlagert sie. Es nimmt aus jeder dieser Aufnahmen den besten Bereich und setzt diese quasi optimal zu einem neuen Bild zusammen. So erhält man ein Hochkontrastbild (HDR – High Definition Range). Das ist einer der Gründe, warum Hobbyfotografen plötzlich in der Lage sind, wunderbare Traumwelten für Nachwelt zu erhalten – mit Farben und unglaublichen Kontrasten, die selbst die Wirklichkeit übertreffen.

Das gleiche Prinzip funktioniert natürlich auch mit der Schärfe. Stehen mehrere Personen auf einem Foto hintereinander wird man nur ein Gesicht wirklich scharf fokussieren können. Nun bieten erste Kameras ein Feature an, mit dem man auf dem Vorschaumonitor der Kamera alle Gesichter anklicken kann – und prompt werden die von unscharf auf scharf gestellt. Nur, wie geht das? Selbst die beste Software kann keine Details anzeigen, wenn keine aufgenommen wurden. Tatsächlich hat die Kamera einfach mehrere Momentaufnahmen gemacht, jeweils mit einer Fokussierung auf alle in dem Bild vorhandenen Personen (= Ebenen).

So ist jeder gut zu sehen, selbst wenn bei der ein oder anderen Person ein bisschen Unschärfe gar nicht mal unvorteilhaft wäre.

Aus mehreren Bildern mit unterschiedlichem Fokus lässt sich natürlich auch ein durchgängig gestochen scharfes Foto errechnen. Im Makro-Bereich, also der extremen Nahaufnahme von Kleinstgegenständen wie Insekten oder Blumen, wird das gerne genutzt. Focus-Stacking nennt sich das. Da kann man dann ganz genau hinsehen und sieht tatsächlich jedes Härchen auf der Fliege – vorne wie hinten im Bild. Und das, obwohl es eigentlich, rein optisch gesehen, für die Linse gar nicht möglich ist, eine solche Aufnahme zu machen.

Wie gesagt, Focus-Stacking wird oft im Bereich der Makro-Naturaufnahmen genutzt. Zu Hause beim Familienfest ergibt das auch keinen Sinn. Wer will schon bei der Schwiegermutter die Haare auf den Zähnen erkennen können. Übrigens: Auf den Anblick von Haaren verzichten wir schon seit ein paar Jahrhunderten gerne. Oder ist Ihnen schon einmal aufgefallen, dass Leonardo Da Vincis Mona Lisa gar keine Augenbrauen hat?

16.6 Anti-Feature – Mit welchen Tricks wir zum Kauf von teurem Original-Zubehör gezwungen werden

Wissen Sie, was ein Anti-Feature ist? Ganz einfach, es ist die bewusste und absichtliche Verschlechterung von Produkten mit dem Ziel, uns für Upgrades nur noch mehr Geld aus der Tasche zu ziehen – oder uns gleich das deutlich teurere Top-Modell aufzuschwatzen, bei dem auch die Marge deutlich höher ist.

Gut, das geht nicht mit allen Produkten. Bei einem Ofen zum Beispiel würden Sie – zu Recht – einen anderen Hersteller wählen, wenn sie bei einem bestimmten Modell „Oberhitze" nur gegen ein kostenpflichtiges Upgrade nachkaufen könnten. Bei Technikprodukten wie Kameras, Druckern und sogar Prozessoren in Computern merken Sie das vor dem Kauf jedoch nicht. Die Hersteller sind leider auch nicht verpflichtet, so etwas anzugeben.

Dass Drucker günstige Tintenpatronen von fremden Herstellern ablehnen,[5] ist ja fast schon allgemein bekannt. Etwas fieser hingegen sind manche Kameras, die sich weigern, mit kostengünstigen Ersatz-Batterien zu arbeiten. Panasonic hat vor ein paar Jahren die ersten Kameras auf den Markt gebracht, die erkennen können, ob ein teurer Energiespender des Herstellers eingelegt wurde oder nicht. Im letzten Fall verweigert die Kamera den Dienst und Sie müssen übel teuerte Original-Akkus kaufen. Besser wäre es, die Kamera eines anderen Herstellers zu wählen.

Wenn Sie das schon als ziemlich frech empfinden, dann warten Sie mal ab, mit was andere Leute ihr Geld verdienen. Die Firma Atmel zum Beispiel produziert einen Mikrochip, den bekannte und unbekannte Hersteller auf die Platinen ihrer Handys oder Digitalkameras verlöten. Er prüft mit starken Kryptografiemechanismen, ob eine Batterie vom Kamera- bzw. Handy-Hersteller oder vom Hong-Kong-Importeur um die Ecke kommt. Ist letzteres der Fall, wird einfach das interne Powermanagement ausgeschaltet und die Batterie ist schneller leer.

Sie haben richtig gelesen, manche Hersteller von Handys und Digicams geben Geld für einen Chip aus, der uns glauben lässt, dass No-Name-Akkus schlechter sind als die des Herstellers. Das kann, muss aber gar nicht sein, denn der AT88SA100S von Atmel sorgt nur dafür, dass wir das glauben – schließlich muss der „falsche" Akku schneller und öfter ins Ladegerät. Absurderweise kostet der Chip rund 5–10 % des Einkaufspreises eines Original-Akkus.

---

[5] Siehe Kapitel „Hinterher ist man immer schlauer" – 16.6.

Nun bringt die EU ja regelmäßig irgendwelche teils unsinnigen Verordnungen raus. Aber das wäre doch mal etwas – ähnlich wie Zigarettenschachteln auf die Gesundheitsgefahr des Rauchens hinweisen, sollten Technikanbieter gezwungen werden, auf Anti-Features hinzuweisen.

„Diese Videokamera kann genauso hochauflösende Filme aufnehmen, wie unser doppelt so teures Modell. Vor dem Speichern werden die Bilder jedoch absichtlich verschlechtert." Oder vielleicht „Dieser Laptop steht unserem teuren Top-Modell in nichts nach. Per Software haben wir aber die Geschwindigkeit gedrosselt. Diese Sperre kann gegen Gebühr aufgehoben werden." Wäre das Pflicht, würde eine derartige Verbraucher-Verarsche sicherlich genauso schnell verschwunden sein, wie wirklich schlechte Akkus leer werden – auch ohne Atmels AT88SA100S.

16.7 Duftwasser – Wie die Hersteller erklären, warum Druckertinte so teuer ist

Im Jahr 1921 kam „Chanel No 5" auf den Markt. Kein Duft wurde bis heute öfter verkauft. Etwa alle 30 s geht irgendwo auf dieser Erde ein Flakon davon über die Ladentheke. 100 ml dieser, nach wachsigen Rosenblättern und Orangenschalen duftenden, Überdosis dreier Aldehyde kosten im Durchschnitt etwa 140 €. Ein Mittelklasse All-in-One-Drucker mit Fax, Kopierer und Scanner kostet im Elektronikfachhandel genauso viel.

Dass der Drucker eigentlich viel teurer sein müsste, ist bekannt. Die Hersteller subventionieren sie, weil sie beim Verkauf der Verbrauchsmaterialien verdienen: bei der Tinte. Und sie tun alles, damit wir möglichst teure Originaltinte kaufen.

In der Standardpatrone für meinen Drucker sind 8 ml Tinte untergebracht. 8 ml farbiges Wasser für die ich in einem muffigen

Elektrofachmarkt bei einem unfreundlichen Verkäufer sage und schreibe 32 € bezahlt habe. 100 ml kosten demnach rund 400 €, was bedeutet, dass ich dafür etwa die dreifache Menge Parfüm bekommen hätte. Die Druckertinte kostet also fast dreimal so viel wie „Chanel No 5"! Was sagt der Hersteller dazu?

Hewlett Packard schreibt in seiner Broschüre „Die Wahrheit über Tinte", dass in den Medien der Tintenpreis schon mit Champagner (oder eben mit Parfüm) verglichen wurde. Dieser Vergleich „allerdings hinkt", denn: „Sie zahlen beim Kauf einer Tintenpatrone ja nicht den Preis für die Tinte, sondern für ein komplexes technisches Gesamtprodukt. Sowohl die Tintenrezeptur wie auch der Druckkopf sind das Ergebnis jahrelanger Forschung und Entwicklung und sorgfältigst aufeinander abgestimmt."

Auch bei „Chanel No 5" zahle ich nicht nur das Duftwasser. Ich bekomme sogar eine freundliche und hübsche Beratung in einem wohlriechenden Geschäft. Die Inhaltsstoffe von „Chanel No 5" sind ebenfalls „sorgfältigst aufeinander abgestimmt", das bestätigen Generationen von Frauen. Das wohlriechende Wässerchen ist zudem verpackt in einer wunderschönen und hochwertigen Patrone aus Glas und nicht aus billigem Plastik. Und letztendlich steckt auch auf dieser ein Druckkopf – samt Düse. Oder dachte HP, dass man sich das Parfüm in die hohle Hand schüttet?

16.8 Hinterher ist man immer schlauer – Wie man leere Drucker doch noch mal zum Drucken bewegen kann

Trinkgeld gibt man, weil man mit dem Service zufrieden war. Nach einem Essen im Restaurant lässt man Revue passieren, ob denn die Bedienung freundlich war, schnell und akkurat gearbeitet hat. Wurde zum Beispiel das extra Brot zum Salat an den Tisch gebracht, bevor die Blätter welk wurden und hat die kleine Emily auch ihren Ketchup bekommen, solange die Fritten noch heiß waren. Die meisten Menschen neigen dazu, das Trinkgeld zu kürzen oder gar zu streichen, wenn das Essen nicht geschmeckt hat – obwohl da eigentlich der Koch Schuld hat und nicht die Bedienung.

Trinkgeld gibt man, wenn das Essen vorbei ist. Oder bei der Abreise aus dem Urlaubsappartement, wenn die Putzkolonne immer alles schön sauber gemacht hat. Hinterher ist man schlauer und weiß, ob der Service den eigenen Vorstellungen entsprochen hat.

Ganz ähnlich ist es nach dem Kauf eines neuen Tintenstrahldruckers. Erst nach dem Ende der meist nicht einmal halb gefüllten mitgelieferten Tintenpatronen weiß man alles. Da kommt oft das böse Erwachen, denn so ein neuer Satz Tinte in vier Farben kostet oftmals mehr als die Hälfte des ganzen Druckers. Die Hardware ist subventioniert, durch die Tinte verdient man Geld. Tja, hinterher ist man… Sie wissen, was ich meine.

Damit das mit dem Geld verdienen auch so bleibt, haben die meisten Patronen einen kleinen Chip integriert, den der Drucker auslesen kann. So erfährt er, ob es sich um eine sündhaft teure Originalpatrone handelt oder ob es eine kostengünstige No-Name-Tinte ist.

Kommt die farbige Flüssigkeit nicht aus dem eigenen Hause, meckert der Drucker und weist unsinnigerweise auf die Gefahr hin, der Drucker könnte zerstört werden. Ganz penetrante Printer lassen dies den Nutzer vor jedem Ausdruck per Knopfdruck am Gerät noch einmal bestätigen, in der Hoffnung, dass allein das zur Rückkehr zur Markentinte führt. Andere Hersteller machen das etwas perfider. Wenn der Drucker merkt, dass Sie keine teure Originaltinte eingelegt haben, verschlechtern sie unmerklich die Druckqualität von 1200 auf 300 dpi. Der Ausdruck wird dadurch grobkörniger und blasser. Vergleichen Sie dann zwei

Ausdrucke, einmal mit der teuren Originaltinte und einmal mit der günstigen aus dem Online-Versand, stellen Sie fest, dass die Qualität tatsächlich für das Original spricht. Das Blatt brauchen Sie nicht mal vor ein Licht zu halten, das erkennen Sie auch so. Sie sollten nur wissen, dass Sie hinter selbiges geführt wurden.

Mein vorletzter Drucker weigerte sich sogar hartnäckig mit fremden Patronen zu drucken. Auch das Nachfüllen half nichts. Irgendwann kam die Meldung, dass die Patrone ja längst leer sein müsse und daher einfach nicht weitergedruckt werden könne – obwohl genügend Tinte von mir nachgefüllt wurde. Alleine die Vorstellung, dass das vor einer wichtigen Präsentation passiert, veranlasste mich dazu, den eigentlich funktionstüchtigen Drucker zum Sperrmüll zu bringen und für immer den Hersteller zu wechseln.

Ist die Tinte aber tatsächlich einmal leer oder eingetrocknet, gerade dann natürlich, wenn etwas Wichtiges zu Papier oder auf Folie zu bringen ist, gibt es einen Trick. Hitze.

Eingetrocknete Tintenpatronen bekommt man mit einem Fön wieder flott. Was die Haare trocknet, lässt die Tinte flüssig werden, auch dann wenn sie als fester Klumpen auf den Düsen haftet. Vermeintlich leere Tintenkammern hingegen enthalten meist doch noch einen Rest an Druckfarbe. Der klebt eingetrocknet an den Rändern im Inneren der Patrone. Legt man das Ganze in ein Schälchen heißes Wasser und wartet ein paar Minuten, wird die Tinte wieder flüssig, ein Tropfen Spülmittel befreit gleichzeitig das kleine Gitter, das die Farbe freigibt. Mit klarem Wasser abgespült und getrocknet (vor allem die Kontakte), lassen sich aus so einer Kartusche erfahrungsgemäß noch drei bis fünf Seiten sauber drucken. Erst dann ist wirklich Schluss.

Ich habe mir übrigens mittlerweile angewöhnt, das Trinkgeld vorher zu geben. Zumindest im Urlaub mache ich das. Ich versuche die für mein Zimmer zuständige Dame des Reinigungspersonals möglichst gleich am ersten Morgen zu erwischen und stecke ihr 10 € zu. Ich schwöre Ihnen, sie bekommen alles, was sie wollen – bezogen auf die Zimmerreinigung versteht sich. Noch kein einziges Mal habe ich es bereut, dass ich das Trinkgeld vorher gegeben habe. Das Zimmer war immer etwas tip-topper als die anderen und Sonderwünsche wie ein zweites Kissen erledigten sich quasi von selbst. Tja, manchmal ist man halt auch vorher schlauer.

16.9 Und sie dreht sich doch ... – Wie Sensoren Bewegungen erkennen und wissen, wann jemand vorbei läuft

„Und sie dreht sich doch…", murmelte Galileo Galilei angeblich beim Verlassen des Inquisitionsgerichts in seinen Bart. Gemeint hat er dabei die Erde, die eben doch nicht fest verankert ist, wie die Kirche glauben machen wollte. Selbst in unseren Smartphones gibt es bewegliche Teile – man mag es kaum glauben und ich rede dabei nicht von den Knöpfen für die Lautstärke. Ich rede vom Gyrosensor, durch den wir in der Lage sind, virtuelle Rennautos mit der Neigung des Telefons zu steuern.

Aber: wie um alles in der Welt misst ein Chip einen Neigungswinkel? Ganz einfach, durch die Schwerkraft! Winzige stimmgabelähnliche Gebilde aus Silizium biegen sich durch die Beschleunigungskräfte beim Bewegen des Handys. Sie verändern so den Abstand zueinander und damit gleichfalls einen elektrischen Wiederstand, also die Stärke des durch sie fließenden Stroms. Mindestens drei dieser Silizium-Gabeln hat ein Gyrosensor und sie zeigen in drei Richtungen: Hoch, Rechts und Hinter. Wie früher im Matheunterricht beim Koordinatensystem mit x- und y- und z-Achse. Denn: Wenn man den Widerstand in drei Achsen messen kann, weiß das Handy, welche Neigung zum Erdmittelpunkt es hat. An das Autorennspiel kann also die Information weitergereicht werden: Das Smartphone ist leicht nach hinten geneigt und stark nach rechts gekippt. Für das Programm heißt das dann, es soll den virtuellen Rennwagen leicht beschleunigen und kräftig nach rechts lenken.

Gyrosensoren sind übrigens hochempfindlich. Forschern der Stanford University und eines israelischen Rüstungskonzerns ist es gelungen, mit so einem Sensor feinste Schwingungen der Luft – ausgelöst durch Sprache – zu messen und wieder in das gesprochene Wort zurück zu rechnen. Kurzum, das Gyroskop taugt auch als Wanze. Das ist deshalb interessant, weil bei Android Smartphones eine App nicht ohne Zustimmung des Nutzers auf das Mikrofon zugreifen darf. Den Bewegungssensor kann hingegen jede App abfragen, schließlich geht man davon aus, dass sich damit keine persönlichen Informationen abgreifen lassen. Falsch gedacht, kann ich da nur sagen.

Es gibt aber neben dem Gyrosensor natürlich noch ganz andere Messfühler, die die Elektronik mit der Physik, Chemie oder Biologie verbinden. Fest installiert sind zum Beispiel an den Sicherheitskontrollen im Flughafen die „elektronischen Nasen", die einzelne Inhaltsstoffe von Materialien „riechen" können und so gepresstes, organisches Material (Energieriegel) von gepresstem, organischem Material (Sprengstoff) unterscheiden können. Natürlich sind diese EGIS-Maschinen nicht in der Lage wirklich zu riechen. Sie leiten den Geruch anhand von Teilchenkonzentrationen ab. Es sind mehr oder weniger transportable Gas-Chromatographen.

Ebenso wenig können Herzfrequenz-Apps auf dem Handy den Pulsschlag messen. Mangels EKG müssen sie ihn irgendwie anders herleiten, denn die Apps funktionieren ja tatsächlich. Und so geht's: Der Patient (oder Sportler) hält seinen Finger auf die Handykamera, während der Handy-Blitz dauerhaft leuchtet. Der Finger leuchtet total rot (das hat wohl jeder schon mal als Kind mit einer Taschenlampe gemacht). Die App kann natürlich nichts filmen oder fotografieren, denn der Finger deckt die Linse ab. Sie sieht aber im wahrsten Sinne des Wortes rot, das Rot des hell erleuchteten Blutes im Finger nämlich. Und immer wenn

Ihr Herz schlägt, fließt das Blut durch Ihren Finger und es gibt minimale Farbschwankungen. Diese rhythmischen Kontrastveränderungen im Kamerabild erlauben eine erstaunlich korrekte Berechnung Ihrer aktuellen Herzfrequenz.

Der am häufigsten verbaute Messfühler ist allerdings der PIR – der passive Infrarot-Sensor. Er ist in den 10-€-Baumarktlampen und -Überwachungskameras verbaut, die angehen, wenn einer vorbeiläuft. Der PIR ist also ein Bewegungsmelder. Dumm nur, dass ein PIR eigentlich gar keine Bewegung messen kann. Er erkennt ausschließlich Temperaturunterschiede, und wenn ein warmer Körper den Messbereich betritt, geht er einfach davon aus, dass da einer durchs Bild läuft. Deshalb geht eine Alarmanlage mit PIR-Sensor auch bei jeder kleinen Maus los, die mal vorbeihuscht. Als verlässliches Warngerät vor Kaltblütlern wie Schlangen, Vampiren und Zombies sind sie deshalb wohl eher ungeeignet.

16.10 Hab dich! – Wie man seinen gestohlenen Laptop wieder bekommt

Haltet den Dieb! Wohl jeder macht sich Gedanken, was passiert, wenn einem der Laptop[6] geklaut wird. Welche Daten sind drauf? Habe ich Passwörter oder Zugangsdaten gespeichert? Gibt es peinliche Bilder von mir? Wie bezahle ich ein neues Gerät?

Lassen wir mal die Daten außen vor. Dafür gibt es Verschlüsselungssoftware und gerade in Unternehmen sind die Notebooks in vielen Fällen schon derart geschützt. Beim privaten Laptop ist das oft anders. Betrachten wir mal, wie wir wieder zu einem trag-

---

[6] Die beschriebenen Programme gibt es übrigens auch für Smartphones.

baren Computer kommen. Am besten zu unserem eigenen, dem, der irgendwie abhanden gekommen ist.

Wie toll wäre es, wenn sich der Laptop melden würde, sagt, wo er ist und am besten noch ein Bild des Diebes schickt. Was hier nach George Orwell klingt, ist heute aber machbar – noch dazu kostenlos.

Programme wie *Prey* oder *Hidden* installieren sich in den Tiefen des Betriebssystems und warten darauf, aktiviert zu werden. Einmal auf dem System, wird sich der Laptop jedes Mal, wenn er angeschaltet wird und ein Internetzugang zur Verfügung steht, bei einem extra dafür eingerichteten Server melden. Dabei stellt er die Anfrage, ob er denn schon geklaut wurde. Ist alles OK, legt sich das Programm schlafen. So lange, bis der Laptop erneut gestartet wird oder bis eine vorher eingestellte Zeit abgelaufen ist. Dann wird wieder nachgefragt.

Teilt der Server dem System mit: „Hey, Dich hat einer gemopst!", dann wird es aktiv. Je nach Programm werden dann in einstellbaren Zeitintervallen Screenshots erstellt, mit der eingebauten Webcam Bilder gemacht – in der Hoffnung den Dieb vor dem Gerät aufzunehmen – und mittels Triangulation von erreichbaren WLAN-Netzen eine möglichst genaue Position berechnet.

All diese Informationen werden dann ins Internet auf einen Server gestellt. Der rechtmäßige Eigentümer kann sie abrufen, um den derzeitigen Besitzer zu überführen. Ist die Person unbekannt, helfen die Screenshots möglicherweise. So wird die Mailadresse erkennbar sein, wenn das Mailprogramm geöffnet ist oder das Facebook-Profil, wenn der Langfinger gerade seinen FreundInnen mitteilt, er habe endlich ein neues Notebook „gekauft".

Die Position des Laptops mag etwas ungenau sein, schließlich handelt es sich nicht um ein GPS-Signal. Dafür ist die ungefähre Position auch in geschlossenen Räumen zu bestimmen, wenn kein Satellit zu sehen ist. Selbstversuche zeigen, dass sogar die Hausnummer auf einer Google-Map richtig angezeigt wird, wenn ausreichend WLAN-Netze in der Nachbarschaft sind und der Computer zumindest ein bisschen in der Wohnung umher getragen wird – sprich, wenn er nicht nur fest auf einem Tisch steht. Was logischerweise nicht möglich ist, ist das Stockwerk zu benennen, in dem der Dieb haust.

Da Selbstjustiz zum Glück nicht erlaubt ist, empfiehlt es sich, mit den Informationen zur Polizei zu gehen. Die sorgt dann nämlich sicher und gefahrlos für eine Rückgabe des Gerätes. Sinnvollerweise können Sie durch Quittungen belegen, dass der Computer Ihnen gehört und am besten ist der Diebstahl vorher auch angezeigt worden. Letzteres ist zwar nicht immer möglich, denn die Programme arbeiten auf Wunsch bereits Sekunden nach dem Diebstahl und liefern erste Ergebnisse.

Je nach Hersteller und Betriebssystem gibt es, wie gesagt, auch kostenlose Tools, erfreulicherweise auch als Open Source. Da derartige Programme aber immer einen passenden Serverdienst benötigen, verlangen die Hersteller meist eine Art Mitgliedsbeitrag für den Betrieb. Die Preise dafür sind angemessen und spotten jeglichen Versicherungstarifen.

Bei *Prey* gibt es sogar einen kostenlosen Account. Wer diesen wählt, bekommt jedoch im Fall der Fälle lediglich zwei Meldungen des Laptops. Allerdings kann man es machen wie beim ADAC. Hat man eine Panne, ruft man den Gelben Engel, schließt eine Mitgliedschaft auf der Kühlerhaube ab und bekommt sofort den ganzen Service des Vereins. Wird der Laptop gestohlen, kann man seine bis dato kostenlose Mitgliedschaft per Kreditkarte in einen Pro-Account upgraden und schon kann man im Minutentakt Screenshots, Bilder und Positionsdaten abrufen. Daher empfiehlt es sich, erst einmal alle Familien-Notebooks mit der kostenfreien Variante auszustatten und bei Bedarf die Bezahlkarte zu zücken.

Einen Nachteil hat dieser Diebstahlschutz jedoch. Der Dieb muss den Laptop anschalten und um möglichst viele Bilder zu bekommen, sollte man ihn auch damit arbeiten lassen. Daher ist

Abb. 16.3 Testdieb aufgespürt inklusive Foto, Screenshot (Facebook) und Position

es wichtig, zumindest einen Gastzugang anzulegen, weil das eigene Passwort bei der Anmeldung ja hoffentlich vom Dieb nicht zu erraten ist.

Des weiteren ist eine Internetverbindung notwendig und diese ist nur gegeben, wenn der Langfinger sein eigenes WLAN einbindet oder wenn ein offenes, freies Netz in der Nachbarschaft verfügbar ist.

Damit ein versierter Dieb nicht von einer CD oder einer externen Festplatte booten kann (dies verhindert das Starten der Überwachungssoftware), empfiehlt sich ein sicheres BIOS-Passwort. Wäre ich der Gauner, würde ich jedoch die Festplatte ausbauen und durch eine „sichere" ersetzen. Dann haben solche Laptop-Schutzprogramme zwangsläufig keine Chance.

Aber mal ehrlich, ein Dieb – der sich derartig auskennt und Festplatten herum liegen hat, der sollte es auch nicht nötig haben zu stehlen (Abb. 16.3).

16.11 Apfel oder Fenster – Warum ein Mac nicht grundsätzlich sicherer ist als ein Windows PC

Wer in der schönen Spätsommerzeit in den Supermarkt geht, der bekommt nicht nur den letzten Sack Grillkohle angeboten, nein... Weihnachten steht schon vor der Türe – beziehungsweise in den Regalen der Supermärkte. Glühwein, Lebkuchen, Stollen, alles was so dazu gehört. In wenigen Wochen werden die kostenlosen Wochenendzeitungen auch wieder die dreifache Dicke annehmen. Den ganzen Werbebeilagen zum Fest sei Dank.

Für den ein oder anderen steht Dank der Angebote der Kauf eines neuen Computers an und da stellt sich oftmals die Frage: Apple oder Windows? Nun, da helfen die ganzen Prospekte aber nicht wirklich weiter. Niedrige Preise werden da angepriesen, technische Daten aufgelistet. Ist ja wenig Platz im Prospekt, weil möglichst viele Angebote sich diesen teilen müssen. Wer sich also nicht wirklich auskennt, dem helfen nackte Zahlen nicht bei der Entscheidungsfindung weiter. Daher möchte ich mal meine ganz persönliche Einschätzung abgeben.

Teilen Sie sich den Rechner mit einem männlichen Teenager, dann bleiben Sie besser bei Windows und rechnen mit einem Aufpreis von mindestens 30 % für die Mörder-Grafikkarte für die Mörder-Spiele nämlich. Teilen Sie ihn sich mit einem weiblichen Teenager, dann prüfen Sie, ob und wo alle notwendigen Chat, ICQ und sonstige „wir-haben-uns-lieb-und-tauschen-uns-permanent-aus"-Kommunikationsprogramme laufen. Ist Ihnen das zu kompliziert, dann fragen Sie einfach, welches Betriebssystem die beste Freundin der Tochter hat.

Dürfen Sie hingegen frei wählen, ob Sie einen Apple- oder Windows-Rechner nehmen, dann bekomme ich immer wieder Fragen nach der Sicherheit gestellt. Nun ja, auch wenn IT-Sicherheitsexperten gerne als der natürliche Feind von Microsoft wahrgenommen werden, kann ich unumwunden zugeben, dass mich der Softwaregigant aus Redmond seit Windows 7 wieder versöhnt hat. Dass es für Windows-Systeme deutlich mehr Viren gibt, liegt hauptsächlich an der Verbreitung. Es gibt einfach deutlich mehr Rechner mit Windows – also auch mehr potentielle Opfer. Übrigens nannten die Kaspersky-Labs mal die unglaubliche Zahl von 200.000 neuen Viren für Windows – täglich!

Ob Windows 8 mit seinen Kacheln jedoch etwas für Sie ist, sollten Sie ausprobieren. Denn ob etwas, das für Fingergesten und Touchpad – also für ein Tablet – optimiert ist, auch mit der Maus funktioniert, muss jeder selbst entscheiden und die meisten bleiben bei der Vorgänger-Version. Nicht umsonst ruderte Microsoft im Sommer 2013 zurück und brachte auch in Windows 8 den altbekannten Start-Button wieder zurück.

Erwägen Sie einen Umstieg auf einen Mac, dann sollten Sie unbedingt prüfen, ob alle Programme, die Sie regelmäßig nutzen, auch auf einem Mac laufen. Einige Steuererklärungsprogramme zum Beispiel gibt es nur für Windows. Allerdings lässt sich für solche Zwecke auch einfach und bequem ein Windows auf dem Mac parallel installieren, auch wenn das irgendwie absurd ist. Ansonsten gibt es für Macs keine Viren, heißt es immer wieder. Nicht ganz, es gibt auch hier schon mehrere Dutzend Ungeziefer-Programme, mit deutlich steigender Tendenz. Kurzum: Ein Mac ist nicht sicherer als ein Windows-Rechner... nur schöner und teurer.

16.12 Rohstoffe – Was seltene Erden sind und wozu sie gebraucht werden

Früher waren die wichtigsten Rohstoffe Holz, Lehm und Eisen. Heute sind es seltene Erden. Was ist das denn? Seltene Erden – das klingt nach Humus aus dem Schrebergarten vom Kompost.

Zwei Kubikmeter kommen da pro Jahr raus, deshalb „seltene Erde".

Natürlich nicht. Seltene Erden sind Metalle, die in unserer Natur im Vergleich zu anderen Metallen wie Eisen einfach viel seltener vorkommen. Dummerweise werden sie benötigt, um die derzeit wichtigsten Technologien herzustellen. Ohne diese seltenen Metalle gäbe es keine Windkrafträder, keine Flachbildschirme und auch keine Smartphones. Europium zum Beispiel sorgt für das Rot im Flachbildschirm, während Neodym als Dauermagnete verwendet werden.

Wichtigstes Abbauland der seltenen Erden ist – wie könnte es anders sein – China. Leider sind die Abbaumethoden dort alles andere als förderlich für die Gesundheit der Menschen. Wenn unser Hunger nach immer neuen Handys und Computer aber weiter so anhält, dann müssen wir immer neue Vorkommen suchen.

Mittlerweile weiß man, dass seltene Erden auch auf dem Mond vorhanden sind – und zwar in nicht unbeträchtlicher Menge. Es gibt tatsächlich schon ernst gemeinte Überlegungen, wie man diese Rohstoffe dort abbauen und zur Erde transportieren kann. Bisher scheitern all diese Vorhaben an den Kosten und der Realisierbarkeit, aber: es kann passieren, dass wir irgendwann keinen Vollmond mehr haben, weil die andere Hälfte in unseren Taschen klingelt, summt oder vibriert. Also besser die Altgeräte zum Recycling bringen, denn da sind bereits riesige Mengen seltener Erden verbaut und liegen ungenutzt rum.

In deutschen Haushalten finden sich laut dem Hightech-Verband BITKOM bereits jetzt rund 86 Mio. Handys[7] in Schubladen und gammeln vor sich hin. Niemand bringt sie zurück. Aus ihnen könnte man 747 t Kupfer und fast 2 t Gold recyceln.

Die seltenen Erden hingegen können erst seit Anfang 2013 recycelt werden. In Frankreich wurde da nämlich die weltweit erste

---

[7] Bitkom, Januar 2013.

Fabrik eröffnet, die diese vergleichsweise jungen Rohstoffe wieder aus Gebrauchtgeräten herausholt. Das ist auch nötig, denn sehr schnell war klar, dass die Materialen noch schneller knapp werden als gedacht.

Benutzte man die Telefone um 1980 noch locker fünf Jahre, wechselt man Handys heute alle 18–24 Monate. Und machen wir uns nichts vor. Solange ein neues Handymodell immer wieder andere Geräte ersetzt, werden wir auch immer aktuelle Geräte wollen. Warum sonst gehen die Verkaufszahlen bei mobilen Navis, mp3-Playern oder Weckern immer mehr zurück. Zeit zum Umdenken also. Alte Handys rausholen, informieren und abgeben.

16.13 Auf Sand gebaut – Warum Seltene Erden gar nicht so selten sind

Wenn es morgen kein Eisen mehr gibt, können wir keine Autos und keine Eisenbahnen mehr bauen. Wenn es morgen kein Kupfer mehr gibt, dann ist es vorbei mit effizienten Stromkabeln. Das wird nicht passieren, weil Eisen und Kupfer in schier unbegrenzter Menge und leicht abbaubar in unserer Erdkruste vorhanden sind. Auch hätte sicherlich kein Industriezweig seine gesamte Existenz auf ein Material aufgebaut, wenn dieses nur sehr selten zu finden wäre. Oder?

Wenn es morgen kein Lanthan mehr gibt, dann gibt es keine Laptop-, Smartphone- und Elektroauto-Akkus mehr. Wenn es morgen kein Europium mehr gibt, dann können keine Computermonitore mehr hergestellt werden. Das kann passieren, weil es sich bei Lanthan und Europium um Metalle handelt, die wir SELTENE Erden nennen. Und die Menschheit hat mittlerweile ihre gesamte Infrastruktur auf diesen SELTENEN Materialien aufgebaut.

Nahezu alles was wir heute nutzen, funktioniert doch nur noch mit Computern. Flugzeuge, Autos, Herz-Lungen-Maschinen, Kernkraftwerke, U-Bahnen, Supermarktkassen, die Trinkwasserversorgung, Banken … das Internet. Haben wir unsere Gesellschaft wirklich auf Sand gebaut? Sind wir eigentlich wahnsinnig?

Die Antwort lautet Ja und Nein. Nein, weil SELTENE Erden gar nicht so selten sind wie man annehmen möchte – sie sind nur gleichmäßiger in der Erde verteilt. Laut einem Artikel in New Scientist[8] werden die bekannten Vorkommen Seltener Erden noch viele Jahrzehnte ausreichen. Aber: Wenn Sie in einer Eisenerzmine einen Eimer füllen, haben sie sofort fast den ganzen Eimer voll mit Eisenerz. Machen Sie das gleiche in einer Mine für Europium, dann haben sie ein paar Millionen Krümel Erde und Dreck im Eimer – und ein paar Krümelchen Europium. Um die zu finden und auszulösen, müssen Sie den ganzen Eimer auch noch mit reichlich Chemie vom Rest im Eimer trennen.

Bei Wikipedia klingt das so: *„Die reinen Metalle werden überwiegend durch Schmelzflusselektrolyse der Chloride bzw. Fluoride gewonnen. Vorher müssen die entsprechenden Verbindungen jedoch aus den Erzen, die neben anderen Verbindungen immer Gemische der Seltenen Erden enthalten, über zum Teil aufwendige Trennverfahren separiert werden. Im ersten Schritt werden die Erze durch Behandlung mit Laugen oder Säuren aufgeschlossen, zum Teil werden die Erze, wie z. B. Monazit, auch einer Hochtemperaturchlorierung unterworfen, wobei ein Gemisch von Chloriden entsteht. In einem weiteren Schritt werden die aus dem aufgeschlossenen Material gewonnenen Salze einem Trennverfahren unterworfen.“*

Der Abbau ist derart kompliziert, dass sich zum Beispiel die brasilianische Regierung dazu entschlossen hat, gesetzliche Regeln vorzuschreiben. Schließlich entstehen beim Abbau teils radioaktive, teils umweltverschmutzende Endprodukte. Um also eine vergleichbare Menge Eisen und Europium zu gewin-

---

[8] http://www.newscientist.com/issue/3008.

nen, müssen Sie – bildlich gesprochen – einmal eine Schaufel in die Erde rammen (Eisen) und andererseits ein ganzes Fußballfeld drei Meter tief umgraben und mit Chemikalien verseuchen (Europium).

Neben China werden insbesondere Länder wie Bolivien, die heute noch arm sind und große Vorkommen an seltenen Erden haben, wegen der guten Preise aber kaum Scheu zeigen, gigantische Flächen Regenwald und Landschaften dem Erdboden gleich zu machen und mit Chemie vollzupumpen. Das ist das „Ja" in der Antwort auf die Frage, ob wir wahnsinnig sind.

16.14 Abgesoffen – Warum eine technische Angabe nichts mit der Wirklichkeit zu tun haben muss

Neulich im Flieger las ich eine bunte Zeitschrift mit vielen Bildern über Könige und Königinnen sowie A-, B- und C-Promis. Da geht dann die Zeit schnell vorüber und man lernt, was Till Schweiger so sexy macht. Nachdem die Zeitschrift ihren Zweck gar wunderbar erfüllt hatte und der Pilot allmählich auf die Landebahn zusteuerte, streifte mein Auge die Rückseite des Magazins, wo eine Schweizer Uhrenmarke seine Waren anbot. Nicht ganz meine Preisklasse, außerdem eine Damenuhr, aber... und das machte mich stutzig – etwas stimmte nicht. Innerlich lachte ich ein wenig, wie man so teure Uhren bauen kann und dann eine so stümperhafte Marketingabteilung hat.

Wenig später griff ich zum Bordmagazin und siehe da, auch hier: Die letzte Seite hatte die Schweizer Uhrenmarke ebenfalls für sich reserviert und präsentierte dieses Mal eine Herrenuhr – mit dem gleichen Fehler! *„Wasserdicht bis zu einem Druck von 5 bar oder 50 m"* steht da. Du meine Güte, wie dilettantisch.

Jeder, der mal im Urlaub einen Schnuppertauchkurs gemacht hat oder in Physik in der Schule aufgepasst hat, der weiß, dass auf Meereshöhe ein Luftdruck von 1 bar herrscht. Dieser erhöht sich alle 10 m Wassertiefe um ein weiteres bar. Summa summarum ist man bei 5 bar erst 40 m tief bzw. hat auf 50 m eben 6 bar Druck auf dem Ohr und der Uhr. Keinesfalls aber 5 bar bei 50 m.

Eigentlich hatte ich vor, einen Brief in die Schweiz zu schreiben und auf den Fehler aufmerksam zu machen. Zu meinem Glück las ich vorher in Wikipedia den Artikel „*Wasserdichtigkeit*"[9] und fand den Hinweis, dass nach einer DIN-Norm Uhrenhersteller die Dichtigkeit ebenso angeben dürfen.

Für Uhren bedeutet „*Wasserdicht bis 50 m oder 5 bar*", dass die Uhr beim Duschen nicht kaputt geht. Ich weiß jetzt wirklich nicht, wie tief unter Wasser Sie Duschen, aber das fand ich schon merkwürdig. Es kam aber noch besser: Uhren die „*Wasserdicht bis 100 m oder 10 bar*" sind, die kann man sogar zum Schwimmen anziehen, ohne dass Feuchtigkeit eindringt. Dem Fass den Boden schlägt aber die nächste Angabe aus. Steht dort was von „*200 m oder 20 bar*" hält die Uhr „*Freitauchen in geringer Tiefe*" stand. Wir werden doch von vorne bis hinten verarscht, oder?

16.15 Rohlinge – Warum die beschreibbare CD bereits nach kurzer Zeit zum Auslaufmodell wurde

Letzte Woche fand ich auf einem Flohmarkt ein Schachtel originalverpackter 1,44 MB Disketten. Sie wissen schon, diese kleinen eckigen Dinger, auf denen man 1/64.000 eines USB-Sticks

---

[9] http://de.wikipedia.org/wiki/Wasserdichtigkeit

speichern konnte. Kostete mich einen Euro, die ganze Schachtel. Nun ja, ein passendes Laufwerk dazu habe ich zwar nicht mehr, aber was macht das schon. Ein bisschen Retro im Schrank ist doch nett.

Zugegeben, Disketten waren schon immer eher unpraktisch, auch damals schon, als sie noch verbreitet waren. Extrem empfindlich gegen Magnete und spitze Gegenstände, laaaaangsam ohne Ende und wenn die Datei zu groß war, dann musste man diese mit der Span-Disk-Funktion von WinZIP auf mehrere Disketten aufteilen.

Heute nimmt man USB-Sticks. Die sind klein, schnell, fassen riesige Speichermengen und oft überleben sie sogar einen Ritt mit der Buntwäsche und anschließendem Trockner. Doch zwischen Diskette und USB-Stick gab es noch etwas anderes. Die Compact Disk, oder kurz: die CD! Auch die hat uns ein paar Jahre begleitet und die lästige Wechslerei der Disketten beendet. Dankbar sollten wir ihr sein, dem silbernen Rohling. Endlich ein Speichermedium mit halbwegs viel Platz und ausreichender Geschwindigkeit.

Der Nachteil der beschreibbaren CD war schnell erkennbar. Es war kein Laufwerk, auf das man heute einfach mal eine Datei kopierte, morgen eine andere löschen konnte und übermorgen ein ganz andere drauf kopierte. Die CD musste im Normalfall immer am Stück beschrieben werden und blieb dann unverändert. WORM nennt man das „*Write Once Read Many*" – nur einmal beschreibbar, dafür oft lesbar. Das machte sie schon bald zum Auslaufmodell, denn es drängte etwas auf den Markt, was diesen Nachteil nicht hatte: der USB-Stick.

Dabei ist die beschreibbare CD dem USB-Stick in so vielen anderen Dingen überlegen. Man kann sie auf dem Balkon aufhängen, um Tauben zu verjagen. Man kann sie als Untersetzer für Gläser verwenden. Die CD ist ein grandioser WLAN-Verstärker, wenn man sie als Reflektor hinter der Antenne des WLAN-Routers platziert. Probieren Sie das mal aus, wenn Ihr Empfang an manchen Stellen im Haus nicht der Beste ist!

All das kann der USB-Stick nicht und trotzdem spielt die CD nur noch eine untergeordnete Rolle. Zumindest in der EDV. Ins Rampenlicht tritt sie nur noch, wenn sie aus der Schweiz kommt und von Deutschen Finanzämtern oder Ministerien gekauft wird. Offenbar gibt es in Helvetia noch keine USB-Sticks.

16.16 Die dritte Dimension – Wie 3D-Drucker unser Leben verändern werden

Einem amerikanischen Mädchen wurde im Mai 2013 eine künstliche Luftröhre eingepflanzt, die es vor dem Ersticken rettet. Das, was erst einmal nach einer medizinischen Routineoperation klingt, ist deshalb so außergewöhnlich, weil das Ersatzteil aus einem Computerdrucker stammt. Genauer gesagt aus einem 3D-Drucker, also nicht so einem Teil, das auf Ihrem Schreibtisch einfach nur Tinte auf ein Blatt spritzt. Der ist etwas komplizierter.

Ein derartiger 3D-Drucker fährt nämlich seine Spritzdüse nicht wie sonst üblich immer in 0,2 mm bis 0,8 mm großem Abstand über das Papier, nein, er kann den Druckkopf auch mehrere Zentimeter anheben. Weiterhin gibt er keine Tinte ab, sondern dünne Schichten an Plastik oder Harz, die an der Luft erkalten und schnell aushärten. So können mehrere Schichten des Werkstoffs übereinander gelegt und dadurch eine räumliche Figur „gedruckt" werden.

Eingesetzt werden sie primär in der Industrie beim Design. Die ersten Entwürfe und Modelle können so Fehler beim Zusammenbau entlarven. Das, was also vorher hauptsächlich industriell genutzt wurde, wandert über Kurz oder Lang in die privaten

Gemächer. In wenigen Jahren werden wir alle 3D-Drucker zu Hause haben – warten Sie mal ab. Es wird Apps geben, mit denen man sich zu Hause mal eben einen 100 % passenden Kopfhörer für die eigene Ohrmuschel drucken kann. Oder Programme, die die Venus von Milo aus einem Katalog tausender Kunstgegenstände wählen lassen und selbige dann für das Wohnzimmer einfach nachdrucken. Bereits jetzt bieten Online-Shops solche Drucker für rund 1.000 €[10] an. Es ist also nur eine Frage der Zeit, wann wir alle nicht mehr nur zweidimensionale Blätter aus Papier bedrucken.

Natürlich gibt es auch Schattenseiten. Ein Amerikaner stellte eine Druckanleitung ins Netz, mit der man eine Knarre drucken konnte. Fix und fertig zum Download, eine Handfeuerwaffe aus dem Drucker. Damit niemand auf die dumme Idee kam, diese Pistole tatsächlich auszudrucken, übte die amerikanische Regierung selbst ein wenig Druck aus und die Anleitung war erst einmal nicht mehr im Netz zu finden.

Das klingt jetzt vielleicht nach Utopie, aber wenn die Drucker mal kleiner werden und in den Aktenkoffer passen, dann dürfen wir auf der Reise nach New York selbst nach dem Erlöschen der Anschnallzeichen im Flugmodus keinen Laptop mehr benutzen. Was würde eine Sicherheitskontrolle am Flughafen bringen, wenn die Passagiere die Waffen einfach auf der Reiseflughöhe selbst drucken.

Die kanadische Polizei hat die Pistole aus dem Drucker mal ausprobiert. Bei Druckkosten von umgerechnet 26 € kam eine Waffe heraus, die beim ersten Schuss zwar zerbrochen ist, das Projektil aber – wie eine echte Waffe – zielgenau abgefeuert hat und tödliche Verletzungen verursacht hätte. Selbst eine Herzklappe aus dem gleichen Drucker hätte nicht mehr geholfen. Wie so oft bei neuen Technologien: Es kommt mal wieder darauf an, was man damit macht.

---

[10] Pearl: www.pearl.de

16.17 Aus die Maus – Warum die Computermaus den Umgang mit dem Computer revolutioniert hat

Mausefallen gibt es ohne Ende. Lebendfallen oder Schlagfallen gibt es, außerdem Kippfallen und Reusenkorbfallen. Manche sind mit Metallfedern ausgestattet, andere aus Holz oder Kunststoff. Tatsächlich dienten diese Fallen früher nicht nur dazu, die lästigen Nager von Hof, Scheune und Lager fernzuhalten – man konnte damit sogar Geld verdienen: wegen der Schwanzprämie.

Zugegeben, das klingt jetzt eher nach billiger Filmproduktion, ist aber tatsächlich eine historisch alteingesessene Tradition. Wer die Schädlinge bekämpfte, bekam von der Gemeinde eine Geldprämie. Bezahlt wurde pro Maus und damit nicht dutzende Bürger mit halbverwesten Kadavern ins Rathaus liefen, mussten sie nur die abgeschnittenen Schwänze der Nager mitbringen – als Beweis. Daher: Schwanzprämie.

Mäuse werden seit Jahrhunderten bekämpft. Keiner wollte sie in seinem Haus haben. Bis 1968 zumindest. Dann nämlich wurde das fünf Jahre vorher von einem jungen Amerikaner erfundene Gerät, das er „X-Y-Positions-Anzeiger für ein Bildschirmsystem" nannte mit Computern verkauft. Ein kleines Holzkästchen mit zwei Rädern darin, das durch Bewegung einen Punkt im Koordinatensystem des Rechners ansteuern konnte. Und weil das kleine, handflächengroße Kästchen auch ein Kabel hatte, das aussah wie ein kleines Schwänzchen, nannte man es so, wie es ein bisschen aussah: Maus.

Heute gibt es Präzisionsmäuse mit 6.000 dpi Lasersensoren und einer Auflösung von 10,5 Megapixeln bei einer Taktung von 1.000 Hz. Das hat nichts mehr mit dem ollen Drehrad auf der Tischoberfläche zu tun, das früher auch noch verstauben konnte.

Aber: die Computermaus hat viel verändert. Ohne sie hätten die allermeisten von uns bis heute keinen Computer angefasst, denn das Arbeiten mit Maschinenbefehlen an der Konsole liegt wahrlich nicht jedem. Insofern spielt sie eine zentrale Rolle bei der Verbreitung von Computern.

Um 1992 führte ein amerikanisches Logistikunternehmen, für das ich damals arbeitete, ein neues Computersystem in seinen Call Centern ein. Es basierte auf Windows 3.11 und stellte die Call-Center-Mitarbeiter vor eine ernste Herausforderung. Sie mussten die Tastatur gegen die Maus eintauschen. Die meist weiblichen Mitarbeiter, die oft in Teilzeit arbeiteten um das Familienbudget aufzubessern, bekamen ernsthafte Probleme. Eine Computermaus hatten sie nämlich allesamt noch nie bedient.

Es mag komisch klingen, aber das war ein ernsthaftes Problem, denn das grobmotorische Verschieben des Mauszeigers und die Probleme beim Treffen eines Buttons hatten zur Folge, dass die Eingabe eines Versandauftrags doppelt so lange dauerte wie vorher. Dies erhöhte die Kosten, schmälerte damit den Gewinn und sorgte zusätzlich für verärgerte Kunden in der Warteschleife. Die Lösung liefert Win 3.11 aber gleich mit und wir entschieden uns, allen Mitarbeiterinnen *Solitaire* beizubringen, welches sie zwei Wochen lang täglich eine Stunde lang spielen sollten. Natürlich bezahlt und während der Arbeitszeit. Das gute alte *Solitaire* bedient nämlich alle Aspekte, die man bei der Maus benötigt. Bewegen, Klicken und Ziehen (Drag & Drop) .

Innerhalb kürzester Zeit gab es Ranglisten, wer die Patience am schnellsten löste und bereits nach wenigen Tagen hatte sich die Dauer eines Telefonats zur Aufnahme eines Versandauftrags wieder normalisiert. Dem Management in Atlanta wurde erklärt, es gäbe Maus-Training im Schulungsraum. Denn einen Antrag auf „Bezahltes Computerspielen während der Arbeitszeit" hätten die wohl nie genehmigt.

Da *Solitaire* aber nicht nur ein Maustraining ist, sondern auch andere wichtige Grundlagen wie das Starten eines Computerprogramms abdeckt, ist es seit damals meine Empfehlung für Schulungen und Kurse. Zum Beispiel, um Senioren an den Computer und damit ins Netz zu bringen. Manchmal muss man Dinge einfach mal anders herum angehen.

Der Erfinder der Computermaus, Douglas Engelbart, ist Mitte 2013 im gesegneten Alter von 88 Jahren verstorben. Seine Erfindung stirbt leider auch langsam aber sicher aus. Heute bedienen wir immer mehr Rechner, Pads und Smartphones mit dem Finger auf dem Touchpad oder dem Display selbst. Aus, (für) die Maus.

16.18 Größer, schneller, weiter – Warum Innovationen nicht jeden Monat erscheinen können

Fast jeden Monat gibt es neue Rechner, neue Tablets, neue Handys. Die Hersteller überbieten sich in Produktshows mit grellem Licht und wummernden Bässen. Was früher cool war, weil es jedes Mal Quantensprünge zum Vorgängergerät gab, ist heute eher ernüchternd. In der Regel ist nur das Display größer, der Prozessor schneller und die Antenne reicht weiter als beim alten Modell. Wer möchte deswegen schon alle halbe Jahr das Handy wechseln und – weil es immer noch keine einheitliche Methode für alle Modelle gibt – auch immer wieder alle Kontakte per Hand übertragen?

Wirft man mal einen Blick auf die Innovationen der letzten zwei, drei Jahre, stellt man fest, dass es keine wirklichen Innovationen mehr gab. Hier mal eine höhere Auflösung, die das menschliche Auge sowieso nicht mehr erkennen kann, dort mal ein Akku, der es bis in den dritten Tag schafft, ohne aufgeladen zu werden (mit dem Hinweis, dass man dafür nicht mehr als 20 min am Tag telefonieren darf). Gut, das iPhone hat einen Fingerabdruck-Sensor bekommen, Lenovo-Laptops hatten den seit vielen Jahren.

Tatsächlich ist die Presse und sind die Aktienbesitzer immer wieder enttäuscht. Sie beklagen die Innovationsarmut und warten auf Smartphones, die den Arzt ersetzen, Fliegen können, nichts wiegen und eingerollt werden können. Schaut man mal in die Geschichte, leben wir jetzt aber in einer Zeit, die in den letzten paar Jahren mehr technischen Fortschritt und Erfindungen auf den Markt geworfen hat, als all die Jahrhunderte zuvor zusammengenommen.

Ich glaube, wir erwarten einfach zu viel von den Herstellern. Jedes Mal sollen es großartige Überraschungen, neue Features und Weltrekord-Werte in allen Belangen sein. Dies kann kein Produzent der Welt mehr befriedigen. Schon gar nicht in dem Tempo, das wir Verbraucher vorgeben. Denken wir auch an den Müll, der gleichzeitig dabei auf der ganzen Welt produziert wird, weil wir funktionierende Geräte nach maximal zwei Jahren entsorgen. Wir müssen einfach mal unsere Ansprüche reduzieren, denn auf Dauer geht das nicht gut.

Nehmen wir uns doch ein Beispiel am weiblichen Borstenwurm. Wenn man dem das Gehirn entfernt, wird *sie* zum Männchen. Der nun männliche Borstenwurm reduziert schlagartig seine Fähigkeiten. Er kann sich nur noch paaren, vielleicht auch noch Bier trinken und Fußball gucken, aber nicht viel mehr. Bei genauerer Betrachtung finde ich das gar nicht so übel. Manchmal ist weniger halt mehr. In diesem Sinne: Prost, die Sportschau beginnt gleich.

17

Historische Geschichten

17.1 Das Ende ist nah – Warum es das Jahr-2000-Problem gab und welche Probleme noch kommen

Huch, Sie sind ja noch da. Ist bei Ihnen die Welt auch nicht am 22. Dezember 2012 untergegangen? Bei mir war alles ruhig an dem Tag. Vielleicht liegt das daran, dass der Maya-Kalender doch noch nicht zu Ende ist. Bei Amazon kann man meist schon im April den Biene-Maja-Kalender für das folgende Jahr finden. Sehr beruhigend, wie ich meine.

Die letzte ähnliche Panikmache war ja auch schon so ein Schuss in den Ofen. Können Sie sich noch an das Jahr-2000-Problem erinnern? Viele Computerprogramme speicherten die Jahreszahl zweistellig. Nun kam – wie zu erwarten war – nach 1999 das Jahr 2000. Eigentlich eine höhere Zahl, aber vergleicht man das ganze zweistellig, also 99 mit 00, dann ist es umgekehrt. Die 99 ist größer als die Null. Alles, was jetzt mit einem Datum rechnete – sei es die Ausleihdauer bei der Videothek oder Zinsen auf dem Bankkonto – würde falsch rechnen und möglicherweise zu einem Fehler im Programm verbunden mit einem Systemabsturz führen.

Das liegt daran, dass man einfach die Jahreszahlen voneinander subtrahiert, um auf die Dauer zu kommen. Liegt Geld von

T. Schrödel, *Ich glaube, es hackt!*, DOI 10.1007/978-3-658-10858-8_17,
© Springer Fachmedien Wiesbaden 2016

1997 bis 2000 auf dem Konto und man möchte die Zinsen kennen, heißt die Rechnung für die Dauer: 2000 – 1997 + 1 = 4 Jahre (plus 1, weil das aktuelle ja mitzählt). Rechnet man hingegen zweistellig, ergibt sich 0 – 97 + 1 = -96 – (eine negative Zahl und obendrein völlig falsch.)

In Aufzügen sollten wir steckenbleiben, Geldautomaten sollten nicht mehr funktionieren usw. Und was war? Nix war. Aber keine Sorge, die nächste Katastrophe kommt bestimmt. Das Ende ist nah! Und zwar am 19. Januar 2038 um exakt 03:14:08 wird das Jahr-2038-Problem zuschlagen.

Sie kennen das Jahr-2038-Problem nicht? Tausende Geräte wie Geldautomaten, Aufzüge, medizinische Messgeräte, Satellitenreceiver und Schranken in Parkhäusern laufen mit einem integrierten 32-Bit-Unix-Betriebssystem. Das ist so etwas wie Windows, bloß ohne Fenster, ohne Maus und ohne Blue Screen. Ein 32-Bit-Unix-Betriebssystem speichert das Datum und die Uhrzeit in Form einer einzigen Zahl. Nämlich die Anzahl der Sekunden, die seit dem 01. Januar 1970 vergangen sind. Ein solches Betriebssystem begrüßt 2015 mit der Zahl 1.420.070.400 und 2030 mit 1.893.456.000. Dummerweise ist die größte positive ganze Zahl, die man in 32-Bit speichern kann 2.147.483.647.

Sie ahnen es… wenn am 19. Januar 2038 um 03:14 die achte Sekunde fällt, dann ist es 2.147.483.648 und diese Zahl passt nicht mehr in den Speicher eines 32-BitUnix-Betriebssystem. Dann bleibt die Schranke zu, gibt's kein Geld mehr, fällt der Aufzug ins Bodenlose und der Satellitenreceiver kann nur noch RTL2 anzeigen. Sie sehen, Katastrophen werden passieren. Das Ende ist nah.

17.2 Altmodisch – Warum alte Spionagetechniken selbst heute noch wichtig sind

Unmittelbar nach dem Bekanntwerden diverser Hintertürchen in amerikanischen Computerprogrammen durch Edward Snowden hat der Kreml dutzende deutsche Schreibmaschinen von Triumph-Adler und Olympia bestellt – Die guten alten, mit Typenrad und Farbband. Geschrieben wird damit auf Papier, das dann ganz klassisch per Kurier oder Postbote zum Empfänger gebracht wird. Hintergrund dieser Aktion ist die Angst, dass die NSA durch versteckte Zugänge in Microsofts Mail-, Chat-, Telefonie- und Videoübertragungsprogrammen Informationen quasi aus erster Hand absaugen kann. Da der Kreml nicht wenige Rechner mit Windows betreibt, war erst einmal Vorsicht das oberste Gebot, so dass ein Umstieg vom digitalen zum analogen Schriftverkehr naheliegt.

Nun müssen auf amerikanischer Seite also wieder die alten Spione aktiviert werden, die, die eigentlich schon in Rente sind. Klar, die jungen James Bonds dieser Welt wissen doch gar nicht mehr, was ein toter Briefkasten ist oder wie man jemanden beschattet, ohne auf Google Maps das Smartphone zu orten. Es kommt die Renaissance der alten Haudegen. Und mit ihnen kommen verstaubte, aber immer noch wunderbar funktionierende Spionage- und Verschlüsselungstechniken zum Einsatz.

Eine dieser Techniken könnte der Mikropunkt sein. Das ist eine von Emanuel Goldberg um 1925 erfundene Technik, die die deutschen Geheimdienste vor und im 2. Weltkrieg ausgiebig nutzten. Ein geheimer Text oder ein Bild wird mit einer hochauflösenden Kamera abfotografiert und dann mittels einer verkehrt herum eingesetzten Linse eines Mikroskops in der Größe eines i-Punkts auf Zelluloid gebannt. Dieser falsche i-Punkt konnte dann z. B. in einem Buch irgendwo einen echten i-Punkt ersetzen und war so schlichtweg nicht als Geheimbotschaft zu erkennen (man nennt das ein steganographisches Verfahren).

Der Kreml muss aber trotzdem aufpassen und sich vor gegnerischen Spionen schützen. Die Schreibmaschinen hinterlassen auf den Karbonfarbbändern nämlich verräterische Abdrücke, über die man den getippten Text wieder herstellen kann. Offenbar sind beim Russischen Staatsschutz aber noch ein paar Mitarbeiter der alten Generation beschäftigt. In der Ausschreibung mit der Nummer UMTO-kk-43 werden nämlich statt der Karbonbänder hunderte Textilfarbbänder zu den Schreibmaschinen angefragt – bei denen bleiben nämlich keine sichtbaren Abdrücke zurück.

17.3 Kurzfassung – Wie man beim Telegrafieren Geld sparen konnte

Einmal pro Woche schreibe ich eine kleine Kolumne über Computersicherheit, Technik und all so Kram im Nord-Osten der Republik in einer dieser Wochenendzeitungen, die sonntags immer kostenlos bei den Briefkästen in ganzen Stapeln abgelegt werden. Die einzige Vorgabe lautet: 300 Wörter – schließlich soll ja auch Platz für zahlende Werbekunden bleiben. Manchmal schaffe ich es aber nicht, ein Thema in 300 Wörtern unterzubringen, schreibe einfach drauf los und so kam ich schon mal auf 491 Wörter. Der Verlagsleiter hat umgehend freundlich darum gebeten, dass ich mich zukünftig kürzer fasse. Mache ich natürlich gerne.

Klar habe ich mich sofort gefragt, was mich zu dieser Wortflut in meiner Kolumne veranlasst hat. Wahrscheinlich ist es passiert, weil mich diese Worte nichts kosten. Ich schreibe sie, sie werden gedruckt und es kommt keine Rechnung. Früher war das anders, da war jedes Wort teuer. Damals, als weder E-Mail noch Fax den Menschen halfen, Nachrichten über den großen Teich nach Amerika zu übermitteln. Damals, als noch telegrafiert wurde.

Im Telegrafenamt um 1900 wurde jedes einzelne Wort berechnet. Und wenn es länger war als zehn Buchstaben, dann war es gleich doppelt so teuer und wurde wie zwei Wörter verrechnet.

Ich wollte daher dieses Kolumne schon mal ohne Leer zeichen schreiben und Worte sparen.

Das macht aber dem Leser keinen Spaß und der Verlagsleiter wäre bestimmt auch nicht darauf reingefallen. Aber die Idee ist gut, nur leider nicht neu. Ein Herr Bentley hatte um 1920 ein Codebuch veröffentlicht, in dem tausende Satzbausteine einem fünfstelligen Buchstabencode zugeordnet sind. So ließ sich mit einem oder zwei bezahlten Codewörtern ein ganzer Satz telegrafieren.

Wer DAYBZICSCO über den Teich funkte, meinte eigentlich „Übermitteln Sie Ihre Zustimmung schnellstmöglich". Das sind zwar nur fünf Wörter, aber es hätten sieben bezahlt werden müssen, weil zwei mehr als zehn Zeichen lang sind. Mit Hilfe des Codebuches des Herrn Bentley musste hingegen nur ein Wort bezahlt werden und die Geldbörse des Versenders wurde geschont.

Das Problem war nur, dass der Empfänger mit DAYBZICSCO wohl nichts anfangen konnte. Doch auch dafür hatte der feine Herr Bentley eine Lösung. Er verkaufte sein Buch einfach auch in Amerika und sorgte so dafür, dass erst einmal seine Geldbörse prall gefüllt wurde, bevor seine Kunden auf dem Telegrafenamt sparen konnten.

17.4 Die Griechen haben angefangen – Wie man Daten ohne Computer verstecken kann

„Rapunzel, lass Dein Haar herunter". Was bei den Gebrüdern Grimm für heiße Liebesnächte gedacht war, hat bei den antiken Griechen zur Übermittlung geheimer Nachrichten gedient. Herodot berichtet etwa 450 v. Chr. von einem Adeligen, der Rapunzels Geschichte falsch verstanden hat und einen Sklaven zwang, sein Haar ganz herab zu lassen.

Auf das Haupt des unfreiwilligen Meister Proper ließ er dann eine geheime Botschaft tätowieren. Kaum war das Haupthaar nachgewachsen, wurde der Sklave unbehelligt zum Empfänger geschickt, nur um dort erneut rasiert und abgelesen zu werden. Die Nachricht konnte so dringend nicht gewesen sein, aber wenn das heute noch gängig wäre, dann gäbe es wohl ein paar Dutzend Friseurgeschäfte mehr in jeder Stadt.

Mark Twain behauptete einmal: „Geschichte wiederholt sich nicht", dachte dabei aber wohl kaum an die westlichen Staaten und die Araber. Im Krieg zwischen Griechenland und Persien um 480 v. Chr. stellte Xerxes, der persische König der Könige, eine der größten Streitmächte der Geschichte zusammen. Er wollte in einem Überraschungsangriff Griechenland endgültig erobern und unterwerfen.

Nicht gerechnet hatte er jedoch mit dem, in der persischen Stadt Susa lebenden, verstoßenen Griechen Demaratos, der nämlich beschloss, seine Familien vor den Plänen des Xerxes zu warnen. Dazu nahm er die zum Schreiben verwendeten Wachstafeln, kratzte das Wachs ab und schrieb auf dem Holzuntergrund von den grausamen Plänen. Anschließend übergoss er die Tafeln mit neuem, frischem Wachs, worauf die Wachen die vermeintlich leeren Schreibtafeln bedenkenlos aus der Stadt ließen.

Es war Gorgo, die Gemahlin des Leonidas, die die Idee hatte, das Wachs von den Tafeln abzunehmen. Auch wenn dies geschichtlich umstritten ist, auf so eine Idee kann wohl nur eine Frau kommen – und dann auch noch Recht behalten. Die Griechen wussten jedoch nun, was Xerxes vorhatte und schlugen ihn – bestens vorbereitet – am 23. September 480 v. Chr. in der berühmten Schlacht von Salamis (nach der die berühmte Wurst benannt ist, aber auch darüber streiten die Gelehrten noch).

Werden Nachrichten nicht verschlüsselt, sondern versteckt übertragen – meist in unscheinbaren Medien – dann spricht man von Steganographie. *Steganos*, das altgriechische Wort für Schützen oder Verstecken, sowie *Graphein* für Schreiben – verdecktes Schreiben also.

Die Technik des Versteckens wird auch heute noch im Computerzeitalter verwendet. So lässt sich in einem Digitalfoto mit 5 Megapixeln der Inhalt eines kompletten Buches verstecken. Durch minimales Ändern eines Farbtons, der leicht heller oder dunkler gemacht wird, werden digitale Nullen und Einsen im Bild platziert. Das menschliche Auge kann die Bilder nicht unterscheiden – sie scheinen völlig identisch (Abb. 17.1).

Mark Twain lag übrigens daneben. Auch wenn heute kein GI auf die Idee käme, die Displayfolie seines Laptops zu entfernen, nur um eine E-Mail auf die empfindliche LED-Schicht zu kratzen, so kämpfen westliche Länder immer noch gegen arabische.

Geschichte wiederholt sich also doch – wenn auch nur scheibchenweise. Salamitaktik nennt man das passenderweise.

Abb. 17.1 Eine Fotografie vom Erdzeichen des Künstlers Wilhelm Holderied am Münchner Flughafen. In diesem Foto können unmerklich bis zu 500.000 Zeichen Text versteckt werden (Quelle: Klaus Leidorf).

17.5 Vigenère und Kasiski – Wie nach 300 Jahren die sicherste Verschlüsselung der Welt geknackt wurde

Als 1540 Blaise de Vigenère, nach wunderbarer Vorarbeit von Porta, die nach ihm benannte Verschlüsselungsmethode beschrieb, dachte er an eine sichere Geheimschrift, die bis in alle Ewigkeit halten würde. Freilich ist eine Ewigkeit im ebenfalls ewigen Wettstreit der Kryptologen mit den Kryptoanalytikern ein hohes Ziel. Nichtsdestotrotz sollte die Vigenère-Verschlüsselung so lange als sicher gelten, wie keine andere zuvor und bis heute auch keine danach.

Erst 1863 nämlich, also mehr als 300 Jahre später, entdeckte der deutsche Major a. D. Friedrich Wilhelm Kasiski eine Schwäche darin. Er fand heraus, dass die ganzzahligen Teiler der Abstände von gleich lautenden Buchstabenpärchen identisch mit der Länge des Codewortes ist. Mit dieser Information war es ein leichtes, das Codewort selbst zu bestimmen. Die Vorgehensweise beschrieb er in einem kleinen Büchlein, von dem er im Eigenverlag ein paar Dutzend drucken ließ. Im Vorwort grüßt er freundlich den Kriegsminister und ließ diesem sein famoses Werk auch gleich per Post zustellen. Das würde Orden hageln am Ende seiner Laufbahn, dessen war sich Kasiski sicher.

Kriegsminister von Roon hingegen, war offenbar derart mit den Franzosen beschäftigt, dass er die Tragweite von Kasiskis Entdeckung schlichtweg nicht erkannte. Es ist nicht einmal belegt, dass er das Buch überhaupt gelesen hat.

Friedrich Kasiski konnte sich über eine derartige Kurzsichtigkeit des Ministers, noch dazu ein Preuße wie er selbst, nur maßlos ärgern, ließ fortan das Dechiffrieren sein und widmete sich den Rest seines Lebens der Archäologie. Zum Glück erfuhr er wohl niemals, dass man im Nachlass des umtriebigen britischen Erfinders Charles Babbage Aufzeichnungen fand, die belegen, dass dieser schon rund 10 Jahre vor Kasiski die gleiche Schwachstelle gefunden, aber aus Faulheit nie veröffentlicht hatte. Kasiski hätte sich an seinen Ausgrabungsstätten sonst wohl gleich selbst mit eingegraben.

Zwar existiert die gefundene Schwachstelle nur bei langen Texten, in Universitäten wird dem Major a. D. trotzdem gehuldigt, wenn vom Kasiski-Test die Rede ist. Die letzte Bastion von Vigenère fiel erst Anfang 2008, seitdem können auch extrem kurze Chiffren gebrochen werden. Nachhaltig würde man solche Erfindungen heute nennen (Abb. 17.2).

Abb. 17.2   „Die Geheimschriften und die Dechiffrir-Kunst".

17.6 Ideenklau von Lord Playfair – Wie eine Urheberrechtsverletzung vor 150 Jahren begangen wurde

Charles Wheatstone nutzte für geschäftliche und private Korrespondenz, wie viele andere um 1850 auch, eine einfache, weil schnelle Geheimschrift. Teilten die Beteiligten nicht nur geschäftliche Kontakte oder das Bett miteinander, sondern auch ein Schlüsselwort, so konnten sie damit das Alphabet sehr einfach aber effektiv durchmischen und geheim kommunizieren. Gute Kryptoanalytiker hatten damit jedoch keine Probleme und konnten die Korrespondenz mitlesen.

Stärkere Geheimschriften waren sehr umständlich zu handhaben und daher nur selten in Gebrauch. Wheatstone erfand jedoch 1854 eine einfache und doch sehr viel sicherere Methode. Er brachte die Buchstaben des Alphabets nicht nur durcheinander, er ordnete sie anschließend in einem 5 × 5 Quadrat in Spalten und Zeilen an (glücklicherweise wurde das J erst später erfunden). Aus jeweils zwei aufeinander folgenden Buchstaben des Klartextes bildete er in diesem 5 × 5-Quadrat die gegenüberliegenden Ecken eines Rechtecks. Die Buchstaben an den freien Ecken ergaben das verschlüsselte Buchstabenpärchen.

Er zeigte diese geniale Idee seinem Freund Baron Lyon Playfair. Dieser genoss seine Abende in weit feinerer Gesellschaft als Wheatstone und die Hoffnung war, dass er ihm half, den Ruhm und die Ehre des britischen Empires zu erlangen. Bei einem Dinner mit Prince Albert, dem Mann von Königin Victoria, konnte Playfair auch tatsächlich davon berichten.

Der König war derart angetan von der Einfachkeit der Methode, dass er sogleich seinen geheimen Kabinetten auftrug, die neue *Playfair-Chiffre* zu verwenden. Ganz gleich, ob Playfair die Namensgebung unterstützte oder nicht, an so etwas gehen Männerfreundschaften zu Grunde (Abb. 17.3).

17.7 Deutsches Liedgut – Wie man Passwörter besser nicht macht

Das Kriegsministerium des deutschen Staatenbundes brachte 1898 eine aktualisierte Version seiner Anweisung zur „*Geheimschrift innerhalb des Heeres*" heraus. Die neu vorgestellte Verschlüsselung ähnelt dem so genannten Doppelwürfel, den Otto Leiberich, der erste Präsident des BSI, noch 1986 im P.M. Magazin als unknackbar beschrieb. Jedoch nur dann, so führt dieser dort aus, wenn sie richtig angewendet wird, was auch an der Wahl eines sicheren Schlüsselwortes liegt.

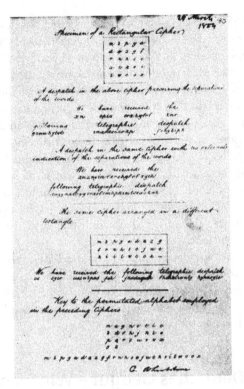

Abb. 17.3 Von Wheatstone unterzeichnetes Dokument mit einem ersten Entwurf „seiner" Playfair-Chiffre.

Rund 100 Jahre früher war das dem Kriegsministerium offenbar noch nicht so klar, denn sie schrieben den Soldaten in die Anweisung: *Zum Schlüsseltext empfiehlt sich ein leicht zu behaltender Spruch oder Liedvers.* Ein Vorschlag, der heute schon jedem PC-Benutzer die Haare zu Berge stehen lässt, weiß man doch, dass Hacker schon länger denkbar mögliche Schlüsselworte ausprobieren. Und was liegt da näher, als das Liedgut der feindlichen Kameraden.

Es ist daher gar nicht verwunderlich, dass man im nahen Ausland deutsche Funksprüche las. Trotzdem wunderte man sich in Berlin immer wieder über die guten Informationen, die die Nachbarstaaten über die deutschen Truppenbewegungen hatten. Eine Idee, woran das liegen könnte, hatte man wohl, aber so richtig sicher war man sich offenbar nicht, denn für eine militärische Anweisung ist die Neuauflage von 1908 recht weich gehalten: *Der Anfang eines Liedes ist zu vermeiden*, steht dort.

Es wurde nicht besser, darum entschied man sich 1913, die Soldaten gar nicht erst auf die Idee mit dem Liedvers zu bringen und empfiehlt schlicht *einige leicht zu behaltende Worte*. Erst 1917 kam man drauf, dass Soldaten trotzdem gerne singen und französische Kryptoanalytiker noch lieber deutsche Schellackplatten auf ihren Grammophonen rotieren ließen. Nun wurde die Anweisung erneut geändert, der Zusatz lautet schlicht: *Der Anfang eines Liedes ist verboten*.

Général Cartier, der für die französischen Truppen noch den gesamten ersten Weltkrieg deutsche Verschlüsselungen knackte, berichtete später, dass es ihm half, dass in den letzten Monaten sehr oft der Anfang eines Gedichtes als Schlüsselwort verwendet wurde.

Nun sind Gedichte ja auch irgendwie Lieder, nur ohne Melodie eben. Etwas anderes hätte ich im Land der Dichter und Denker auch nicht erwartet. Vorschrift ist Vorschrift (Abb. 17.4).

17.8 Kopierschutz für Bücher – Wie früher das Urheberrecht geschützt wurde

Was früher Enzyklopädie hieß, heißt heute Wikipedia. Eine strukturierte Ansammlung an Erklärungen über nahezu jedes Thema, das einem einfällt. Alleine bei Wikipedia arbeiteten Mit-

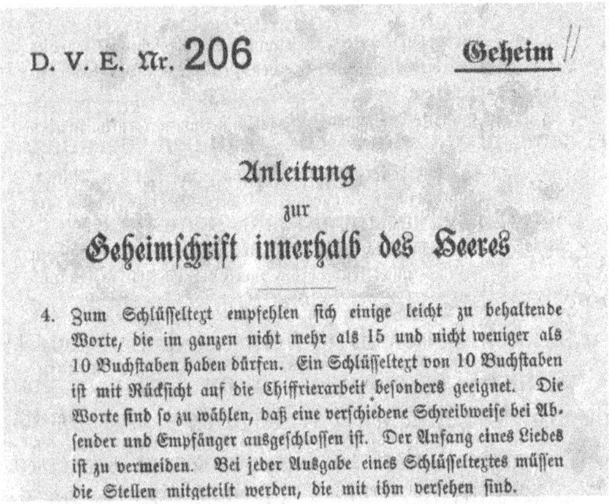

D. V. E. Nr. 206   Geheim

Anleitung
zur
Geheimschrift innerhalb des Heeres

4. Zum Schlüsseltext empfehlen sich einige leicht zu behaltende Worte, die im ganzen nicht mehr als 15 und nicht weniger als 10 Buchstaben haben dürfen. Ein Schlüsseltext von 10 Buchstaben ist mit Rücksicht auf die Chiffrierarbeit besonders geeignet. Die Worte sind so zu wählen, daß eine verschiedene Schreibweise bei Absender und Empfänger ausgeschlossen ist. Der Anfang eines Liedes ist zu vermeiden. Bei jeder Ausgabe eines Schlüsseltextes müssen die Stellen mitgeteilt werden, die mit ihm versehen sind.

Abb. 17.4 Ausschnitt aus der Dienstanweisung „Anleitung zur Geheimschrift innerhalb des Heeres" von 1913.

te 2011 rund 90.000 Autoren freiwillig an den rund 3 Mio. Artikeln – online und weltweit verteilt.

Als Abraham Rees ab 1802 seine Cyclopedia auf den Markt brachte, konnte er nicht auf eine derart große Community zurückgreifen. Sein 39 Mio. Wörter umfassendes Nachschlagewerk verfasste er zusammen mit rund 100 Gastautoren – allesamt Spezialisten in ihrem Gebiet – innerhalb von knapp 18 Jahren. Die Arbeit war immens und musste gegen Raubkopierer geschützt werden – was bei einem Buch nicht gerade einfach ist.

Die Telekom sah sich in den 90er-Jahren dem gleichen Problem ausgesetzt, weil ihre Telefonbücher von chinesischen Arbeitern abgetippt und als Daten-CD zum Nachschlagen von nicht autorisierten Anbietern auf den Markt gebracht wurden. Wie sollte unterschieden werden zwischen Anbietern, die die Daten rechtmäßig erworben haben und denen, die das nicht taten?

Die Lösung ist recht einfach und bedient sich einer steganographischen Methode, also dem Verstecken von Information in einem unscheinbaren Kontext. In ein Lexikon wurde einfach eine nicht existente Kleinstadt in Mesopotamien aufgenommen, in ein Telefonbuch ein nicht existenter Hans Meier in Buxtehude. Waren diese auch in der Kopie zu finden, stand die Quelle fest.

17.9 Das griechische Rätsel – Warum die Enigma nie geknackt wurde und es trotzdem jeder glaubt

Das griechische Wort für Rätsel lautet Enigma. Es ist daher keine große Überraschung, dass Arthur Scherbius für seine mechanische Verschlüsselungsmaschine diesen Namen wählte. Der mit der Nr. 387893 im Juli 1926 zum Patent angemeldete Verschlüsselungsapparat birgt selbst heute noch viele Rätsel und Mythen.

Neben unzähligen Büchern hat sogar Hollywood ganze Spielfilme rund um die geheimnisumwitterte Maschine gedreht. Erst als die Briten die Enigma-Funksprüche geknackt haben, sei der Kriegsverlauf zu Gunsten der Alliierten gekippt. Aber das stimmt gar nicht, zumindest nicht ganz. Selbst heute sind viele falsche Behauptungen im Umlauf und noch lange nicht alle Fragen beantwortet. Das sagt der wohl bekannteste Krypto-Historiker David Kahn (Abb. 17.5).

Nach einer wirtschaftlich nutzbaren Verschlüsselungsmethode wurde lange Zeit gesucht. Firmen brauchten die Möglichkeit, ihre Geschäfte, Preise und Vertriebswege vor der Konkurrenz zu schützen und wollten abhörsicher auch über den großen Teich telegrafieren. Scherbius bot eine Maschine an, die die Größe einer Schreibmaschine hatte und aufgrund ihrer Vielzahl an Verschlüsselungsmöglichkeiten nicht zu knacken war. Sein größter Coup gelang ihm allerdings erst, als die Deutsche Wehrmacht auf die Maschine aufmerksam wurde.

Die Enigma war transportabel und somit für die geplanten Kriegsabsichten hervorragend geeignet. Die kommerzielle Va-

DEUTSCHES REICH

AUSGEGEBEN AM
16. JULI 1926

REICHSPATENTAMT

PATENTSCHRIFT
— № 387893 —
KLASSE 15 g   GRUPPE 20
(Sch 58506 XII|15g)

Firma Scherbius & Ritter in Berlin.

Chiffriermaschine.

Abb. 17.5   Die Patentschrift der Enigma.

riante wurde leicht überarbeitet und so lieferte die Scherbius & Ritter AG noch vor dem Zweiten Weltkrieg mehrere hundert Verschlüsselungsmaschinen an Heer, Luftwaffe und Marine.

In Polen ahnte man bereits, dass im Falle eines Krieges die geografische Lage des Landes problematisch sei. Eingequetscht zwischen Deutschland und Russland wäre dies im Falle eines Krieges bei Leibe keine gute Position. Es war daher von entscheidender Bedeutung, die Funksprüche des westlichen Nachbarn abhören zu können.

Eine Gruppe polnischer Mathematiker – ein Novum, wurden doch bis dahin weitgehend Sprachwissenschaftler mit dem Knacken von Nachrichten betraut – versuchte einen Weg zu finden, mit der Enigma verschlüsselte Nachrichten zu entschlüsseln. Weitgehend erfolglos, obwohl man eine kommerzielle Enigma erworben und ihre Funktionsweise analysiert hatte.

Was den polnischen Mathematikern rund um Marian Rejewski nicht bekannt war, ist die Tatsache, dass der Kommandant ihrer Einheit über Frankreich an die monatlichen Codebücher kam. Die Polen konnten also schon die ganze Zeit deutsche Funksprüche abhören.

Dem Kommandanten war allerdings auch klar, dass die vom deutschen Spion Hans-Thilo Schmidt gelieferten Codebücher im Falle eines Krieges nicht mehr beigebracht werden konnten. Er befürchtete, dass die Bemühungen seiner Mitarbeiter nicht ganz so stark seien, wüssten sie, dass man die Codebücher besaß und ließ sie daher unwissend an der Entschlüsselung arbeiten.

Nachdem der Zweite Weltkrieg ausgebrochen war, arbeiteten auch die Briten intensiv daran, die Enigma zu knacken. Rejewski und seine Einheit wurde daher nach Bletchley Park gebracht, um in dem gut getarnten Areal all ihre bis dahin gefundenen Informationen an Alan Turing weiterzugeben.

Die Informationen waren derart gut, dass es Turing recht bald gelang, mithilfe eines genialen Apparates, der so genannten „Bombe", Enigma Funksprüche zu entschlüsseln. Sein Name ist bis heute Synonym für das Knacken[1] der Enigma.

Erst später wurde den Historikern klar, dass es eigentlich Rejewski gewesen ist, denn ohne dessen Grundlagen wäre Turing niemals in der Lage gewesen auch nur einen Funkspruch zu entschlüsseln.

Ironischerweise durfte Rejewski bei der Arbeit an den Funksprüchen nicht mitarbeiten. Er wurde dazu verdammt, einfachste Verschlüsselungen, meist völlig unwichtiger Art, zu entziffern. Nur wenige Meilen von Bletchley Park kaserniert, empfand er das als unwürdig und war bitter enttäuscht. Die Briten trauten dem Polen nicht und wollten jegliches Risiko ausschließen. Erst vor wenigen Jahren wurde Rejewski eine Statue in seiner Geburtsstadt gewidmet und huldigt ihm nun viele Jahre nach seinem Tod.

Turing blieb der Ruhm zu Lebzeiten ebenso verwehrt wie Rejewski. Als herauskam, dass er homosexuell ist, war seine Karriere beendet. Dem Arbeitstier wurden Verantwortung und Zuneigung entzogen. Turing nahm sich daraufhin 1954 das Leben.

---

[1] Siehe Kapitel „Karotten sind gut für die Augen" – 17.10.

17.10 Karotten sind gut für die Augen – Warum Geheimhaltung so wichtig ist und wie Legenden geboren werden

Die Briten hatten das Radar vor den Deutschen erfunden. Sie wussten daher, wann die Bomber kamen und konnten neben der Luftabwehr auch die Bevölkerung frühzeitig warnen. Die Erfindung des Radars musste so lange wie möglich geheim gehalten werden, denn ein Nachbau war einfach und der Vorteil gegenüber Nazi-Deutschland groß.

Natürlich fragte sich der Feind schon bald, warum die Briten immer so früh von den deutschen Flugzeugen wussten und es musste eine Erklärung her. Man ließ daraufhin die Aufklärer und Beobachterposten kiloweise mit Karotten versorgen. Normale Dienstanweisungen gaben vor, dass Karotten die Sehkraft verbessern würden und die Beobachter daher fleißig knabbern sollten.

Auch wenn es nicht gelang, dem Feind die Existenz des Radars lange vorzuenthalten, das Märchen, Karotten seien gut für die Sehkraft, hält sich bis heute. Fakt ist jedoch, dass es nichts anderes als eine Legende ist.

Eine weitere große Legende ist es, dass die Briten die Enigma geknackt haben. Tatsache ist jedoch, dass Rejewskis Arbeit die Möglichkeiten der Verschlüsselung nur drastisch eingeschränkt hat. Turing hingegen erfand dann eine geniale Maschine, die alle verbliebenen Möglichkeiten ausprobierte, ähnlich einer heutigen Brute-Force-Attacke. Von Knacken, also dem tatsächlichen Einbruch in die Verschlüsselung, die es erlaubt, jeden Chiffriertext in Klartext zu verwandeln, waren sie weit entfernt.

So waren die Briten meist nur in der Lage, am Ende des Tages die gesammelten Funksprüche der letzten Stunden nachzulesen.

Ein Mitlesen untertags war selten möglich, nur dann nämlich, wenn der Zufall half, aus den verbliebenen Millionen Möglichkeiten, die richtige noch vor Sonnenuntergang zu erwischen.

Oftmals wird erzählt, dass der Gruß an den Führer am Ende jeder Nachricht half, auf die richtige Walzenstellung zu kommen. Auch das gehört in die Welt der Märchen. Sicherlich zwar ein Anhaltspunkt, haben diese wenigen Zeichen aber keinesfalls ausgereicht, die Nachricht zu knacken. Etwas mehr, jedoch letztlich auch nicht ausreichend, half die Tatsache, dass die Enigma einen Buchstaben niemals zu sich selbst verschlüsselte. Es gab also letztlich nicht x^{26}, sondern „nur" x^{25} Möglichkeiten – immer noch viel zu viele Varianten.

Weitaus interessanter waren die Wettermeldungen der deutschen U-Boote. Aus Kreuzpeilungen ziemlich gut lokalisiert schickten die Briten schleunigst ein Aufklärungsflugzeug in dieses Gebiet. Sie späten nicht nur nach dem feindlichen Unterseeboot, sondern auch nach dem Wetter.

Eine Wettermeldung war wichtig für die Marine und wie im Militär üblich waren diese Meldung stark strukturiert und immer gleich aufgebaut. Das wussten die Briten und daher wollten sie wissen, wie das Wetter in dem Gebiet war. So waren sie in der Lage, die Wetter-Nachrichten „nachzubauen" und hatten daher täglich mehrere unterschiedliche Nachrichten im Klartext als auch den passenden, mit der jeweils gleichen Walzenstellung verschlüsselten, Text. Das erst ist das Salz in der Suppe jedes Kryptologen.

Aus heutiger Sicht interessant ist, dass die neutrale Schweiz zur Zeit des Zweiten Weltkriegs für Ihre Botschafts-Korrespondenz, als auch beim Militär ebenfalls die Enigma einsetzte. Die K-Serie war zwar nur eine modifizierte Variante der kommerziellen Enigma, trotzdem bot sie vermeintlich ausreichend Sicherheit. Dass die Schweiz mehrere Mathematiker bereits zwischen 1941 und 1943 daran setzte, eine sicherere Maschine zu entwickeln, legt den Schluss nahe, dass sie wussten, dass die Briten mitlesen kön-

Abb. 17.6   Die Schweizer NeMa.

nen. Ihre neue Maschine, folgerichtig „NeMa" genannt, wurde bis 1976 im diplomatischen Dienst eingesetzt (Abb. 17.6).

Woher die Schweizer von der Unsicherheit der Enigma wussten, ist unklar. Gerade deshalb, weil Churchill alles daran setzte, niemanden in Kenntnis zu setzen, dass er verschlüsselte deutsche Nachrichten lesen konnte. Er weihte weder seine Verbündeten ein, noch durften mehr als eine handvoll seiner höchsten Generäle davon wissen. Ihm war klar, dass dies ein entscheidender Vorteil in der Strategieplanung des Krieges war.

Obwohl Churchill einmal aus Bletchley Park in Kenntnis gesetzt wurde, dass sich deutsche U-Boote formierten, um einen wichtigen britischen Nachschubkonvoi anzugreifen, entschied er sich, dieses Wissen nicht taktisch zu nutzen. Würde er den Konvoi auflösen oder ihm Verstärkung schicken, wäre den Deutschen klar, dass dies nur durch Abhörmaßnahmen passiert sein konnte. Die deutsche Marine hätte die Verschlüsselung geändert und Churchill würde wieder im Dunkeln tappen. Ganz bewusst ließ er daher den Konvoi im Stich. Neben dem Verlust von wichtigem Munitions- und Verpflegungsnachschub ertranken bei dem Angriff etwa 5.000 britische Soldaten. Churchill war klar: Wer die Münze nimmt, erhält immer beide Seiten.

Heute weiß man, dass die Tatsache, deutsche Funksprüche bis zum Ende des Krieges mitlesen zu können, den Zweiten Weltkrieg um etwa zwei bis drei Jahre verkürzte und somit wohl Millionen Menschen das Leben rettete. Verglichen mit unpopulären Management-Entscheidungen in der Wirtschaft, war Churchills Vorgehen sicherlich ein ganz anderes Kaliber.

Stichwortverzeichnis

T. Schrödel, *Ich glaube, es hackt!*, DOI 10.1007/978-3-658-10858-8,
© Springer Fachmedien Wiesbaden 2016

Printed in the United States
by Bookmasters

Printed in the United States
By Bookmasters